A
VIBRANT
CHINA

SOCIAL
REFORM
AND GOVERNANCE
INNOVATION

王名　蓝煜昕　史迈　等　著

活力中国

治理创新
与中国特色社会体制改革

社会科学文献出版社
SOCIAL SCIENCES ACADEMIC PRESS (CHINA)

序　言

本书是国家社科基金重大项目"中国特色社会体制改革与社会治理创新研究"（项目号 16ZDA077）的结项成果。

本书以"活力中国"为主题，旨在基于实证研究，围绕激发社会活力和基层活力，解释治理创新与社会体制改革在实践探索中所形成的主要经验和模式，进而揭示其中所呈现的中国道路及其理论创新。

中国的治理创新与社会体制改革生成于改革开放以来整体经济社会格局发生深刻变化的宏大历史进程中，是继经济体制改革后中国改革走向全面深化的第二个主战场。本研究旨在以党的十八届三中全会以来中央推动治理创新与社会体制改革的政策演进及在其指导下地方创新与改革实践探索的典型案例为研究对象，通过实证考察、经验对照和理论建构，探究治理创新与中国特色社会体制改革的内在规律，为全面推进新时代中国社会治理体系与治理能力现代化提供经验基础和理论依据。

本研究从两个方面展开：一是以创新实践的前沿性、启发性为主要原则，选取由市、县区、街镇三级政府或社区、社会组织推动的地方治理创新案例，以如何激发社会活力和基层活力为切入点对案例及其经验进行考察分析；二是在宏观层面回顾和跟踪中央推进治理创新与社会体制改革的政策演进过程，尤其是考察社会组织体制改革和推动治理创新的顶层设计和最新动向，关注其与地方实践的互动关系。在此基础上，本研究重点聚焦四个问题：①治理创新与社会体制改革在实践中要回应的基本命题是什么？②治理创新是如何推进社会体制改革的？在实践中表现出怎样的活力、动力或机制？呈现出哪些重要的经验或模式？③如何通过完善宏观层面的战略思想和顶层设计从制度上保障治理创新与社会体制改革的成果？④如何理解治理创新与社会体制改革的中国特色？换言之，中国特色社会体制改革应有的价值取向、战略目标与实现路径的总体特征是什么？

研究表明，中国的社会发展与社会治理所面临的核心挑战可归结为相互交织的两对关系：一是改革开放以来强政府、弱社会的国家与社会关系，二是当代中国国家治理中强中央、弱地方的中央与地方关系。前者的主要问题集中表现为"社会活力不足"，即社会的组织化程度不够，社会组织的动力、资源和能力不足，面对高度原子化、分散化和复杂化的个体及其多样化的需求和种种不确定的社会矛盾及问题，无论政府还是各种社会组织都缺乏有效应对；后者的主要问题集中表现为"基层活力不足"，即基层治理主体回应城乡基层社区需求的动力、权力和能力均不充分，抑或对基层社区的回应过于碎片化，难成体系。更重要的结论是：这两方面的问题相互交织，尤其是基层活力不足，构成了基层治理创新的重要约束，并加大了回应国家与社会关系问题的难度。

本研究围绕激发社会活力，开展了大量实证调研和相应的理论分析，得出六个方面的主要发现和结论：一是党对社会组织的政治统合催生了党社关系这一具有重大意义的制度创新；二是基金会发展改革带动了慈善新体制并激发了社会分配活力；三是政府购买服务促进了社会服务机构发展并激发了社会服务活力；四是商协会的发展及其社团功能的发挥激发了社会治理活力；五是服务供需创新促进了志愿服务团体发展并激发了志愿参与活力；六是激发社会活力的关键在于政社合作，而政社合作的核心机制在于"能力专有性"。

另外，本研究围绕激发基层活力，也开展了大量实证调研和相应的理论分析，得出五个方面的主要发现和结论：一是党的领导与政府支持是激发基层社区活力的体制基础；二是重视"乡情治理"，激发基层治理的社会活力；三是激发城市社区活力的关键，在于里仁驱动社会资本建构达至社区善治；四是激发乡村社区活力的关键，在于发挥乡贤作用和发展乡村自组织；五是激发非常态下的基层活力，重点在增强社区韧性并促进社会组织协同。

基于上述研究结论，本研究在全面学习、系统梳理党中央关于社会治理现代化的战略思想与顶层设计的基础上，对正在积极推进的治理创新与中国特色社会体制改革进行了系统思考。我们认为：治理创新与中国特色社会体制改革的价值取向应落脚到以人的全面发展为目标的"美好生活"上，其中包含民生、秩序、活力等具体面向；治理创新与社会体制改革的战略目标应定位在建构"中国特色的社会主义美好社会体制"上。其核心的战略任务，可分解为社会组织体制改革、社会服务体制改革和社会治理体制改革，改革的战略目标分别是：建构"政社分开、职责明确、依法自治"的现代社会组织体制，把"组织"还给社会；建构主体多元、机制灵活、广覆盖、多层次的现代社会服务体制，把"服务"还给社会；建构反应敏捷、源头化解的现代社会治理体制，把"治理"还给社会。从整体上看，现阶段的治理创新与社会体制改革尚处在攻坚阶段，需要走一条自下而上的治理创新与自上而下的法治保障相结合的宏观路径，并经历一个与其他体制改革长期协同发展的过程。总体而言，展望治理创新与中国特色社会体制改革的前景，本研究提供了三个富有实践基础的支点：一是具有内在"里仁"外在"为公"特性的中国社会治理之大道；二是在国家治理体系和治理能力现代化的进程中必然达成的社会治理体系与治理能力现代化的大势；三是在推进社会治理现代化过程中拥有"自觉""自信""立志"的未来中国社会的积极公民——君子。大道不移，大势必至，君子犹在，则治理创新和中国特色社会体制改革的未来，必定充满希望！

王　名

2023 年 3 月 5 日于清华园

目　录

第三篇　制度保障篇

图目录

表目录

治理创新与中国特色社会体制改革

导论部分的主题是：治理创新与中国特色社会体制改革。主要内容有五个方面：一是概述本书研究背景与研究过程，包括研究背景与主要问题、基本概念与相关研究述评、研究思路与分析框架、研究方法与过程，并简介核心案例；二是提要说明作为本研究核心命题的社会体制改革"两个活力"，即社会活力和基层活力；三是概括本研究的主要发现，即治理创新推动社会体制改革的五个方面的主要经验；四是总结本研究关于中国社会体制改革系统思考的四个方面的中国特色；五是说明本书的结构及内容概要。

一　研究背景与过程概述

（一）研究背景与主要问题

本书是国家社科基金重大项目"中国特色社会体制改革与社会治理创新研究"的成果汇编，是在党的十八届三中全会提出"全面深化改革"和"完善和发展中国特色社会主义制度，推进国家治理体系和治理能力现代化"背景下，针对社会领域的体制改革和治理创新进行的系统研究。

中国的社会治理创新与社会体制改革生成于改革开放后整体经济社会格局发生深刻变化的宏大历史进程中。自改革开放以来，国家配置所有资源、统揽社会生活方方面面的总体性社会逐渐消解，之前发挥社会管理和服务保障功能的单位、人民公社体系退出历史舞台。可以说，经济领域的改革调整了国家与个人的关系，国家不再有能力包办一切，个人和集体拥有了一定的经济社会行为自主权。但在人们由单位人、公社人变成更为自由的社会人的同时，新的社会秩序和社会服务也失去了有力的组织支撑，各种错综复杂的社会矛盾和社会问题接踵而至。因此，在以经济建设为核心的改革开放开展三十年之后，我国的社会体制滞后于经济体制改革进程，政府单靠一己之力已经不能有效地化解转型时期的各项社会矛盾和社会问题，进一步深化社会体制改革迫在眉睫。[①]

自 2006 年党的十六届六中全会通过《中共中央关于构建社会主义和谐社会重大问题的决定》以来，我国社会领域的改革逐步得到重视。2007 年，党的十七大首次将社会建设纳入政治、经济、文化、社会"四位一体"的总体布局，从民生的角度提出"更加注重社会建设，着力保障和改善民生，推进社会体制改革，扩大公共服务，完善社会管理，促进社会公平正义，努力使全体人民学有所教、劳有所得、病有所医、老有所养、住有所居，推动建设和谐社会"。2011 年初，中央领导集体因应日益复杂的社会矛盾，又主要从秩序角度提出加强社会建设、创新社会管理，加快形成"党委领导、政府负责、社会协同、公众参与"的社会管理格局。在这一段时期内，我们见证了各地在社会服务、社会管理各领域百花齐放的创新探索。这些丰富的实践探索逐步汇聚成社会领域宏观变迁的推动力量，进入顶层设计视野，并逐步走向我国深化改革的舞台中央。

党的十八大被认为是社会体制改革正式酝酿的起点。党的十八大报

---

① 周瑞金. 论全面改革"三步走"路线图 [J]. 湖南社会科学. 2010（3）：50 – 52；郑永年. 中国改革的路径及其走向 [J]. 炎黄春秋. 2010（11）：1 – 8；陈鹏. 社会体制改革论纲 [J]. 北京师范大学学报（社会科学版），2017（2）：85 – 98.

告既是对前一届领导集体实践经验的提炼和集中表达，又是新一届领导人在新战略、新思路方面的最初展露。报告关于社会建设的表述中提出"加快推进社会体制改革"，为社会体制改革的展开定下了基调。同样，首次提出的"加快形成政社分开、权责明确、依法自治的现代社会组织体制"，确立了社会组织在治理体系中的主体地位，并与党的十八届三中全会提出的"国家治理体系和治理能力"的"现代化"相呼应。同时，在"加强和创新社会管理"部分提出"改进政府提供公共服务方式，加强基层社会管理和服务体系建设，增强城乡社区服务功能，强化企事业单位、人民团体在社会管理和服务中的职责，引导社会组织健康有序发展，充分发挥群众参与社会管理的基础作用"，更是充分体现了多元社会主体参与治理的思路。

随后，党中央和国务院2013年初推进的一系列方案和部署勾勒了社会体制改革的逐步启动过程。两会期间全国人大通过的《国务院机构改革和职能转变方案》以及随后国务院办公厅发布的《关于实施〈国务院机构改革和职能转变方案〉任务分工的通知》再次凸显和实践了向市场放权、向社会放权的宏观思路。国务院机构改革原本是政府自身的组织变革问题，新的方案则紧密围绕政府与市场、社会关系问题，专门强调"改革社会组织管理制度"，围绕建立现代社会组织体制的要求，降低社会组织登记门槛，逐步推进行业协会商会与行政机关脱钩，并重点培育、优先发展行业协会商会类、科技类、公益慈善类、城乡社区服务类社会组织。同年，国务院办公厅发出《关于政府向社会力量购买服务的指导意见》，这是推进社会组织等社会力量参与公共服务领域的具体举措。与此同时，广东、云南、浙江、江苏等地方政府在社会需求和创新激励下纷纷推进相关实践，不断诠释和拓展社会领域改革的内涵。

2013年底，党的十八届三中全会明确提出"完善和发展中国特色社会主义制度，推进国家治理体系和治理能力现代化"，并将其作为全面深化改革的总目标，这是具有划时代意义的重大理论创新和思想共识。同时也提出"紧紧围绕更好保障和改善民生、促进社会公平正义深化社会体制改革，改革收入分配制度，促进共同富裕，推进社会领域制度创新，推进基本公共服务均等化，加快形成科学有效的社会治理体制，确保社会既充满活力又和谐有序"，为社会领域改革确立了宏观指引方向。2014年1月，中央成立"全面深化改革领导小组"，下设6个专项小组，"社会体制改革专项小组"为其中之一，这标志着社会体制改革在顶层设计的支撑下正式启动。

国家治理体系和治理能力现代化包括政府治理、市场治理和社会治理三个最重要的次级体系。① 从全面深化改革的意义上来说，国家治理体系要求形成完善的公共治理制度和规范，推进政治体系、法制体系和治理体系的全面改革，这是推进社会体制改革和社会治理的必要前提，只有转变政府职能、深化行政体制改革，才能处理好政府与市场、政府与社会、中央与地方的关系，进而深化经济领域和社会领域的诸多改革。虽然经济体制改革仍然是全面深化改革的重点，但是"社会体制的改革及社会治理现代化比政府治理体系更加广泛、复杂和艰难，因而需要更加渐进乃至反复的过程，加之经济体制改革在总体上已经成功揭开已经积累的大量社会问题，使得这一过程具有更为强烈的现实性和紧迫性，在一定意义上可以说，社会改革及社会治理现代化，乃是继经济改革之后中国改革走向全面深化的第二个主战场"。② 以现代化治理理念为基础的国家治理体系需以公共服务为目的建立服务型政府。国家治理能力现代化则要求充分动员社会力量，改进治理方式，激发社会创新，实现经济社会的协调、可持续发展。

在此背景下，本研究旨在贯彻党的十八届三中全会以来关于推动社会体制改革、创新社会治理的总体要求，主要以政府加强社会建设、创新社会治理的实践和以社会组织为主体的社会治理创新为研究对象，通过理论研究、实践考察和行动研究，挖掘我国社会体制改革和社会治理

---

① 俞可平. 推进国家治理体系和治理能力现代化［J］. 前线，2014（1）：5－8.
② 王名等. 社会组织与社会治理［M］. 社会科学文献出版社，2014.

创新的内在关系和共同本质，为中国特色社会体制改革和我国社会治理体系与治理能力现代化提供经验基础和理论依据。

鉴于上述背景和研究目的，本研究以中国社会领域改革创新实践的经验研究为基础，并最终落脚到"社会治理创新与中国特色社会体制改革"的探讨上，在整体上聚焦于下列关键问题：

①社会治理创新与中国特色社会体制改革要回应的基本问题是什么？

②治理创新是如何推动社会体制改革的？在实践中表现出怎样的活力、动力或机制？呈现哪些重要的经验或模式？

③如何通过完善宏观层面的战略思想和顶层设计从制度上保障治理创新和社会体制改革的成果？

④如何理解治理创新与社会体制改革的中国特色？换言之，中国特色社会体制改革应有的价值取向、战略目标与实现路径的总体特征是什么？

（二）基本概念与相关研究述评

1. 基本概念、范畴及关系

（1）社会体制改革

如前文所述，社会体制改革是党的十七大以来在社会建设的话语下呈现的与经济体制改革、政治体制改革（包括行政体制改革）、文化体制改革相对应的概念，是改革开放前三十年以经济体制改革为中心之后的新阶段、新命题。尽管从党的十七大到党的十八届三中全会均有相关表述，且中央全面深化改革领导小组下设了"社会体制改革专项小组"，但中央文件中尚无针对"社会体制改革"的专门的官方定义。①

我们可以将"社会体制"理解为"五位一体"之"社会建设"领域的体制安排，是指国家为了发展社会事业、维护社会秩序、保障公民社

---

① 迄今为止，唯一一个在标题中出现"社会体制改革"的中央文件是 2015 年 4 月中共中央办公厅、国务院办公厅印发的《关于贯彻落实党的十八届四中全会决定进一步深化司法体制和社会体制改革的实施方案》，但该方案主要针对司法体制改革，着眼于法治社会建设，因此并未对社会体制改革的内涵进行专门界定。

会权利而对党和政府、社会组织、私人部门在社会服务与管理中的角色、地位以及合作方式等方面进行的制度性安排。围绕民生、秩序两大主要目标，"社会体制改革"包括社会组织体制改革、社会服务体制改革、社会治理体制改革等主要内容。

类比经济体制改革，如果经济体制改革的核心命题是处理好政府和市场关系的话，则中国社会体制改革主要是处理好政府与社会的关系。除此之外，社会建设无论在民生还是秩序角度，都还与市场因素有千丝万缕的联系，社会体制改革还需要处理社会与市场的关系。[①]

（2）社会治理创新

"社会治理"是党的十八届三中全会之后在"国家治理体系与治理能力现代化"话语下的表述，是以实现和维护群众权利为核心，发挥多元治理主体的作用，针对国家治理中的社会问题，完善社会福利，保障改善民生，化解社会矛盾，促进社会公平，推动社会有序和谐发展的过程。[②] 到党的十九届四中全会时，社会治理体系现代化的表述已经迭代为"完善党委领导、政府负责、民主协商、社会协同、公众参与、法治保障、科技支撑的社会治理体系，建设人人有责、人人尽责、人人享有的社会治理共同体"。

"社会治理创新"是围绕社会治理体系与治理能力现代化开展的创新实践。原本"社会治理创新"是接续党的十八届三中全会之前的"社会管理创新"，更强调社会建设中的秩序面向，包括矛盾预防与化解、治安防控、公共安全、国家安全、基层社会治理等多个方面，但随着社会治理的重心向基层下移，社会服务与社会管理、民生与秩序越来越难以割裂开，因此社会治理创新的内涵也超越了单纯以管理和秩序为目标的治理实践，而拓展为整个社会建设领域的治理创新。例如党的十九届四中全会关于基层社会治理创新的表述是包含管理和服务两方面导向的，提

---

① 李培林. 社会治理与社会体制改革 [J]. 国家行政学院学报，2014（4）：8－10.
② 姜晓萍. 国家治理现代化进程中的社会治理体制创新 [J]. 中国行政管理，2014（2）：24－28.

出"健全党组织领导的自治、法治、德治相结合的城乡基层治理体系，健全社区管理和服务机制，推行网格化管理和服务，发挥群团组织、社会组织作用，发挥行业协会商会自律功能，实现政府治理和社会调节、居民自治良性互动，夯实基层社会治理基础"。

可见"社会治理创新"既包括体制创新，也包括机制、方法、手段等方面的创新；"社会治理创新"尤其强调培育社会组织、发挥公众和社会的主体性，强调法治和政府治理之外的德治、自治等多元化的治理规则和要素。

（3）社会治理创新与社会体制改革的关系

社会治理创新与社会体制改革都是社会建设领域改革创新的实践方向，存在内在的一致性，有所不同但又紧密关联（见图 0 - 1）。

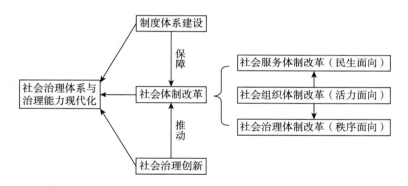

图 0 - 1　社会治理创新与社会体制改革的关系
资料来源：笔者自制。

其一，社会治理创新强调多元主体参与，是社会体制改革处理国家与社会关系的应有之义和新进展。或可理解为社会体制改革就是要实现从社会管理到社会治理的转变，社会体制的改革方向就应该是建立一个现代化的"社会治理体制"。

其二，社会治理创新和社会体制改革存在层次上的差异。通常来说，改革是一个宏观的、和制度变革有关的概念，而创新则是一个中观或微观、具体问题导向的、与工具手段或运行模式有关的概念。本研究首先在微观、中观层面以社会治理创新实践为考察对象，然后才在宏观上归纳社会体制改革的核心命题和总体经验，并探讨中国特色社会体制改革的应然方向。

其三，社会治理创新是社会体制改革的推动力，而社会体制改革反过来又通过制度建设来实现社会治理体系现代化的定型与保障。本书将副标题确定为"治理创新与中国特色社会体制改革"也正是凸显了"治理创新"在推动社会体制改革中的重要意义。与此同时，社会治理创新探索多数属于"碎片化"的局部试验，因缺乏战略高度的系统制度设计而易出现"人走政息"、后劲不足的现象，因此本书第三篇探讨深化创新与改革的顶层设计、制度保障，也体现了对体制改革与治理创新这种关系的关注。

2. 相关研究述评

关于社会体制改革和社会治理创新的研究主要围绕治理主体、治理机制、治理效果等方面展开，集中在政治学、社会学、公共管理学和法学等领域。具体围绕社会发展或建设规律、路径，社会体制改革目标，政府与社会的关系，社会服务与社会管理，社会治理，社会创新等方面展开。与本书所涉研究对象、研究内容相关的研究主要包括如下四个方面。

一是关于社会发展或社会建设的研究。主要探讨现代化转型背景下社会结构变迁以及社会发展、社会建设的路径、规律与趋势。在关于社会的基本认识方面，从本源主义角度讲，"社会"这一概念形成于近代，是近代传统体制解体、社会中间层消失的产物，是在城市化过程中如何运用不同于以往的纽带——如血缘、身份等——连接陌生人的产物，亦即社会在组织化过程中的产物。及至近代，马克思、恩格斯在分析人类发展规律时运用辩证唯物主义史观区分了"大社会"和"小社会"，把基于私人利益关系领域、与国家和公民相对应的自主领域称为"小社会"。及至现代，"社会"一词无疑带有强烈的政治关怀和时代特征。自孔德以降，传统意义上的社会学一直试图从个人—社会关系的角度分析社会结构和社会变迁。在这一理解下的社会发展或社会建设一直是西方社会学的核心话题，聚焦于个人自由、社会生活、社会关系、社会变迁和社会秩序。孔德将社会与生物有机体做类比，提倡集体主义，认为社会优先于个人，注重道德、宗教等主观、精神力量在社会发展、变迁中的作用。斯宾塞基于社会体系的结构与功能，提倡个人主义，认为个人优先于社会，更注重复杂多样的客观因素在社会进步中的作用。涂尔干从社会分工、集体意识的角度提出"机械团结"和"有机团结"的著名范畴，聚焦于社会与个人的关系即社会秩序和社会团结问题。滕尼斯则提出"共同体"和"社会"这对范畴，强调工业化、城市化带来的"社会"的形成及其对共同体的破坏，偏向于共同体要素对个体的意义。① 国内很多学者也在这一社会学传统下理解社会发展或社会建设。如郑杭生认为，从正向、逆向两方面的内容来看，社会建设本身就是一个包含多方面内容的极其复杂的系统工程。② 正向看，社会建设是要在社会领域建立和完善各种旨在合理配置社会资源、社会机会的社会结构与社会机制，并在此同时形成能够良性调节社会关系的各类社会组织与社会力量；逆向看，社会建设是要根据当前社会矛盾、社会问题、社会风险的新特点和新趋势，建构正确处理这些矛盾、问题和风险的新机制、新实体与新主体，通过这样的新机制、新实体和新主体，更好地弥合分歧，化解矛盾，控制冲突，降低风险，增加安全，增进团结，改善民生。陆学艺认为，社会建设的目的是实现社会和谐与社会进步，其主要内容包括社会结构调整与构建、社会组织培育、社区建设、社会流动和社会阶层利益关系协调机制建设、社会事业和社会保障制度建设以及社会安全体制建设和社会管理机制建设。③

二是关于政府与社会关系的研究。自黑格尔提出国家—市民社会二

---

① 斐迪南·滕尼斯. 共同体与社会 [M]. 林荣远，译. 商务印书馆，1999.
② 郑杭生. 社会建设的前沿理论研究——社会建设问题的社会学思考 [J]. 武汉科技大学学报（社会科学版），2009（4）：1-5.
③ 陆学艺. 社会建设就是建设社会现代化 [J]. 社会学研究，2011（4）：3-11+242.

分法，经由马克思、葛兰西等进一步批判，发展为国家—经济—市民社会后，学者习惯于从国家—社会关系的角度来阐释社会发展。其强调国家与社会的二元对立，认为国家与社会的边界不能混淆，国家不能侵占社会生活领域。① 随着经济的影响力和决定力日益增强，葛兰西等人将经济领域和经济组织从社会中剥离出去，将国家—社会二分法拓展为国家—经济—社会三分法，其价值仍然是强调作为主体的社会的自组织化与国家公权力的抗衡。当前我国学术界在分析政府与社会关系时依然沿袭西方的三分法对社会进行定义，从社会价值、结社生态、公共领域、社会法域的角度对社会进行阐释。在此基础上，具有中国特色的社会理论也不断出现。如孙立平等人将波兰尼在考察 19 世纪英国史时提出的"能动社会"概念引入国内，他们认为"就现实而言，我国社会建设的根本目标是制约权力、驾驭资本、遏制社会失序"，强调社会建设究其根本而言应该是一个"自组织"而非"他组织"的过程，核心在于"社会主体性的培育，尤其是自组织的社会生活的培育。社会建设不应当是权力主导的过程，不是权力或市场对社会的占领；也不能仅仅归结为促进各类社会事业的发展、社会管理机构的强化和社区建设的实施，而是充分发挥社会自身的主体性"。社会建设须基于三个维度，"以社会结构为基础，以社会组织为载体，同时以社会制度（机制）为保证"。②

在国家介入社会建设领域的作用评价方面，传统的国家—社会理论一直秉持单向度的关系分析框架，强调国家与社会之间的对抗、制衡。当前仍有很多学者倡导通过复兴与捍卫社会权力来抵制国家公权力对社会生活领域的渗透与侵占。另一些学者则针对政府职能的转变、政府职能实现机制以及政府在不同领域的干预行为进行区分，力图对国家介入社会领域的作用进行更为客观、精确的分析。如陶传进在对中国农村社会的研究中发现除了国家与社会之间的权力控制关系之外，还存在着国

① 托克维尔. 论美国的民主［M］. 董果良，译，商务印书馆，1988.
② 清华大学社会学系社会发展研究课题组. 走向社会重建之路［J］. 民主与科学，2010（6）：39－44.

家运用公权力对社会的支持和帮助，进而形成国家与社会之间的另一种独立关系。① 他提出国家与社会的"双轴"关系：控制与支持关系。在"双轴"关系的分析框架下，政府介入社会的作用从权力运作的角度可区分出不同的模式并产生积极和消极两方面的作用。积极方面的作用是政府通过转变职能实现方式为社会的自组织发展提供空间，通过购买服务、资助等方式提供资源支持，通过制定相关法律和政策为社会自组织、自服务、自发展提供良好的外部环境和制度保障，同时政府的介入也会对社区公民的公民意识、公民精神和公民行为产生影响，进而促进社会自组织更好地发展。国内的研究从政府公益创投、购买服务、资金支持等方面进行研究，强调政府介入对社会组织合法性、能力提升等方面的作用。消极方面的作用则是政府介入边界不清晰、方法过于简单直接时，往往容易导致社会组织的资源依赖，并带来自主性降低、目标异化、管理体制僵化等一系列问题。

　　随着大规模社会建设的开展，学术界对政府干预社会发展的作用的研究逐步深入，对政府干预的策略、作用进行了更为细致的研究。康晓光等人提出"行政吸纳社会"的概念，认为政府干预的实质是国家主导下"与社会的融合"，国家培育某些类别的社会组织是"采取'社会的方式'进入社会"以实现"功能替代"，其结果仍是使社会处于国家的控制之中；② 刘培峰区分了政府对不同社会组织所采取的扶植、吸纳、替代、控制等策略；③ 吴玉章认为党和政府依托政治、行政手段及体制优势，建构起将社会组织边缘化的"排斥"体系；④ 郑琦等采用"激励—约束"模型分析社区层面政府培育社会组织的作用机制，认为其核心在

---

① 陶传进. 控制与支持：国家与社会间的两种独立关系研究——中国农村社会里的情形 [J]. 管理世界，2008（2）.
② 康晓光，韩恒. 行政吸纳社会——当前中国大陆国家与社会关系再研究 [J]. 中国社会科学（英文版），2007，28（2）：116－128.
③ 刘培峰. 社团管理的许可与放任 [J]. 社会科学文摘，2004（9）：61.
④ 吴玉章. 结社与社团管理 [J]. 政治与法律，2008（3）：9－15.

于政府对社会组织的选择性培育等;① 王名、孙伟林则认为自改革开放以后政府与社会的关系体现了政府对社会的发展型战略、控制型战略和规范型战略，这三种战略随着法治国家建设和社会管理创新的实践不断推动政府与社会关系的变迁。②

三是关于社会自组织与制度创新的研究。基于个人主义的社会自组织自孔德和斯宾塞以来在学术界就存在较大分歧。社会自组织的问题实际上是社会发展或社会建设的内在规律、秩序问题，是关于社会发展或社会建设演进路径的问题。关于这方面的研究纷繁多样，学者从自身的学科出发、运用不同的研究方法、从不同视角分析社会发展或社会建设的不同侧面，如政治学研究关注公权力与社会权力，社会学研究关注社会网络与社会资本，法学研究关注对公权力的制度约束，防止侵犯个人自由、个人权利。这些研究在方法论上既有宏观的整体主义视角，也有微观的、倾向个体主义的视角。

这方面的主要理论基础是自组织理论、自主治理理论和制度创新理论。第一，自组织理论是从系统论视角研究社会自组织及其演化的理论。这一理论发端于物理、化学过程中的自组织现象，经哈肯和普里戈金等人的发展，逐步形成一个由耗散结构理论、协同学、突变论和超循环理论等一系列理论组成的理论群。自组织理论后来倾向于建构一套普适的、存在于各类系统中的、与系统要素性质无关的自组织现象一般原理，其基本概念和理论方法在社会科学领域的应用涉及宏观社会系统、城市和企业组织等对象。自组织理论在社会系统研究中有较多应用，也有少数学者将其应用到农村社区发展的研究中。简言之，自组织理论是一种整体主义的方法论，即将社会看成一个复杂系统，强调外部环境条件（包括自然和社会环境的物质、能量、信息输入）的变化对系统自组织结构

---

① 郑琦，王懂棋. 培育社会组织构建和谐社区——北京市朝阳区城市社区社会组织调研报告 [J]. 社团管理研究，2009（11）.

② 王名，孙伟林. 社会组织管理体制：内在逻辑与发展趋势 [J]. 中国行政管理，2011（7）：16.

演化的作用，而不是从系统内复杂的微观个体行为入手进行分析。第二，自主治理理论是从集体行动中的自主组织入手分析社会治理目标达成的理论。这一理论由奥斯特罗姆等人发展起来，所关注的核心问题是，一群相互依赖的人在所有人都面对"搭便车"等机会主义行为诱惑的情况下，如何自主地组织起来进行自主治理，从而取得持久的共同收益。这一理论从大量经验研究中发现，公共品的供给及公共事物治理，在国家（权力）和市场（财富）之外存在有效的解决方案。根据大量经验研究，学者们总结了自主治理的若干主要原则，如清晰界定边界、分级制裁、冲突解决机制、分权组织等。此外，共同体理论和国家—社会关系理论对认识社会发展规律也有重要意义。共同体理论强调从共同体的视角认识和把握社会，强调共同目标、纽带、身份认同和归属感，强调社会群体的内聚性；国家—社会关系理论侧重于分析自主性社会生长所需要的外部制度环境以及国家与社会的互动对自主性社会生长的影响。第三，制度创新理论认为人为的制度设计特别是制度创新能够改变社会的特性及发展路径。具体到一定的地方社会或一定的共同体的发展演进，也存在两类不同的认识。滕尼斯在探讨共同体起源时，认为共同体的产生是基于最原始的自然关系，并在长期历史过程中有机、自然地发展而成。他认为共同体是自然形成的，是不能刻意建构的。托克维尔却在《论美国的民主》中从历史的视角分析了美国结社传统和乡镇自治产生的原因。他在美国考察期间深深感受到美国人高昂的结社热情和深厚的乡镇精神，认为这种精神来源于新英格兰地区美国早期移民建立的乡镇自治制度。帕特南在《使民主运转起来》中也从历史的角度分析了意大利南北部政府绩效差异背后的公民共同体因素。他将南北共同体的差异追溯到12世纪南北部截然不同的政治体制，即南方君主制和北方共和制，并认为作为公民共同体本质特征的信任、合作、参与等社会资本具有自我增强性和可累积性。由此，早期的历史因素在一定程度上决定了当今的共同体特征和政府制度绩效。在关于中国农村自组织和乡村共同体的论述中，也有很多学者强调自然和历史因素的影响。如有学者认为，正因为传统中国乡土社会缺乏具有紧密纽带的"小共同体"，缺乏可以制衡"大共同体"（国家或王权）的自治机制，所以中国乡村在 20 世纪公社化运动中比俄国村社更易于集体化、一元化。①

四是治理与共治相关研究。"治理"与"善治"是国际机构在进行国际开发援助时最先使用的概念。之后被欧美学者用来分析发达国家的公共问题。根据全球治理委员会对"治理"的定义，"治理"本身就包含了"共治"的含义。② 根据不同的研究视角，治理可以分为不同的领域和模式。如 Reinhard Steurer 将治理领域分为政府、企业和社会三个部分；③ Arehon Fung 按照权威与权力、参与、交流与决策模式三个维度对治理主体和客体之间的关系进行了分析；④ Oliver Treib、Holger Bähr 和 Gerda Falkner 从政府—社会的维度对政府干预和社会自治两类治理工具进行了分析；⑤ Jan Kooiman 在《现代治理》一书中把各种公共的、私人的机构均纳入进来，将运用多种治理手段解决公共治理问题的模式称为社会—政治治理。⑥ 之后在其 2003 年出版的《作为治理的统治》一书中将治理划分为三种类型，即自治、共治、层级式治理，但并未对"共治"进行定义。⑦ 此外，Ingo Bode 和 Oscar Firbank 对"共治"进行了描述性定义，并从公共服务供需双方的关系角度对"共治"进行了操作上的定义。⑧ 国内关于社会共治的研究也逐步展开。刘国翰在对"社会共治"进行定义的基础上，从治理主体、治理结构、治理机制、治理关系、治理过程等方面对社会共治进行了分析，认为社会共治理论既是治理理论在

① 秦晖. "大共同体本位"与传统中国社会（上）[J]. 社会学研究，1998（5）：12–21.
② 刘国翰. 增量共治的杭州实践 [M]. 社会科学文献出版社，2014.
③ Steurer R. Disentangling governance：a synoptic view of regulation by government，business and civil society [J]. Policy Sciences，2013，46（4）：387–410.
④ Fung A. Democratizing the Policy Process [M]//The Oxford Handbook of Public Policy. 2006.
⑤ Treib O，Bähr H，Falkner G. Modes of governance：towards a conceptual clarification [J]. Journal of European Public Policy，2007，14（1）：1–20.
⑥ Kooiman J. Modern Governance：New Government-society Interactions [M]. Sage，1993.
⑦ Kooiman J. Governing as Governance [M]. Sage，2003.
⑧ Bode I，Firbank O. Barriers to co-governance：examining the "chemistry" of home-care networks in Germany，England，and Quebec [J]. Policy Studies Journal，2009，37（2）：325–351.

发展过程中的一次重大范式变革，同时也是众多治理理论的"集大成者"。① 王春婷、蓝煜昕在对社会共治基本要素进行分析的基础上，对社会共治的八种实践类型进行了分析，依据社会主体性和社会内生活力标准将社会共治划分为三个层次。②

在全面深化改革的背景下，深化社会体制改革、创新社会治理的理论研究、实证研究、行动研究呈现出学科交叉、边界融合、层次贯通的趋势，社会学、法学、公共管理学和政治学等学科围绕这一课题拓展研究边界，创新研究方法，研究成果斐然。这为本研究的顺利开展提供了重要的理论指导和方法论支持。但也要看到，社会体制改革和社会治理创新是系统工程。现有的研究固然涉及多学科视角，但研究过程仍显分割；从社会治理体系与治理能力现代化的研究目标来看，现有研究大多过于宏观，厚植程度、研究积累仍显不足；研究更多的是运用西方的分析范式来套中国的社会改革与治理实践，创新性不足；政策研究过多，理论研究、行动研究不足。

具体到本研究所涉及主题的相关研究，存在的不足主要如下：①关于社会发展或社会建设的研究，仍然是从自由主义或法团主义的视角进行，社群主义的研究视角还未能有效纳入，同时自由主义或法团主义能否用来解释中国当前社会建设的实践仍然存在较大的疑问；②关于政府与社会关系的研究仍然以政社对抗为前提，以公权力—私权力为基本分析框架，忽略了权利—责任、权力—责任对于政社合作的重要意义；③关于社会自组织与制度创新的研究，忽略了自组织和集体行动所要求的公民意识、公民能力和公民行为的维度，以及制度创新理论如何结合我国的社会结构、文化、体制等因素进行更为细致、深入的分析；④当前关于治理和共治的研究主要还是集中在宏观和中观层面，微观方面的研究如行为改变等均需要进一步深入，同时治理与共治的有效实现机制仍有待于进一

---

① 刘国翰. 善治的评价标准 [J]. 我们，2015 (1).
② 王春婷，蓝煜昕. 社会共治的要素、类型与层次 [J]. 中国非营利评论，2015 (1)：18 - 32.

步分析。

（三）研究思路与分析框架

本研究在整体思路上以经验研究为主、规范性讨论为辅，根据前文提出的研究问题，总体思路如图0-2所示，研究分为四个主要部分。①

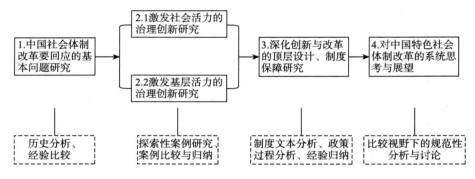

图0-2　本研究的总体思路

资料来源：笔者自制。

第一部分在基于历史分析与经验比较的基础上，对照理论和现实社会治理困境，通过国家与社会关系、中央与地方关系两个维度的分析来厘清中国社会体制改革要回应的基本问题。本书将其概括为"激发社会活力"和"激发基层活力"两个命题。

第二部分是经验研究的主体部分，包括两大类的社会治理创新案例。以激发前述"两个活力"为主要理论关切，围绕社会组织体制改革和城乡基层社会治理中的典型案例，考察地方政府是如何在社会服务、社会管理事务中激活社会组织、城乡社区居民乃至基层政府活力的。案例的选择以创新实践的丰富性、前沿性和启发性为主要原则，覆盖市、县区、街镇三级政府或社区、社会组织推动的治理创新案例。

第三部分以中央层面社会治理与社会体制改革的顶层设计和制度变迁为主要研究对象，对社会组织体制改革、基层社会治理的法律、制度文本进行描述和分析，并结合第二部分的经验归纳提出制度保障方面的

---

① 在本书的写作结构安排上，第一、四部分的结论主要呈现在导论和第十四章中。

政策建议。

第四部分对社会体制改革的中国特色进行系统思考和展望，厘清中国特色社会体制改革的价值取向、目标、主体内容和宏观路径。

此外，针对经验研究中的案例考察，本研究采取图0－3的考察框架。对每一个案例都围绕治理创新的多元主体，从协商—治理—服务三个治理领域、政策—组织—行为三个行动层次、共治—他律—自律三类治理机制入手进行分析，并引入过程分析考察治理创新和体制变革的动力机制（如自上而下传导与扩散或自下而上倡导与运动）。针对社会组织、基层社区或基层政府的主体性或治理活力，我们用图0－4的"三

图0－3　社会治理创新案例的考察框架

资料来源：笔者自制。

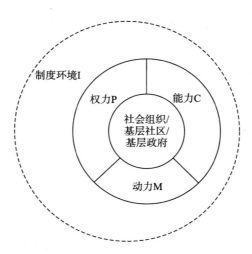

图0－4　社会主体/基层主体活力的"三力"考察框架

资料来源：笔者自制。

力"框架来考察影响其自组织行动或治理参与的内在因素及制度环境变化对"活力"生成的影响机制。其中权力 P 是指社会组织、基层社区、基层政府是否被赋权，是否认为自己有参与、自组织或集体行动的合法性。

（四）研究方法与过程

1. 研究方法

如前文研究思路所示，本研究在方法论上主要涉及历史比较制度分析、探索性案例研究与经验归纳、制度文本与政策过程分析、基于研讨的实践反思与规范性建构等。以下主要就本研究所采取的案例研究方法以及通过案例研究得出宏观结论的方法进行简要说明。

（1）转型时期与案例研究

本研究主要采取了定性研究中的案例研究方法，如探索性案例研究与比较性案例研究等案例研究方法。定性研究最大特点是对社会现象进行深层次探究，关注个人和组织的生活世界以及社会组织的日常运作，使用归纳分析法分析资料和形成理论，对研究对象的生活故事和意义建构做出结构性理解，对事务的复杂性和过程性进行长期、深入和细致的考察。定性研究注重深入社会现象的意义，增强对研究对象的经验把握。定性研究强调对研究对象的社会和文化背景、历史状况和发展过程进行动态考察。

立足于公共管理实践的角度，转型时期的中国公共管理的实践纷繁复杂，基层治理创新案例层出不穷，这就需要对治理创新案例本身进行深入的调研，在治理需求、治理问题、治理主体、治理资源、治理关系、治理过程、治理结果等治理创新要素中把握关键要素与整体关系，只有将案例的细节和要素最大限度地呈现出来，将创新事件本身最大限度地还原，才能够对基层公共管理创新成功或失败的原因做出精准的判断，从而为政策的制定者和执行者提供有针对性的意见。显然，针对本研究所涉及的主题与内容，仅仅用单一的研究方法或大范围定量研究方法，局限性是显而易见的：无法从典型的、正在发生的、有启发性的治理创新案例中，深刻地理解中国社会体制改革与公共管理创新的动力与机制。

案例研究以典型案例为素材，每个素材都有其特定的情境与不可复制性，通过对典型案例的深入分析，可以获取案例本身所揭示的性质、内容、过程与结果。本研究无意于通过典型案例的结论，来构建一套完整与统一的治理逻辑与规律，而是立足于本研究的核心问题和重点内容，跟踪具有典型意义、启发性、前沿性的基层治理创新案例，来理解激活"两个活力"的理论关切，即围绕社会组织体制改革和城乡基层社会治理中的典型案例，考察地方政府是如何在社会服务、社会管理事务中激活社会组织、城乡社区居民乃至基层政府活力的。本研究的主要内容关注治理"创新"，其在于"新"，在于"变"，是基于既有的治理实践或知识的创新与差异，通过对典型的案例进行探索性研究，将散发的、持续的、不同领域的创新成果联结起来，从而实现对中国社会体制改革路径、动力和宏观经验的整体把握。

（2）从微观到宏观：案例选取与资料来源

对于案例研究而言，个案研究所面临的最普遍质疑是"代表性"或者"超越性"问题，如何避免以偏概全是个重大挑战。关于"走出个案"或"获得超越性"的方式，本研究在承认单个案例特殊性的同时寻找共性，以费孝通的类型学—普遍主义研究范式为代表，试图"超越个案进行概括"，以实现对整体的认识。有学者将其称为"小城镇研究方法"，即"从已有的基础上做起，然后由点及面，找典型、立模式，逐步勾画出比较全面的轮廓"。① 这类方法有几个特点：①注重实地调查。力求在对小城镇的实地调查中，形成与深化认识。②注重典型案例。费孝通的小城镇研究，首先选取的是先进典型，如以"吴江镇"为调查点进行深入分析，触及问题的"塔尖"。

具体而言，本研究的地方社会治理创新案例的选择以创新实践的丰富性、前沿性和启发性为主要原则，覆盖市、县区、街镇三级政府或社区、社会组织推动的治理创新案例。

---

① 费孝通. 行行重行行：乡镇发展论述［M］. 宁夏人民出版社，1992.

其一，案例选取的丰富性。尽管从方法论上来讲，无法通过少数典型案例的概括来展现中国治理创新全貌。本研究在激活"两个活力"的理论关切，围绕社会组织体制改革和城乡基层社会治理中的典型案例的基础上，尽可能地开阔研究视野。首先，案例涉及的地域分布广泛，既有经济发达的广东、浙江、江苏等东部沿海省份，也有湖北、湖南等中部省份，贵州、四川等西部省份。其次，以基层治理场域为主，涵盖了市区、乡镇、村居等多层次场域的治理创新案例。再次，不仅关注到大中城市街道社区场域的治理创新案例，同时关注到县域农村社区等的治理创新案例。最后，关注到不同类型的社会组织、市场组织推动的创新案例，如民间基金会、社会服务机构、慈善自组织、防艾滋病社会组织、乡贤群体、物业公司等不同类别的社会或市场部门的案例。

其二，案例选取的前沿性。转型期中国国家治理和社会治理创新实践层出不穷，显示了中国社会体制改革的进程与丰富成果，但能否作为"制度化生产"的创新成果仍有待持续观察。本研究在持续跟踪相关案例的基础上，在不同地区的创新案例对比中，紧密围绕本研究提出的中国社会体制改革的核心命题——激活"两个活力"，如深圳市是在全国较早探索政府购买社会工作服务的城市，并且形成了具有标杆性意义的发展模式，对其实践过程的分析具有普遍的价值和意义。如成都市作为西部城市代表，在社会治理和社区治理的创新实践上获得了各界关注，在社区营造方面的经验具有持续观察与提炼总结的必要。如顺德作为经济发展水平靠前的区，在现代社会治理中发挥"传统乡情"的积极作用，从传统性中寻求治理智慧与资源。再如，超大型社区武汉 B 社区的党建引领、杭州 X 社区中开发商物业参与的社区社会资本的构建等案例都具有前瞻性与前沿性。上述这些案例在不同的治理创新场域中，都具有类似费孝通先生"小城镇研究方法"中的"塔尖"效应。

其三，案例选取的启发性。案例研究的目的不仅在于呈现案例故事本身，同时在于通过案例增进知识理论的积累与理解。本研究围绕中国社会体制改革的核心命题选取的典型案例服务于更好地理解激活"两个活力"的路径、机制与逻辑。为此，本研究在前两个案例选取原则的基础上，进一步关注案例是否具有启发性，不限于正在生发的、遭遇瓶颈的、成熟成功的治理创新案例，从中不断寻找、提炼、反思中国社会体制改革的动力机制、路径和模式。如通过梳理、考察梅州某镇乡村慈善自组织的发展史，来窥探乡村治理中基层政府、村委会和社会组织的互动关系，进一步激发基层政府与社会治理活力的现实困境与未来路径。在研究内容与案例方法安排上，本研究主要在第一篇与第二篇运用案例研究方法，探索基层治理创新实践与经验，串联不同区域、层级、类别的创新案例，形成基于"面上"的对自下而上基层治理创新机制的感知与判断。

在资料收集和数据采集方面，主要做了三个方面的工作。一是在项目研究期间围绕社会组织体制和社会治理创新开展了大量文献研究，形成了多主题的文献综述，为历史比较制度分析提供了素材基础，为实证研究提供了理论基础。二是在项目研究期间，课题组向民政部门、地方党政部门搜集了大量政策文件，从时间上梳理了政策变迁历史以及政策实践效果，掌握了大量地方政府实践的经验。三是自研究启动后，先后在怀化、贵阳、温州、杭州、苏州、武汉、佛山、韶关、梅州、深圳、成都等地，通过访谈、问卷调查等形式收集了大量实践案例和观察素材。

（3）案例的呈现

尽管在研究中调研了丰富的社会治理创新实践案例，收集了大量的案例素材，但基于探索性研究本身的特点和写作逻辑的严谨性，本书只对严格符合本书核心主题与写作逻辑的部分案例进行了呈现。表 0-1 对各篇章中选择的案例进行了系统梳理。

2. 研究过程

研究过程除了前期的长期积累外，自 2016 年 11 月启动课题研究工作以来，历时近五年，总体上分为八个阶段：第一阶段是文献研究和理论

表0－1　核心案例介绍

篇章分布	治理创新案例	核心案例地区	案例内容	资料收集与分析过程
社会活力篇				
第一章	党的领导与新型政社关系的建构案例	杭州、北京	社会组织党建引领创新	在对多地社会组织党建案例进行基线调研与经验观察基础上，基于理论抽样方法，选取杭州和北京两个相关的典型案例。针对杭州对杭州 GZ 组织的党建与社会组织发展情况，课题组成员于 2016 年开始对杭州 GZ 等组织进行了为期 4 个月的参与式观察，并对相关社会组织人员和政府部门官员进行了 23 人 45 次的一对一访谈。在基本观点基础上深入。同时完成了多篇学术论文与研究报告，案例分析形成立功能型综合型党委的 A 区经验，并选取北京社会点提炼点，选取先在北京市成立了革的党委，并进行了多轮调研
第二章	基金会的发展与慈善新体制	基线调研	基金会	课题组基于长期的行业经验观察，对相关政策的宏观把握，对部分基金会的调研资料，采取了历史发展、经验规范分析等方法
第三章	社会服务机构功能发挥案例	深圳	社会服务机构的功能表达与异化	从 2013 年开始，课题组先后 5 次前在深圳市开展专题调研，并组织市、区，围绕市、区，社区等层级的政府部门，社工机构，社区等，采取座谈会、关键人物访谈、查阅档案材料，非参与式观察等方法，收集了丰富的资料数据。针对田野调研资料，采取扎根理论方法构建了初步理论方法，利用回收的 218 家社会服务机构的问卷数据，采取主要观点方法构建了因果关系模型并进行了深度案例分析。同时对两家社会服务机构进行了实证检验
第四章	志愿服务团体与志愿服务体系案例	北京	志愿活动团体	课题组立足于长期田野调查所形成的观察和思考，从理论层面出发，提出社会需求的多层次特征以及志愿服务在其中的积极应对意义，并在此基础上，结合北京市 F 区在构建志愿服务供给各层次的具体实践案例，从个人—社区—城市—国家四个维度立体呈现中国特色志愿服务体系在构建文明新体制中的宏观轮廓和具体路径

续表

篇章分布	治理创新案例	核心案例地区	案例内容	资料收集与分析过程
第五章	社会团体发展与行业治理新体制	基线调研	商会、行业协会	课题组基于长期的行业经验观察，对相关制度观政策的宏观把握，对部分基金会的调研资料，采取了历史发展、国际比较、经验规范分析等方法
第六章	政社合作中的核心机制：能力专有性案例	大陆/台湾地区	防艾NGO与政府关系及能力专有性	在大陆地区，课题组调研了16个地区的防艾项目，涉及地区包括两个省与12个大中城市（海南省、四川省、北京、天津、西安、昆明、上海、南京、杭州、武汉、广州、重庆、长沙），对100余家防艾NGO的关键人物进行了深度访谈；在台湾地区，重点选取了台湾的6家台湾防艾门户的公益组，重点选取了在台北、高雄、屏东等地区的上海、哈尔滨、广州、以及台湾地区相似与相异案例比较。该部分分观点的提炼，主要基于主要基于两岸大陆的上海、屏东等地区相似与相异案例研究

基层活力篇

篇章分布	治理创新案例	核心案例地区	案例内容	资料收集与分析过程
第七章	社区活力指数构建	社区问卷数据调研	社区活力与党组织的关系	2018年7—9月在全国范围内选取了83个城市社区进行测量，最终获取了80个社区的有效数据，这些社区的大致分布为：华北22个社区、华东15个社区、西北13个社区、中部6个社区、西部24个社区，社区的人口规模差异较大，社区人口平均规模为13263人，80%的社区样本人口规模在4132人至29525人之间。值得说明的是，"社区活力"是社区层次的属性，数据分析将以社区为单元进行，借鉴既有研究的处理经验及社会网络等方面大多数指标的处理，指标体系中涉及居民意识、参与以及社会层次的数据来获取，通过收集和汇总个个体层次的数据
第七章	基层党建组织领导力创新案例	武汉	社区领袖领导力	武汉市B社区作为全国社区党建和社区治理创新的一面旗帜，成为全国城市社区治理的"模范生"，具有典型性。基于理论抽样方法，选取了武汉B社区治理作为典型案例，围绕B社区治理中的社区企业家、社区工作人员、社区志愿者三类社区领袖进行了深度调研访谈

续表

篇章分布	治理创新案例	核心案例地区	案例内容	资料收集与分析过程
第七章	政府支持的财政资金催生社区活力	深圳、成都	"民生微实事"专项资金实践、"社区公服金"案例	课题组将成都作为基层社区治理创新的重要观察点，在既往研究中提炼了诸多观点。针对本研究内容，课题组于2018年开始，组织了多轮实地文区，社会组织调研，同时依托研究团队进行了社区治理创新案例的资料收集，收集了丰富的案例的素材。基于对深圳创新案例进行了比较归纳分析。对深圳与成都案例进行了比较归纳分析
第八章	乡情治理创新案例	佛山	县域乡土情感的治理创新	2018年3~11月，研究团队先后5次赴佛山市顺德区调研基层治理，走访了组织、政法、民政、农业等相关党政部门和几个镇及部分社区，深入了顺德10个街镇及部分社区。此外，研究团队一直与顺型组织，社工、和治理创新的重要见证者进行了大量走访谈。此外，研究团队一直与顺德区政府部门，社会组织，基金会有合作交流，长期跟踪观察顺德社会德区政府部门，社会组织，基金会有合作交流，长期跟踪观察顺德社会体制改革与基层治理创新实践
第九章	"里仁"思想推动社会资本建构达成社区善治案例	杭州	GT服务集团"幸福里"项目案例	2018~2020年，围绕"幸福里"项目，进行了三轮调研。其中，问卷调研103个城市的592个项目，回收项目3433份，有效问卷3287份。涉及住宅项目559个，商写项目33个。此外，第一、二轮调研分别进行了19次，5次深度访谈，第三轮访谈因项目疫情采取线上方式进行，记录文字档案超过45万字。该案例分析深入，一名课题组成员完成近30万字的博士学位论文
第十章	外来社会组织撬动乡村振兴：S基金案例	韶关	公益基金会参与乡村振兴	2018年8月~2019年9月，研究团队对S基金会进行了长达一年的跟踪观察，先后对S基金会，相关政府部门以及8个项目村进行了两次深入调研，通过座谈会、参与式观察、深入访谈等具体研究方法获得了第一手资料。此外，我们通过关注S基金会的微信公众号跟踪其动态，在重要的时间节点对S基金会的一线员工进行了三轮电话回访，并对秘书长和副秘书长分别进行了一次深入访谈，深入了解了S基金会介入乡村振兴的过程

续表

篇章分布	治理创新案例	核心案例地区	案例内容	资料收集与分析过程
第十章	乡贤与慈善自组织撬动社区活力："牛镇"案例	梅州	以"微信群"为纽带的乡村慈善自组织发展	该案例陆续引起了学界多位学者的关注，为了深入系统地研究该案例，课题组于2020年进行了为期一周的调研，先后对梅州市F县N镇等地的领导进行了多轮座谈，与N镇10多个村居展开了一对一访谈，与慈善自组织发起人、志愿者骨干、普通志愿者、群众进行了多轮深度访谈，其间也采取了滚雪球式的调研方式，最大限度地验证多方信息及个村微信群主进行的问卷调研。本案例的部分数据来源于研究第三方机构对N镇近20个村微信群主进行的问卷调研。在形成基本案例的基础上，研究团队组织不同学科的专家学者和实践者，专门召开了研讨会
第十一章	非常态下基层活力：社区韧性及其建构	新冠肺炎疫情下非常态治理场景	社区、社会组织	本部分案例主要基于"新冠肺炎疫情危机治理"非常态治理情境，针对部分典型社区、社区组织在危机治理中的典型案例与经验观察进行了归纳分析

准备，课题组开展了系统的文献研究，召开了项目启动会和两次专家座谈会，进一步完善课题整体思路和框架设计，深化相关理论研究，并就项目跟踪观察调研的思路和框架进行理论梳理、讨论，为整个课题研究和实证调研做好了准备；第二阶段为第一轮实证调研，从 2017 年暑期开始共六个月，课题组组成若干调研小组，分赴广东、浙江、江苏、四川、湖南等地开展第一轮实证调研，调研主题聚焦在社会组织、城乡社会治理创新和法制建设三个方面；第三阶段为第一轮课题讨论会，从 2017 年底至 2018 年初共两个月；第四阶段为第二轮实证调研，从 2018 年春季至秋季共六个月，课题组重新组成若干调研小组，对选定的实践观察点进行第二轮实证调研，开始聚焦在广东顺德、浙江杭州、浙江温州、四川成都等地，主题进一步深化；第五阶段为第二轮课题讨论，从 2018 年 10 月至 2018 年 12 月共两个月，在调研基础上召开课题研讨会、学术沙龙及大型学术研讨会；第六阶段为第三轮实证调研，从 2018 年 12 月至 2019 年 8 月共八个月，对选定的实践观察点进行深度田野调研；第七阶段为第三轮课题讨论，从 2019 年 9 月初至 2019 年 12 月底共四个月，主要任务是以研究团队为单位继续深入开展子课题讨论会和总课题讨论会，在调研基础上探讨子课题研究进展报告的主题、分工及研究思路，完成课题阶段性成果，陆续提交政策报告及发表论文；第八阶段为课题成果总结和总报告撰写阶段。

二　两个活力：中国社会体制改革的核心命题

中国社会建设与社会治理面临的主要困境是什么？或者中国社会体制改革要回应的核心命题是什么？不同的学者从不同的视角得到不同的答案。例如李培林认为"社会体制改革的核心议题是不但要处理好政府与社会的关系，还要处理好市场与社会的关系"；[①] 郭道晖认为"社会权

---

① 李培林. 社会治理与社会体制改革 [J]. 国家行政学院学报，2014（4）：8 - 10.

力是社会体制改革的核心";① 陈鹏认为"社会体制改革的核心议题是正确处理政府与社会的关系，实现政社分开，解决政府职能越位、错位、缺位问题，真正实现向社会放权、还权、赋权";② 而李友梅将"社会权利"作为社会体制改革的基点，并指出社会体制改革面临三大困境，即社会体制与政治体制不衔接、公共性的缺失和社会组织低水平的发展现状。③ 总体来看，大多数学者认同中国社会建设、社会治理面临的核心问题是在国家与社会关系维度上，社会主体性不足、社会力量弱。

　　然而我们结合历史分析和实践比较的研究表明，中国社会建设与社会治理面临的核心问题和挑战可以归结为相互交织的两对关系，一是改革开放以来的国家与社会关系，二是当代中国政府治理或行政体系中的中央与地方关系。前者的主要问题是强政府与弱社会的问题，即当前中国社会的组织化程度不足，国家面对高度原子化和分散的个体，无法单独面对和回应日益多元化、复杂化的社会矛盾和社会需求。后者的主要问题是强中央与弱地方的问题，基层政府与社区干部回应基层社会和地方需求的动力、权力和能力均不充分，抑或对基层社会的回应过于碎片化，难成体系。更重要的结论是，这两方面的问题是相互交织的，尤其中央与地方关系问题构成了基层社会治理创新的重要背景，并加剧了回应国家与社会关系问题的难度。

　　由此，我们认为中国社会体制改革的核心命题是激发"两个活力"：一是激发社会活力；二是激发基层活力。要想达成激发社会活力的目标，必须依赖于激发基层活力的目标。

　　为了理解上述"两个活力"的核心命题，下面在历史制度比较和中外比较的视野下去梳理这一结论的产生逻辑。

---

① 郭道晖. 论国家权力与社会权力——从人民与人大的法权关系谈起 ［J］. 法制与社会发展，1995（2）：18 - 25.

② 陈鹏. 社会体制改革论纲 ［J］. 北京师范大学学报（社会科学版），2017（2）：85 - 98.

③ 李友梅. 重塑转型期的社会认同 ［J］. 社会学研究，2007（2）：183 - 186.

（一）激发社会活力

首先来看当代中国国家与社会关系的变迁及其带来的社会治理挑战。我们回到历史中去理解这一问题的由来和脉络。社会治理无外乎两个最基本的要素：一是谁来治理，也就是治理的主体；二是靠什么治理，也就是治理的规则和机制。传统中国社会是农业社会，素有"皇权不下县"的说法，朝廷面对广袤的疆域和能力有限的官僚体系，是如何治理基层社会的呢？比较公认的答案是"县政乡治"，即基层治理在主体和组织上极大地依靠乡绅和宗族发挥作用，在治理规则上则有一套以儒家思想为核心、贯穿家国秩序的强大伦理法则，诸如三纲五常、忠孝仁义，再如敬天法祖、遵古循道、敦亲睦邻等①。这是一套异常精巧的治理体系，正如黄仁宇在《万历十五年》中所揭示的那样，朝廷通过科举制度和维护士人的地位来不断内化和巩固上述伦理法则；作为读书人或还乡官员的乡绅则是这套规则在基层乡里的循道者和守道人，他们通常上接庙堂，明家国大义、守朝廷规则，同时又下连乡土，修身齐家、敦亲睦邻，极力维系地方秩序和乡民利益。② 可见，尽管传统中国区分官与民而非国家与社会，且国与家在同一套伦理法则下高度同构，但基层社会在相当程度上是自治而非官治的。这一时期的基层治理高度社会化、非正式化，官方治理成本相对较低，杜赞奇称之为"简约治理"。③ 这样一套国家与社会关系格局和基层治理逻辑超越了朝代更迭，异常精巧而稳固，近代以来外部势力的介入和经济基础的变动才打破了既有秩序。清末及民国

---

① 对应的是礼治、德治、人治。

② 值得说明的是，中国疆域广大，地方之间是存在差异的。很有意思的是，一个地方越是科举盛行、人才辈出，则这个地方受"正统"中华文明和伦理法则的影响越深，地方精英的见识和格局相对越宽；而那些偏远的、受正统文明浸润不够充分的地方，地方凝聚力越强，越有可能"狭隘"，对中央秩序造成潜在威胁。顺德在历史上属于"人杰地灵"的前者，办学堂、考功名的风气很重，在京为官的人也多，从而赋予了顺德人某种"识时务"、向中央看齐的大局观，平衡了地方社会关系紧密和凝聚力强可能带来的"狭隘"和地方保护主义。

③ 杜赞奇. 文化、权力与国家——1900—1942 年的华北农村 [M]. 王福明，译. 江苏人民出版社，1994.

时期，战争和工商业发展都增强了国家向基层，尤其是农村基层汲取资源的需求，国家政权开始向基层社会延伸、强化，但这一过程并不彻底且加速了基层士绅阶层的流失，基层社会秩序严重失范。①

新中国成立后，经过社会主义改造，中国社会逐步进入一个被称为"总体性社会"的时代，国家通过高度政治化和组织化重构了社会秩序，传统宗族组织和社会关系被完全打破或暂时蛰伏，几乎所有社会成员都被编织进一元化的组织体系中，国家和社会的界限也几乎完全消弭。在基层，城市人身处单位中、农村人在人民公社和生产队中，户籍制度限制了人口流动，这些集体组织承载了每一个个体从生到死的经济活动、政治生活和社会福利，甚至成为个体社会关系、归属感、情感寄托的主要来源。这一时期基层社会治理的主体是国家政权的基层单元，是单位、公社这样严密的、可以决定个体生存空间的集体组织，在治理规则上则有一套社会主义意识形态和集体主义价值观发挥社会动员和整合功能。当然，"总体性社会"的秩序是以经济活力和个体自由为代价的，并强化了个体依赖国家政权的总体倾向。

改革开放以来的中国国家与社会关系经历了剧烈的结构转型，以至于基层治理面临主体和规则的双重缺失。改革开放在解放生产力的同时也解散了高度组织化的社会，使得国家开始直接面对高度分散化、原子化的弱社会。在农村，人民公社的瓦解和人口的大量流出，尤其是精英的流出，使得村级组织极大弱化，村庄公共事务无人关心，大量基层矛盾得不到就地消化而积累并转向政府，尤其自21世纪初以来的城市化进程乃至惠农政策、乡村发展政策更是触动了农村基层社会的利益格局，政府的作为越多，惹来的矛盾也就越多；在城市，随着单位制瓦解，大量原本由单位提供的社会服务和社会福利释放出来由市场或政府承担，住房市场化以及人口流动更是塑造了陌生人社区，基层政府面临巨大的秩序和社会服务压力。同样重要的是市场经济对意识形态领域带来的冲

---

① 参考杜赞奇关于"权力的文化结构""赢利型经纪人"等方面的讨论。

击，社会个体的精神世界和价值观念开始变得多元化和复杂化，个人主义泛滥、缺乏价值感的财富观、消费主义等都在冲击着这个社会的共有信念。可以说，改革开放以来的中国社会呼应了西方经典社会学理论所讨论的"现代化"问题，① 只是在我们这里，旧有的心灵秩序和社会秩序并未被彻底解构，而新的共有信念和现代秩序规则（如法治）亦未完全建立。总之，我们处在一个具有中国特色且高度复杂的转型期社会，基层社会治理的需求端变得越来越多元而复杂，但供给端的基层组织和规则资源却弱化了，政府亦无力单独面对这些需求。显然基层需要再组织化，必须让原子化的社会自己组织起来，和政府一起发挥治理功能。

在上述背景下，国家和中央政府对于基层治理的回应也经历了一个认识不断深化的过程，并最终落脚到"实现政府治理、社会调节与居民自治的良性互动""共建共治共享"等经典表述。这一政策变迁过程的大致脉络是：①20世纪80年代中期关注到城市单位制瓦解后释放出来的社会服务缺口，提出"社区服务"；②90年代中期推动更全面的"社区建设"，但主要投入在了城市社区的公共设施和文体生活等方面；③党的十七大提出"加快推进以改善民生为重点的社会建设"，社会建设和社会领域改革正式进入国家议程，蕴含社会参与、政社共治意味的"治理"也开始进入主流话语体系，"社区治理"随后被写入党的十八大报告，这意味着基层社会治理开始成为重要的政策议题；④党的十九大在乡村振兴战略下提及"自治、法治、德治"相结合的乡村治理体系，随后"政府治理、社会调节与居民自治的良性互动""自治、法治、德治"被纳入"城乡社区治理""城乡基层治理"的整体框架。

尽管党的十八大以来党的政治报告和中央文件围绕基层社会治理不断有新的表述，但我们认为其核心命题至今仍是基层社会的再组织化与

---

① 包括涂尔干的从"机械团结"到"有机团结"、滕尼斯的从"社区"到"社会"、波兰尼的"大转型"和"能动社会"、法兰克福学派批判的从"价值理性"到"工具理性"以及被殖民化的"生活世界"。从某种意义上说，社会学的诞生乃至19世纪末20世纪初西方那些伟大哲学家、思想家、社会科学家的诞生，无不是对西方现代化和现代性的回应。

激发社会自身活力的问题。① 如果说中国改革开放前三十年的经济体制改革的核心命题是处理政府和市场的关系，激发市场活力，发挥市场主体在资源配置当中的决定性作用，那么中国社会体制改革以及社会治理的核心命题就是处理国家与社会的关系，重点是激发社会活力，发挥社会以及社会自组织在社会治理当中的基础性作用。

然而解决方案并没有那么简单，激发社会活力在理论上存在一个二阶困境：社会再组织与社会活力本身是一个自发的秩序过程呢还是需要政策干预？倘若需要政策干预，自上而下的政府干预是否真的可以培育出具有主体性和自组织活力的社会？社会组织培育及社区参与等方面的诸多政策或地方治理创新在实践中显然存在上述困境，② 对其原因的深入考察表明，政府治理体系中的央地关系以及自上而下的政策执行逻辑是这类困境的重要来源，由此引出第二对关系。

（二）激发基层活力

中央与基层政府的关系给基层治理带来的挑战体现在"代理型政府""悬浮型政府""经营型政府"等一系列关于基层政府性质或特征的描述中，而且这些特征在社会治理领域（与经济发展领域相比）的影响更为突出。政治学者们习惯对照查尔斯·蒂利的"国家政权建设"（State building）概念来理解 20 世纪初尤其是新中国建立以来的基层政权性质，③ 并通常认为中国基层政府主要是国家权力向下的强制渗透结果而"基础性权力"④ 不足。简单来说，中国国家政权建设和基层过度行政化带来的问题是，地方治理作为行政权力延伸和政策执行者的基层政府（及社区干部）缺少对本土问题的战略性、系统性回应。

---

① 当然也越来越强调党组织的引领作用和对基层多元主体的统合作用。

② 蓝煜昕. 农村社会培育的实践悖论：基于 WX 案例的研究［D］. 清华大学博士学位论文，2012.

③ 张静. 基层政权：乡村制度诸问题［M］. 上海人民出版社，2006；周庆智. 县政治理：权威、资源、秩序［M］. 中国社会科学出版社，2014.

④ 迈克尔·曼区分了强制性权力和基础性权力这两类国家权力，后者强调基于社会同意的、回应性的权力；米格代尔用"社会控制"来指称基础性权力的内涵。

　　基层政府及社区干部的上述特征具体表现为：首先，回应地方需求的动力不足。地方政府的行为更多受上级绩效考核、干部考核以及官员晋升激励影响。周黎安用"锦标赛模型"很好地解释了中国改革开放以来的经济腾飞，其核心就是地方政府官员的政绩观和晋升激励，以及地方政府竞争在其中发挥的重要作用。地方和基层官员围绕国家议程和中央指令层层加码，上级政府越"有为"、政策设计越细致、政策执行的激励和控制越"有力"，则基层政府回应本土需求的注意力和动力越弱。即便是12345热线之类以"眼睛向下"回应老百姓需求为目标的基层社会治理创新政策，也改变不了基层干部"灵魂朝上"的动力基础，政策执行成本高。其次，回应本地需求的能力不足。"巧妇难为无米之炊"，基层政府尤其是乡镇、街道一级政府的能力受财政资源匮乏的极大约束。在农村，20世纪90年代的分税制改革和21世纪初的农村税费改革给县乡财政带来巨大压力，随后为防范和化解基层乡镇债务风险而建立的"乡财县管"财政体制极大地削弱了基层乡镇的财政自主权，乡镇极度依赖上级政府的转移支付并在总体上呈现资源匮乏的局面，只能按"保工资、保运转、保重点"的顺序安排支出。[①] 在城市，随着政府职能转变和建设服务型政府的推进，街道一级经济职能弱化，在财政资源上也大多依附于区级政府采取部门预算制，城市财政资源虽然较有保障但自主性也弱。最后，回应本地需求的权力不足。基层乡镇、街道总体上面临着大量事权下解，但又缺少独立财权、审批权和执法权的现状，无法系统回应本地社会秩序和社会服务需求。由此，乡镇、街道政府的工作在上级要求和本地需求之间往往"只有策略，没有战略"，勉力维系而非系统考虑，呈现出策略主义的"维控型"政权特征。[②]

　　本研究尤其强调第二对关系与第一对关系的叠加效应——鉴于社会领域改革的系统性、长期性等特征，上述中央与基层政府的关系以及基

---

① 王伟同，徐溶壑，周佳音.县乡财政体制改革：逻辑、现状与改革方向［J］.地方财政研究，2019（11）：4－12.

② 欧阳静.策略主义：桔镇运作的逻辑［M］.中国政法大学出版社，2011：247.

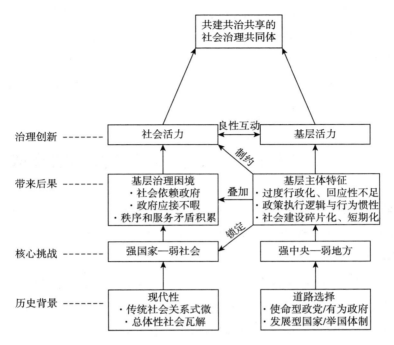

图0－5　从两对关系到"两个活力"的生成逻辑
资料来源：笔者自制。

层政府的政策执行逻辑和行为惯性恰恰是激发社会活力时所面临的巨大
约束。课题组过去几年来的大量实践观察表明，培育基层社会组织、促进
社区协商参与等激发社会活力的相关政策没有落到实处或可持续性较差。
其核心逻辑在于两方面。一方面，社会建设问题往往具有如下特征：①社
会具有相当综合的复杂性，尤其是以激发社会活力为目标的改革创新需
要系统工程而非政策拼凑；②社会领域政策的效果不易评估或需要较长
的时间才能看到结果，例如社会组织培育及其作用发挥、居民社区协商
习惯的形成等，都涉及意识和文化的重塑；③社会自主性的生成需要激
发社会内生动力，需要的是全新的，以催化、撬动为主要特征的"巧干"
能力。另一方面，前述中央与基层政府的关系造成的政策执行逻辑和基
层干部行为惯性则是：①"上面千条线、下面一根针"，基层政府在社会
建设领域的政策极为碎片化，不但主要回应上级要求，对本地问题也往

往头痛医头，脚痛医脚；②干部的任期相对较短、流动性强，在一个任期内要带来社会活力的明显增强殊为不易，由此要么对社会建设不够重视，要么追求政绩，投入大量资源做创新"盆景"，可推广性和可持续性差；③基于前述原因和"为民做主"的惯性，基层干部执行政策或搞创新时习惯过度介入社会发育过程，违背社会发育的客观规律。

三　主要经验：治理创新推动社会体制改革

课题组关于社会治理创新和社会体制改革的经验考察表明，中国社会体制改革整体呈现中央宏观指引下的"地方创新推动"和"增量变革"路径。

地方创新推动是指改革从地方到中央、从局部到整体、创新实践先于体制改革的发展路径，社会领域体制改革的这一趋势尤其明显。社会领域的治理问题与经济、行政领域的问题相比更易受地方文化、民情差异的影响，因此社会领域的治理创新实践更具地方性，一些经验和做法很难上升到全国层面。甚至我们可以看到，社会治理创新话语是强于社会体制改革话语的，中央倾向于不做顶层设计和统一的法律制度安排，而是限于发布指导性意见，以保障社会治理在统一体制和地方活力之间的平衡。通过增量变革渐进式实现社会治理现代化的阻力较小，是一条相对可行的改革路径。"增量变革"是与"存量改革"相对应的一个概念，是通过开拓新的治理领域（增领域）、培育新型治理主体（增主体）、构成新的治理平台（增结构）等方法，在传统的社会管理体制之外构建一个社会治理的"新区"，通过塑造共同的价值理念（共价值），让渡更多的公共治理空间（共空间）、建立共通的跨域评价机制（共评价）等机制来实现有效的共治。

具体而言，本书通过对激发社会活力与激发基层活力实践的研究，除得出在后文中分析的若干主要发现和结论外，就治理创新推动社会体制改革的共性经验有如下几点体会。

（一）政党统合对激发社会活力、重塑政社关系具有重要影响

党对社会组织和基层社会的政治统合是党的十八届三中全会以来国家社会关系领域所发生的一大明显变化。学者们倾向于认为政党统合代表国家权力向社会的重新进入，或对社会活力或基层活力带来紧张关系。然而本研究表明，党组织的政治统合所带来的影响是复杂的，并不必然带来社会空间的压缩、社会活力的减弱。例如社会组织党建改变了原有的政府监管体制——以双重管理体制为核心的保守型监管模式，通过重塑社会组织的制度环境和资源渠道改变了社会组织的行为，创造了一个以政治表现为标准的社会组织评价体系，形成了核心圈、外围圈两个不同的社会组织群体，致使大量社会组织竞争核心圈位置，在强化党领导的同时也减少了国家监管社会组织的成本。另外，本书第七章关于"社区活力指数"的定量研究表明，党组织的规模和作用发挥对社区活力有正向影响。这表明党组织在撬动社会参与、撬动社区自组织等方面可以发挥积极作用。

因此，政党统合对社会活力的影响取决于领导或统合的方式，党的领导并非掌控一切、单打独斗，而应是在发挥多元共治基础上的引领、协调、整合。实践还表明党的领导是政府治理、社会调节与居民自治良性互动的关键支柱——党建引领有助于破除治理碎片化，系统回应社会需求，提升社会治理整体性和战略性；党建引领有助于整合基层治理资源、增强基层政府和社区的治理能力，从而提升基层的活力。

（二）社会体制改革需要与其他体制改革路径协同

社会体制改革与经济体制改革、行政体制改革协同并进，是实现基层社会治理创新有效、可持续的宏观路径。改革之间的路径协同是地方治理创新可持续和有活力的重要保障，是课题组从顺德等地方社会治理创新案例考察中得出的重要经验。社会治理领域地方创新常见的败笔是塑造了一个昙花一现的"盆景"，人走政息、恢复如初。而课题组认为顺德自大部制和社会体制综合改革以来，以"两个活力"为内在目标的基层治理创新在总体成果上是非常稳固的。尤其是以大部制、简政强镇为

重点的行政体制改革是一个政府自我"革命"、自我限权的过程，基层活力和社会活力一旦被真正激发出来，就产生了可以自我维系、发展、创新的主体，并与政府治理形成某种权力平衡和良性互动。例如在佛山市顺德区，包括民间慈善团体、商协会组织、社会服务机构在内的社会部门已经形成一个相对完整、非常活跃的组织生态，它们并不完全依附于政府，甚至可以反过来推动政府吸收新信息、新理念，从而优化自身的生存环境；"简政强镇"以来向街镇充分赋权，再加上顺德区发达的民营经济和基层集体经济，使得基层街镇乃至村居具有相对独立的财政来源和社会资源体系，在资源上保障了基层和社会部门的活力。

（三）社会治理创新中激发基层活力与激发社会活力相辅相成

向基层政府、社区赋权与向社会分权缺一不可。在激发社会活力需要政府干预的前提下，响应中央政策而进行的社会主体性培育存在明显的实践悖论。即便引入社会服务机构来参与主体培育和社会建设有望更具专业性和系统性，但政府购买服务实践表明，专业社会服务机构由于过度依赖政府资源，反而也被行政逻辑所吸纳和分割，难以摆脱政策执行逻辑下碎片化、短期化的约束。要想消除政策执行逻辑对社会主体性生长和激发社会活力带来的障碍，则必须增强基层政府的自主性，从而增强对本土问题的回应性和地方治理的战略性、系统性。由此则落脚到改革乡镇、街道体制，向基层政府赋权增能，激发基层活力。而这正是中央政府在基层治理问题上推动改革的新趋势。①

社会的主体性生长和社区参与的公共意识生成是一个长期的过程，激发社会活力尤其是基层社会活力有赖于行政体系内部调整中央与基层政府关系，有赖于上级政府赋予基层政府更多的自主权和行动能力，唯有如此才能使基层专注于长期的社会发展目标。

---

① 2021 年 7 月，中共中央、国务院发布《关于加强基层治理体系和治理能力现代化建设的意见》，与 2017 年《关于加强和完善城乡社区治理的意见》相比，新的意见用"基层治理"替代"城乡社区治理"，增加了乡镇、街道体制改革相关内容。

（四）社会治理体系现代化和社会治理能力现代化相辅相成

多元共治的社会治理体系建立得再完备，若没有对应的治理能力做支撑，也很难按预期运转。治理能力现代化在城乡社区治理中不仅仅是法治化、科学化、精细化、组织化，对于直面社会和群众的政策执行者、基层干部来说，"催化""撬动"能力应该是需要普遍掌握的现代治理能力。党的十九大报告提出社会治理"四化"，即社会化、法治化、智能化、专业化，我们认为"催化""撬动"能力是其中"社会化"和"专业化"的延伸，在社会领域具有相当的普适性。

具体而言，"催化""撬动"的治理能力体现为激活社会精英、培育社会组织、撬动社会资源、塑造共治机制等政策工具的运用，以及基层干部掌握一套新的群众工作或社会工作方法。党和政府治理社会的抓手或干预手段与过去的惯性思维相比有一些根本变化：人——党建"引领"和党员先进性是真正的价值、行动引领而非权力包揽，对社区精英不仅要吸纳还要赋权；财——不再是无条件的资源配置，而要用有限的资源来撬动居民参与和公民责任；技术——降低意见表达、协商参与和绩效评估的成本；文化——挖掘本土文化和情感在基层社区共同体中的凝聚功能。

课题组倡导基层党政领导和社区干部针对这样一套理念和技能进行系统的组织学习。以成都经验为例，为了落实"还权、赋能、归位"的治理理念和方法，成都市委市政府先后开办了村政学院、社会组织学院和城市社区学院，对基层党政干部和社区工作者进行轮训，还通过挹注社区公共服务资金撬动基层干部和社区居民的实践学习。正因为有长期的组织学习过程，成都的基层社会才呈现出如今的活力。

（五）传统文化和情感在社会治理现代化中具有独特价值

课题组关于佛山、梅州、温州、杭州等地的案例研究无不表明，传统文化和乡土情感具有强大的生命力和社会治理功能，是构建基层社会治理共同体的重要资源，是中国特色社会治理体系的关键要素。本研究强调基层社会治理要注重传统性与现代性的协同，即整体上呈现出将传统治理资源与现代治理体系相融合的治理形态。现代因素强调"分"，通过分权和明晰责权形成社会治理的"活力"；传统因素强调"和"，通过整合与协商共治形成社会治理的"合力"。佛山、梅州等地较好地将基于乡土情怀和文化认同的社会关系、慈善资源和内聚力整合到社会分权、公民参与、依法自治等现代治理框架中。"乡情"的引入有力地支撑了基层社会的自治和共治，补充了法治和德治，并为"共建共治共享"的社会治理格局增加了"共荣"的精神动力和文化内涵。

四　中国特色：对中国社会体制改革的系统思考

（一）美好生活：中国特色社会体制改革的价值取向①

社会体制改革自党的十八届三中全会起开始进入顶层设计阶段，随后其整体思路一直处于探讨、摸索状态，但时至今日，无论学界还是重要政治、政策文件对社会体制改革的总目标都尚无完整、清晰的表述。结合党的十九大关于"美好生活"和党的二十大关于"中国式现代化"的论述，我们认为中国社会体制改革的价值取向在新时代超越了国家层面的经济发展与物质财富增长，超越了社会层面的公平正义，落脚到以人的全面发展为目标的"美好生活"，包含民生、秩序、活力等具体面向。

我们认为"美好生活"至少包含了四个方面的重要思想。第一个重要思想是超越资本主义。资本主义为人类创造了巨大的物质财富，推动了科技进步和社会文明进步，改革开放以来我国所取得的巨大成就中有许多归功于现代资本和市场经济，而且我们已经走到了资本主义的前面，产业资本主义、金融资本主义、商业资本主义都已经被我们甩在了后面。这是不可否认的成就，但同时也带来了一系列重大的问题，包括贫富差

---

①　部分内容参见：王名，李朔严. 十九大报告关于社会治理现代化的系统观点与美好生活价值观［J］. 中国行政管理，2018（3）：60-63.

距的扩大，也包括各种社会问题和精神、心理等方面的问题。现在不是简单地否定资本主义，而是如何超越资本主义的问题。第二个重要思想是超越国家主义。我们正在走向慈善型国家，超越欧洲的福利型国家。政府购买服务是这样，2015 年的股灾救市也是这样。什么是慈善型国家？就是国家经济和社会活动超出了主体利益边界。现在大规模开展的购买服务、精准扶贫，包括"一带一路"，都可理解为慈善型国家的表征，因为它们都超出了国家利益的边界，不再是政府职能范围内的事情。我们的教育、社保、就业，包括精准扶贫，有相当一部分超出了政府职能范围。政府对股灾的强力介入，也是公益行为，不是传统意义上的政府行为，属于慈善型国家行为，超出了原有的国家边界。第三个重要思想是回归人民中心。在党的十九大报告中，"人民"是出现频率最高的一个概念，出现了两百多次，其中引人注目的是一再强调以人民为中心。这里的"人民"不是作为集体的政治化的虚构的人民，而是拥有权力的、真实的、有着美好生活追求的人民，是有血有肉的、活生生的、扎根于现实生活的人民，包括了现实生活中的各个社会阶层。第四个重要思想是人的全面发展，它是"美好生活"价值观里最核心的思想内涵。人的全面发展是马克思主义的基本观念，马克思关于共产主义的最重要的理想，就是人的全面发展，它包括人的劳动活动的全面发展、能力的全面发展、社会关系的全面发展、人的需要的全面发展和整个人类的全面发展，其核心是提高人的生命价值。其实人的生命价值是有层次的。现代科学的研究越来越证明这一点。人的全面发展是指人作为一个完整的人，最终占有自己的本质，代替那存在阶级对立的旧社会。未来社会是以每个人的全面而自由的发展为基本原则的社会，这是关于"美好生活"的一个重要注脚。恩格斯讲道："我们的目的是要建立社会主义制度，这种制度将给所有的人提供健康而有益的工作，给所有的人提供充裕的物质生活和闲暇时间，给所有的人提供真正充分的自由。"① 提高人的自由度，这

---

① 　马克思，恩格斯. 马克思恩格斯全集（第 28 卷）［M］. 人民出版社，2018：652.

是"美好生活"的一个终极目标。

在"美好生活"的价值取向下，与经济体制改革的目标是实现更优的资源配置和财富增长相比，社会体制改革的目标存在民生、秩序、活力三个面向，它们分别对应社会服务、社会治理、社会组织三个具体功能领域。在民生面向上，社会体制改革的目标是实现公平，即通过社会服务体制改革公平地实现人的生存与发展权利，与经济体制改革实现效率和社会总财富增长的目的不同，社会体制改革要使全社会成员共享改革发展的成果。在秩序面向上，社会体制改革的目标是实现公正，即通过社会治理体制改革使社会成员的诉求和利益得到充分表达和公正伸张，进而保障社会关系的和谐与社会秩序的稳定。在活力面向上，社会体制改革的目标是实现人的自由与自主发展，即通过社会组织体制改革保障社会成员的结社权与社会资本积累，进而激发社会活力、培育社会自治。①

（二）美好社会体制：中国特色社会主义体制改革的目标

在主体间关系安排层面，社会体制改革目标是回答不同主体在社会建设中扮演什么样的角色。我们认为中国社会体制改革的总目标是建构"中国特色的社会主义美好社会体制"。与"中国特色的社会主义市场经济体制"相对应，"中国特色的社会主义美好社会体制"的根本特征是：社会组织、公民等社会主体在中国共产党的领导下，在法治和政府的宏观调控下，在社会资源配置（包括社会服务与社会治理中的物质、人力和社会权等资源）中发挥作用。"中国特色的社会主义美好社会体制"呈现的是在社会主体性充分发育基础上，社会建设领域中的一种国家与社会关系形态。建构"中国特色的社会主义美好社会体制"存在以下几个

---

① 值得说明的是，在社会体制改革既有的文献和文件中，我们往往只能看到民生和秩序两个面向，而作为社会体制改革重要内容的社会组织体制改革往往只有工具性目标，培育社会组织或激发社会活力被看作实现民生和秩序目的的优良手段。此处特意将"活力"作为与民生、秩序并列的面向是想强调与之相关的社会活力激发、个体的自由与个性发展以及社会自治本身也是社会体制改革的目的。

关键条件。一是社会主体性的充分发育，具体包括：存在大量的、多样化的、有活力的社会组织；存在开放自由的公共领域，使社会保持与政府的双向互动；公民精神普遍存在，社会成员拥有获得广泛认同的权利意识和公共事务参与热情。二是中国共产党的组织力和领导力得到不断强化，能充分凝聚全社会共识和发挥协调政社关系的政治功能。三是法治和社会资本衍生出的道德规范成为调节社会关系（包括政社关系）的基础性力量。四是在政社分开的基础上，社会与政府具有倾向于分工合作的共识和黏结机制。

与西方社会体制相比，社会主义美好社会体制的中国特色体现在如下两个方面：一是在治理的主体上，坚持中国共产党的领导，发挥政策的关系协调、整合功能；二是在治理的机制或规则资源上，中国传统文化和现代性有机融合。

将社会体制改革与经济体制改革、政治体制改革一起放在"现代国家治理体系"的宏观框架下来审视，现代的社会主义美好社会将与经济体制改革、政治体制改革后确立的市场主体和现代政府一同成为现代国家治理体系的三大支柱。

（三）三大改革：中国特色社会体制改革的主要任务

关于社会体制改革的主要任务，不同研究者强调了社会体制改革的不同方面。如丁元竹教授强调了完善收入分配制度、完善社会组织管理体制、完善社区治理、推进事业单位改革、扩大社会中等收入阶层规模五个方面。[①] 国家发改委社会发展研究所提出的主要任务包括健全基本公共服务体制、构建新型社区管理体制、建立现代社会组织体制、完善公共安全体制、健全社会诚信机制五个方面。党的十八大报告和党的十八届三中全会《关于全面深化改革若干重大问题的决定》则均涉及基本公共服务、社会治理体制、社会组织三个方面。

根据上述建构中国特色的社会主义美好社会体制，服务于民生、社

---

① 丁元竹．实现社会体制改革目标的着力点［J］．前线，2011（1）：14－15.

会秩序、社会活力三重价值的总目标，并考虑现有社会主体的形式和改革重点，我们将社会体制改革的主要任务分解为社会组织体制改革、社会服务体制改革和社会治理体制改革三大相互关联、相互促进的主要任务。① 第一任务是社会组织体制改革，其目标是建构"政社分开、职责明确、依法自治"的现代社会组织体制，把"组织"还给社会；第二任务是社会服务体制改革，其目标是建构主体多元、机制灵活、广覆盖、多层次的现代社会服务体制，把"服务"还给社会，关键点在于改革现行事业单位体制；第三任务是社会治理体制改革，其目标是建构反应敏捷、源头化解的现代社会治理体制，把"治理"还给社会，关键任务是改革人民团体体制和城乡社区治理体制。

三大任务中，如果说社会组织体制改革是要培育社会主体的增量，则事业单位和人民团体改革是向社会释放空间并开发社会活力的存量。如果说没有社会组织体制改革就没有社会组织的快速发育、生长，就缺少主体来承接政府转移出来的社会服务和社会治理职能，那么没有事业单位改革、人民团体改革和社区治理体制改革，社会组织就缺乏成长的空间和公平竞争的环境，也缺乏社会组织有序整合以及社会系统向政治系统有序表达、反馈的途径。因此三大任务互为条件、相互促进，三位一体、同时推进才能建构真正有活力、有序的社会。

1. 社会组织体制改革

社会组织体制改革的目标是建构"政社分开、职责明确、依法自治"的现代社会组织体制，把"组织"还给社会。党的十八大报告明确提出"加快形成政社分开、权责明确、依法自治的现代社会组织体制"，在现代社会组织体制的属性中，"政社分开"是要确立社会组织的独立性和主体地位，强调政府要充分让渡空间，向社会组织放权，不直接干预社会组织的运作；在"政社分开"的前提下确保"职责明确"，使政府、社

---

① 本书聚焦于对其中社会组织体制改革、城乡治理改革方面的案例研究与探讨。尽管如此，此处也在更宏观的视野下提出事业单位、人民团体等方面的相关改革议题。

会组织、社会组织管理部门之间边界清晰、责权明晰，相互合作但不错位、不越位；"依法自治"一方面强调社会组织要在法律及其章程指导下自我管理、自我运作，另一方面则强调政府对社会组织应坚持依法监管而非行政干预，以充分发挥社会组织的主体性和自治活力。

建构现代社会组织体制要处理三个层面的关系，完成三个层面的主要任务。第一个层面是处理政府与社会组织的关系，建构现代的社会组织管理体制、合作体制和培育体制。社会组织管理体制改革的方向是从入口监管向过程监管、从组织监管向行为监管、从行政预防向依法追惩转变，形成"统一登记、各司其职、协调配合、分级负责、依法监管"的社会组织管理格局。在政社分开的前提下，政社合作体制建构的内容包括政社边界的界定、政府职能的转移，以及政府购买社会组织服务、社会协同治理等关系的建立等。建构社会组织培育体制则是在初期社会组织发育不足、尚无能力承接政府转移出来的职能、不能充分发挥自治功能的背景下，充分发挥政府引导、培育作用而做出的安排，包括落实或确认社会组织培育的主体，建立政府投入、社会化参与的社会组织孵化平台，出台各类社会组织扶持政策等。第二个层面是处理社会组织与社会之间及社会组织之间的关系，建构起社会组织的社会问责体系、自律体系和相互支持的社会组织内生发展体系或生态系统。从政府角度，需要协助建立起完善的公益组织信息披露、公益责任追究、公益权利救济等方面制度，并重点培育社会组织生态体系中的枢纽型、支持型组织，引导社会资源和权力在社会组织生态系统内部的合理流动和运行。第三个层面是处理好社会组织的内部关系，引导或帮助社会组织提升能力，建立起合理的内部治理结构，形成良好的公益文化。法律在尊重社会组织多样性的同时，应对具有广泛社会影响的社会组织在治理结构方面有基本要求，同时政府在促进社会组织的能力建设、营造良好的社会组织文化方面发挥引导作用。

社会组织体制改革是社会体制改革的基础，居于核心地位，应该最早、最快启动，所以我们将其称为社会体制改革的第一任务。社会组织体制改革的战略地位源于其需求的紧迫性和与社会体制改革总目标的直接相关性。需求的紧迫性体现在新的社会服务需求和新的社会矛盾越积越多，政府已经没有能力来很好地回应，急需社会主体的介入，以降低门槛、放松管制、强化扶持为特征的社会组织体制改革是培育新主体的第一步。与社会体制改革总目标的直接相关性体现在，丰富、多样化、具有自治功能的社会组织是社会主义美好社会的主体，是中国特色社会主义美好社会体制的基础条件。

2. 社会服务体制改革

为了强调保障人的生存与发展权利、调整分配格局、解决社会问题的特定社会目的，本研究采用"社会服务"这一概念而未采用"公共服务"概念。与公共服务相比，社会服务仅包含公共服务中社会性服务部分（基础设施、国防外交等公共服务不包括在内），并超越政府提供的基本公共服务而包含针对特定群体的更多元化、个性化的社会服务。在这一目的下，课题组将"社会服务"具体界定为为社会或他人提供满足某种需求的福利性、公益性和便民利民服务，包括两部分：一部分是以全体社会成员为对象、以社会性社会服务为重点的基本公共服务（包括义务教育、基础医疗卫生、基本社会保障、就业服务等）以及各种便民利民服务；另一部分是为老年人、残疾人、无依靠儿童等弱势群体为对象提供的福利性社会服务以及以特定人员为对象提供的超出基本公共服务范围的高端、个性化服务。①

社会服务体制是以提供良好的社会服务为目的的主体（组织体系）和制度安排。社会服务体制在内涵上则包括横纵两个维度：横向上，包括政府间关于社会服务提供的合作关系，政府与市场组织、社会组织间关于社会服务供给的制度安排，城乡间关于社会服务存量的资源配置；纵向上，包括中央和地方政府之间关于基本公共服务的职能定位、财权

及事权划分，以及与之对应的公共服务责任体系、领导体系、监督体系等。①

　　社会服务体制改革基于社会需求日益多元复杂和全能型政府消退的现实背景。因此社会服务体制改革要解决的主要问题是实现两个转向：一是由单一、垄断性的社会服务转向多元、竞争性的社会服务，提高社会服务效率；二是由统一的基本社会服务转向多样化、多层次的社会服务，拓展社会服务的范围，满足多元化的需求。这两个转向要求社会服务主体多元并分工合作。主体多元强调激发社会主体活力，鼓励社会组织和社会公众参与公益事业和社会服务，不再以政府举办事业单位为主要的社会服务提供方式。分工合作一方面指主体之间各有侧重、分工协作，如政府提供基本公共服务，社会主体提供更个性化、多元化的社会服务；另一方面是指区分社会服务的提供者和生产者，政府不需要作为服务的直接提供者，而是与社会主体以契约方式明确职责、分工合作。

　　在上述背景和原则下，我们认为社会服务体制改革的目的是：建构主体多元、机制灵活、广覆盖、多层次的现代社会服务体制，把"服务"还给社会。其中，事业单位改革在社会服务体制改革中居于核心地位，因为它是我国当下公共服务供给体制的主要载体，数量巨大，在改革中面临很大的制度惯性阻碍。主体多元强调社会服务的市场化、社会化，使多元主体参与公共服务和个性化社会服务的供给，其中社会组织应成为提供社会服务的基本主体；机制灵活强调主体之间的分工合作，尤其是社会服务的供给机制多样化，包括政府购买社会组织服务或资助社会组织提供服务等；广覆盖、多层次则强调在社会服务效果上一方面要满足基本社会服务均等化，另一方面拓展社会服务的层次，鼓励个性化、多元化社会服务以满足更多元化的需求。

　　在上述改革目标下，社会服务体制改革的主要任务包括三方面。一

---

① 参考其他学者关于公共服务体制的表述。见陈振明，刘祺，邓剑伟. 公共服务体制与机制及其创新的研究进展［J］. 电子科技大学学报（社科版），2011（1）：11－17.

是明确政府在基本公共服务中的责任主体地位，强化对社会服务的公共财政投入。基本公共服务是建立在一定社会共识基础上，由政府主导提供的，与经济社会发展水平和阶段相适应，旨在保障全体公民生存和发展基本需求的公共服务。应在服务型政府理念下，明确各级政府提供社会服务的职责，并形成与之相适应的资源投入体系。二是推进事业单位分类改革，激发公益性事业单位活力，并打破以事业单位为单一载体的社会服务供给体制。应跳出事业单位本身，从社会服务体制改革的全局来审视事业单位改革，打破事业单位在传统社会服务提供中的垄断地位，通过外部竞争激发其活力。三是扩大社会服务体制中的社会力量参与范围。要提高社会力量在基本公共服务提供中的参与水平，鼓励社会力量拓展领域，提供多样化的社会服务。

3. 社会治理体制改革

社会治理体制改革是以秩序为导向的改革，是社会管理理念的提升。党的十八届三中全会提出"加快形成科学有效的社会治理体制，确保社会既充满活力又和谐有序"，"创新社会治理，必须着眼于维护最广大人民根本利益，最大限度增加和谐因素，增强社会发展活力，提高社会治理水平，全面推进平安中国建设，维护国家安全，确保人民安居乐业、社会安定有序"，并就创新社会治理提出几方面任务，包括：改进社会治理方式、激发社会组织活力、创新有效预防和化解社会矛盾体制、健全公共安全体系。

完整的社会治理体制涉及各级党委、政府、人民团体、居民自治组织，各类社会组织和企事业单位等各类主体的共同作用。改革开放以前，社会治理活动较大程度上依赖于单位、人民公社以及其中的党团组织；改革开放之后人们从单位人、公社人变成社会人，社会矛盾在经济改革带来的不平等中日益积累，而社会治理功能却过度集中到基层党委、政府，造成大量社会问题和利益诉求得不到及时回应，从而引发社会矛盾。社会治理体制改革即是在这样的背景下提出的。

在上述背景下，从治理主体角度结合社会体制改革的总目标和党的十九届四中全会关于社会治理体系的表述①，我们认为社会治理体制改革的目标是：改革人民团体体制和城乡社区治理体制，激发社会活力，建构以政府治理和社会调节、居民自治良性互动为基础，以法治为保障、科技为支撑的反应敏捷、源头化解的现代社会治理体制，把"治理"还给社会。上述目标体现出社会治理体制改革的整体方向是从党政主导转向依靠法治和社会自治力量。新的社会治理体制中发挥作用的除了政府的行政治理体系（如行政复议、信访）外，还包括：横向的统战体系，以不同界别的人民团体为主；纵向的体制内单位和社区基层治理体系；法治得以发挥基础调节功能的司法体系；各类社会组织、个人等社会自治主体；政治维稳体系，依靠组织的、思想的渠道。

　　基于上述目标，社会治理体制改革需要完成以下主要任务。一是使道德、社会规范和法治在社会治理中发挥基础性作用，减轻行政调节的压力。具体任务包括：①加强全民思想道德建设，加强社会公德、职业道德、家庭美德、个人品德教育，培育自尊自信、理性平和、积极向上的社会心态，引导人们自觉履行法定义务、社会责任、家庭责任，自觉维护社会秩序。②推进以行业规范、社会组织章程、村规民约、社区公约为基本内容的社会规范建设，充分发挥社会规范在协调社会关系、约束社会行为、保障群众利益等方面的作用。③完善司法维权体系，开展普法教育，降低法律维权成本，鼓励维权服务组织的发展，使社会成员在矛盾纠纷无法通过社会渠道调解时，首先想到通过法律的方式解决，而非事无巨细都"有事找政府"。二是改革人民团体体制，使其真正具有

---

① 2019 年 10 月 31 日中国共产党第十九届中央委员会第四次全体会议审议通过了《中共中央关于坚持和完善中国特色社会主义制度、推进国家治理体系和治理能力现代化若干重大问题的决定》，提出"完善党委领导、政府负责、民主协商、社会协同、公众参与、法治保障、科技支撑的社会治理体系，建设人人有责、人人尽责、人人享有的社会治理共同体"。针对基层治理格局提出"完善群众参与基层社会治理的制度化渠道。健全党组织领导的自治、法治、德治相结合的城乡基层治理体系，健全社区管理和服务机制，推行网格化管理和服务，发挥群团组织、社会组织作用，发挥行业协会商会自律功能，实现政府治理和社会调节、居民自治良性互动，夯实基层社会治理基础"。

群众代表性，直接参与社会治理或在党和政府与人民群众之间发挥意见整合与双向表达的功能。人民团体体制是从战争年代开始，党和政府进行社会动员、密切联系和管理群众的一种基本体制。通过工会、共青团、妇联、工商联、科协、文联等20多个系统的700多万家各级人民团体，党和政府有效地保持了与各类人民群众的联系，进行了全面、有效的社会动员、整合和意识形态建构。然而随着时代的变迁，在原有功能和定位不能及时调整的情况下，人民团体的整合与治理功能逐渐失灵。各级工会、共青团、妇联等人民团体应该通过自身的转型和改革真正起到代表群众、联系群众的作用，促进利益表达和社会关系协调，化解社会矛盾。三是改革基层社区治理体制，真正发挥居民自治功能。社会治理的重心在基层，社会治理体制改革也必须落实到城乡基层社区治理体制改革。

（四）双向结合：中国特色社会体制改革的宏观路径

首先，中国社会体制改革需要走一条自下而上的治理创新与自上而下的法治保障相结合的宏观路径。鉴于我国地方发展不平衡，各地社会关系和文化传统差异较大的现实，社会体制尤其是社会治理体制的改革创新重心首先要在基层。不同于经济体制改革要建立全国相对统一的、有活力的市场，社会体制改革尤其是社会治理体制改革有很强的地方性，要因地制宜，各种模式并存。在确保各地的差异性、自主性的基础上，通过中央立法或中央政策来推动创新扩散。

其次，社会体制改革的三大任务不可能在短期内实现，而是需要一个在未来很长一段时间内相互关联、协同，而又层次递进的过程。相互关联、协同要求三大任务同时开启才能相互促进。如，没有社会组织体制改革就不可能有社会组织的快速发育、生长和功能发挥，从而无法承接政府转移出来的服务，无法建构现代社会服务体制；而没有社会服务体制改革，政府就不会转移职能，不能给予社会组织成长的空间和动力，社会主体缺乏自然导致难以确立现代社会组织体制。因此二者是互为条件的，必须共同启动，即政府不能寄希望于社会组织完全发育成熟时才放手，社会也不能等待体制完全健全后才成长。层次递进则体现在三大任务具体实现的难易程度不一，应有轻重缓急，循序渐进。如前述现代社会组织体制的建构需要分政府主导和社会主导两大阶段来分步骤实施，不能揠苗助长、急功近利。另外，改革需要勇气、智慧，如事业单位改革面临非常复杂的既有利益群体，进展非常缓慢，但这并不妨碍从新出现的一些社会服务领域入手，鼓励社会力量参与，当政府购买社会力量服务的制度、机制成熟，社会组织充分发展之后，可以进一步促进传统社会服务领域中不同社会主体间的竞争，从而推动事业单位改革。再如人民团体体制改革面临政治考虑，不易推进，但也可以先从其中政治敏锐性相对较弱的一些团体、基层团体入手，或从地方试点入手。

同市场领域的体制改革一样，社会体制改革作为一种自上而下的顶层思路，释放出了强烈的改革信号，接下来要期待波澜壮阔、自下而上的地方实践与之互动，共同实现"国家治理体系和治理能力现代化"和"美好生活"的宏大目标。

五　本书的结构及内容概要

本书除 1 篇导论外，主体部分共 3 篇 15 章内容。

导论部分围绕本书的研究命题进行系统阐述。在叙述研究背景和文献综述的基础上提出本书重点聚焦的四个问题，交代研究思路、分析框架、研究方法及过程；围绕激发"两个活力"说明研究假设和问题意识；以研究心得的形式简要整理通过本研究所看到的具有共识性的若干主要经验；讨论围绕中国特色思考的主要问题；最后交代本书的基本框架和内容概要。

本书的主体部分及其内在逻辑体现在 3 篇 15 章的结构安排中。其整体逻辑基于图 0 - 2 研究框架中的经验研究部分展开，表现为激发"两个活力"和相应的法治保障。"两个活力"与"法治保障"的逻辑关系在于：社会体制改革的整体变迁是由治理创新推动的局部变革累积而成，经由自上而下的政策及战略确认转化为相应的法律制度，形成法治保障；尽管不存在初始意义上的、以法律制度为核心的顶层设计，但宏观层面逐步完善的战略思想肯定并确认了实践中的治理创新与体制改革，从而形成具有宏观指导意义的顶层设计，创新和改革的实践又不断提出制度建设和政策创制的要求，从而提供相应的制度保障。

基于上述逻辑的篇章结构安排如下。

第一篇"社会活力篇"，以与社会组织相关的社会治理创新和体制改革为经验研究对象。这一篇的内容体现了课题组开展实证研究的主要发现和得出的重要结论，共由 6 章构成。第一章讨论党对社会组织的政治统合如何催生了党社关系这一具有重大意义的制度创新；第二、三、四、五章分别聚焦于基金会、社会服务机构、商协会、志愿服务团体这几种最具活力的社会组织，探讨其改革发展如何激发了社会分配活力、社会服务活力、行业治理活力及志愿参与活力，进而带动了社会体制层面的改革创新；第六章在深入开展实证比较研究的基础上提高到理论层面，提出激发社会活力的关键在于政社合作，而政社合作的核心机制在于能力专有性。

第二篇"基层活力篇"，以与城乡基层社会治理相关的创新实践为经验研究对象。这一篇的内容体现了课题组开展实证研究的主要发现和得出的重要结论，共由 5 章构成。第七章围绕基层社区治理创新如何在党的领导和政府支持下激发社区活力问题，从"社区活力"及其指标体系入手，分析了全国性问卷调查、一个综合性社区个案和两个城市比较的实证案例；第八章提出"乡情治理"的范畴，探讨基层活力的社会基础；第九、十两章分别聚焦于城市社区和乡村社区，从里仁驱动社会资本、发挥乡贤和乡村自组织作用两个方面，探讨在基层治理中如何激发城乡基层活力，进而带动城乡社区治理创新；第十一章关注新冠肺炎疫情防控下的风险危机治理案例，深入探讨社区治理体系的韧性及其来源问题。

第三篇"制度保障篇"，在前两篇实证研究基础上，立足当下进行制度和政策探讨，并面向未来表达我们的期待和展望。这一篇在内容上主要包括三个方面：首先，对体现在党的十九大报告特别是十九届四中全会决议中的整体战略与顶层设计加以梳理概括，整理出我们对此的学习心得和理解；其次，在全面理解中央关于社会治理现代化的战略思想与顶层设计的基础上，基于第一篇和第二篇的实证研究，站在制度设计的角度，用两章的篇幅分别探讨在激发社会活力和基层活力这"两个活力"方面，相应的法治保障和立法及政策建议；第三，作为本书的总结，归纳整个研究中的主要发现或观点，并将深化治理创新与社会改革的问题置于"中国道路"的更高维度上，表达对未来的期待。

第一篇　社会活力篇

激发社会治理创新的第一个活力，即激发社会活力，改革和创新社会组织管理体制，加快形成现代社会组织体制。其目标在于建构"政社分开、职责明确、依法自治"的现代社会组织体制，把"组织"还给社会。激发社会活力是整个社会体制改革的基础，居于核心地位，应最早、最快启动，所以我们将其称为治理创新与社会体制改革的第一活力，也将其作为第一篇的对象。

本篇的内容体现了课题组开展实证研究的主要发现和得出的重要结论，共由六章构成。第一章讨论党对社会组织的政治统合如何催生了党社关系这一具有重大意义的制度创新；第二、三、四章分别聚焦于基金会、社会服务机构、商协会这三种最具代表性的社会组织，探讨其改革发展如何激发了社会分配活力、社会服务活力和行业治理活力，进而带动了三种体制层面的改革创新；第五章聚焦志愿服务团体，通过案例研究的方式系统呈现非正式组织这一形态在治理创新中起到的独特作用；第六章在深入开展经验研究基础上，将关注点提高到理论层面——激发社会活力的关键在于政社合作，而政社合作的核心机制在于能力专有性。

综合本篇六个章节的讨论，我们认为：从社会体制改革的整个历史进程来看，由第一活力所推动的社会组织体制改革，其主要作用可概括为"增大"、"增效"、"带动"和"倒逼"四个方面。具体而言：一是要"增大"社会组织，作为未来中国特色社会体制改革的核心主体，社会组织体制改革首先是要解决社会组织的数量和规模问题，既要让社会组织"活"起来又要让社会组织"多"起来。二是要"增效"社会组织，作为实现社会体制改革"民生、秩序、活力"三重目的的基础力量，体制改革的关键是要培育发展社会组织在社会服务和社会治理中的主体作用，使之在有利于社会进步的同时，更能尊重人的个性发展，促进结社自由，更好地激发社会活力和公民的主人翁责任感。三是要通过社会组织体制改革，"带动"社会服务体制改革和社会治理体制改革，此两项改革乃至社会整体的革新均有赖于社会组织体制改革所释放出来的活力。四是最为关键的，社会组织体制改革释放出来的社会活力，将"倒逼"既有事业单位体制、人民团体制度等的革新，从而全面推动和深化社会体制改革的进程。

第一章
党的领导与新型政社关系的建构[*]

党的十九届四中全会提出要"建设人人有责、人人尽责、人人享有的社会治理共同体",党的二十大报告强调"健全共建共治共享的社会治理制度"。在中国式现代化国家治理体系中,政府、企业、社会组织与公众等多元主体共同参与是构建共建共治共享社会治理格局的必然要求。社会组织的高质量发展离不开完善的制度构建,而党建在其中无疑起着最核心的作用。党对社会组织的政治统合是党的十八届三中全会以来国家社会关系领域所发生的一个重大变化。课题组在调研中密切关注这一具有重大意义的制度创新,一方面从理论上思考其对社会体制改革中政社关系的影响,另一方面选择跟踪一些典型案例,对其中党领导社会带来的政社关系的变化进行深入观察和分析。

调研发现:政党统合改变了传统的以双重管理体制为核心建构的保守型监管模式,通过重塑社会组织的制度环境推动社会组织行为的变革和创新。一方面,政党统合创造了一个以政治表现为标准的评价社会组

---

　* 本章相关内容发表于《经济社会体制比较》2021 年第 2 期,题目为《政党统合与基层治理中的国家—社会关系》,作者为李朔严、王名。

织的体系，形成了核心圈、外围圈两个不同的社会组织群体。另一方面，通过创造资源渠道和强化政治吸纳两个机制对不同圈层的社会组织给予分类奖励。这两方面的共同作用导致大量社会组织竞争核心圈位置，使社会组织产生主动向体制靠拢的积极变化，在政党统合的过程中逐渐形成了一种新型的政社关系，即党领社会下的党社关系建构，这是深化改革与现代社会组织体制建构的创新实践中值得高度关注的战略取向之一。

第一节　政社关系问题的由来与演变

（一）传统体制下政社关系的扭曲

我国传统的社会组织双重管理体制，是由登记管理机关和业务主管单位分别行使对社会组织的监督管理职能，严格限制社会组织通过登记注册合法化。这种管理体制的重点在于限制发展和分散责任，一方面通过双重准入门槛限制社会组织获得合法身份，从而限制其活动和发展；另一方面通过不同政府部门（或政府授权的单位）分别负责的双重体制分散权力，从而分散社会组织活动可能带来的政治风险。双重管理体制产生于 20 世纪 80 年代，是在计划经济体制下国家在对社会团体归口管理的实践中形成的一种制度安排，在后来陆续颁布的关于社会团体、民办非企业单位和基金会的法规中以法律法规的形式得以强化，逐步发展成为我国社会组织管理的一项基本的制度安排。

在双重管理体制基础上形成的法律政策环境，总体上不利于社会组织的发展。过度强调登记注册的审批把关，在限制社会组织合法化的同时，忽视了培育发展和监督管理，一方面使得大量的社会组织被拒于合法登记的门槛之外，另一方面对获准登记的社会组织缺乏必要的政策支持和引导，对其行为的制约和监管也极为有限。由于获得合法身份的门槛太高，越来越多的社会组织转而采取工商注册的形式，或者在其他党政部门的支持下取得各种变相的合法形式。

双重管理体制在建构了很高的社会组织合法性门槛的同时，形成了扭曲的国家社会关系。① 研究发现，虽然国家对社会组织发展的制度环境发挥着决定性的作用，但并不意味着社会组织只能被动接受制度安排，在策略得当的情形下，其自主性依然存在。② 出现这种复杂关系很大程度上是由于双重管理体制对社会组织的影响具有两面性。一方面，业务主管单位在约束社会组织行动的同时，也为其提供了生存发展的必要资源与合法性，③ 同时社会组织可利用这一制度关联所构建的政策网络推动政策的变迁。④ 另一方面，政府主动让渡权威注定了社会组织要面临不同部门所释放的"混合信号"，而这也赋予了社会组织行动的空间。⑤ 诸如"不完全合作""利益契合"等框架正是社会组织能动性的典型体现。⑥ 这些微观层面的证据都体现出国家社会关系的变形和扭曲。

即便如此，这些所谓的社会组织的策略很大程度上依赖于情境，并不能从根本上改变"强国家、弱社会"的基本格局。一方面，大量的社

① 王诗宗，宋程成. 独立抑或自主：中国社会组织特征问题重思 [J]. 中国社会科学，2013 (5)：50-66.

② 黄晓春，嵇欣. 非协同治理与策略性应对：社会组织自主性研究的一个理论框架 [J]. 社会学研究，2014 (6)：98-123；姚华. NGO 与政府合作中的自主性何以可能？——以上海 YMCA 为个案 [J]. 社会学研究，2013 (1)：21-42.

③ Zhan X, Tang S Y. Understanding the implications of government ties for nonprofit operations and functions [J]. Public Administration Review. 2016, 76 (4)：589-600；Zhang C. Nongovernmental organizations' policy advocacy and government responsiveness in China [J]. Nonprofit and Voluntary Sector Quarterly. 2017, 20 (1)：1-22.

④ Gallagher M. The limits of civil society in a late Leninist state [R]. Civil society and political change in Asia：expanding and contracting democratic space. 2004：419-52；Chen X, Xu P. From resistance to advocacy：political representation for disabled people in China [J]. The China Quarterly. 2011, 207：649-667；Teets J. The power of policy networks in authoritarian regimes：changing environmental policy in China [J]. Governance. 2018, 31 (1)：125-141.

⑤ 汪锦军，张长东. 纵向横向网络中的社会组织与政府互动机制：基于行业协会行为策略的多案例比较研究 [J]. 公共行政评论，2014 (5)：88-108；Mertha A. Fragmented authoritarianism 2.0：political pluralization in the Chinese policy process [J]. The China Quarterly. 2009, 200：995-1012；Stern R E, O'brien K J. Politics at the boundary：mixed signals and the Chinese state [J]. Modern China. 2012, 38 (2)：174-198.

⑥ 江华，张建民，周莹. 利益契合：转型期中国国家与社会关系的一个分析框架——以行业组织政策参与为案例 [J]. 社会学研究，2011 (3)：136-152；朱健刚，赖伟军. "不完全合作"：NGO 联合行动策略——以 "5·12" 汶川地震 NGO 联合救灾为例 [J]. 社会，2014 (4)：187-209.

会组织由于无法找到相应的业务主管单位而只能游走于法律的灰色地带，这极大限制了它们功能的发挥。另一方面，对于那些合法注册的社会组织，很多业务主管单位抱着"不出事"的态度，有着强烈的干涉社会组织内部运作的倾向，体现出一种保守的监管模式。① 而那些缺乏合法身份的社会组织，只能选择其他各种方式向体制靠拢，这反过来又加强了相关部门对它们的控制。这些都使得社会组织在与相关部门的博弈过程中处于完全的劣势地位，有些社会组织甚至主动采取自我克制的态度，采取"去政治化"的策略以获得相关部门的信任。②

然而，这种以管控社会组织为主要目标的传统管理体制在全面深化改革的背景下已越来越无法适应治理体系与治理能力现代化的目标。社会治理是一个多元参与、共同治理的过程，需要充分发挥多元主体的能动性，其中自然也包括社会组织。但是在双重管理体制下，来自外部的控制大大制约了社会组织作用的发挥，同时也加剧了政府相关部门与社会组织之间的紧张关系，条块分割的碎片化管理体制给予了社会组织很多行动的空间，让相关部门需要花更多的精力进行监管。另外，规模日益庞大的社会组织加大了政府尤其是地方政府的监管压力，很多时候相关机构只能对社会组织进行事前或事后的粗线条的监管，这不利于社会治理格局的健康发展。随着党的十八届三中全会后全面深化改革的推进，国家主动出台了一系列调整原有国家社会关系的举措。全会公报提出允许四类社会组织直接登记，以此为契机，从中央到地方都进行了对社会组织审批权限的改革，与此同时，中央更是大力推动政府购买服务，将大量公共职能转移给社会组织，开始出现政府与社会组织的调适

---

① Foster K W. Associations in the embrace of an authoritarian state: state domination of society? [J] Studies in Comparative International Development. 2001, 35 (4): 84 - 109.

② 唐文玉，马西恒. 去政治的自主性：民办社会组织的生存策略——以恩派（NPI）公益组织发展中心为例 [J]. 浙江社会科学, 2011 (10): 58 - 65; Spires A J. Contingent symbiosis and civil society in an authoritarian state: understanding the survival of China's grassroots NGOs [J]. American Journal of Sociology. 2011, 117 (1): 1 - 45.

性合作。① 这两方面的改革对传统的社会组织管理体制带来了深刻的影响。直接登记催生了很多没有业务主管单位的社会组织，而政府购买服务直接推动了社会组织数量的增长和资源渠道的多样化，反过来加大了业务主管单位的监管压力，在此背景下，如何在新形势下监管基层社会组织，发挥基层社会组织的能动性，就成为国家考虑的重点。②

而社会组织党建恰恰是解决这一问题的突破口。近年来，"党建引领"这一制度要素开始在中国社会治理的各领域发挥核心作用，比如在基层的跨部门协同、社区居民自治共治以及社区公共性构建方面，党建所扮演的角色越来越重要。这些改革创新探索一方面与党的十九大以来，党中央明确强调以提升基层党组织的组织力为重点，强化基层党组织领导基层治理的改革要求有关；另一方面也与党建治理机制蕴含的独特制度优势密切关联。在社会组织领域，2015 年 9 月中共中央下发了《关于加强社会组织党的建设工作的意见（试行）》，标志着社会组织党建作为一项全国性的政策被推广。这一举措不仅是新形势下强化党的领导的体现，也是国家主动对原有国家社会关系的再调整。党的十九大进一步明确加强党在各方面的全面领导。2017 年，《中共中央、国务院关于加强和完善城乡社区治理的意见》提出："充分发挥基层党组织领导核心作用。把加强基层党的建设、巩固党的执政基础作为贯穿社会治理和基层建设的主线，以改革创新精神探索加强基层党的建设引领社会治理路径。"党建成为社会治理特别是基层社会治理的核心话语。这与 2015 年出台的意见相呼应，共同为基层社会组织党建指明了方向。

（二）政党统合的逻辑及其带来的政社关系变化

政党作为一种精英的组织化形态，在当今政治生活的运作过程中发

---

① 汪锦军. 合作治理的构建：政府与社会良性互动的生成机制 [J]. 政治学研究，2015（4）：98 – 105；郁建兴，沈永东. 调适性合作：十八大以来中国政府与社会组织关系的策略性变革 [J]. 政治学研究，2017（3）：34 – 41.
② 童潇. 直接注册时期社会组织管理模式创新——社会组织管理体制改革面临的新问题及应对 [J]. 探索，2013（5）：144 – 149.

挥着不可替代的关键作用。[①] 强大的政党能够通过一系列的制度安排规范政治精英之间的冲突，有效地约束领导人的权力，从而做出有利于政党长远目标的计划。[②] 很多研究表明，强大的政党有助于推动经济增长，尤其是在后发国家从前现代到现代的转型过程中，政党所提供的政治权威更是保证国家政权稳定的重要基础。[③] 从革命年代走来的中国共产党，其行为意志既反映了社会，同时也在形塑着社会。很多研究指出了中国共产党的强大能力对于中国实现现代化的重要作用。从组织的面向来说，中国共产党能够通过党的严密的科层体系连接权责分散的官僚部门，规范政治精英之间的冲突，发挥党的领导和统筹作用。从社会面向来说，党组织的存在不仅强化了其政治动员的能力，还能通过吸纳体制外精英最大限度地调和不同阶层的利益，进而实现国家的超稳定结构。[④] 因此，政党统合从两方面对社会组织的制度环境产生不可忽略的重要影响。

政党对于传统社会组织管理体制的改变首先在于凭借共产党强大的整合能力消除了政府碎片化的特征。由于分级管理和条块分割的特点，中国不同政府部门之间往往呈现出一种复杂的关系。[⑤] 分散化的权力与职责同构组成了中国政府部门之间复杂而又精密的纵向与横向的网络。由于单一政府部门的影响力往往难以扩展至其他部门，在业务主管部门管理下运作的社会组织往往会受到上级单位制度结构的限制而难以发挥更

① Huntington S P. Political Order in Changing Societies [M]. Yale University Press, 1968.

② Coppedge M. Strong Parties and Lame Ducks: Presidential Partyarchy and Factionalism in Venezuela [M]. Stanford University Press, 1997; Cruz C, Keefer P. Political parties, clientelism, and bureaucratic reform [J]. Comparative Political Studies. 2015, 48 (14): 1942 – 1973.

③ Bizzarro F, Gerring J, Knutsen C H, Hicken A, Bernhard M, Skaaning S E, Coppedge M, and Lindberg S I. Party strength and economic growth [J]. World Politics. 2018, 70 (2): 275 – 320; Gehlbach S, Keefer P. Investment without democracy: ruling-party institutionalization and credible commitment in autocracies [J]. Journal of Comparative Economics. 2011, 39 (2): 123 – 139; Rao V. Democracy and economic development [J]. Studies in Comparative International Development. 1984, 19 (4): 67 – 81.

④ Gandhi J, Przeworski A. Authoritarian institutions and the survival of autocrats [J]. Comparative Political Studies. 2007, 40 (11): 1279 – 1301; Svolik M W. The Politics of Authoritarian Rule [M]. Cambridge University Press, 2012.

⑤ 周黎安. 转型中的地方政府：官员激励与治理 [M]. 格致出版社, 2008.

大的作用。这种分散单一的管理体制也不利于国家从总体上将社会组织纳入有序的规划设计，形成了"诸侯割据"和碎片化分割的态势。而政党统合则在很大程度上改变了这一点，政党通过在各个层级建立支部，形成了从中央到地方一层一层的金字塔式的权力结构，构建了极有效率的运行体制。党的十九大之后，党在政治生活中的全面领导地位不断被强调，不仅在党章中再次确立了党领导一切的原则，而且在之后的党的十九届三中全会上也对原有的党政机构进行了再调整，而社会组织党建恰恰是通过在社会组织中建立支部将其纳入整个党的（相关的部门）抑或是块上的组织（街道等），使之成为中国共产党整个体系中重要的一环。在党的统一领导下，社会组织不再处于碎片化的权力结构之中，而是被纳入统一的政党权力结构体系之中，成为可以被动员的重要社会力量之一。这一改革体现出中国共产党强大的整合能力，只有依靠党才能更好地消除政府碎片化的权力分布进而对社会组织进行有效监管。

如果说传统的监管模式更多是以"不出事"为主要目标的话，那么毫无疑问，在新时期国家更希望通过监管引导社会组织成为支持政权的主要力量。从结构上看，社会组织与国家机关呈现出"被监管—监管"的关系，如何使被监管者的行为符合监管者的利益一直都是组织社会学和管理学探讨的重点问题，其核心就在于解决信息不对称所带来的道德风险和逆向选择问题。[1] 正向激励和反向惩罚都是监管者可以使用的措施。相比于后者，前者往往能够起到更加积极的监管效果。因此时常可以看到，监管者往往会通过绩效考核、放权等手段来为被监管者提供正向的激励制度。[2] 这一原则也在政治学的"选举人团"理论（Selectorate theory）中得到了充分的体现。De Mesquita 等认为任何权力体系的运作都需要依靠少数人引导多数人，其核心精髓就在于对致胜联盟（Winning coalition）和实际候选人（Real selectorate）这两类人群的处理。前者离

---

① 周雪光. 组织社会学十讲［M］. 社会科学文献出版社，2003.
② 周黎安. 行政发包制［J］. 社会，2014（6）：1－38；周雪光，练宏. 中国政府的治理模式：一个"控制权"理论［J］. 社会学研究，2012（5）：69－93.

权力的中心位置更近，而后者相对较远。一方面，统治者需要通过奖励在换取致胜联盟认可的同时，激励实际候选人群体的竞争。另一方面，实际候选人群体的竞争会给致胜联盟以压力，因为这意味着他们很有可能因为表现不佳而被取代。因此，一个相对较小的致胜联盟和一个相对较大的实际候选人群体将有助于解决不同群体之间的利益不一致问题，从而促使致胜联盟与实际候选人群体向权力中心靠拢。[①]

　　这一机制在基层社会组织党建方面也得到了体现，在统一的金字塔式权力结构体系下，政党统合主要通过两个方面来改变社会组织所面临的激励环境。首先是创造了以政治表现为依据的社会组织分类标准。在传统双重管理体制之下，对社会组织的管理主要基于专业化的思路，比如要求社会组织的业务主管单位必须与社会组织的职能相关。这虽然有助于从专业性的方面减少管理社会组织的成本，但也使得统一评价社会组织变得艰难。更为重要的是，在双重管理体制下，大部分业务主管单位在很多时候以"不惹麻烦"为评价社会组织的一个标准，这种缺乏正面评价的底线监管模式不利于有效激励社会组织，反而会让社会组织时刻感受到来自外部控制的压力，造成了社会组织与业务主管单位的紧张关系。而政党统合则是改变了以专业化管理社会组织的传统思路，将社会组织纳入统一的结构体系并以政治表现这个统一的标准对其进行评价。通过争先创优这些党建活动的抓手，各级党委可以有效识别出不同政治表现的社会组织并将其分为不同的梯队，那些政治表现优异，在各项党组织活动中表现突出的社会组织，更容易引起上级党委的重视而进入评价体系的核心圈，而其余的社会组织则是在核心圈的外围，它们构成了边界清晰的两大群体。这统一了对社会组织的评价标准，也改变了以往的底线监管模式，为社会组织提供了一种正面的激励。

　　更为重要的是，在这一评价标准所形成的不同群体的基础上，政党

---

① De Mesquita B B, Smith A, Morrow J D, and Siverson R M. The Logic of Political Survival [M]. MIT Press, 2005.

又通过设计具体的制度来引导它们的行为，进而实现核心圈社会组织对外围圈社会组织的引导。这在实践中的表现主要有两个方面，一是创造资源渠道，二是强化政治吸纳。前者主要表现为在组织层面对社会组织给予资源上的支持，而后者则是在个人层面赋予社会组织领导人政治身份以改变其体制外身份。作为政治生活中的领导者，党能够最大限度地整合资源，超越条块分割的限制，助力社会组织的发展，比如很多学者发现党建使社会组织的资源渠道更加多样化，有助于其摆脱资源上的约束。① 另外，党可以通过分配政治权威来赋予社会组织领导人在体制中的位置，有学者就发现了被党政治吸纳的领导人往往能有更多的政治资本以及更强的资源动员能力。② 这两条机制是党对社会组织激励制度的具体设计，更为重要的是，这两方面的奖励并非对所有社会组织都一视同仁。毫无疑问，那些积极组织党建活动、贯彻上级党组织精神，表现优异的社会组织更容易获得更多的资源支持，其领导人也更有可能成为政治吸纳的对象，比如 2017 年底民政部出台的《关于大力培育发展社区社会组织的意见》中就提到要加强党对社区社会组织的领导，鼓励把社区社会组织中的优秀党员吸收到社区党组织领导班子中，这一规定实际上体现出了党会对处于核心圈的社会组织的政治吸纳。因此核心圈—外围圈这一社会组织的分类体系构成了这一套激励机制得以运作的前提，国家通过赋予少数核心圈的社会组织更多的资源和政治机会来引导更多社会组织的行为。

　　值得注意的是，虽然已有的研究已经指出了政府购买服务中的资源交换所引发的社会组织之间的竞争性关系在客观上改造了社会组织的生态，③ 但这一机制与政党统合下的核心圈—外围圈的分类存在以下几个方

---

① Thornton P M. The advance of the Party: transformation or takeover of urban grassroots society? [J]. The China Quarterly. 2013, 213: 1 – 18.

② 李朔严. 政党统合的力量：党、政治资本与草根 NGO 的发展——基于 Z 省 H 市的多案例比较研究 [J]. 社会, 2018 (1)：160 – 185.

③ 管兵. 竞争性与反向嵌入性：政府购买服务与社会组织发展 [J]. 公共管理学报, 2015 (3)：83 – 92；敬乂嘉. 从购买服务到合作治理：政社合作的形态与发展 [J]. 中国行政管理, 2014 (7)：54 – 59.

面的不同。首先，政府购买服务是通过社会组织之间的相互竞争来提高公共服务的质量，从本质上看是在简政放权的背景下以提高社会组织的专业性为目的，而政党统合则是在强化党的领导的背景下以提升社会组织对体制的认可度为目的。因此政府购买服务强调"申报""评估"等技术性细节，而政党统合则强调"党建""政治学习"等政治性活动。其次，从结构体系上看，政府购买服务并不能克服传统的碎片化的监管模式，相反，在政府购买服务的浪潮下，社会组织更容易与不同的政府部门加强联系，这大大弱化了原有的监管体制。而政党统合则是通过政党统一的金字塔式结构重新将社会组织纳入党组织的监管，实际上改变了原有分散化监管的局面。最后，从机制层面上看，政府购买服务更多强调通过创造资源渠道的方式来吸引社会组织，而政党统合除了创造资源渠道之外，同时也通过政治吸纳等其他方式对社会组织予以激励。这三方面的不同都让政党统合对社会组织的影响更加深刻。

政党统合通过改变社会组织的分类与激励体制重塑了社会组织所面临的制度环境，而这也进一步使社会组织的行为偏好发生变化。在双重管理体制下，由于业务主管单位的底线监管模式缺乏对社会组织的正向激励，业务主管单位时刻有插手社会组织内部事务的可能。在这一背景下，社会组织出于使命对自主性的追求造成了与业务主管单位之间的博弈关系，这种对体制的消极态度很大程度上增加了国家监管的成本。而政党统合则改变了这一局面，基于政治表现的分类和奖励体制在将划分标准可操作化的同时，也给予了社会组织正向的激励，这种激励机制使得社会组织主动向体制靠拢。核心圈的社会组织数量有限，而外围圈的社会组织数量众多，这直接导致了大量的社会组织竞争少量的核心圈位置以获得更多的资源和政治机会。

不仅如此，竞争激烈程度随着核心圈与外围圈社会组织的相对数量的变化而发生改变。一方面，较小的核心圈与较大的外围圈意味着机会的稀有，外围圈的社会组织必须表现得更好才有可能脱颖而出。另一方面，即便是核心圈的社会组织也时刻面临着压力，由于外围圈的社会组织数量巨大，核心圈的社会组织随时有可能因为缺乏竞争力而被取代。这两方面共同的作用改变了社会组织的行为偏好，在竞争程度合理的情况下，社会组织会更倾向于主动向体制靠拢，通过更好的政治表现来获得上级党组织的青睐。这种激励体制消解了原来社会组织摆脱国家控制的倾向，缓解了二者之间的紧张关系，让社会组织有发自内心的动力向国家靠拢，这一变化毫无疑问使国家对社会组织的监管从被动消极向主动积极转变。这一变化虽然目前主要体现在地方的创新实践中，但从整个国家层面上体现出了宏观制度层面的变化倾向。

第二节　地方创新实践中政党统合的探索

（一）政党统合与组织资源

我们所采用的案例资料主要来源于两个方面，一是在各地案例调研中所获得的直接调研信息，二是公开公布的资料，包括官方的文件和新闻媒体的报道。通过调研我们发现：在地方创新实践中，政党统合的探索带来了政社关系的显著变化，建构了一种新型的党社关系，即社会组织益发改变原有的消极偏好，主动向党组织靠拢。

党建所带来的资源积聚的效应使得很多社会组织为了获取资源而主动接受各种党建的制度安排。为了做好社会组织党建工作，除了依靠行政命令强制推进外，相关资源的配套支持也必不可少。早在 2015 年中央出台的《关于加强社会组织党的建设工作的意见（试行）》中就提到要"强化基础保障。建立多渠道筹措、多元化投入的党建工作经费保障机制"。中央出台文件后，各地方也根据自身的情况出台了相应的规章制度以从物质层面保障社会组织的党建工作。这也就意味着党建作为工作的抓手实际上为社会组织提供了除政府购买服务之外另一条资源交换的渠道。虽然党组织提供资源的目的在于加强党建，但在实践中很多党建工作可以与社会组织的公益性事务相联系，在党建中实现社会组织使命的达成。在这一过程中，上级党组织所提供的经费、场地、政治支持等有形无形的资源都能够成为助力社会组织发展的重要力量。这样的激励安排改变了很多社会组织尤其是扎根于基层的社会组织的行动偏好，这些社会组织往往面临着较大的财政压力和能力约束，在日常工作中很难有机会获得来自相关政府部门的购买服务，多样的党建制度安排有助于这些社会组织获得上级资源以推动自身发展。我们在实践中调研的北京市A区的案例很大程度上反映了党建过程中资源机制所发挥的作用。

2017年7月，A区率先在北京市成立了功能型的综合党委，尝试用这种新成立的党组织来无差别地整合辖区内零散的社会组织党组织，使得完全没有上级党组织或与上级党组织联系不够的社会组织党组织能够接受体制内的党务监督和指导。在建立相关组织的基础上，A区也依据现有的政策法律在资金上给予社会组织党建支持，首先是将党建专项经费资助标准从原来的每人110元提高到310元，在此基础上还会返回上缴党费的40%用作党建经费。其次，在社区层面，A区也在北京市的相关规定下增加了对社区社会组织党建资金的支持，比如财政单位要求社会组织开设专门的党建经费账户，根据相应的支委情况发放每人5万元的党建经费。最后，除了专门的党建经费外，A区还对辖区内表现优秀的党支部进行额外的经费奖励，优秀的党支部可以获得5万元奖励，较好的也有数千元，社会组织也可以参与其中。

这种经费上的支持和奖励在很大程度上激活了社会组织参与党建的内在动力。为解决很多社会组织党员人数不足无法建立党支部的情况，A区综合党委采取了多种形式将社会组织吸纳入党组织之中，包括独立建、联合建、区域建和挂靠建等，最大限度地覆盖社会组织的党建工作。虽然一开始一些社会组织对党建在内心上有所抗拒，认为这有可能影响组织的自主决策和发展，但是很快社会组织的态度就发生了变化。正如A区很多社会组织意识到的，党组织在很多时候能够成为对接上级资源的一个平台，而其中很多资源都与社会组织自身的使命紧密相关，有助于社会组织能力和影响力的提升。比如A区的女企业家协会在成立党支部之后，通过优秀的党建工作获得了北京市先进社会组织、5A级社团组织等荣誉称号，而这些称号也加强了政府对协会的信任，帮助其会员更好地开展工作。同时，协会成立党支部以后也成为企业家个人申请入党的重要渠道，很多协会的会员为了能获得体制的认可会主动竞争有限的入党机会，而这反过来推动了党建工作的良性运转。党建资源的吸引力不仅体现在这些正式注册的社会组织上，很多游离于法律灰色地带的社会组织也向党组织表现出了主动靠拢的意愿：

> 其实我们党组织能够提供的资源是很多的，即便是在社区诸如场地、资金、政治支持等资源很多都是"过剩"的，只要你社会组织愿意来。原来是双方不知道对方的需求，现在党建工作一做，发现很多东西大家都是可以互补的。现在不光是已经注册的社会组织，很多没有注册的社会组织都想加入党组织。他们时常会问我们："有没有办法能够接受上级党组织的指导？"可以说这种资源上的支持对他们来说确实很重要。（访谈资料：20180901，GZ负责人）

（二）政党统合与个人政治吸纳

除了强化资源渠道，党建工作的政治吸纳也大大改变了社会组织所面临的制度环境。虽然在党和政府的政治报告和相关文件中再三肯定了社会组织的政治地位，相关部门对于社会组织作用的认识也逐渐提高，但总体来看，社会组织的政治地位和发挥作用的渠道还是缺乏制度保障。一些地方如广东，在积极探索增大政协委员或人大代表中社会组织领导人的比重，也曾提出设立社会组织界别等改革尝试，但是在实践中，制度性的安排少之又少，也缺乏可借鉴、可推广的实践经验。与之相比，党建工作在社会组织的全面推动，则为社会组织进入政治体系并发挥作用提供了看得见的机会。上级党组织通过对优秀社会组织党建工作领导人的政治吸纳并赋予其政治身份，来实现对不同社会组织的分类奖励。这种政治身份在现阶段主要表现为人大代表、青联委员、政协委员、党代表等一些与体制紧密联系的职务，通过党建这个稳定的制度关联，社会组织这一群体从原来一个远离上级党组织政治统合视野的边缘角色一下成为与其他群体（如企业、政府）一样的重要角色。这些机会也在各地方的改革实践中不断产生，比如社会组织党代会就是基于新形势的一种重要创新实践。

在国家出台《关于加强社会组织党的建设工作的意见（试行）》之后，各地开始逐渐将社会组织党员代表大会作为社会组织党建的一项十分重要的工作。截止到 2018 年，广东、江苏、江西、陕西、湖南、甘肃等多个省份的各地市都召开了第一届社会组织党员代表大会。这一制度的目的在于提高社会组织党员身份地位，使其不仅仅作为一个政治符号而存在，还可能与体制身份相关联。一方面，社会组织党代会的代表更容易受到体制的信任，在助力社会组织发展的同时也有更多的机会以政治的身份参与政策过程，更有甚者有机会获得人大代表等与体制紧密联系的职位。另一方面，随着社会组织党建工作的深入，社会组织党代表的选拔会更加激烈，这也会推动更多的社会组织积极从事党建工作以获得更多个人政治身份提升的机会。以深圳市 F 区的社会组织党代会为例，在 2017 年召开的第一次会议中，社会组织的党员代表一共 52 人，但该区社会组织有 638 家，从业人员有 10900 人，党员有 821 人，基本每 16 个党员中才能产生一个代表，每 12 个社会组织中才能有一个社会组织有党员代表，体现出了竞争的激烈。在这种情况下，无论从组织的角度抑或是个人的角度，努力从事党建工作进而获得上级的青睐，成为大多数社会组织工作的重要内容。

我们在浙江省杭州市调研的案例也很充分地体现了这一点。杭州市的环保社会组织 GZ 一直都是当地社会组织党建的优秀代表，但在其开展党建工作之前，其工作开展并不顺利。一个很重要的原因就在于各个政府部门对于社会组织的消极态度，很多政府部门对于 GZ 从事的环境保护工作心存异议，担心其受到境外势力的渗透，相关部门也时常会找 GZ 的负责人谈话，这也给 GZ 带来了很大的压力。因此 GZ 在日常工作中异常小心，很多工作都会提前和业务主管部门进行沟通以确保安全，这充分体现出 GZ 与相关部门之间的紧张关系。

> 那个时候我们拿到了一些国际的资金，给我们带来了不小的麻烦，相关部门都找过我谈话，虽然我也表示"钱是谁的不重要，做什么事情才重要"，但为了不再惹麻烦，那个时候我们还是很小心，很多事情都会提前和业务主管单位汇报。（访谈资料：20180901，GZ 负责人）

从 2012 年起，GZ 的负责人就开始不断推进环境保护与党建工作相结合，不仅模仿当年的红军组织架构，在组织部门内部设立辅导员关心员工的政治思想，还要求内部员工与当地贫困家庭结成一对一帮扶关系，利用平时活动中的资源帮助他们解决生活问题。更为重要的是，GZ 的负责人也时常代表组织乃至当地党委参与官方举办的相关党建活动比赛并获得了诸多荣誉。这些努力都使得 GZ 组织的党建工作成为杭州市乃至浙江省的一个重要代表。在《关于加强社会组织党的建设工作的意见（试行）》出台之后，GZ 组织及其负责人就成为一个重要的典型被加以宣传，其负责人更是被成功推举为全国青联委员，同时还获得了中国青年五四奖章的荣誉。这些不仅给 GZ 带来了声望，更是大大提高了 GZ 领导人的政治地位，凭借这些身份和荣誉，GZ 组织的领导人不仅被浙江省的领导多次接见，还在很多时候参与相关政策的议程，大大增强了社会组织的话语权。而 GZ 组织的经历在很大程度上也影响了其他社会组织对于党建工作的态度。

> 当时杭州市很多社会组织不愿意成立党支部，于是民政单位的人就让我去给他们讲。我说了三点，首先，党支部能够帮助组织获得更多的资源，我们组织的人才公寓就是典型。其次，党建能够让社会组织获得政府的信任，这对于社会组织来说是十分重要的。最后，我和他们提到了我的政治身份，和他们说这些身份的获得都是

与优秀的党建工作息息相关的。他们一开始都不愿意建，在听完我的话后，回去一个一个都建立了党支部。（访谈资料：20180901，GZ负责人）

可以看出，GZ组织及其领导人的示范效应很大程度上改变了其他社会组织的行为偏好，上级党组织对于优秀党代表的政治吸纳对很多社会组织来说是一个增强他们能力与话语权的非常重要的机会。因此对于社会组织来说不仅要成立党支部，还要积极贯彻落实上级党组织所安排的党建工作，这样才能在数量众多的社会组织中脱颖而出。这一过程典型反映了党的政治吸纳机制如何使得社会组织主动向党组织靠拢。

第三节 探索新型政社关系的建构

从地方创新实践的案例中我们看到，政党统合改变了社会组织的制度环境。一方面，党组织建立了社会组织与体制的新制度关联，使优秀的社会组织有机会获得更多的资源支持和政治支持。另一方面，党建创造了社会组织领导人被赋予政治身份的机会，让表现优秀的社会组织领导人更容易成为体制吸纳的对象而获得更高的政治地位和更大的话语权。这两条机制创造了核心圈—外围圈的社会组织分类体系，同时也催生了社会组织党建的内在动力，开始建构起一种新型的政社关系，即社会组织益发改变原有的消极偏好，主动向党组织靠拢。我们将这种新型政社关系称为党社关系。

党的十八大以来，以"政社分开、权责明确、依法自治"为特征的现代社会组织体制稳步推进。在现代社会组织体制中，社会组织，尤其是基层社会组织作为国家和社会之间的中介，是维持稳定的国家社会关系的重要主体。在推进深化改革和现代社会组织建构的实践创新中，一方面要降低社会组织登记注册的制度门槛并加大政府向社会组织购买服务的力度；另一方面又要努力实现对数量日益庞大且结构、行为日益复杂的社会组织的有效监管，这对各级党政部门来说都是一大难题。在此背景下，通过党建来重塑社会组织的制度环境，在政党统合的过程中探索建立党领社会的新型政社关系或党社关系，就成为新时期探索政社关系改革创新的重要战略之一。

基于课题组的实证调研和理论思考，我们认为：通过政党统合探索党领社会的党社关系建构对于重塑社会组织的制度环境，具有重要的战略意义。在传统以业务主管单位为监管主体的管控思维之下，社会组织与业务主管单位之间的博弈很大程度上体现出一种紧张关系，而政党统合则改变了这一现状。政党一方面创造了一个以政治表现为标准的评价基层社会组织的体系，形成了核心圈与外围圈两个不同的社会组织群体；另一方面通过创造资源渠道和强化政治吸纳两个机制对社会组织给予分类奖励。这两方面的共同作用重塑了社会组织的制度环境，让大量社会组织为获取核心圈的位置而展开竞争，主动向党组织靠拢。在增强社会组织对体制认同的同时，缓解了国家社会之间的紧张关系，通过党对社会组织的领导，培育发展起一种新型的政社关系——党社关系，这一逻辑体现了中国共产党对于社会组织的强大整合能力，也体现了政党统合特有的社会治理功能。

这一结论有助于从更宏观的层面去理解党建对于社会组织的影响，目前虽然很多研究都关注到了各地社会组织党建工作的实践，并指出了党建对于社会组织的积极意义，但这些研究大部分停留在对事实经验的描述和总结上，在理论上缺乏进一步的探讨和引申，尤其是对政社关系的变迁及走向的讨论。我们基于实证调研，从中观的机制入手，从理论和实证两个层面揭示了党建如何通过影响社会组织的制度环境来重新形塑其行为偏好，相比于政府购买服务，政党统合更侧重社会组织政治性的一面，不仅通过集中化的科层结构改变了碎片化的监管体制，还通过创造资源渠道和强化政治吸纳两个机制影响了社会组织对于体制的态度。从这一观点出发，我们将党的领导作为一个关键变量引入社会管理体制创新的视野，从理论上丰富了对政社关系的理解，并引申出党领社会下党社关系的范畴，这值得进一步深入观察和探讨。

我们在研究中提出了政党统合下社会组织所出现的核心圈与外围圈的分野，并指出了这一机制如何让国家有效通过依靠少数人引导大多数人的政治逻辑。虽然这一机制目前依然发挥作用，但其如果要长久发挥作用依然需要注意两个方面的问题。首先是核心圈与外围圈社会组织相对数量的稳定，如果核心圈社会组织数量过少而外围圈社会组织数量过多，则意味着竞争过于激烈，这可能会导致大部分社会组织因为觉得毫无希望而主动放弃进一步向党组织靠拢的意愿。相反，如果核心圈社会组织数量过多而外围圈社会组织数量过少，则容易使社会组织更多将党建作为一种工具而忽视党建的工作。因此，必须将核心圈与外围圈社会组织的相对数量保持在一个合理范围，少数人才能有效引导多数人。第二个需要注意的问题是划分核心圈、外围圈标准的异化，这一激励体制有效的前提是以政治表现为划分的基准，但在实际操作中，关系等非制度性因素很容易影响这一基准的实施，一些社会组织有可能凭借与上级党组织的私人关系进入核心圈，这毫无疑问会影响社会组织之间的公平竞争从而阻碍这一机制发挥作用。这两方面也是未来实践需要注意的重要问题。

需要补充说明的一点是，党建工作有助于社会组织主动向党组织靠拢，虽然这种靠拢并不意味着社会组织自主性的缺失，但在实践中依然要注意社会组织沦落为"二政府"的现象。党建工作的开展要防止社会组织的官僚化、行政化，使其在能力增强的同时有足够的灵活性与专业性来应对公共治理中的复杂难题，否则这种紧密关系在破坏基层社会组织的同时也会最终影响整个治理体系的运作。

第四节　本章小结

党对社会组织的政治统合是党的十八届三中全会以来国家社会关系领域所发生的一个重大变化。课题组在调研中密切关注这一具有重大意义的制度创新。我们发现，政党统合显著改变了社会组织的制度环境。一方面，党组织建立了社会组织与体制的新制度关联，使优秀的社会组织有机会获得更多的资源支持和政治支持；另一方面，党建创造了社会组织领导人被赋予政治身份的机会，让表现优秀的社会组织领导人更容易成为体制吸纳的对象而获得更高的政治地位和更大的话语权。这两个机制创造了核心圈—外围圈的社会组织分类体系，也激发了社会组织党建的内在动力，开始建构起一种新型的政社关系，即社会组织益发改变原有的消极偏好，主动向党组织靠拢。我们将这种新型政社关系称为党社关系，这是深化改革与现代社会组织体制建构的创新实践中值得高度关注的战略取向之一。尽管现阶段主要还是停留在地方创新实践上，尚未形成制度化的模式，但这一取向对于从根本上转变国家社会关系进而形成党领导下的现代社会组织体制，具有重要的意义，值得密切关注和深入探讨。

第二章

激发分配活力：基金会发展
与公益慈善新体制[*]

习近平总书记在党的二十大报告中指出，扎实推进共同富裕，完善分配制度，构建初次分配、再分配、第三次分配协调配套的制度体系。在我国全面建成小康社会、逐步走向共同富裕的今天，激发分配活力俨然成为实现社会体制改革的重要命题之一。在近年来国家层面出台的诸多举措中，《慈善法》的颁布无疑具有里程碑的意义。作为《慈善法》所规定"慈善组织"中的重要构成，基金会无论从其功能定位来看，还是从其在公益实践中的实际作用来看，无疑都是慈善新体制与第三次分配得以成形的关键构件。

回顾以往，我们常把社会组织的制度改善看作制度迭代所带来的主要成果，殊不知正是因为有这样一群社会组织在实践中不断耕耘和探索，才产生了种种体制的不断创新。这种反身性的特征，在过往 40 余年的中国基金会制度实践中，可谓体现得淋漓尽致。因此，如何理解和审视当

＊ 本章相关内容曾发表于《中国非营利评论》2021 年第 1 期，题目为《中国基金会的发展与转型：第三次分配背景下的思考》，作者为史迈、程刚。

下发展历程中，基金会通过慈善体制的变革激发社会分配活力的原理机制，正成为一个值得关注的问题。据此，本章基于第三次分配与"财富升维"的原创性理论视角，聚焦于基金会在中国社会中的发展历程，旨在对该种社会组织的功能发展过程进行剖解，以此来厘清和呈现其与慈善新体制形成、社会分配活力激发的具体关联。

第一节　"财富升维"视野下的基金会制度

（一）一个基于"财富升维"的认知框架

"第三次分配"这一概念，原本是由经济学家厉以宁在20世纪90年代提出的一个经济学范畴，旨在表述建立在初次分配、再分配之上的，由社会部门在道德力量驱使下完成的另一种收入分配过程。[①] 近年来，随着中央层面屡次提及，第三次分配再次回到学界视野当中，并成为炙手可热的焦点话题之一。不过，与90年代相比，这一概念对于当下中国社会的实际意义早已超越了单纯的道德倡导层面，而是指向了一种有关"财富升维及其相应实现机制"的全新内涵——其中既包括作为分配主体的财富拥有者、作为客体的社会，同时也包括作为媒介的财富本身，以及整个过程为社会所带来的变革性意义。[②]

这种变化所带来的一大启发性意义，就是第三次分配作为一种行为识别语境上的创新。对此，王超将第三次分配作为一种"语境"所具备的构建性和反身性特征（及其带来的影响）概括为以下三个方面：其一是对原有财富分配观念的解构和颠覆（价值观），其二是对财富、社会变革和不同社会角色的理解（知识储备），其三是对社会身份的识别与认同、社会资本的获取与转化等（社会区位）实践方面的再理解。[③] 随着行

---

① 厉以宁. 超越市场与超越政府：论道德力量在经济中的作用 [M]. 经济科学出版社, 1999.
② 王名，蓝煜昕，高皓等. 第三次分配：更高维度的财富及其分配机制 [J]. 中国行政管理, 2021 (12)：103-111.
③ 王超. 第三次分配语境下的乡村振兴 [R]. 第三届中国第三次分配高峰论坛, 2021年9月30日.

为识别语境的创新，"公益慈善"的内涵和外延得到极大丰富。所谓"财富向善"不单是一种模棱两可的利他主义行为，而且成为人与财富谋求和谐共生关系的客观过程。从这个意义上来说，第三次分配的范围既大于公益慈善，同时也为我们理解公益慈善活动的种种实践提供了一个更为客观并且更为贴近时代发展的本土化理论范式。

相比 20 世纪 90 年代的道德倡导性意义，"第三次分配"这一概念在当前中国的社会情境下的功能，或许更多地体现在其作为一种全新理论视阈所带来的构建性功能，以及在这种体系下延伸出的种种启发性思考。对于这一点，王名等人在《第三次分配：更高维度的财富及其分配机制》中，将"第三次分配"释义为"在财富不断创造和积累的基础上，经过初次分配和再分配，进而在探索共同富裕的进程中通过财富向善、财富传承与财富提升的种种实践，逐步展现的更高维度的财富及其分配机制"，认为其本质在于"在推进财富升维的社会过程中实现人的升维，在实现财富解放的同时最终实现人的彻底解放"，并将其定位为"人类进入丰裕社会的一项重大的制度创新"。①

"财富升维"是上述学者对第三次分配的理解的一个核心逻辑。在论述中，第三次分配的过程主要包含了财富在空间、时间以及层次三个维度上的提升。首先，空间维度上体现为财富社会属性在空间上的扩展，表现为财富社会性之公益度，是财富由"小我"到"大我"渐次移动、升级的过程，这一过程是在再分配基础上的衍生；其次，时间维度上体现为财富传承属性在时间上的赓续，表现为财富传承性的恒久度，是财富由"当下"到"未来"、从"当代"向"跨代"渐次传递与升华的过程；最后，层次维度上体现为财富精神文化属性在层次上的提升，表现为财富精神文化性的高贵度，是财富从"有形"到"无形"、从满足物质需要到满足精神需要乃至人的全面发展需要的层次提升的过程（见

---

① 王名，蓝煜昕，高皓等. 第三次分配：更高维度的财富及其分配机制［J］. 中国行政管理，2021（12）：103 – 111.

图 2 - 1）。①

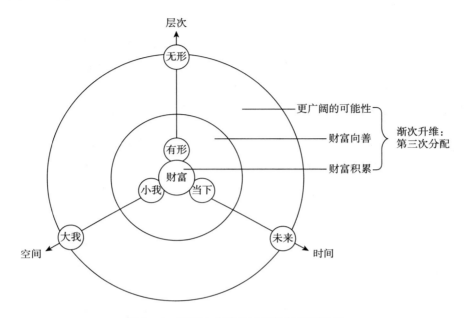

图 2 - 1 第三次分配的三维认知框架示意

资料来源：王名，蓝煜昕，高皓等. 第三次分配：更高维度的财富及其分配机
制［J］. 中国行政管理，2021（12）：103 - 111.

如王名等人所说，如果把以往囿于有形、小我和只存在于当下的财
富看作一个原点，那么第三次分配便是将其在层次、空间和时间这三个
维度上进行提升，从而使其由点到线、由线到面，再由面到立体不断进
行"升维"的过程。随着这一进程的深入，作为分配主体的"财富拥有
者"以及作为客体的"社会"，包括有关财富归属和财富义务的种种关系
同样会产生质的变化。② 在我们看来，这种理解的另一个巧妙之处在于，
财富在三个维度上的提升过程之间并不相互独立：财富在空间上从"小
我"到"大我"实现扩展的过程并不能脱离时间的积淀，同样，财富在

---

① 王名，蓝煜昕，高皓等. 第三次分配：更高维度的财富及其分配机制［J］. 中国行政管
   理，2021（12）：103 - 111.

② 王名，蓝煜昕，高皓等. 第三次分配：更高维度的财富及其分配机制［J］. 中国行政管
   理，2021（12）：103 - 111.

时间维度上的赓续也往往依赖于在空间范围上的扩展，即从特定少数人所代表的"私有性"，到特定多数人所构成的"共同性"，再到不特定多数人所形成的"公共性"，逐步实现范围扩展的过程。

而作为结果，时空两个维度上的提升也必然会导致财富在形态上的变化。除了作者所提出的"精神文化属性"以外，借用经济社会学者维维安娜·泽利泽（Viviana A. Zelizer）的观点来看，这种财富的传递过程由于其符号意义所带来的人与人之间的联结，同样也是充盈社会资本、强化社会韧性乃至完善公共治理的过程。① 也就是说，所谓财富的"层次"提升，是一个将财富的存在形态从货币性实体转变为某种抽象价值，并在此过程中不断丰富和拓展其内涵的过程。当然，财富在层次维度上的升华同样也将反作用于时空两个维度上延续性和公共性的进一步强化。毫无疑问，一个相对稳定的社会环境也必然更利于财富的横向转移与纵向传承。从这个意义上来说，关于财富在三个维度的相互关联中实现"渐次升维"的论说，既是对"第三次分配"概念的一种创新性解释，同时也形成了一种对第三次分配实践的规范性理解——第三次分配所期待的制度实践，包含公益慈善在内，应当对财富延续性和公共性的增强有所帮助，并在财富形态的转变过程中，撬动并创造出更多的社会价值。

（二）作为激发分配活力的理想机制

上述关于第三次分配的阐释，为我们所讨论的中国基金会发展问题，提供了一种颇具启发性的理论视阈。不过在进入对本土实践发展的考察之前，有一个值得思考的前提性问题——作为一种面向公益慈善的社会组织形态，至少从学理上来看，基金会是否能够帮助财富实现在三个维度上的提升，并由此带来财富拥有者及社会整体的共同"升维"，进而达到第三次分配所期待的效果？我们认为，这个问题的答案应当是肯定的。

首先，从时间维度来看，基金会为财富增强其延续性提供了一种有

---

① 维维安娜·泽利泽. 金钱的社会意义 ［M］. 姚泽麟等，译，华东师范大学出版社，2021.

效的社会机制。这一点与基金会的诞生过程，或者说与这种组织形式最原始的存在意义有关。如资中筠在《财富的责任与资本主义演变：美国百年公益发展的启示》一书中所介绍的，美国南北战争之后的几十年间工业化和技术的突飞猛进造就了空前的财富，一些财富巨头在晚年开始意识到，如不妥善处理这些财富，便会祸及子孙，殃及社会。① 于是，如何对财富做出适当安排，避免"拥巨富而死者以耻辱终"的尴尬，便成为当时财富巨头不得不思考的问题。作为问题的答案，基金会应运而生。从这个意义上讲，与其将基金会当作一种利于财富延续的制度工具，倒不如说是财富自身在时间维度上的存续需求催生了现代基金会制度。

不过，时至今日，财富对于延续性的追求远不只超越某些富豪的个体生命长度那么简单，而是在与时代的共振中，同样产生了成长与迭代的诉求。财富自身所拥有的"资本属性"，使其在超越一代又一代人的存续过程中，注定不会一成不变地沉寂于原地，而是不断地寻求膨胀和流动。基金会则成为这种需求的承载方式之一。这一过程中的有趣之处在于，在谋求财富长期化、合理化的存续过程中，基金会这样的制度模式所改变的并不只是所有制与分配规则等技术问题，其背后所反映的是人与财富之间如何和谐共生的思考——当剩余的财富在时间的长河中不再从属某些特定个体时，如何依然可以继承他们的意志，并让他人（及其后人）从中不断受益。② 关于这一点，洛克菲勒基金会、诺贝尔基金会等这些成立百年、活跃于全球公益事业的西方"老炮儿"，为我们提供了一个很好的例证。③

其次，从空间维度来看，基金会为财富扩展其公共性提供了一种灵

---

① 资中筠. 财富的责任与资本主义演变：美国百年公益发展的启示［M］. 上海三联书店，2015.

② Anheier H，Toepler S. Private Funds，Public Purpose：Philanthropic Foundations in International Perspective［M］. Springer，1999.

③ 马秋莎. 改变中国：洛克菲勒基金会在华百年［M］. 广西师范大学出版社，2013；喻恺，胡伯特·埃特尔，徐扬. 百年诺贝尔基金运作模式探析［J］. 世界教育信息，2018（12）：59－66.

活的组织工具。财富在空间扩展上的需求首先与时间上的延续性有关。单纯以血缘为纽带的传承机制，在大部分情况下似乎并不具备足够的韧性，所谓"富不过三代"便是对这种局限的一种朴素概括。有学者在对"长寿企业"的观察中发现，为了打破这种局限，一个必要的方式在于拓展传承路径，使更多的人参与到对财富的处置中来——从家庭到家族，再到借助地缘或其他社会关系纽带所形成的共同体（比如社区或企业）。[①]基金会的出现为财富在传承的面向上提供了一种"向善"与"公益"的选择，因而也使财富超脱了私有领域的局限，进入了更为广泛意义上的公共空间，即社会整体。[②]

从这个意义上来讲，以"捐赠—资助"行为为核心的财富转移，构成了基金会之于财富在空间维度上得以"升维"的具体功能。而伴随这一过程所产生的社会互动关系，即以往学者们常提到的"社会资本"，便成为财富的空间升维所带来的现实产物。值得注意的是，尽管在多数情况下，隶属于第三部门的基金会并不以追求利润、反哺自身或社会统治为目的，但这并不妨碍这样的组织形式同企业一样具备生产性特征，同社区一样关注人们的生活需求，以及同政府一样充满对公共秩序的关心。[③]相反，恰恰得益于这种凭借财富转移所构建起的中枢性优势，基金会也常被认为有着比企业、社区、政府等传统部门更为灵活、更富有创造力的问题解决方式。其中既包括了基金会对于社会问题的更为敏锐的感知和洞察，也包括在多元主体参与的问题解决过程中所发挥的协调性功能，以及更为包容的价值取向等。[④]

---

① 李新春，邹立凯.本地嵌入与家族企业的可持续成长：基于日本长寿家族企业的多案例研究［J］.南开管理评论，2021（4）：6-19.

② 马修·比索普，迈克尔·格林.慈善资本主义：富人在如何拯救世界［M］.丁开杰等，译，社会科学文献出版社，2011.

③ Evers A，Laville J-l. Defining the Third Sector in Europe［M］//The Third Sector in Europe，Edward Elgar Publishing Limited，2004：11-42.

④ Anheier H，Toepler S. Private Funds，Public Purpose：Philanthropic Foundations in International Perspective［M］. Springer，1999.

最后，从层次维度上看，基金会为财富的形态转化提供了一种便利的实现条件。关于这一点，一个很好的参照对象是以公平为主要追求的再分配。试想，如果只是为了让财富存续的时间更长、影响的范围更广，那么直接将财富托付给公共权力主导下的财税系统，或许是一种更便捷也更有效率的方式。但与再分配不同之处在于，第三次分配的追求并不仅限于公平，而是在同为社会正义工具的前提下，提出了对人的自由发展的更高追求。与此同时，出于社会对财富处置权的正义性要求，第三次分配必然需要通过某种机制来确保其带来的社会价值可以被充分共享，而不是只为了满足某些特定利益群体的私囊，反而成为前两次分配的累赘。① 因此，财富升维所追求的产出，如王名等人所说，也势必超越物质的局限，指向一种更为丰富的形态。

在此过程中，基金会作为一种关于分配主权的确保机制，既可以直接作为财富形态的转化者，也可以借由直接资助或项目运作等方式，带动社会整体来达成这个效果。例如，中国青少年发展基金会在 1989 年发起的"希望工程"，实施 30 年来累计接受捐款 152.29 亿元，援建希望小学 20195 所，其中所寄托的"希望"二字，对于惠及的 599.42 万名家庭困难学生来说，可谓名副其实。② 再例如，在艺术创作领域，时至今日我们依然可以看到的、那些承载了人类对于"人文主义"思考的文艺复兴时期的佳作，莫不是在那个时代如美第奇家族（Medici）这样的财富拥有者慷慨赞助的结果。③ 由此可见，第三次分配对人类文明进程所带来的影响，远远超越了公益慈善的范畴。而现代基金会则是将这样的形态转化，以一种更为便利、开放的实践形式继承下来，从而让财富能够不断滋养和推动着人类文明的赓续。

---

① 李水金，赵新峰. 第三次分配的正义基础［J］. 山东工商学院学报，2021（1）：103－113.
② 薛为. 希望工程三十年［N］. 中国青年报，2019－10－31（4）.
③ 张敢. 文艺复兴时期的艺术赞助［J］. 装饰，2011（9）：30－35.

第二节 基金会的发展与慈善事业新机遇

（一）基金会在中国的发展过程

对照价值创造的一般过程来看，财富在时间维度上所追求的持续性表达了第三次分配对于资源投入的客观需求（Input），空间维度上的公共性代表了分配的过程本身（Process），而层次维度上的形态转化则指向了分配的实际结果（Output），以及由此所产生的更广泛意义上的社会影响（Outcome）。三个维度分别与基金会运作过程中最主要的三个业务环节——筹资活动、资产管理、资助活动——相对应。或许是得益于这种对应关系的存在，基金会制度得以在过往的公益实践中，超越种种隔阂，成为人与财富之间的一种重要共生方式。从这个意义上来讲，若把厉以宁提出的"第三次分配"概念看作一种对人与财富和谐共生关系的"发现"，那么基金会制度则是确保这种共生关系得以实际兑现的一项重要"发明"。

中国的基金会实践起步于20世纪80年代，其发展之初虽也曾参考过西方的实践模式，但绝非拿来主义的产物。相反，中国基金会的实践探索过程与西方可谓大相径庭，说其是中国社会独特的"发明"也毫不为过。[1] 尤其从第三次分配的角度来看，中国基金会运作风格的形成也并非一蹴而就，而是随着时代的变迁一直在不断地探索和转型。在对"财富升维"的功能构建过程中，不同的社会发展阶段赋予了基金会不同的时代使命和存在意义，因而也产生了当前中国基金会行业独特的多样性特征。如表2-1所示，我们借用第三次分配的视角将中国基金会过往40余年的历史泛泛地整理为两个阶段，并在此基础上，延伸出对未来趋势的判断。

---

① 徐宇珊. 论基金会：中国基金会转型研究［M］. 中国社会出版社，2010.

表 2 – 1　基金会的本土化发展阶段

时代	功能	实践表象	时间	空间	层次
财富短缺	筹集资金	国家基金会、农村合作基金会的出现	×	○	×
财富创造	项目运作	非公募基金会的崛起，多元化的实践方式	×	○	○
财富剩余	价值创造	以资助关系为基础的公益生态，财富传承工具	○	○	○

资料来源：笔者自制。

改革开放后到 2004 年《基金会管理条例》出台之前这段时间，是中国基金会发展的第一个阶段。在这一时期，基金会的业务领域并没有受到法律严格的限制，尤其在 1988 年《基金会管理办法》出台之前，组织的设立主体甚至没有统一的行政规制作为依据。制度上的模糊性致使这一时期的实践展现出极强的探索性质，并呈现出两个特征。

其一，基金会的设立多为政府主导。除了前文中提到的中国青少年发展基金会之外，如 1981 年成立的中国儿童少年基金会、1984 年成立的中国残疾人福利基金会、1988 年成立的中国妇女发展基金会、1989 年成立的中国扶贫基金会等，这些我们耳熟能详的"中字头"基金会皆属于"GONGO"的范畴。① 据基金会中心网统计，在 2004 年之前成立的 527 家基金会中，被标记为"系统型"的基金会有 397 家，占全部数量的四分之三以上。② 其二，由于缺乏对于基金会内涵的统一认知，这一时期的实践活动并不局限于所谓的公益领域。除了上述的致力于解决各种公共问题的官办基金会之外，还有一种活跃在广大农村地区的"合作基金会"。据温铁军介绍，人民公社改制过程中数以千亿元的集体资产流失，各地按照中央要求对集体资产进行清理，通过建立基金会来实行"清财收欠，以欠转贷"。③

可见，冠以"基金会"之名的早期实践不仅与现代意义上的"公益

---

① 黎宇琳. 从官办慈善到人人公益的 30 年 [J]. 中国慈善家，2016（12）：28 – 32.
② 基金会中心网，浙江大学社会治理研究院主编. 中国基金会发展独立研究报告（2019）[M]. 北京联合出版公司，2020：64 – 164.
③ 温铁军. 农村合作基金会的兴衰史 [J]. 中国老区建设，2009（9）：17 – 19.

慈善"相去甚远，更是与西方意义上的"foundation"风马牛不相及。但值得注意的是，尽管这一时期基金会的实践内容常常与不同的公共目的相对应，却在原始的功能设计上都有一个相同之处，即无论上述"中字头"基金会还是农村合作基金会，其成立的初衷都是向民间募集钱款，以用于解决公共财政一时不能顾及的社会问题——"补王政之所穷"便成为基金会在那个财富短缺时代最重要的使命。

当然，基金会在当时"筹钱"的方式并不仅限于筹集社会性捐赠，资本运作同样也是一种十分普遍的方式。例如1988年的《基金会管理办法》曾将人民银行作为基金会的审查批准部门，当时的基金会在属性定位上，更倾向于作为一种"非银行类金融机构"，而非纯粹意义上的"公益组织"。然而需要注意的是，从当时的基金会运作方式来看，其展开资本运作，并非出于对增强财富持续性的考量，而只是单纯地为了获得更多的款项，以用于既定的目的。因此，这一时期的基金会已初步具备空间上类似"转移支付"的功能，但在财富的延续性上和形态转化方面仍有着诸多的不足。值得肯定的是，在那个财富短缺的年代，其作为对再分配的一种补充机制，可以说已然初步体现出了自身存在的意义。

2004年《基金会管理条例》的颁布，开启了中国基金会发展的另一个时代。这一交替的过程在进入21世纪之前就已初见端倪：1999年1月，全国2.1万个乡级和2.4万个村级农村合作基金会全部被取缔，结束了农村合作基金会在中国10年左右的存在历史；① 1998年9月，中国人民银行、民政部联合下发《关于做好社团基金会监管职责交接工作的通知》，基金会的行政管辖权由金融部门移交到民政部门，基金会在中国的第一段本土化探索也由此告一段落。作为结果，基金会在功能上摒弃了作为集资工具的内核，取而代之的是更多的公益属性、社会属性的加持。而《基金会管理条例》的出台，使基金会自身也由是否具备公募资格分化为两种形式：公募基金会和非公募基金会。其中，公募基金会继承了

---

① 温铁军. 农村合作基金会的兴衰史［J］. 中国老区建设，2009（9）：17－19.

上个时代"GONGO"的衣钵，而非公募基金会的设立，则标志着基金会走向民间、肩负起更多"财富升维"功能的开始。①

　　截至2021年末，基金会在中国已成立近万家。毫不夸张地讲，非公募基金会贡献了新一阶段绝大部分的组织增量。据基金会中心网统计，非公募基金会的数量占比从2004年的25%猛增到2017年的75%。其中，由个人或企业发起建立的基金会在2010—2020年的年均增速高达25%，其净资产规模扩大了11倍之巨，平均增长率达31%。② 组织数量的剧增，同时也带来了行业实践模式从僵硬到灵活、从单一到多元的质变。基金会的活动领域也从传统公共部门所关注的扶贫救困、教育普及、医疗健康等这类有关生存、安全需求的层次，逐步扩展到文化营造、体育竞技、学术创新等这些与人的自我实现和精神享受密切相关的新层次。③

　　这种"升维"背后的逻辑，离不开时代对于财富创造的宏观诉求。这一时代下的基金会相比作为初次分配和再分配的补充机制，已逐渐展现出财富自身的种种需求。新千年之后，诸如房地产、金融、互联网等行业的迅速崛起，为中国经济的快速增长带来新一轮的活力，同时也丰裕了一部分人的口袋。正所谓"衣食足而知荣辱"，在完成对财富的快速积累后，如何通过"公益"的方式进一步寻求自我的社会价值，为口袋里的"new money"寻求一种符合世俗期待的"好名声"，似乎成为这一时期一部分先富群体尤其关注的话题——这也印证了厉以宁早在20世纪90年代时对于经济伦理的基本预期。④ 而非公募基金会制度的出现，恰好为这些先富群体通过参与慈善为其财富赋予新的意义，提供了一个十分便捷的途径。这种从"补王政之所穷"到"财富向善"的转变，也恰好体现了这个时期基金会对财富在层次维度上的提升带来的实际意义。

---

① 徐宇珊．论基金会：中国基金会转型研究［M］．中国社会出版社，2010.
② 基金会中心网，浙江大学社会治理研究院主编．中国基金会发展独立研究报告（2019）［M］．北京联合出版公司，2020：64－164.
③ 程刚，王璐，霍达．2019年中国基金会发展报告［M］//杨团主编．中国慈善发展报告（2020）．社会科学文献出版社，2020：103－130.
④ 厉以宁．关于经济伦理的几个问题［J］．哲学研究，1997（6）：5.

（二）拉开慈善新体制的序幕

基金会在激发社会分配活力中的一大结果，无疑是对慈善新体制的创新，其最直接的体现就是《慈善法》的出台。

虽然《慈善法》是国内第一部关于慈善事业的总体性法律，但其本身是一个完整的制度体系，该制度体系包括了政府相关部门、慈善组织以及信息平台，基本勾勒了未来国家社会关系新体制的构图，即一个建立在信息公开、社会监督和慈善大数据基础上依托互联网平台形成的国家慈善事业的新格局，意义远远超出了传统慈善领域的想象。更重要的是，自此之后，各类慈善活动真正意义上实现了有法可依。

《慈善法》出台之后，中国社会逐步经历一个从旧体制到过渡体制，最终到新体制的一个渐进的变革过程，这一过程中的一个显著特征就是慈善组织的重要地位逐渐凸显。以双重管理体制为核心的旧体制主要包括了传统的社会团体、基金会以及民办非企业单位，这一体制以强调国家对社会的控制为主，极不利于社会组织的发展和现代治理体系的建设。而在过渡体制中，出现旧慈善组织与新慈善组织并存的局面。旧慈善组织与新慈善组织的一个显著区别就在于组织合法性的来源不同，旧慈善组织的合法性主要依靠以双重管理体制为核心的隶属关系以及相关的权力，而新慈善组织的合法性则来源于法律的认定以及社会的评估。随着相关制度的逐渐完善，旧慈善组织将逐渐被新慈善组织取代。

在最终的新体制中，将形成以慈善组织为核心、其他社会组织为重要力量的社会组织新生态。在这一新体制中，慈善组织将承担慈善资源的分配工作，而其他社会组织将依据各自的活动领域履行自身的职能。值得注意的是，包括基金会自身的转型在内，在旧体制向新体制的过渡转型过程中，将有两种力量发挥关键的推动作用。

第一是合法性来源，随着《慈善法》及相关制度规范的逐渐完善，原先以行政权力、隶属关系为主的合法性模式将逐渐被法律认定和社会认可的合法性模式取代。越来越多的具有官方背景的社会组织和慈善组织将需要经受平台和社会的全面监管，行政力量将逐渐退出社会组织的管理和运作。第二是公益价值主流化，在体制的转型过程中，随着过渡体制中新慈善组织的兴起，以公益精神和志愿精神为主的公益价值将逐渐成为社会价值的主流，而这一趋势会反过来促进慈善组织和慈善活动的发展，同时推动那些旧慈善组织和社会组织向公众所期待的方向转变，逐渐形成以慈善组织为核心的新体制。

新体制变革的核心在于慈善组织的发展。《慈善法》的出台不仅意味着慈善领域的重大突破，作为当下全面深化改革的一项重要举措，其对于推动整个社会改革乃至整个政治体制的变革都有着十分重要的意义。党的十八届三中全会提出了推动国家治理体系和治理能力现代化的目标，意味着传统以政府为主导的国家管理模式要向多元主体共同治理的模式转变。其中，政府职能的转移是必不可少的部分，随着改革的推进，政府将会把越来越多的职能转移给市场和社会，而《慈善法》的出台将毫无疑问大大推动这一进程。作为现代社会治理体系不可或缺的一部分，社会组织的发展壮大对治理现代化有着十分重要的意义，而《慈善法》的出台将催生一批法律位阶高、公共性和公益性强、公开透明度高和社会影响力大的慈善组织。

据此我们判断，以基金会为代表的慈善组织首先将引起整个国家社会关系的变革，依托于信息公开和移动互联技术的平台建设，慈善组织促使既有的国家社会关系逐渐向"国家管控平台—平台监管组织—组织依法活动"这样的新型国家社会关系转变。在这一格局中，政府将逐渐从台前走向幕后，扮演好制度的建设者和维护者角色，而将平台推到了监管社会组织的前台，实现真正的政府职能的转移，让慈善组织在公共治理中充当更加重要和积极的角色。

第三节　如何更好地激发社会分配活力

新体制必然带来我国公益慈善和社会组织新发展，一个以公益价值为社会价值主流、社会组织与政府及市场协同的公益慈善新发展格局将越来越清晰地呈现出来。基金会作为其中的推动者之一，无疑是具有反身性的——它既是变革的塑造者，也是被变革的对象。那么，在这样一种趋势当中，基金会又该如何更好地实现自身的"升维"，从而持续地促进慈善体制创新，更好地激发社会分配活力呢？

我们认为，这一答案或许仍与基金会所天然具备的"财富升维"这一使命有关。财富的升维，终究是一种理性选择的过程。只不过做出选择的主体并非组织或某些个人，而是财富本身。作为达成这一目的的具体实践机制，基金会能否获得民众的支持与关注，也会随着丰裕社会的到来，逐渐从感性的"结果"转向更为理性的"过程"。相比只会"赔钱赚吃喝"的组织，未来那些能为财富提供更持久的价值管理，能为行业、社会与国家提供更优质的资助服务，从而真正创造社会价值的基金会，才会获得财富的青睐以及更强大、更广泛的影响力。因此，毫无疑问，随着我国经济水平的稳步提升与社会财富的继续充实，基金会在中国依然具有巨大的进步空间，而其未来转型的具体方向，也势必会与中国社会接下来所要面临的"财富剩余"现象有着紧密的联系。

具体到功能层面，尤其对照图2-1所示的三个维度来看，基金会除了在空间与层次两个维度上继续有所突破之外，如何补齐时间维度上的功能性缺失进而转向为一种全面的价值创造工具，或将成为这种组织形式接下来能否契合时代需求并得以继续进步的关键。据此，我们认为，基金会需要面临的现实问题有二。

其一是如何让财富走得"更远"。如王名等人的判断，一个可以预测的趋势在于，随着丰裕社会的到来，大规模的传承需求将造成社会财富的空前集中，与此同时，慈善捐赠及各种形式的资产捐赠也将会出现巨大增长。[1] 相应地，基金会所面临的消化压力也将是史无前例的。而行业究竟能够承载几何，一方面取决于组织的专业化水平，即是否能拿出更

---

① 王名，蓝煜昕，高皓等．第三次分配：更高维度的财富及其分配机制［J］．中国行政管理，2021（12）：103-111．

富有创造力的公益服务产品贡献于国家和社会；另一方面也取决于日益庞大的慈善资产能否得到妥善管理。当财富向善的洪流滚滚而来，基金会所要面临的是从"功在当代"到"利在千秋"的转变——让财富通过公益的方式，既可以满足当下的需求，又能够持续地造福后人，让慈善之精神随着时间的推进而不断传承。

资产管理之于基金会的重要性，在当下中国的公益领域中似乎已成为共识。上至国家 2019 年才实施的《慈善组织保值增值投资活动管理暂行办法》，下到几年来行业内形形色色的呼吁，从中都能看到人们对这个问题的关心。[①] 具体到微观的实践层面来说，基金会是否有可能从当下的"现入现出"或"入不敷出"的窘境下，转变为"保本用息"或"正向循环"的可持续发展模式？是否能通过更为专业的资产管理手段，从繁重的筹款压力中解脱出来，从而更专注于提升公益项目的品质？我们认为，这些问题的答案取决于两点：一是制度环境能否进一步完善，二是基金会自身发展模式能否转变。如果说上述"暂行办法"的出台已表明了国家支持行业发展的态度，那么接下来行业自身能否在本土化的继续探索中，培养起专业的资管能力，便成为转型能否成功的重要因素。

其二是如何让财富走得"更宽"。近年来，随着制度逐渐健全，如何构建外部性来进一步助力慈善事业的发展，成为行业津津乐道的话题。若用时下流行的话语来讲，即如何让基金会实现"破圈"，走向更为广阔的天地。套用第三次分配的框架来理解，这种现象所指向的本质，应当是财富在向善过程中对公共性/公共价值的追求，即在"空间"维度上的进一步提升。如前文所述，这种追求一方面可以理解为财富自身对增强其持续性的一种必要方式，另一方面也可以理解为当前公益行业力求在价值产出形式上有所突破的一种创新行为。前者与财富在时间维度上的

---

① 刘文华，鹿宝，梁媛媛. 我国慈善资产管理的现状、问题和展望［M］//杨团主编. 中国慈善发展报告（2020）. 社会科学文献出版社，2020：298－326.

提升相对应，而后者则观照层次上的转变，鉴于此，将这种"破圈"作为第三次分配在当下形成的关键也毫不为过。

就资源的流动方向来看，所谓"破圈"或许有两种含义：其一是通过筹款活动，让更多的资源流入基金会当中，为基金会所支配和使用，这是一种"走进来"的过程；其二则相反，是通过基金会的资助活动将公益资源流出到其他领域，为更广泛的他者所支配和利用，从而产生更多元的社会价值，其本质是一种"走出去"的过程。如果说迄今为止基金会本土化发展的两个阶段皆主要关注于前者，那么面向未来，基金会应当思考的是如何利用自身在资源传递中的中枢性优势，去积极帮助行业扩大范围，通过横纵双向的联结，去构建"公益生态"的新局面。当然，这并不是说基金会可以脱离筹款的实际。从两种行为相互之间的内生性关系来看，既然更多地筹款是为了更好地资助，那么更为优质的资助能力所吸引而来的，必将是更多的社会资源。

第四节　本章小结

《慈善法》的颁布既是基金会在长期实践中探索和积累的成果，也开启了基金会发展的新纪元。基金会进入中国社会以来，通过在实践中不断试错和探索，随着时代的发展逐渐展现出空间与层次两个维度上的功能性意义，这也使其成为带动社会组织体制改革，促成慈善新体制出现的重要推动力。在面向未来的"财富升维"中，我们认为基金会在时间维度上仍有巨大的进步空间，而这将取决于社会分配活力在未来的治理创新中如何进一步得到激发。当然，一个不得不承认的现实在于，在现代社会组织体制建构的整体蓝图中，基金会只是其中重要的构件之一，如何与其他类型的社会组织如社会服务机构、社会团体形成良性互动，如何在激发社会分配活力的同时，与其他活力要素如社会服务供给与社会治理秩序形成良性呼应，同样是值得我们考虑和深思的问题。

第三章

激发服务活力：社会服务机构
发展与服务供给新体制[*]

　　本章把注意力转向另一类社会组织——社会服务机构，探讨在社会服务这一领域，地方政府是如何通过治理创新激发社会组织活力的，以及这类实践又如何形塑了社会服务机构的发展状态和社会服务供给的整体格局。近年来，社会服务领域最重要的治理创新莫过于政府购买服务。因此本章在案例选择上，以深圳市政府购买社会工作服务的实践为案例进行分析呈现。

　　首先，本章将基于文献梳理社会服务机构在社会服务供给领域的潜在功能及其功能发挥所需要的"理想条件"，着重探讨理想状态下社会服务机构实现其功能的制度要素。随后，本章将以深圳市政府购买社工服务的创新实践为例，对照分析当前社会服务机构功能实现的"理想条件"和"制度要素配置"之间的张力，从而理解我国当下的政府购买服务实践是如何促进社会服务机构的发展并影响其功能发挥的。最

　　*　本章相关内容曾发表于《中国非营利评论》2019 年第 2 期，题目为《政社合作中社会服务组织的功能建构及其实现——以 S 市购买服务为例》，作者为宋亚娟、蓝煜昕。

后，本章将围绕激发社会服务机构活力的体制、机制改革经验和未来路径进行若干思考。

第一节　社会服务机构的功能及条件

（一）科学服务功能及其专业化条件

近年来，随着政府职能由"总体支配"向"技术治理"的转变，[①]国家开始在社会服务领域进行"改革存量、发展增量"的双轨制改革，[②]开启了政府与社会服务机构合作进行公共服务供给的模式，尤其是政府购买社会工作服务的制度实践，催生了一类新的社会服务机构——社会工作服务机构（以下简称"社工机构"）。2006 年以来，我国社工机构呈现快速发展的趋势，同时出现了"微观化""技术化"倾向[③]和专业定位不清[④]等现象，引起关于社会服务机构成为"国家代理和控制的工具"和"政府的伙计"等的讨论[⑤]。这些讨论实际上涉及怎样理解和把握社会服务机构在社会服务体制中的使命和功能建构问题。

那么，社会组织参与社会服务供给有哪些特有的功能或比较优势呢？就专业社工机构来说，西方百年的社会工作发展史表明，社工机构存在提供专业社会服务以及代表弱势群体利益、推动政策环境变迁的使命。基于此，西方学者在论述社会服务机构的功能时，大多具有特殊的语境和理论假设。由此在用西方经验和理论来理解本土化情境中社会服务机构的发展和功能发挥时，必须认识到不同时空的实践差异。对社会服务

---

① 渠敬东，周飞舟，应星. 从总体支配到技术治理——基于中国 30 年改革经验的社会学分析 [J]. 中国社会科学，2009（6）：104 - 127 + 207.
② 王名，刘国翰. 增量共治：以创新促变革的杭州经验考察 [J]. 社会科学战线，2015（5）：190 - 201.
③ 郭伟和. 后专业化时代的社会工作及其借鉴意义 [J]. 社会学研究，2014（5）：217 - 240.
④ 黄晓星，杨杰. 社会服务组织的边界生产——基于 Z 市家庭综合服务中心的研究 [J]. 社会学研究，2015（6）：99 - 121.
⑤ 朱健刚，陈安娜. 嵌入中的专业社会工作与街区权力关系——对一个政府购买服务项目的个案分析 [J]. 社会学研究，2013（1）：43 - 64.

机构在服务供给中发挥功能的期待，首先是基于科学服务功能及其专业化条件。

西方社会工作是在 19 世纪末慈善事业对科学的追求中诞生，它强调通过规范的、标准化的知识和具体的服务方法开展慈善实践。早在 1880 年，实践领域的凯洛格（D. O. Kellogg）就宣称"慈善是一门关于社会治疗的科学"，美国教育家帕腾（Simon N. Patten）将社会治疗的科学定义为"社会工作"，由此开启了社会工作专业的建构和发展。专业化成为社会工作发展过程中的重大议题，为了摆脱业余、志愿和非专业的形象，大量学者和实践者致力于社会工作的专业化建构。尤其是 1915 年弗莱克斯纳（Flexner）提出"社会工作是一门专业吗"之问后，社会工作在"实证科学主义"的指引下，逐渐向医学和心理学等专业靠拢，期望以专业的方法诊疗个人和社会问题。在专业化建构的过程中，社会工作形成了诊断理论（Diagnostic theory）、精神分析理论，以及循证实践学派（Evidence-based practice）、功能学派和社会心理学派等，社会工作专业化建构达到了顶峰。专业化除了包括社会工作服务和实践的专业化外，还包括社会服务机构的专业化，即组织强调雇用职业社会工作者，利用专业知识和服务技术在专属服务领域工作。[①] 专业化成为社会服务机构存在的基础，也成为其参与政府购买服务和公共服务递送的最强比较优势。[②]

在西方国家，社会服务机构是公共服务体系的重要构成，[③] 政府与社会服务机构合作，购买社会服务机构的服务具有复杂的理论渊源。其中

---

① Geoghegan M, Powell F. Community development, partnership governance and dilemmas of professionalization: profiling and assessing the case of Ireland [J]. British Journal of Social Work, 2006, 36 (5): 845 – 861.

② 黄晓星，杨杰. 社会服务组织的边界生产——基于 Z 市家庭综合服务中心的研究 [J]. 社会学研究, 2015 (6): 99 – 121; Macindoe H, Whalen R. Specialists, generalists, and policy advocacy by charitable nonprofit organizations [J]. Journal of Sociology & Social Welfare, 2013, 40 (2): 119 – 150.

③ Schmid H. The role of nonprofit human service organizations in providing social services [J]. Administration in Social Work, 2004, 28 (3 – 4): 1 – 21.

大部分理论主要从社会服务机构的功能角度进行理论预设，如由于政府失败和合约失败，[①] 社会服务机构具有"非分配约束"的特征，成为顾客的一种选择。另外，社会服务机构可以提供满足客户需求的多样化服务，并成为第三方治理的主体和政府提供公共服务的有效补充。[②] 西方国家在政府购买服务过程中理解社会服务机构的功能是建立在社会服务机构专业化服务能力比较强的基础上，二者在平等的基础上谈合作，社会服务机构在政府购买服务的支持下，组织能力得到进一步的提升和发展。以此功能假设解释中国政府购买公共服务，我们就很难理解为什么有些社会服务机构能够提供高效的服务，组织能力得到发展，而有些社会服务机构却出现"服务行政化""组织代理化"等问题。[③] 这些问题的出现促使我们不仅要从理论假设的角度理解社会服务机构的功能，还要从政府购买服务的制度根源中理解社会服务机构的比较优势。

新公共管理理论、交易成本理论和委托代理理论为西方政府购买公共服务奠定了思想基础，它们共同强调私有化和市场机制的重要性，期待通过向社会服务机构购买公共服务的方式，提高公共服务的效率和质量。这些理论更多强调在公共服务的传递过程中，政府与社会服务机构的合作生产（Coproduction）过程。[④] 由此，"契约治理"为公共服务外包的主要管理方式，它旨在通过竞争性的方式，筛选出具有专业能力的社

---

① Weisbrod B A. Toward a Theory of the Voluntary Non-profit Sector in a Three-sector Economy [A]. Russell Sage Foundation, 1977; Hansmann H B. The role of nonprofit enterprise [J]. The Yale Law Journal, 1980, 89 (5): 835 – 901.

② Salamon L M. Partners in Public Service [M]. Johns Hopkins University Press, 1995; Young D R. Alternative models of government nonprofit sector relations: theoretical and international perspectives [J]. Nonprofit and Voluntary Sector Quarterly, 2000, 29 (1) 149 – 172; Najam A. The four c's of government third sector-government relations [J]. Nonprofit Management & Leadership, 2000, 10 (4): 375 – 396.

③ 朱健刚，陈安娜. 嵌入中的专业社会工作与街区权力关系——对一个政府购买服务项目的个案分析 [J]. 社会学研究，2013 (1)：43 – 64; Wen Z Y. Government purchase of services in china: similar intentions, different policy designs [J]. Public Administration and Development, 2017, 37 (1) 65 – 78.

④ Nabatchi T, Sancino A, Sicilia M. Varieties of participation in public services: the who, when, and what of coproduction [J]. Public Administration Review, 2017, 77 (5): 766 – 776.

会服务机构。可以说，只有具有专业化服务能力的社会服务机构才能在服务外包的机制中胜出，获得政府购买公共服务资金的支持，组织专业化服务能力因获得政府支持而进一步得到提升。提供专业化服务也是社会服务机构的主要功能和使命。因此，在进行政府购买服务制度设计时，一方面要保证挑选出具有专业服务能力的社会服务机构；另一方面还要保证社会服务机构专业服务能力的可持续发展，最终实现社会服务机构专业化建构的功能和使命。

由此可见，西方理论界认为引入市场机制可以更好地促进公共服务承接者以专业化方式提供公共产品。考虑到承接者需要长期在专业领域投入资源，为鼓励社会组织形成更强的专业能力，许多发达国家十分注重政府购买服务相应的制度设计。首先就是建立竞争性的公共服务市场。只有建立竞争性的公共服务市场，具有专业服务能力的社会组织才能在竞争中脱颖而出，而这种市场竞争和激励的方式也正好可以奖励长期致力于服务能力专有性建设的社会服务机构。① 其次是以具体的服务领域设计购买项目，使得在某一服务领域精耕细作的组织能够在竞争中胜出，激励社会服务机构在某一服务领域实现专业化。最后是政府形成长期稳定的购买服务政策，使得社会服务机构形成稳定的发展预期，敢于长时间在某一服务领域投入资源，形成更强的服务能力。

（二）政策倡导功能及其代表性条件

经过半个多世纪的发展，社会工作都在围绕专业化的建构而努力，其更加关注以个人为焦点的、微观化的技术性服务，忽视了社会工作对宏观社会问题的关切和对贫困群体的帮助。在西方，20世纪70年代出版的《责怪受害者》② 和《黑人的增权：受压迫社区的社会工作》③，促使

---

① 王名，蔡志鸿. 以"能力专有性"论政社合作——以两岸防艾社会组织为例 [J]. 中国非营利评论，2019（1）：1-33.

② Ryan W. Blaming the Victim [M]. Vintage Books，1971.

③ Solomon B. Black Empowerment：Social Work in Oppressed Community [M]. Columbia University Press，1976.

社会工作转向对宏观社会问题的关切和政策倡导使命的建构。尤其是美国学者施佩希特和考特尼于 1994 年发表的《堕落的天使：社会工作何以抛弃了自己的使命》指出了社会工作对弱势群体的道德责任和社会正义使命，① 激进主义和进步主义的社会工作范式由此开始大规模地建构。到 20 世纪末，逐渐形成了女性主义社会工作、② 结构社会工作③，以及反压迫实践和优势视角社会工作等相关理论流派。④ 这些流派的核心观点是社会工作要解决的核心问题不是个人，而是制度和政策安排。因此社会服务机构除了与政府合作提供公共服务外，还需要承担起政策性倡导的功能，由和政府合作生产转向共同治理（Cogovernance）。⑤

共同治理理念不像传统委托代理理论和交易成本理论那样把政府与社会服务机构看成服务供给的对立方，而是把双方看成合作者。同时，共同治理强调社会服务机构与政府的合作不仅是共同提供公共服务，而且是共同参与公共服务的设计和规划。另外，最近大量研究也强调了社会服务机构除了为服务对象提供专业的服务外，在政策倡导和政策设计方面也具有十分重要的作用。⑥ John J. Chin 探讨了提供医疗保健等服务的

---

① Specht H, Courtney M E. Unfaithful angels: how social work has abandoned its mission [J]. Journal of Sociology & Social Welfare, 1994, 19 (8): 692－695.

② Dominelli L, Mcleod E. Feminist Social Work [M]. Macmillan, 1989.

③ Mullaly R. Structural Social Work: Ideology, Theory, and Practice [M]. Oxford University Press, 1993.

④ Dalrymple J, Burke B. Anti-Oppressive Practice: Social Care and the Law [M]. Routledge and Kegan Paul, 1995; Saleebey D. Strengths Perspective in Social Work Practice [M]. Allyn & Bacon, 1997.

⑤ Cheng Y. Exploring the role of nonprofits in public service provision: moving from coproduction to cogovernance [J]. Public Administration Review, 2019, 79 (2): 203－214.

⑥ Almog-Bar M, Schmid H. Advocacy activities of nonprofit human service organizations: a critical review [J]. Nonprofit and Voluntary Sector Quarterly, 2014, 43 (1): 11－35; Mosley J E. Organizational resources and environmental incentives: understanding the policy advocacy involvement of human service nonprofits [J]. Social Service Review, 2010, 84 (1): 57－76; Chin J J. Service-providing nonprofits working in coalition to advocate for policy change [J]. Nonprofit and Voluntary Sector Quarterly, 2018, 47 (1): 27－48; Macindoe H, Whalen R. Specialists, generalists, and policy advocacy by charitable nonprofit organizations [J]. Journal of Sociology & Social Welfare, 2013, 40 (2): 119－150.

社会服务机构在与政府的合作过程中，逐渐从提供服务转变为影响政府在医疗保健领域的政策。① Macindoe 和 Whalen 的研究也证明非营利服务组织越来越多地参与相关领域的政策倡导。② 但我们以共同治理理论来理解社会服务机构在政策倡导方面的功能时，却很难解释为什么一些社会服务机构会成为"国家的代理"和"政府的伙计"等问题。这些问题的出现促使我们不仅要从合作治理的角度理解社会服务机构的倡导功能，还要关注西方国家合作治理背后社会服务机构的代表性问题。

简单来说，代表性就是非营利服务组织通过代表所服务的对象，积极地发出声音，参与公共政策的设计和制定。其主要包括实质性、象征性、形式性、描述性和参与性五个维度。其中实质性和象征性维度主要从合法性角度讨论非营利组织的代表性；形式性、描述性和参与性维度主要从组织能力的角度理解非营利组织的代表性。从某种程度上来说，代表性是社会服务机构实现倡导功能的基础，如果组织缺乏代表能力，其政策倡导功能和治理价值将成为"无源之水"。由此，从托克维尔"民主的学校"到伯格的"中介结构"，③ 学者在评价非营利组织的功能时，大都强调其重要的代表性功能，尤其是合作治理和多元治理理论强调非营利服务组织通过代表性为民主和治理做出贡献。④ 非营利组织更加了解所服务群体的需求，因而能够更好地回应客户和社区公民的需求，能够代表所服务的群体表达观点和参与公共政策的设计。⑤

① Chin J J. Service-providing nonprofits working in coalition to advocate for policy change [J]. Nonprofit and Voluntary Sector Quarterly, 2018, 47 (1): 27 – 48.

② Macindoe H, Whalen R. Specialists, generalists, and policy advocacy by charitable nonprofit organizations [J]. Journal of Sociology & Social Welfare, 2013, 40 (2): 119 – 150.

③ Berger P L, Neuhaus R J. To Empower People: The Role of Mediating Structures in Public Policy [M]. The American Enterprise Institute, 1977.

④ Warren M E. Democracy and Association [M]. Princeton University Press, 2001.

⑤ Mosley J E, Grogan C M. Representation in nonelected participatory processes: how residents understand the role of nonprofit community-based organizations [J]. Journal of Public Administration Research and Theory, 2013, 23 (4): 839 – 863; 张潮. 弱势社群的公共表达: 草根 NGO 的政策倡导行动和策略 [J]. 中国非营利评论, 2018 (2): 1 – 21.

　　鉴于代表性在社会服务机构政策倡导中的功能和价值，社会服务机构可以通过建立代表性结构来增强组织的代表能力，尤其是在与政府的合作治理过程中，通过相应的制度设计来保证社会服务机构的代表能力。一般来说，在共同治理的情境下，实现社会服务机构的代表性，要具备下列制度要素：①使得社会服务机构嵌入当前的治理网络，社会服务机构不仅是服务的供给者，还是公共服务相关政策设计的重要参与主体和基层治理主体。如果社会服务机构仅仅是悬浮在基层治理网络之上，空降其公共服务，社会服务机构的政策倡导功能就难以实现，共同治理的目标也难以达成。②形成社会服务机构代表其服务对象表达利益诉求的机制。唯有如此，社会服务机构才能真正嵌入社会治理网络，成为服务对象"意见的代表"，同时推动公民"有责任的行动"。① ③支持社会服务机构参与公共服务政策的相关制度设计和政策制定，同时对公共部门的活动进行监督，实现自下而上的政策制定网络和社会监督网络。这些制度要素有助于推动社会服务机构建构其组织的代表能力，发挥其政策倡导功能，真正实现从共同生产到共同治理的转变。

第二节　社会服务机构功能发挥的制度基础

　　基于上述功能和条件分析，社会服务机构要在社会服务领域充分实现其功能，需要一系列的支持条件和相应的制度要素作为支撑（见表3-1）。西方国家社会工作已经发展了百余年，社会服务机构的功能及其支持条件已经被社会服务机构视为理所当然的能力和要素。因此，政府通过资助和购买服务等方式与社会服务机构开展的合作，建立在社会服务机构具有强大的专业能力和代表性基础上，由此形成伙伴关系等相关理论来理解社会服务机构的发展。在处于转型期的中国，社会服务机构实现其功能的支持条件和制度要素还不具备，政府购买服务对社会服务机构的

---

① 哈贝马斯. 公共领域的结构转型［M］. 曹卫东等，译. 学林出版社，1999.

意义和影响也无法借助西方理论进行推演和解释。

　　上述梳理使我们对社会服务机构的功能及其支持条件有了一个理论和理想意义上的理解。由此，我们借鉴社会组织领域政策执行的前沿研究成果，[①] 可以把社会服务机构的功能实现模型与政府购买服务的政策执行结合起来，分析社会服务机构发挥作用的理想模型与政策实践之间的张力，并进一步理解在我国的现实情境下，政府购买服务这样一种服务供给机制创新实践是否激发了机构的功能。政策执行视角的分析弥补了社会组织领域既有的制度文本分析和结构分析的不足，强调地方政府作为政策执行者的利益、策略和治理逻辑，有效地将制度要素、行动者（地方政府和社会服务机构）和彼此的关系机制纳入一个整体性分析框架。[②] 借鉴这种视角和方法论，我们可以把对当前国内社会服务机构的发展与功能分析从应然层次向实践层次推进，从而实现更具洞察力的思考和解释。

表 3-1　社会服务机构的功能、支持条件与制度要素

功能	支持条件	制度要素
科学服务	专业性的建构	适度竞争的外包市场 长期稳定的购买服务制度设计 专业的项目购买工具
政策倡导	代表性的产生	嵌入基层服务治理网络 组织代表社会成员的利益表达机制 组织参与公共部门决策的机制

资料来源：作者自制。

---

① 黄晓春. 中国社会组织成长条件的再思考——一个总体性理论视角 [J]. 社会学研究, 2017（1）：101-124；徐盈艳，黎熙元. 浮动控制与分层嵌入——服务外包下的政社关系调整机制分析 [J]. 社会学研究, 2018（2）：115-139；黄晓星，熊慧玲. 过渡治理情境下的中国社会服务困境——基于 Z 市社会工作服务的研究 [J]. 社会, 2018（4）：133-159.

② 黄晓春. 当代中国社会组织的制度环境与发展 [J]. 中国社会科学, 2015（9）：146-164.

第三节　购买服务如何形塑社工机构

（一）专业性生长及问题

自2006年十六届六中全会提出"建设宏大的社会工作人才队伍"开始，中央政府先后在社会工作人才建设、购买社会工作服务、社会工作领域建设等方面做出了积极的政策导向。相对于传统社会组织，社工机构是含着政策的金汤匙而出生，其一出生就被赋予了提供专业服务和政府购买公共服务的职能，尤其是国家直接登记政策的出台，使社工机构面临更为宽松和利好的宏观政策。在此背景下，各地政府积极创新公共服务供给机制，探索以政府购买服务的方式促进社工机构发展，但是由于各级地方政府的认知、策略和行为偏好的不同，其治理实践对社工机构的发展影响也呈现不同特征。

政府购买社会工作服务是现阶段创新服务供给机制的主要形式，并且政府购买服务是多数社工机构的主要资金来源，其制度中蕴含的地方逻辑对社工机构的行为产生了重要影响。深圳市是在全国较早探索政府购买社会工作服务的城市，并且形成了具有标杆性意义的发展模式，对其实践过程的分析具有重要的价值和意义。[1]

关于购买服务如何形塑社工机构这一问题，我们关注的第一个方面在于社工机构的专业性生长及问题。

关于中国地方政府行为的前沿研究围绕"晋升激励"和"风险控制"等展开了深入的分析，[2] 为我们理解深圳市各级政府在社会工作政策执行领域的行为逻辑提供了分析视角。随着以GDP增长为政绩的竞争锦

---

[1]　研究者从2013年开始长期跟踪这项制度在深圳市各区各街道的实施情况，就政府购买服务项目多次到各区进行调研，并且访谈了市、区、街道不同层级的政策执行官员，同时还访谈了大量社工机构，形成了大量访谈记录和田野笔记。

[2]　周黎安. 中国地方官员的晋升锦标赛模式研究 [J]. 经济研究，2007（7）：36－50；曹正汉，周杰. 社会风险与地方分权——中国食品安全监管实行地方分级管理的原因 [J]. 社会学研究，2013（1）：182－205；黄晓春. 当代中国社会组织的制度环境与发展 [J]. 中国社会科学，2015（9）：146－164。

标赛逐渐弱化，地方政府围绕社会领域的创新开启了新一轮的锦标赛，[①]虽然不如经济领域的竞争锦标赛指标明晰，但在社会治理领域做出突出的成绩，也有可能得到中央领导的关注甚至是提拔。作为经济领域改革的前沿城市，深圳市在社会领域的改革和创新上也不甘示弱，从中央释放"建设宏大的社会工作人才队伍"政策信号开始，该市就积极行动，开始在社会工作发展领域和公共服务领域进行地方改革和制度创新。2007年深圳市政府在借鉴和学习香港经验的基础上，直接推出具有影响力的"1+7"文件。"1+7"文件以制度先行的方式规定了以政府购买社工服务的方式促进社会工作人才队伍的建设、社工机构的发展和政府公共服务职能的转变。在创新锦标赛的驱动下，"第一""首次"是政府出台政策时较为关心的指标，制度的快速设计使得地方政府无法充分考虑政府购买公共服务的本质和内在价值、社会工作者这一职业的发展路径、社工机构与其他社会组织的本质区别。在此情况下，"1+7"制度的设计就有可能形成一定的制度漏洞，购买公共服务的实践可能违背购买公共服务的前提假设和内在精神，社工机构的发展也很难形成与原有社会服务机构协同的组织系统，并且这一制度带来的后果可能存在路径依赖。在深圳市各个区的政策执行过程中，也存在晋升锦标赛的逻辑，各区政府在培育社工机构的过程中存在排他性的竞争锦标赛。因此，各区倾向采取属地购买原则，也就是倾向购买本区成立的社工机构的服务，从而导致外包市场无法形成统一的竞争平台。

另外，购买公共服务的财政资金迅速大规模投入，再加上该市对8类社会组织放开登记，[②]为机会主义社工机构的成立提供了空间。在"1+7"文件中，《深圳市财政支持社会工作发展的实施方案（试行）》确立了

---

① 李妮. 模糊性政治任务的科层运作——A县政府是如何建构"创新"政绩的？[J]. 公共管理学报，2018（1）：1-11.

② 2012年深圳市出台《关于进一步推进社会组织改革发展的意见》，提出工商经济类、公益慈善类、社会福利类、社会服务类、文娱类、科技类、体育类和生态环境类等社会组织由民政部门直接登记。

财政支持、社会筹资相结合的社会工作发展财政支持机制。其中政府购买公共服务的资金主要由区级财政承担，市级财政给予区级财政一定的转移支付和补助，同时该方案还要求福利彩票公益基金对政府购买社工服务给予一定比例的资金支持。如该市仅仅在社区就每年投入约14亿元用于民生类的服务，其中80%都是购买社工机构的服务。除此之外，深圳市还投入大量资金用于社工机构的岗位购买和公益创投，以促进社工机构创新和发展等。访谈中一位民政局的工作人员说：

> 我们从来不担心没钱花，每年的预算我们都用不完，关键是我们得找出事情来做。（访谈资料：20151123）

在此情境下成立的社工机构，并没有明确的发展目标和服务定位，而是完全根据政府购买的政策导向来定位组织的发展策略。我们梳理了1992—2016年深圳市社工机构的业务范围，其中80%的社工机构对业务范围的阐述都具有较强的模糊性和趋同性，即"承接政府有关部门委托的各类公益服务项目和其他服务；为有关单位、企业、社区、家庭或个人提供专业化社工服务"。说明大部分社工机构都没有致力于某一服务领域的专业化建设，而是采取一种迎合购买政策的发展策略。

最后，政府购买社会工作服务涉及多重制度目标，其中包括建设宏大的社会工作人才队伍，培育承载社会工作人才的社工机构，转变政府职能，实现公共服务供给的社会化，提供专业化的、公民满意的公共服务。但是要真正转变政府职能，彻底改变传统公共服务的供给模式，涉及多部门的协调和复杂关系的调整，在中央宏观政策模糊的情况下，地方政府的治理创新带有较高的制度生产风险。因此，在政策工具的选择上，深圳市遵循了风险控制的逻辑，采用了岗位购买和社区服务中心两种政策工具购买社会服务。岗位购买要求市、区、街道的民政、教育、文化、卫生、劳动、信访、人口计生、公安、司法、监所、禁毒、工会、共青团、妇联、残联等部门和组织，根据社会工作管理和服务的实际需要提出并设置社会工作服务的岗位，然后汇集到市、区两级民政部门，由市、区两级民政部门采取政府招投标的方式向社工机构购买服务。社区服务中心的运作模式是由社区提供服务场地，由区财政购买社工机构的服务，要求中标的社工机构派驻 6 名专业社工进驻社区服务中心提供服务。每个社区服务中心的购买费用是 50 万元，其中包括聘用 6 名社工的工资和服务费用。整体上来说，岗位购买和社区服务中心都没有改变原有的服务供给格局，属于典型的增量创新。岗位购买基本不触及原有行政部门和事业单位的利益格局，操作相对容易，其主要方式是中标的社工机构按照岗位设置的需求，向行政部门和事业单位派驻社工进行服务。社会工作者完全嵌入原有的行政服务体系内，听任行政人员的指挥和安排，基本上成为行政部门的"类员工"，社会工作服务自身的价值和专业性受到挑战。社区服务中心直接在原有社区中成立，其服务与原有社区居委会提供的服务有很大的重复性，同时 50 万元购买资金，更多是支付 6 名社工的工资，再扣除中标社工机构的管理费用，服务经费所剩无几。在访谈中，某街道民政科科长这样评价社区服务中心：

> 政府花了这 50 万元，一部分用来给社工发工资，机构还要留一部分管理费用，真正用在社工服务上的几乎没有了。（访谈资料：20151109）

另外，两种购买工具的设计都有别于专业化的项目购买，在某种程度上是在"购买"社工机构的社工，而不是购买机构的整体服务，这在一定程度上影响了社工机构专业化方面的建构。

概括来讲，深圳市地方政府的晋升锦标赛和风险控制逻辑使政府购买服务的实践无法形成一个统一的竞争外包市场，社工机构无法形成稳定的预期，再加上以岗位购买为主的政策工具的实践，使得社工机构所依赖的专业化建构条件处于缺位状态。在此治理情境下，深圳市社工机构呈现一种劳务派遣化的新型组织特征和运作模式。在该种模式下，社工机构不再把服务作为组织核心功能，而是不断招募社会工作者，然后再把社会工作者派遣到政府购买服务的岗位上服务，社会工作者呈现雇用和使用相分离的状态。如 A 机构最早成立时仅有十几人，到 2018 年底已经有 400 多人，其中 90% 以上的社会工作者都被派遣到了购买服务的岗位和社区中进行服务，而社工机构本身处于"空心化"状态。另外，社工机构呈现服务领域的多样化，成为"什么都能干，什么都能做"的组织，表现为组织在某一服务领域的专业性弱化。如为了迎合各职能部门购买服务的需要和获取各职能部门购买服务的资金，A 机构从最擅长的司法社会工作开始，不断拓展服务领域，逐渐变成了一家覆盖司法、妇女家庭、青少年、企业等 13 项服务领域的机构，呈现组织服务领域多样化特征。经过调查分析，我们还发现社工机构在劳务派遣化和服务领域多样化这两个组织特征上呈现场域内趋同现象，即所有深圳市社工机构都出现典型的劳务派遣化现象，其组织的专业性大大弱化。我们在 179 份有效问卷的统计中，[①] 发现服务于 5 个及以上领域的组织数量达到 151 家，占总样本的 84%，有 142 家机构把 70% 以上的员工派遣到政府购买的岗位上进行服务（见图 3-1 和图 3-2）。

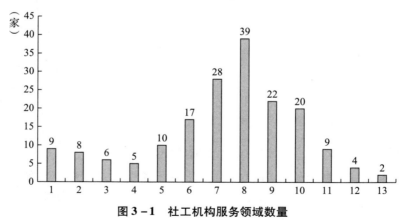

图 3-1　社工机构服务领域数量

注：横轴表示社工机构服务领域数量，单位为个，如专门服务于一个领域的组织有 9 家。

---

① 在"深圳市民政在线"中收集到 1992—2016 年成立的社工机构信息，共获取 218 家组织，进行全样本抽样，最后回收有效问卷 179 份。

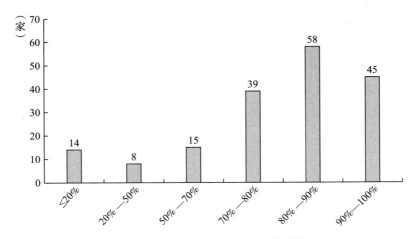

图3-2　社工机构派出员工相关比例

（二）代表性生长及问题

共同治理不仅强调社会服务机构与政府合作参与公共服务的供给，而且更加强调社会服务机构代表服务对象表达其需求，参与公共服务政策的规划和设计，真正实现社会服务机构对社会问题的关切，激发服务活力。同时，共同治理还强调社会公众的参与，尤其是服务对象对服务需求的表达。但是通过调研和观察，我们发现在深圳市政府购买服务政策设计和制定阶段，几乎看不到社工机构的身影，社工机构仅仅成为政府购买服务的对象，公众也只是服务的被动接受者。

深圳市重要的"1+7"文件和社区服务中心相关政策的出台，均具有行政体制内决策的特点，缺乏社工机构代表服务对象利益的机制和政策参与的机制。"1+7"文件出台时，深圳市只有两家刚刚成立的社工机构，其对自身定位和发展目标并不清晰，也不能为政府政策的设计建言献策。政府采取岗位购买的方式向社工机构购买服务，社工机构就完全按照政策设计的方向发展自己，逐渐形成了依赖岗位购买政策的中介代理特征。虽然社区服务中心政策出台时，社工机构数量已较多，但是社区服务中心的项目设计仍然缺乏社工机构的参与，更不用说社区公众的参与。政府大量的资金投入，再加上行政化的购买绩效评估，使得大量社工机构形成唯资源导向的发展模式，成为"政府的伙计"，忽视了社区公众的真正需要，其代表性也无从谈起。如社区服务中心的成立主要满足的是基层公众的服务需求，因此相关文件要求中标的社工机构在设置服务项目前要进行社区调研，开发真正满足公众需求的项目，但实际执行过程中这种公众参与也往往呈现"走形式"的现状。一位社区服务中心的负责人谈道：

> 按照社会工作的原理，我们设计一个项目尤其是社区服务的项目是要做广泛的调查的，听取公众的需求是什么。一是我们没钱，人手也不够，我们没有这么大的精力让居民提意见。另一方面，上面还要我们赶快出成绩，我们经常是匆匆设计项目，匆匆结案，尤其是社区个案的服务。（访谈资料：20151125）

社区服务中心中标的社工机构大都不是本社区服务组织，派驻的6名社工在服务的过程中存在的最大问题就是嵌入性问题。专业社会工作者通过政府购买服务首次与社区各治理主体发生实质性的联系，其就像一种外来物进入庞大和复杂的体系。因此，需要社会工作者细致深入地嵌入社区的治理网络，一方面与社区其他治理主体建立良好的合作关系；另一方面了解居民的真正需求，代表居民提供社区服务和进入社区治理网络。但由于深圳市社区服务中心项目都由区统一招标进行购买，且社区服务中心提供的12项标准化服务也均由市统一规定，缺乏社区治理主体如社区居委会、社区工作站、社区党委、社区居民等治理主体自下而上的讨论和参与，社工机构首先遇到社区进入问题。虽然通过政府购买服务社工机构进入了社区，但不能保证社会工作者得到了社区其他治理主体的认可，有时不同的治理主体之间还形成了相互竞争关系，其他治理主体对社会工作者的服务存在不理解和排斥心态。其中 QX 社区居委会主任这样抱怨：

　　社会工作进来以后，把我们居委会都边缘化了。（访谈资料：20161121）

　　LH区社会事务科负责人以某社区组织重阳节活动为例，提出社区居委会、社区工作站、社区党委和社区服务中心都举办了为老年人包饺子的活动，生动体现了社区各治理主体之间的竞争性关系和服务重叠问题。深圳市社区服务中心的购买服务每三年招标一次，也即意味着一个社工机构在某个社区服务三年后将会离开，新的组织需要重新进入社区，遭遇新的社区嵌入问题。服务机构的频繁更换使得社工机构很难深度嵌入社区的治理网络，因此承接社区服务中心的工作只能按照项目的方式，权宜地完成政府需要评估的指标，进而悬浮于社区治理体系之上。

　　为了有效开展社区服务中心的工作，社会工作者积极与社区居委会和工作站建立合作关系，但是由于社区工作站掌握着自上而下的行政资源，社区服务中心与之存在权力不对等关系，社工机构大多屈从于政府的逻辑，倾向于社会工作服务的"活动化"和"指标化"。社会工作服务的"活动化"是深圳市社区服务中心社工服务的普遍现象，主要指社区服务中心社工协助社区组织一场场声势浩大的单次性活动，一方面向上级领导展示其服务成绩，另一方面向公众传递其影响力。组织活动并不是社区服务中心社工的核心工作，但却成了配合社区取得政绩的"拿手好戏"，使得社会工作服务出现行政化现象，损害机构自身的专业性和自主性。正如一名社工所言：

　　我们服务的时候，最大的问题就是社区的干预太多，他们希望我们多搞些场面大的活动，搞出品牌和特色以好向上面汇报，我们真正该深入的工作领导并不关心的。（访谈资料：20151105）

　　社会工作服务的"指标化"指社会工作服务过程中，更多精力用在完成上级评估所需要的指标上，忽视了民众的真正需求。按照绩效管理的原则，深圳市制定了社区服务中心绩效考核的详细指标，并且要求对社区服务中心项目进行每年一次的中期和末期评估。为了完成绩效考核，社会工作者往往把大量精力放在其开展的活动是否满足绩效的要求，填写评估所需表格和撰写报告等，而忽视了服务的质量，如上文访谈中社工提到的匆匆结案问题。另外，绩效指标均由政府自上而下制定，绩效考核的过程也缺乏公众的参与。虽然对社工机构购买的项目采用了多方主体打分的方式进行评估，但公众评估占整体评估的权重较低，只占5%。同时公众评估由于涉及对象较多，这一权重的得分也基本上是评估中心以电话访谈的方式代为完成。其中一位社区服务中心的社工说：

> 评估标准最后落到实处的是很少的，真正的居民满意度的调查是很少的，注定了社工的工作是往行政靠了。（访谈资料：20151104）

"活动化"和"指标化"反映了社会工作服务越来越多地迎合政府的需求，社工机构也逐渐成为"政府的代理"或"政府的伙计"，以服务对象需求为本的代表性功能受到威胁。

第四节　本章小结

深圳市的实践案例表明，当前广为流行的政府购买公共服务解决了社会服务机构长期以来面临的组织合法性与资源不足的问题，促进了社会服务机构的快速发展，激发了社会组织参与公共服务供给的活力。但是地方政府购买服务实践的不同逻辑也使得社工机构功能实现所依赖的制度条件缺乏，导致社工机构出现专业弱化的劳务派遣特征、代表性缺失的行政代理现象，其社会服务的专业化发展和意见表达功能的拓展受到局限。本章从中观层次上识别了实现社工机构功能的制度要素，也即政府购买服务的制度安排需要遵循外包市场的竞争逻辑、合作治理的参与逻辑，创造有利于社工机构代表公民参与公共服务的政策议程和政策制定的制度条件。案例研究发现，地方政府基于自身晋升逻辑和风险控制逻辑来推进政府购买服务，自上而下设计的相关政策导致社工机构形成唯资源和政策导向的发展逻辑，未能充分发挥其在社会服务供给中的独特优势。

同时，地方政府购买服务、推动社工机构发展的实践在整体上符合国家宏观政策框架下的地方治理创新逻辑。地方政府的行为逻辑，如创新锦标赛逻辑、风险控制逻辑、技术治理逻辑等，成为影响社会服务机构行为和塑造社会服务机构发展趋势的主要因素。深圳市购买服务的案例表明，地方政府基于创新锦标赛的逻辑，在缺乏购买服务实践基础上，以制度先行方式出台总体性政策，导致政府购买社会工作服务与其他领域的改革未能有效衔接。基于风险控制的逻辑，政府购买服务基本上遵循"增量改革"的方式，使得社会工作服务未能有效嵌入基层治理体系。技术改革的逻辑导致各级行政部门和社工机构只专注于"对上负责"，"对下负责"不足。地方政府的各种行为逻辑相互交织，互相强化，最终引致社工机构出现工具主义的发展策略，呈现出"劳务派遣化""行政代理化"等组织特征。

未来社会服务领域的社会组织体制改革要形成一种整体性的思路，如构建具有长远规划的总体性发展策略，为社会服务机构提供稳定的发展预期；构建统一化和竞争性的购买服务机制，促进社会服务机构的专业化成长；搭建有效的共同治理体系，促进社会服务机构在公共服务中从共同生产到共同治理，实现社会服务机构的有效代表性；强化社会领域政策与整体性改革的衔接与协调，使得社会服务有效嵌入基层治理网络，同时推动社会服务机构与其他社会组织的协同发展。

第四章

激发治理活力：社会团体发展
与行业治理新体制[*]

党的十八大以来，中央高度重视与支持民营经济，商协会在市场行业治理中的形态与使命正在发生重大转变。在前章的基础上，本章主要围绕社会团体发展与行业治理新体制的构建展开论述。本章首先论述了作为社会团体中较为特殊的重要组成部分——商协会在当前行业治理中的公器角色，进一步地，对我国商会商帮的历史发展进行了梳理与介绍。之后，在当前市场经济与政府职能转移的背景下，聚焦商协会的功能性重构，尤其是行业治理的权力性功能与义务性功能。最后，提出应加快推动商协会专门性立法，加强商协会功能重构与功能发挥的制度保障，构建行业治理新体制。本章强调，以商协会为代表的社会团体发展改革，是深化社会组织管理体制改革与激发社会治理活力的重要创新举措。

---

[*] 本章相关内容曾发表于《中国非营利评论》2021 年第 1 期，题目为《商会论纲》，作者为王名、张祺好。

第一节　作为行业公器的商协会

为什么说商协会是一种行业公器？首先，当它作为一种市场机制时，能够降低交易成本，能够在市场竞争中求和，整合商品价格，约束商人守住道德底线，是诚信之基。其次，当商协会被视为一种集体行动时，它在内部能够促使会员们达成共识、合约，从而结为阵营，联合行动，在外部表现为组织的制度化、科层化，因为会员与会员之间是利益共同体，也是权利共同体，更是命运共同体。最后，当商协会成为政府、国家与市场、社会之间的公共领域时，它有"共识、共体、共益、共权"四个特征。所谓共识即商协会内部达成共同意愿；所谓共体是指会员们紧密相连，超越普通的竞争关系，形成亲密的整体；所谓共益是指商协会作为整体能够更好地谋求会员利益最大化；所谓共权是指商协会可以有效做到对内民主治理，对外与其他利益群体博弈。

从组织目的的角度来说，商协会的结成是为了起到降低交易成本的作用，通过一系列契约安排达到内部协调、与政府和其他集团的协调，从而避免单个企业频繁消耗人际关系。经济学家威廉姆森（Oliver E. Williamson）从节约交易成本的角度讨论了商协会产生的机理，简单来说，交易成本是在一定的社会关系中，人们自愿交往、彼此合作达成交易所支付的成本，也即人和人的关系成本。与它相对应的概念是人和自然界关系的成本，从本质上来讲，有人类交往互换活动，就会有交易成本，它是人类社会生活中一个不可分割的组成部分。[①] 耶鲁大学的纳欧米·拉莫罗奥斯（Naomi R. Lamoreaux）教授也认为，市场需求不确定性加剧和行业内企业之间出现无法预期的激烈竞争导致行业秩序失范时，企业倾向于进行组织结构创新以达到通过内部协调使行业有序发展的目的，比如组建行业组织。

---

① 冯玉军. 合同法的交易成本分析 [J]. 中国人民大学学报，2001（5）：100－105.

当把商协会、市场、政府三要素放在一起讨论时，也有一种理论提出商协会的结成是为了对抗政府失灵（Government failure）。美国经济学家伯顿·韦斯布罗德（Burton A. Weisbrod）认为，消费者对公共产品并没有同质化的需求，因而对政府提供的公共产品满意度有差异，这种差异会直接影响非政府部门规模的大小。差异性公共产品的提供渠道可能是次级政府，也可能是社会中坚组织，甚至可能是私人。相比较而言，社会组织能够在一定范围内高效地提供公共产品（或集体产品），一定程度上弥补了政府这种供需上的不足。对于商协会来说，它的构成源于会员共同的利益、共同的价值观以及对资源共享的合意，商协会的互益性和公益性能与政府职能较强地互补。具体到经济生活中，商协会对行业自律发展、行业与政府的关系、行业之间的利益协调等方面的作用是其他机构所不能替代的。

商协会是市场中"公"的存在，与之相对的"私"是指以企业为单元的利益个体。当多个私域的诉求产生交叠便会形成公域，商协会之公域可以起到降低交易成本、采取集体行动、协调利益诉求、化解矛盾冲突、谋求战略合作、倡导产业政策等作用。

现今我国法律意义上的社会组织可分为基金会、社会团体、社会服务机构三大类型，商协会属于社会团体。1993年工商联通过注册成为"中国民间商会"，截至2012年，全国工商联所属商协会共46259家，其中乡镇商协会17735家，街道商协会4575家，异地商协会3983家，市场商协会762家，开发区商协会301家，行业商协会17036家，其他类的商协会1867家。① 到2018年，用大数据查询民政部之下登记的商协会总数为20384家。② 目前我国商会组织有10余万家。仅从工商联直属商会看，2014—2018年新增商会就逾1.5万家。在招商引资中发挥重要作用的异

---

① 数据来源：北京易善管理有限公司．易善中国非营利行业数据库，2018年11月26日版本．http://www.yishancredit.com。
② 数据来源：北京易善管理有限公司．易善中国非营利行业数据库，2018年11月26日版本．http://www.yishancredit.com。

地商协会蓬勃发展，行业性和跨行业性的商协会也空前活跃。我国行业协会商会组织不仅数量多，且注册资本高达32.5亿元，会员涵盖所有类型的实业、新兴产业、中间产业等，在服务会员发展、强化行业自律、促进经济发展、维护社会稳定等方面具有不可替代的作用。总体看来，近年来各类商协会的发展呈现出行业分布不断延展，组织体系、组织构架日趋完善，区域覆盖纵深拓展，会员素质不断提高等特点。商协会从体量上已经成为我国社会组织的重要组成部分。

在我国，目前对商协会组织影响较大的制度来自两个方面：一是政策范式的变化，也就是国家对商协会的态度；二是法律制度的基础，法律制度是商协会行动合法性的重要来源，是一种长期的具有强制力的指引标准。

在政策范式层面，国家态度转变与国家与社会力量的关系变化密切相关。随着中国社会改革，最初的代言型社会力量已经无法在国家与社会之间产生赋能效果。重构国家与社会之间的联系纽带的目标仍是激发国家活力，方式诸如国家权力下沉、市场改革等。社会生活的丰富和市场经济的发展让民间和国家都开始注意到社会团体的必要性，分类更精细、覆盖更广泛的社团在20世纪80年代之后开始出现，如律师协会、消费者协会、宗教协会、商会等。这一时期的商协会是从属的工具性角色，并不具备经济类社团鲜明的特点，也没有有效参与到市场经济建设中，政策宗旨是"管控指导"。党的十二大将市场调节作为经济改革的重要方面，20世纪末市场经济体制初步建立，商协会的数量大幅度增加也是在1992年之后。市场化改革带来利益多元化，政府转型精简机构、缩减职能，这两方面的原因让商协会在社会经济生活的广度和深度上参与度增加，经济发达地区，特别是对外贸易频繁的地区开始尝试一些自主创新模式以迎合市场需求。1999年10月，国家经贸委发布了《关于加快培育和发展工商领域协会的若干意见（试行）》，该意见不仅仅针对半官方性质的行业协会商会，民间自发组建的行业协会也被纳入其中。文件主要阐述了商协会基本职能和与政府合作的方式，但文件的表述和执行却显现出政府主导色彩，依然不可能解决政会分开的问题，商协会组织所提供的公共产品也没有彻底突破会员范畴。虽然如此，也必须指出这一系列举措体现了国家态度逐渐从"管控指导"向"培育发展"转变。随着改革深入，国务院推进简政放权、放管结合的职能转变工作，同时也推动了一大批官办商协会与行政主管单位脱钩，这标志着国家态度从"培育发展"向"监督审核"的转变。从2000年开始，商协会也有了一次较为明显的发展（见图4-1）。

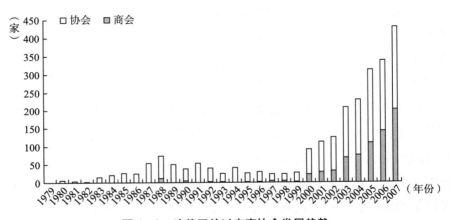

图4-1　改革开放以来商协会发展趋势

国家对商协会的态度从"管控指导"到"培育发展"，再到"监督审核"的转变体现了国家与组织之间的互动关系逐渐改变，国家越发重视社会力量对社会经济生活的影响，并且赋予了商协会更大的制度空间。

第二节　商协会发展的"前世今生"

（一）商协会的历史

商协会是以商人为基本单位构成的社会组织，不同地区的商业文明因为不同的环境和历史而呈现出不同的发展样态，不同发展样态的商协会表现出不同的组成方式和不同的社会职能。商协会并不是每个单位简单拼凑在一起的联合，而是因为某种共同联系聚集在一起的联盟。

　　我国商人结社史起源甚早，但留下的文字资料很少，因此对结社制度起源的研究有一定困难。究其原因，在于传统史学惯于记述帝王将相国家兴亡之事，工商业者结社难登大雅之堂，不过规模较大的行会差不多都设有会馆或公所，立有石碑或刻字在墙壁上。按照全汉昇先生的总结，大致有五种可能：第一，因祭祀相同神灵而聚集起来的人；第二，在异地的同乡抱团组成的团体；第三，因反抗官府欺压而形成的联盟；第四，因行业保护目的而设计壁垒的团体；第五，因家族手工艺传承，加上中国传统大家族体系，而形成的某一行业共同体。① 虽无法证实商人结社的起源究竟是哪一种，但大致可看出其作用有传授技艺和商品定价等，因此会内关系十分紧密。

　　最早关于商人结社的记载可追溯到《论语·子张》："子夏曰：'百工居肆以成其事，君子学以致其道。'"其中"肆"即为工匠结社的原型。唐宋时期是工商行会盛行时期，据《唐六典》和《唐会要》记载，唐时商人结社已经出现"行头""牙人"等职别划分，那时社团的名称为"行"，到唐后期，各行产生了一些议事行规，并对入行人员有技术和地域等要求。及至宋元明清时期，行会衍生发展，"不以其物大小，但合充用者，皆置为行"，且盖有工商、市井、江湖三大类。具体来说，当时的工商行会即手工作坊商业之行会，其特点在于政府控管色彩较浓，有赋役科索、市场管理、协调互助、维权共济的职能；市井行会即娱乐服务消费兴趣之结会，包括酒行、食饭行、药市、赌钱社、球社、书会等；所谓江湖行会即江湖诸业之帮会，如镖行、丐帮、命相行、包车会（行）等。明清时期，随着水路运输的发达，商人结社出现了另外两种以地缘为基础的新形式——会馆、公所。同一地区的商人在外地营生，孩子赴京考试途需栖息之所，为了维护本帮人的利益，会馆、公所逐渐成立。与过去的行帮不同，会馆、公所是自发组织形成，不带官方性质，且在行业内影响较大。

---

　　①　全汉昇. 中国行会制度史［M］. 河南人民出版社，2016：2－6.

商业活动不论在东方或西方都有着源远流长的历史，而伴随商业活动的兴盛，在古代西方，同样存在着商人结社的现象。欧洲古代的行会制度称为"基尔特制度"（Guild），是城市的商人和各行业手工业者为了限制竞争或垄断而兴起。到 11 世纪时，商人行会相当发达，管理也越发严格，甚至有不加入行会不得营业的规定。成员必须遵守行规行约，否则将会受到行会的惩戒。11、12 世纪西欧各城市的行会制度逐渐完善，形成了以行会大会为最高权力机构的管理制度，内部实行严格的等级制，分为师傅（行东）、帮工、学徒三个等级，需要层层晋升才能自主营业。但随着资本主义萌芽，这种旨在满足简单再生产需求的小型行会制度成为阻碍生产力发展的桎梏，18 世纪产业革命爆发之后，封建行会制度瓦解，取而代之的是旨在保护商人合法权益，介于政府与企业之间、企业与企业之间乃至企业与其他组织之间的新型组织，这个组织即不以营利为目的，也不是政府的附属品，它具有民间性、自律性等本质特征，是全新的市场中介组织，也就是近现代西方商协会的雏形。①

及至清末，清政府的大门被外国坚船利炮打开，中国与海外通商也日益频繁，外国商协会开始进驻中国，同时，为保护贸易权利，中国商人开始建立仿西制的商协会。它们虽由官方督办，但实际上顺应了民间为救亡图存在经济上力求自保的局势。清政府也鼓励商协会发展，1899年，中国出现第一个民间版的商协会章程《拟中国建立商业会章程》；1902 年，盛宣怀力推上海商人联合发起成立近代中国第一个商会——上海商业会议公所（后改称"上海商务总会"）；1903 年清政府新增商部，于次年颁发《商会简明章程》《商会章程附则六条》；1912 年，全国各地（不含西藏）先后成立商务总会，包括 57 个全国总会，871 个分会。

新式商会隶属商部，但与旧商会不同，因为国难当头，政府力量相对薄弱，商会的实质是独立于商人和政府之外的第三方组织，亦可认为是社团。原因有三：第一，商会的建立并非官方下达文件自上而下地组

---

① 陈清泰. 商会发展与制度规范 ［M］. 中国经济出版社，1995：3 - 7.

建，而是需要一个地域或一个行业的商人们达成共识才会成立，最早成立的商会在上海，即上海商业会议公所，业董们认为："今欲为中国商人兴利……（应当）仿照洋商商务总会，能合中国商人为一体，兴起诸善。"① 上海商业会议公所成立的时间为 1902 年 2 月 22 日，比清政府正式成立商部早一年，比清廷颁布《商会简明章程》早两年。第二，列强侵华后，中国不仅在军事上被压制，在经济上也遭到列强盘剥，商会以"振商、保商"为宗旨，一定程度上使商会成为商人的有力依靠。清末民初实业家张謇评价商会为："自各处设立商会……即渐有不受留难需索于局卡之思想，一遇前害，辄鸣不平，不复如以前噤声忍受。"② 商会还是商人与官府联系的渠道，许多商人需和官方交涉之事，一般都经由商会转达或代办。③ 第三，商会具有独立财产，财产主要来源于会员交纳会费和捐赠，并不靠政府拨款，因此商会不是官方行政机构。

　　如此，商会渐渐在各个领域都独立起来，自 1905 年上海总商会领导的抵制美货运动卓有成效之后，商会便频频涉足政治领域，加之宪政思潮传入国内，全国各地商会参政议政热情更是纷纷高涨。而这样的热情在政府眼中并不是得力之举，商会的存废问题在政界与商界引发了一场论战。虽 1914 年袁世凯政府试图通过新颁布的《商会法》进一步对商会加强管理，然而新法一经颁布立刻引起商界强烈反弹，袁世凯被迫收回成命。袁世凯去世后，北洋政府一片乱象，政府无暇顾及商会的发展，但商会存废之争从未消停。1929 年南京国民政府重新修订了《商会法》和《商会法实行细则》，国民党上海市党部为彻底"整理"上海总商会，甚至专门制定了《上海商会改组条例》，明文规定新的商会必须"服从当地国民党的指示和命令，并受当地执政机构管辖"。商会又从清末相对独立的地位回到了协理政府的办事机构地位。

---

① 严廷桢．上海商务总会历次奏案禀定详细章程 [M]．上海铅印本，1907：24．
② 张孝若．张季子九录（三）实业录 [M]．中华书局，1932：30．
③ 虞和平．近代商会的法人社团性质 [J]．历史研究，1990（5）：39－51．

（二）现代商协会的雏形

在曲折中发展的商会在新中国成立之后地位和职能发生了新的转变。刚成立的新中国正值社会主义改造时期，恢复国民经济也是新政府的一大要务。从政治上讲，新国家的国体是人民民主专政的社会主义国家，而当时的商会及同业公会却代表着"资产阶级"的利益。并且在国民党统治的时期，资产阶级曾与政府联合镇压过工人运动，是无产阶级的对立面。① 但是商会、同业公会联系着广大的公司、行号和私营工商业者，组织效能不容小觑。于是，如何利用商会这一制度资源使其服务于新政府的事业成为必须正视的问题。1951 年，为发挥工商业在社会主义建设中的作用，中央人民政府政务院召开了会议，副总理陈云同志在大会上做了汇报，他首先确定了什么样的营业者可以加入工商联，包括摊贩、手工业作坊、合作社，继而又指出："现在工商联的会员有三种：同业公会团体会员、企业单位会员、特邀人士……有些同业公会的经费和人员很多，工商联不能调动，这是不合理的，但是，不要一下子打乱同业公会……办法也应该稳妥，这叫摸着石头过河，搞急了是要出毛病的。毛毛草草而发生错误和稳稳当当而慢一点相比较，我们宁可采取后者。尤其是处理全国经济问题，更须注意这点。"② 当时对旧时商会改造的政策主要有三点，一是欢迎发展，二是指导专业，三是加强领导（即加强国营经济和国家计划的领导）。将旧时商会改造成工商联组织，同时完成新民主主义革命未完成的任务，对资本主义工商业进行改造。

1952 年 8 月 1 日，中央人民政府政务院第 147 次会议审议批准了《工商业联合会组织通则》，这是新中国成立后，中央人民政府政务院颁布的第一部关于建立工商联的法规。该通则的颁布起到了调动工商各界人士的积极性的作用，各省、市、县工商联纷纷成立。同年年底，全国各级工商联组织已经达到 1045 个。这为资本主义工商业的社会主义改造

---

① 魏文享. 近代工商同业公会的社会功能分析 1918—1937——以上海、苏州为例 [J]. 近代史学刊，2001（0）：46 - 69 + 239.

② 陈云. 陈云文选（第 2 卷）[M]. 人民出版社，1995：151.

打下了基础。1953 年，中国共产党在全国基本解放、人民政权初步稳固的政治形势下，开始对商会进行全面干预与改组，在原商会改组的基础上正式成立了中华全国工商业联合会，在全国层面和省市层面都成立了树状结构的工商联组织，层层组建的目标是让它们成为符合社会主义新生政权需要的工商团体。在新的政治经济形势下，工商联被全面纳入中国共产党的统战组织和政府的经济管理体制之中，性质和职能与原来的商会、同业公会全然不同。

但是十年"文化大革命"中，工商联的工作中断，甚至有相当一部分原工商业者遭到迫害。"文化大革命"结束后，在周恩来同志的指示下，工商联和各民主党派开始逐步恢复工作。1979 年 10 月 19 日，邓小平同志在中央领导同志会见各民主党派中央和全国工商联第四届会员代表大会全体代表时指出，各民主党派和工商联都是我国革命的爱国统一战线的重要组成部分；肯定了各民主党派、工商联过去发挥了重要作用，指出其在新的历史时期仍然具有重要地位和不容忽视的作用，希望各民主党派、工商联在促进社会主义现代化建设和促进祖国统一等方面，做出新的更大的贡献。① 党的十一届三中全会之后，坚持贯彻实事求是、拨乱反正的方针路线，相继出台了发还被抄财物、落实被占私房、做好政治安排等一系列对待原工商业者的政策，工商联积极协助党和政府落实有关工作，稳定了原工商业者拥护党和国家的立场。全国工商联第四届会员代表大会趁热打铁，提出了"坚定不移跟党走，尽心竭力为四化"的行动纲领，原工商业者顺应时势积极响应这一纲领，紧紧围绕着党的经济建设中心工作有所作为，迎来了新的春天。

第三节　行业治理新体制展望及其保障

（一）行业治理新体制下商协会功能重构

从我国近年来围绕商协会的建设与发展所产生的诸多问题来看，商

---

① 邓小平 . 邓小平文选（第 2 卷）［M］. 人民出版社，2002：203 – 206.

协会在社会主义市场经济新体制中的作用即职能，是一个必须明确的重大问题。按照党中央、国务院的提法，行业组织的主要功能即是"规范行为、提供服务、反映诉求"原则的体现。这种概括性的作用除了在2000年以来我国为了迎接"入世"而制定和修改的法律、行政法规中已经有许多散见的规范外，国务院办公厅颁发的《关于加快推进行业协会商会改革和发展的若干意见》（国办发〔2007〕36号）对商协会的职能和作用也进行了概括。但是如果过于偏重商协会的义务性职能其实并不利于商协会发挥社会治理功能，赋予商协会法定的权力性职能（也就是商协会权能，它是一种"准权力"，不同于私权的权力，也不同于公权的权力）有利于提高商协会社会地位，让商协会有公信力。

商协会的权力性职能主要体现在以下几个方面。

（1）认证职能。所谓认证职能是指商协会对会员资质、信用等方面进行是否合格的评定。过去与商协会有关的法规中对这一职能都是进行义务性的表述，如之前提到的36号文件第六条。商协会受法律、法规或政府委托开展行业准入资格审核，委托授权在实践中就难免有"二政府"倾向。因此，以专门法律形式确定商协会的认证职能的原因就在于给予商协会职能合法性渠道，商协会对会员的认可和评定是商协会自身行为，而不是上级机关交给的任务。商协会应该可以对行业生产、经营许可证的发放提出意见，参与资质审查；条件成熟时，可以用自己的名义直接颁发行业生产、经营许可证，根据立法设立检测、评估、认证、仲裁、审查等分支机构并开展活动。

（2）证明职能。所谓证明职能是指商协会对会员向市场提供产品（包括公共服务产品）进行真实度担保的权能。在国外的商协会法里明确规定商协会有对会员产品的证明责任。[①] 而我国却没有统一为产品证明的相关机构，商家自证其物的公信力并不高，国内虽有统一的质检机构，

---

① 日本《商工会议所法》第二章第二节第九条第六款规定："（商工会议所为达成其目的，从事以下所列全部或部分事业）从事办理出口产品原产地证明的工作。"

但是这样的质检通常是针对实体企业。现今商协会存在给会员企业嘉奖（比如颁发用户信赖品牌）之类的行为，但这些都是鼓励性质的荣誉，在国际贸易中并不能起到特别有效的作用。当然，这一点的改善一方面需要国家立法予以确认，另一方面也依靠我国商协会自身公信力的提高。

（3）调查监督职能。我国对各行各业都有监督分管的部门，但是分类比较粗犷，再加上行业庞杂，从发现问题的时效性上来讲不是特别理想。商协会对行业的调查监督职能相当于对政府职能的一个补充，基于内部调节权，也可以称为自治权。内部调节权是商协会最本质的权力。内部调节权最能体现作为中介组织的商协会服务于整个行业的利益的特征。商协会的内部自治和对会员的监督实际上是对国家制定法缺陷的有效弥补、对行业特殊性要求的回应，同时，商协会的调查监督结果也能在行业内起到一定的示范和表率作用，即使不同商协会服务的具体会员不同，但同一行业所追求的目标和运营规范大体相同，这样也有利于促进行业规范的形成。

（4）惩戒仲裁职能。惩戒仲裁职能是基于调查监督职能而产生的措施性职能，是商协会非常重要的一项职能。我国现在的司法体制中，解决商事纠纷有法院审判和商事仲裁委仲裁两种方式，两种方式都需要耗费一定的时间成本和司法成本。商协会居间解决纠纷的优势在于，基于会员内部的信任关系，居间调解更容易达成共识，且处理结果对会员有一定的道德约束作用，更利于执行。商协会参与商事纠纷解决有利于我国商事习惯的成形和规范，更有利于商协会社会影响的加强、自治独立地位的提高。

与此同时，商协会的义务是基于商协会为会员谋求发展的内在属性，商协会的改革应该从如何保证各种市场治理机制之间形成相互支持的互补性关系。总的来说，商协会的义务应该主要包含三个方面。

（1）组织会员之间互相帮扶。会员间可能在业务上存在竞争关系，但是闭门造车、一家独大是不可能的。商协会不仅要防止竞争，更应该组织会员加强交流，互相传授好的经验，促进行业共同发展。从根本上说，商协会正确定位的基础，是清楚地认识市场经济条件下社会利益并不是单一的，而是多元化的，不同的社会群体会有不同的利益，而且其利益往往是相互矛盾的。如果大家只有共同利益而相互之间没有矛盾，那么完全可以依靠政府统一解决，正是因为社会利益的多元化才需要商协会参与，进行有效调整。

（2）扶持会员中的中小型企业。商协会的主要任务是表达企业的群体诉求，维护它们的群体利益。处理群体的公共事务，进行自律，也是商协会服务功能的体现。从我国现有商协会结构看来，除非强制规定入会，否则商协会会员内部结构暂时都是以中小型企业为主，还有一些占据优势的龙头企业。商协会促进经济发展的手段不仅是加强会员间交流与合作，更主要的是要扶持中小企业，这也是社会组织服务治理职能的体现。

（3）进行行业指导，特别是形成书面的行业情况报告，呈现行业发展状况和市场容积率。这也是商协会成为民间智库的途径之一。以俄罗斯圣彼得堡工业联合会为例，它的网站主页①中对商协会业务目的这样说明：①在与政府的合作与冲突中保障企业主的相关权利，并为创业活动中可能出现的问题提供实质性的帮助和建议；②协会极为重视国家与企业互动中可能出现的一般问题，包括帮助并促进企业主与政府的对话，增强国际合作，与欧洲、亚洲、非洲，以及美国的企业进行接触等；③对创业人员进行培训和再培训，对企业和组织管理者、专家以及个体创业者进行培训，提高其认识；④制定和实施支持圣彼得堡中小型企业的计划。这些业务目的都有利于对企业发展做出指导性建议，公开性的建议可以帮助从业者更好地开展工作、制定目标。

（二）商协会专门立法展望

虽然我们一再呼吁商协会自治，但是自治组织也应该是在相应的法律制度之下的自治。对商协会制度的讨论不应仅局限在政治经济学和管

---

① 圣彼得堡工业联合会官方网址 http://apppiter.ru/инвестиционная－россия/。

理学讨论的框架内，只有最终转化为一种法律制度保障才能使我们的制度设计固定下来。

习近平总书记在党的二十大报告中指出："构建高水平社会主义市场经济体制"，"坚持和完善社会主义基本经济制度"，"我们要坚持全面依法治国，推进法治中国建设"。在中国式现代化进程中，规范商会组织是"构建高水平社会主义市场经济体制""全面依法治国"的重要组成部分。中国经济高质量发展离不开深化要素市场改革，要培育新能动，激发新活力，势必推动形成新的要素市场化配置机制。商协会作为介于政府与企业之间的社会组织，具有对市场信号敏感、对行业政策熟悉、与企业联系密切等独特优势，在服务产业创新升级中发挥着重要作用。2018 年第十三届全国人大常委会立法规划①中已将商协会立法纳入计划内，规范和促进商协会发展，助力中国经济高质量发展、实现共同富裕，成为当下多学科研究的重要课题。

立法的目的在于让所有商协会得到平等的发展，规范商协会行为，减少权力寻租的可能。从合法性角度来讲，在不同的制度要素中，行动者会产生不同的合法性认知。"制度的规制性要素引起紧张、畏惧、罪责或者轻松、清白无愧等情感，这一点很容易从人们对待法律的态度上来理解。组织原型要素引起正规、有序或者业余、困惑的评判。对组织的经营者和成员来说，在组织中采用那些通行的制度，能够减少管理中的困惑，并确立对组织的自信；在组织场域中，同行组织的制度形态会造成外部压力，促使组织的制度趋于相同。"② 不同的规定大大降低了一部分商协会活动开展的主观能动性。而这些问题的分歧源于上位法的缺位。

完善社会主义市场经济法律体系是商协会立法追求的终极目标，因为商协会是参与市场经济的活跃主体，同时市场经济也需要商协会发挥

---

①　规划表述为"第三类项目：立法条件尚不完全具备、需要继续研究论证的立法项目——农村集体经济组织、行业协会商会、基本劳动标准、社会信用方面的立法项目……以及其他需要研究论证的修改法律的项目，经研究论证，条件成熟时，可以安排审议"。

②　宋晓清. 行业协会商会治理结构研究［M］. 浙江大学出版社. 2018：50.

治理功能参与供需调节，所以能够完善市场经济法律体系的商协会法必须是符合市场经济基本规律的法律。社会主义市场经济法律体系也是维护市场交易秩序的法律体系，既要体现鲜明的时代特色，又要体现鼓励交易的市场经济内在需求。①

具体来说体现在以下四个方面。

第一，主体平等独立。从经济学视角看，无数的交易行为构成了市场，这些交易行为可能是复杂多样的，但它们的共同点在于，都是由某一交易主体完成，因此法律首先要赋予交易主体合法地位。参与市场交易的主体间相互独立，任何主体都不可能生产自己所需的全部产品，这是社会分工的必然结果也是交易得以产生的基础。长期稳定的交易制度必须建立在平等交易的基础之上，也就是说市场经济中的交易主体都是平等、独立的主体，否则交易就失去了意义。在商协会的实际运作中，主体平等独立就是要保证商协会的市场地位独立，使其能够按照自己意愿进行交易。在政府购买服务场合，商协会与政府要保持平等关系，特别是一些行业协会曾经挂靠在某些职能部门，在去行政化之后为了实现自身独立运作它们必然会参与一些市场化项目，所以在与职能部门合作开展公共项目时，法律需要保障双方的平等地位。

第二，实现市场资源最优化配置。商协会立法的目的是保证商协会能在市场经济体制中发挥社会治理的功能，因为商协会的治理功能有助于优化市场资源配置。历史经验已经证明，在市场经济的形成和发展的过程中，法律对市场经济体制的形成、稳定与发展起到了至关重要的作用。利益目标是多元的，资源的配置也具有高度的流动性，市场主体都从自己的利益最大化角度出发，追求自身的利益，这样就会使市场经济的运行交织着各种矛盾、冲突。因此，必然要通过法律手段从宏观以及微观上对各个主体之间的行为加以协调与规范。对商协会的规范有外部和内部两方面的要求，外部要求商协会协调资源配置，比如根据对市场

---

① 王利明. 我国市场经济法律体系的形成与发展 [J]. 社会科学家，2013（1）：5-11.

的观察给出对行业的指导意见，预防行业过热、供大于需导致的资源浪费，同时对行业内可能出现的垄断苗头要及时干预；内部要求规范商协会组织的自治运行规则，科学设计商协会运作制度、自治制度，保证职能充分发挥。

第三，创造公开公正的经济环境。公开公正的经济环境是社会主义市场经济的保障，对商协会立法来说更是如此。商协会作为社会组织，其成立初衷是非营利性的，所以有责任承担起实现社会公共利益的职责，但又由于自身成员性质的营利性，商协会运作的规范性就比很多社会组织有更加严格的要求。早在 19 世纪，英国著名经济学家穆勒就提出了应该在市场逻辑之下通过法律干预"安排好'公共物品'的供给"。① 将这一论断转换到商协会法的场合，就是要建立合法的监督机制，搭建公正透明的公众监督平台，构建科学的信息披露规则。既然商协会组织要为公共利益服务，那么就应该引入公众评价渠道。同时，公开公正的经济环境也是商协会组织市场化机制建立的前提条件。

第四，引入适当的竞争机制，但是必须防止恶性竞争。市场经济是一把双刃剑。信息不对称等导致市场失灵，垄断、不正当竞争也会妨碍市场经济的正常发展，市场的发展也可能会带有一定程度的盲目性、无序性，如不加以规范，会导致发展的不平衡和两极分化，破坏人与人、人与社会、人与自然之间的和谐，所以对市场放任自流、放松监管，显然是无法保障市场秩序的。如果把放任自流的市场比作一匹脱缰的野马，那么法律对市场进行规制和监管的作用就是要给野马套上缰绳，但缰绳并不能够替代野马本身。② 适当的公平的竞争是市场经济的本质需求，只有竞争才能促进优胜劣汰，对于商协会来说，只有适当竞争才能督促商协会不断进步，从而更好地为会员、为行业服务。

1994 年国家有关部门启动调研以来，商协会立法曾多次提上议程但

---

① 易继明. 私法精神与制度选择——大陆法司法古典模式的历史含义［M］. 中国政法大学出版社，2003.
② 傅军. 国富之道［M］. 北京大学出版社，2009.

至今未出台，其间经历了复杂的制度变革与利益博弈。在中国式现代化进程中，我国在社会主义制度建设、国家治理能力现代化建设、法制建设等各个方面都有了巨大变化。过去商协会的传统定位一直是"纽带"①和"桥梁"②，也就是国家与社会之间沟通的平台，但这个平台明显是被动的。商协会立法需要转变思维模式，同时也需要转变商协会定位，从桥梁型向权能型过渡。需要国家给予其管理能力的确认，提高商协会的合法性认知，突破角色定位的局限。商协会法不仅是社会组织的法律，更是社会主义市场经济法律体系的组成部分，要把握住商协会法的定位，正确处理政府、市场、企业多个主体间关系。只有通过法治化手段发挥商协会效能，建立科学规范的社会制度体系，才能实现商协会核心价值，使其更好地服务于社会主义市场经济和国家治理能力现代化。

第四节　本章小结

本章主要围绕激发治理活力内容展开，与第二章和第三章分别论述的激发社会分配活力、激发社会服务活力内容，一起构成了理解激发社会活力与社会组织管理体制创新的重要内容。

如上文所述，商人结社在我国起源甚早，经过漫长且曲折的发展历程成为现今以工商联为领导组织的形式。与域外商协会比较，我国商协会发展还有较大差距。商协会作为行业公器，在市场经济中有降低交易成本、约束商人道德底线、促使会员达成共识和合约之功能，同时商协会作为政府、国家与市场、社会之间的公共领域时，有共识、共体、共

---

① 如工商联的简介中明确写道："工商联是中国共产党领导的人民团体和商会组织，是党和政府联系非公有制经济人士的桥梁纽带，是政府管理和服务非公有制经济的助手。"参见中华全国工商业联合会简介［EB/OL］. 中华全国工商业联合会网站，http://www. acfic. org. cn/bhjj/2022 - 8 - 10。

② 这一说法可参见：民政部关于重视和支持行业协会发挥更大作用的提案答复的函［EB/OL］. 中国民政部网站，http://xxgk. mca. gov. cn：8011/gdnps/pc/content. jsp？ id = 12697&mtype = ，2022 - 8 - 10。

益、共权四个特征。为更好地发挥商协会制度功能，完善社会主义市场经济法律体系，我们认为，应在工商联牵头下尽快推进商协会立法工作，以主体平等独立、实现市场资源最优化配置、创造公开公正的经济环境、引入适当的竞争机制为原则，完善商协会的权利性职能及义务。让商协会通过立法走向前台，保持开放的姿态吸纳整合，促进国家和社会在公共利益秩序上的双向构建。

作为社会团体中的重要组成类型，相对于学会、联合会和促进会等其他类型的社会团体，商协会具有一定的特殊性。近年来，中央积极推动商协会管理体制改革，进一步促进了商协会在行业治理中的功能发挥。深入考察商协会在行业治理中的功能转型与新体制构建、激发社会治理活力等改革，是理解中国社会组织管理体制改革创新的重要方式。

第五章

激发志愿活力：志愿服务团体
发展与文明建设新体制[*]

    "完善志愿服务制度和工作体系"，是党的二十大报告中对新时代精神文明建设提出的新要求。随着人民日益增长的美好生活需要和不平衡不充分的发展之间的矛盾成为我国社会主要矛盾，一方面，社会主义进入新阶段，全面脱贫，实现了小康社会。人民生活的追求不再仅仅停留在温饱问题，也不仅仅停留在满足基本物质文化需要，而是有了更高的精神文化追求。① 作为志愿精神的载体，人民参与志愿服务能够一定程度上满足个人的精神追求。另一方面，国家通过引导发展志愿文化、发扬志愿精神，不断完善人民参与志愿服务的体制机制，助力人民群众实现对美好生活的追求。而人民群众的广泛参与又能够反哺社会，志愿服务作为治理工具，能够缓解一定区域内发展不均衡的问题。

---

    * 本章相关内容曾发表于《中国志愿服务研究》2022 年第 2 期，题目为《多层供需视角下的中国特色志愿服务供给路径——以北京市 F 区实践为例》，作者为沙思廷、史迈。

    ① 郁建兴，任杰. 共同富裕的理论内涵与政策议程 [J]. 政治学研究，2021（3）：13 - 25 + 159 - 160.

本章着眼于我国志愿服务发展过程中由来已久的供需匹配问题，立足于长期田野调查所形成的观察和思考，从理论层面出发，提出社会需求的多层次特征以及志愿服务在其中的积极意义。在此基础上，结合北京市 F 区在构建志愿服务供给体系过程中的具体实践案例，呈现中国特色志愿服务体系在构建精神文明新体制中的宏观轮廓和具体路径，并为未来志愿服务体系的进一步发展寻求体制创新之方向。

第一节　志愿服务的功能与内涵

（一）解决新时代主要矛盾的重要抓手

近年来，随着党和政府志愿服务体系改革力度的加大，我国已初步形成了由各级党委宣传部、文明办牵头的志愿服务综合管理体系。以 2008 年的北京奥运会为契机，志愿服务在近十几年中得到了飞速发展——个人注册志愿者数量大幅增加，民间志愿团体发展迅速，志愿服务在基层治理中的作用愈加显著。据《2020 年民政事业发展统计公报》统计，2020 年全年共有 2401.4 万人次在民政领域提供了 5741.1 万小时志愿服务，全国志愿服务信息系统中的注册志愿者共 1.9 亿人。与此同时，党的二十大提出的"高质量发展"这一命题对新时代下的志愿服务体系建设也提出了更高的要求。这使得我们的政策实践在对志愿服务发展的宏观设计中，不仅要关注志愿力量的规模增长，更要注重其治理质量的相应优化和改善，只有这样才能真正激活基层社区的志愿热情，增强居民生活幸福感。

因此，面对新时期"人民日益增长的美好生活需要和不平衡不充分的发展之间的矛盾"，志愿活动的发展既以新时代的主要矛盾为动力，与此同时，也成为解决这一主要矛盾的重要抓手之一。日益增长的美好生活需要、不平衡不充分的发展与志愿服务三者之间形成了相互对应的双循环局面（见图 5－1）。

图5-1 志愿服务参与缓解新时期社会矛盾的双循环

资料来源：作者自制。

通过对以往志愿服务参与社会治理相关文献的梳理，我们发现，达到一个较高的基层自治水平不仅需要志愿服务生产者的增加和生产条件的改善，还需要提供的服务能够满足人民群众的切实需要，能够一定程度上弥补政府和市场供给公共服务的不足，唯有如此，才能够真正发挥社会力量参与社会治理的效果。党的十八大以来，政府主体和市场主体都在积极转变基层治理和干预模式。政府从志愿服务提供者中抽身，推位让治，下放公共权力，转移公共资源；① 市场合理介入志愿服务体系，引入市场机制，调动社会团体积极性，形成志愿团体的良性竞争，优胜劣汰。党的十八大确立的共建共治共享的社会治理制度取得显著成效。

从志愿者参与志愿服务的动机角度而言，先有志愿需求，后有服务供给，需求拉动供给。在此基础上，想要实现供需平衡和高效必须先着眼于人们普遍需求的实际内容，以及面向这些需求的对应机制。可以说，实现供给效率的提高以及供需平衡才能实现社会力量有效参与社会治理，才能最终实现"共建共治共享"的和谐社会愿景。然而在现实场景中，尽管在政府的政策激励下形成了一批扎根基层的志愿群体，但基层社区的志愿力量普遍未被有效地组织起来，现实中由于需求信息不充分、不对称，或者由于缺少标准而很难对慈善需求进行优先序识别等，慈善资源错配或匹配无效率现象非常突出。以至于一边是来自企事业单位、富人、学生群体的慈善和志愿资源找不到合适的服务对象和项目，一边是很多需要帮助的人因不会发声或没有渠道而得不到帮助，甚至出现"一

---

① 王名，王春婷. 推位让治：社会组织参与社会治理路径［J］. 开放导报，2014（5）：7-11.

个老人同一天被慰问八次"之类的怪现象。对以自愿为原则的志愿服务缺乏必要的引导，不仅一定程度上造成社会资源、管理和服务的错配，还会降低个人参与志愿服务的体验感，导致基层志愿参与的不可持续性。

（二）对志愿服务内涵的理论思考

历史经验证明，人类社会的需求是多层次的，不同需求层次上的主体对志愿服务的诉求随着发展由低级到高级不断进步。宏观上，这种多层次特征使得社会治理的发展形成了从政府到城市再到社区的多维度治理体系。微观上，志愿参与不仅仅是自我志愿精神的满足，在志愿参与的过程和结果中，个人多方面的需求层次都会得到不同程度的满足，[①] 在获得认可和尊重的同时实现自我价值。对志愿服务的功能，有学者从社会、社区、组织和个体四个维度进行了概括，提供了一种志愿精神社会功能的解释维度；[②] 然而，这种功能需求划分并不能体现出主体间纵向的差异化需求。结合上述宏观与微观两种视角，根据社会治理不同层次所展现的志愿服务功能，构建了一个从个人到国家的社会志愿服务需求层次框架（见图 5-2）。

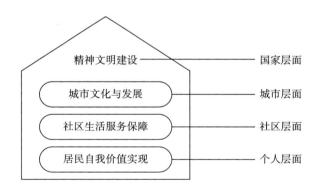

图 5-2　社会志愿服务需求层次框架

资料来源：作者自制。

---

①　马斯洛. 动机与人格 ［M］. 许金声，程朝翔，译，华夏出版社，1987.

②　何祎金. 文明实践与当代志愿服务 ［M］. 社会科学文献出版社，2020.

　　首先是个人层面。随着"志愿服务"概念的发展，其内涵和外延不断丰富。从初期扶危济困的自愿行为，到 21 世纪把志愿服务当作个人一种休闲行为，① 概念上的变迁和志愿类型的丰富体现了公民生活质量的提高以及市民社会的完善。从概念上看，个人之于志愿服务本身就存在供给和需求两个层面：个人既可以成为志愿服务的提供者，也可以成为志愿服务的接受者，即服务对象。

　　关于个人志愿动机的争论通常有两种观点：利己与利他。其中，利己动机包括提升自身福利、② 获得工作经验、③ 提高升学概率、④ 提升能力以获得工作机会等，⑤ 认为个体利己的行为会促进"公共善"的实现。其实实践中很难从"利己—利他"的框架划分来讨论志愿动机。不同学科基于自己的关注点，对个体的志愿动机提出了不同的解释和理论框架模型。⑥ 志愿者可以同时有利己和利他的动机，并且在服务的不同进程和活动类型中动机也会动态变化。传统的经济理论认为，没有外在的激励，理性人是不可能提供服务和产品的。然而基于宗教、信仰、个人过往经历等非经济因素的志愿者更加倾向于从精神方面来解读自己的志愿服务

① 何祎金. 文明实践与当代志愿服务［M］. 社会科学文献出版社，2020.

② Martin M. Virtuous Giving：Philanthropy，Voluntary Service，and Caring［M］. Indiana University Press，1994.

③ Klein N A，Sondag K A，Dorlet J C. Understanding volunteer peer health educators' motivations：applying social learning theory［J］. Journal of American College Health，1994，43（3）：126 – 130.

④ Holdsworth C，Brewis G. Volunteering，choice and control：a case study of higher education student volunteering［J］. Journal of Youth Studies，2014，17（2）：204 – 219.

⑤ Murnighan J K，Metzger J. The volunteer dilemma［J］. Administrative Science Quarterly，1993，38（4）：515 – 538.

⑥ Anderson J C. The motivation to volunteer［J］. Journal of Voluntary Action Research，1978，7（3 – 4）：120 – 129；Haski-Leventhal D. Altruism and volunteerism：the perceptions of altruism in four disciplines and their impact on the study of volunteerism［J］. Journal for the Theory of Social Behavior，2009，39：271 – 299；Hustinx L，Vanhove T，Declercq A，Hermans K，and Lammertyn F. Bifurcated commitment，priorities，and social contagion：the dynamics and correlates of volunteering within a university student population［J］. British Journal of Sociology of Education，2005，26（4）：523 – 538；Snyder M，Omoto A. Volunteerism：social issues，perspectives，and social policy implications［J］. Social Issues and Policy Review，2008，2（1）：1 – 36.

动机，① 甚至将它理解为一种基于身份的义务和责任。志愿服务是一种社会行动，个体对志愿服务动机认同上的差异在韦伯的分析框架中，则体现在工具理性（利己）与价值理性（利他）两方面。② 总体来说，随着社会上更多青年志愿者的参与，人们对志愿服务的需求往往是从志愿服务能给我带来什么这方面考虑的，而传统的志愿精神或是志愿主义逐渐成为志愿行动背后的一种精神追求。

其次是社区层面。历史上，凸显活动和行动特征的志愿服务通常会与社区服务联系在一起，它为受到冲击的传统制度提供缓冲和适应机制来维护社会稳定。社区层面对志愿服务呈现出单一需求关系；志愿服务在社区既回应社区居民生活的日常需求，也回应提高社区认同、凝聚社区居民共识的治理需求。同时，社区作为志愿服务的落脚点和有力支撑，为志愿服务限制了一定的地理边界，提供了必要的物质保障。

与西方社区中自发形成的自助或互助的志愿团体不同，我国在社区成长起来的志愿团体或多或少也解决了相当一部分基层政府的治理需求。治理需求和社区自身需求不同的是，治理需求强调通过利用社区志愿服务力量完成科层体制内的任务或分散自上而下的压力，志愿服务的需求来自政府内部，而非直接来自社区居民。在这种情况下，志愿团体通常以被购买服务的方式帮助解决政府的治理需求。也正因为这种资源依赖和交换的动态关系嵌套在整个中央—地方的科层体系之中，我国基层社会组织经历了脱嵌、互嵌、行政吸纳、反嵌入等不同的政社合作关系，③

---

① Mohan J. Making a difference? Student volunteerism, service learning and higher education in the USA [J]. Voluntas: International Journal of Voluntary and Nonprofit Organizations, 1994, 5 (3): 329 – 348.

② 马克斯·韦伯. 新教伦理与资本主义精神 [M]. 马奇炎，陈婧，译，北京大学出版社，2012.

③ 徐盈艳，黎熙元. 浮动控制与分层嵌入——服务外包下的政社关系调整机制分析 [J]. 社会学研究，2018 (2): 115 – 139 + 244 – 245；康晓光，韩恒. 分类控制: 当前中国大陆国家与社会关系研究 [J]. 开放时代，2008 (2): 30 – 41；康晓光，张哲. 行政吸纳社会的"新边疆"——以北京市慈善生态系统为例 [J]. 南通大学学报（社会科学版），2020 (2): 73 – 82.

值得注意的是，社区始终是志愿服务实践的基本单位，基于社区的志愿服务是最常见的志愿服务形式之一。

再次是城市层面。城市层面对志愿的需求不像社区和个人层面需求那么具体，在志愿服务的组织方式、动员方式，以及志愿功能认知上都与前两者有很大不同。志愿服务是展示城市精神面貌的重要途径之一。[①]在城市层面，志愿活动不仅体现了它基本的服务功能，更重要的是体现了志愿服务重要的组织动员、政策推广以及宣传的功能。在城市层面，通过组织志愿者、志愿团体在整个城市区块中的合理配置，提高志愿服务的宣传倡导效率，不仅倡导推广志愿服务本身，同时也经常作为社会政策、重大项目活动的宣传和推广途径。在西方社会，志愿服务的组织动员功能能够团结不同社会群体，组成志愿组织，通过志愿服务的方式表达他们的声音。志愿服务在西方社会成为一种自下而上参与市民社会的重要途径。

志愿服务具有一定的专业性，城市对志愿服务的需求也是多样的。志愿服务依托于社区，却服务于公众，广泛参与公共生活。除了常态化的志愿服务需求外，当城市遭遇到自然灾害等重大风险时，城市志愿者也是一支重要的社会力量，在抢险救援、防灾减灾、灾后重建各个环节中发挥着重要作用，[②] 民间救援志愿服务力量的多寡，也被认为是城市韧性与抗灾能力的体现。[③]

最后是国家层面。一方面，国家的大政方针对志愿服务起到重要的指导和引领作用，推动志愿服务向前发展。2007 年 10 月，党的十七大报告正式将志愿服务纳入国家发展战略。"深入开展群众性精神文明创建活动，完善社会志愿服务体系，形成男女平等、尊老爱幼、互爱互助、见

---

① 侯鹏生，孙吉亭. 优良城市文化和现代志愿服务互动研究 [J]. 求索，2012（9）：244 – 245 + 210.
② 张勤，范如意，林菁菁. 组织化建设：志愿服务应急救援不可或缺的要素 [J]. 理论探讨，2016（5）：149 – 154.
③ 陈玉梅，李康晨. 国外公共管理视角下韧性城市研究进展与实践探析 [J]. 中国行政管理，2017（1）：137 – 143.

义勇为的社会风尚。"从党的十六届四中全会审议通过的《中共中央关于加强党的执政能力建设的决定》正式提及"志愿服务"，到党的十八大报告提出"大力发展志愿服务"，国家及地方的发展规划、发展战略陆续将"志愿服务"写入其中。目前，政府各相关部门出台了一系列规范性文件，志愿服务队伍不断壮大，服务领域及对象不断扩展，志愿服务组织机构日趋健全。中国特色志愿服务快速发展的历程表明，政府的大力推动是志愿服务事业发展的重要保障；社会发展的迫切需要和人民群众不断增长的物质文化需求是志愿服务蓬勃发展的深厚基础；广大公众的积极参与是志愿服务持续发展的根本动力；社会组织的良性发展是志愿服务事业发展的结构性支持和人才队伍基础。中国的志愿服务从领导机制，到组织形式，再到项目运行，都具有突出的中国特色。①

　　另一方面，在志愿服务进入新阶段的同时，国家在志愿服务的规范和引导方面也提出了新的要求。2017 年《志愿服务条例》的颁布实施标志着我国志愿服务组织及其管理进一步向着科学化、法治化的道路健康发展，如今国家即将再次修订该条例，促进志愿服务功能更加科学有效地实现，推动建设富强、民主、文明、和谐、美丽的社会主义现代化强国。2021 年 5 月 21 日，国家市场监督管理总局联合国家标准化管理委员会发布《志愿服务组织基本规范》，为我国志愿服务和志愿组织的发展提供了国家标准。在国家层面，志愿服务既存在治理需求，又存在发展需求。志愿服务既是社会基层治理的重要方式，也是社会主义精神文明建设和实现共同富裕的重要发展指标。国家层面的志愿服务需求处在其他各层次需求之上，国家通过志愿服务连接了社会、社区和组织中的个人，并通过价值实践、政策引导和传递，将个体联结和凝聚为社会整体，并由此形塑着社会主义新时代的精神风貌和价值导向。

---

① 陆士桢. 中国特色志愿服务理论与实践体系构建研究［J］. 中国青年社会科学，2021
　　（6）：1.

第二节　创新供给路径的典型案例

F 区目前实名注册志愿者 42.9 万人，志愿者人数显著高于北京市平均数。F 区志愿组织在"志愿北京"平台登记的数据显示，由于园博会等大型活动的举办，2012—2015 年为志愿组织增长的高峰期（见图 5-3），在政府和各级街道社区的引导下，基于社区的草根志愿团体蓬勃发展。然而，大型志愿活动的动员性是暂时的，随着大型活动的结束，F 区的志愿热度也降低。

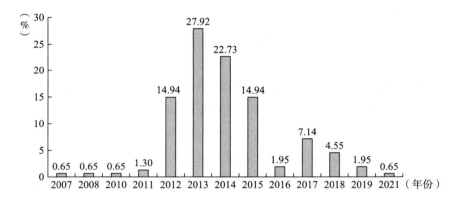

图 5-3　2007—2021 年 F 区志愿组织各年份注册数量占比

注：图中为笔者调研期间通过"志愿北京"间接查询到的数据，在笔者搜寻范围内，没有 2009 年和 2020 年的相应数值。

总体来说，F 区志愿者存量丰富，依托于社区的志愿者占绝大多数，在社区自治、社区服务上发挥了重要作用。对城市大型活动的志愿需求来说，F 区多年的实践形成了自己的志愿品牌，成为城市青年志愿活力的象征。与此同时，F 区的志愿者也存在一些共性问题。例如，志愿者老龄化较严重，青年志愿者数量较少。作为志愿者活动主要载体的各类型志愿组织数量众多，但积极性依赖政府部门的调动，缺乏可持续发展和自主发展的动力。

F 区作为首都重要的商务、科技、历史、文化发展区，在北京城市总体规划中具有极高的战略价值，志愿服务更是成为 F 区对外宣传的"金名片"。行政区划调整、村改居、F 区志愿服务联合会（简称"志联会"）成立等一系列的变革在 F 区落地，丰富的社会变化使得 F 区成为一个难得的研究对象，F 区在党和政府的领导下也为社会志愿服务的发展提供了新的思路。

以前文形成的志愿服务需求层次为基本框架，我们系统梳理了 F 区的志愿发展实践，选取了三个各具特色的志愿服务供给主体，进一步阐释多种供给主体是如何满足志愿服务在不同层级上的需求的。

1. A 志愿服务队——以家庭为单位的志愿参与

F 区的 A 志愿服务队是筹建于 2017 年的草根志愿组织。创始人 W 女士从 2008 年北京奥运会开始，至今已经有了十余年的志愿服务经历。在 W 女士的努力和组织下，短短几年的时间，A 志愿服务队已经拥有 1700 多名志愿者，成为当地颇具影响力的草根志愿组织。

A 志愿服务队所在的 Z 社区是村改居，社区绝大多数都是原住村民。虽然行政区划改革改变了上级的治理结构，但原本村里早已形成的熟人社会依旧延续，小区的居民人口流动性较低。熟人社会里的社会资本为 A 志愿服务队提供了养分丰富的土壤。

A 志愿服务队采用了项目制的志愿供给方式。通过设计志愿项目带动社区居民参与志愿服务。组织负责人说：

> 我们每开展一个项目，我都会提前去调研。调研的目的就是看这个志愿项目能不能达到预期的效果，能不能让志愿者有参与感、有收获，而且最重要的是能不能可持续。目前我们开展的所有项目比如新四军林、垃圾分类等都是常态化项目，定时定点，让志愿服务成为我们生活中的常态。（A 志愿服务队访谈记录）

A 志愿服务队以志愿者需求为导向，根据志愿者需求来选择志愿项目，提供志愿服务。通过对志愿项目的前期调研，选择最能够满足志愿者需求的项目，并固定下来。

家庭是个体的延伸，以家庭为单位的志愿参与是 A 志愿服务队的一大特色。组织负责人说道：

> 我们的志愿者现在以青少年为主，很多 18 岁以下的孩子想参加，我们就规定未成年的孩子参加必须要有一个家长带着，所以我们就形成了现在的这种亲子模式。（A 志愿服务队访谈记录）

从满足个体志愿需求，到满足家庭志愿需要，A 志愿服务队通过志愿项目，把家庭教育带到社区和现实生活中来，以志愿服务的社会实践补充丰富孩子的家庭教育，为孩子注入"爱小家，更爱大家"的美好品德。

2. D 志愿服务组织——打通社区服务的"最后一公里"

与 A 志愿服务队截然不同的是位于 Y 街道的 D 志愿服务组织。D 志愿服务组织是在民政部门注册的正式志愿组织。在组织架构上更具规模，由 13 支队伍组成。

> 基本上每个社区一个队伍，每个队伍 20 到 100 人。（D 志愿服务组织访谈记录）

D 志愿服务组织常设党支部，在党建引领下和属地社区、居委会密切合作，开展志愿项目。与 A 志愿服务队不同的是，D 志愿服务组织以老年志愿者为主，由于 Y 街道多大厂退休老人，在社区中所服务的对象也通常以老年人为主。

> 聚是一团火，散是满天星。我们都是来自自己社区，也服务我们的社区，所以只有我们最清楚身边人最需要什么；其实我们是政府的有力补充，解决基层服务"最后一公里"的问题。很多服务是

靠着我们这群人最终落地的。向一些生活困难的老人送一些日常的生活用品其实没有真正解决问题；日常的照料、基本的上门服务是必不可少的。哪家哪户的老人什么情况我们最清楚，我们都会定期上门服务，有问题大家也会一起解决，也会帮忙向街道反映。（D志愿服务组织访谈记录）

长久以来，D志愿服务组织不仅成为当地街道落实服务群众的有力帮手，还是社区搜集居民信息，实时反映居民情况的"通讯员"。

与A志愿服务队从满足志愿者需求出发设计志愿项目不同，D志愿服务组织从服务对象的需求出发，成为街道基层自治不可或缺的力量。D志愿服务组织负责人L女士通过积极调动辖区会员单位，与街道医院、幼儿园、餐饮行业积极合作，一方面带领各个行业参与志愿活动，另一方面也为社区志愿者们提供了更多的志愿服务岗位和机会。

我们承接了很多餐饮业和其他各个行业的员工的团建活动，很多企业都非常喜欢通过志愿服务的形式对他们的员工进行培训。（D志愿服务组织访谈记录）

3. "建党100周年"城市志愿者——F区的"金名片"

城市志愿者可以说是社区志愿者的另一种身份，具有更强的公共性的同时，往往也对社区志愿者提出了更高的要求。为迎接中国共产党成立100周年和北京冬奥会，F区的城市志愿者们在红色基地、交通枢纽、公共文化机构和重点公园等点位开展志愿服务，主要开展宣传宣讲、城市运行、文明交通、共建平安等志愿服务，在全社会营造喜庆热烈的氛围。[1]

---

[1]　王琪鹏，迎接建党百年 服务北京冬奥 八万名城市志愿者集中上岗［N/OL］，北京日报，2021－6－13. http://www.beijing.gov.cn/ywdt/gzdt/202106/t20210613_2412341.html.

志愿者们统一着装，于城市最显眼处开展服务，成为城市一道亮丽的风景线。和城市志愿者所提供的服务相比，志愿服务的宣传和推广功能，作为城市治理的工具被发挥到了极致，志愿服务极强的感染力在增强市民公共精神、宣扬志愿服务理念、营造良好氛围、净化社会环境等方面起到了积极的作用。

城市志愿者代表城市形象，代表先进社会思想和先进社会文化，这在对服务水平提出更高要求的同时，对志愿者的思想观念、精神面貌以及综合素质等同样有更高的要求。因此在志愿者选拔方面，F区城市志愿者多数为社区志愿组织的骨干成员、党员，或是高校大学生。F区志联会牵头联系各个街道和高校，自上而下地动员社区志愿者和高校学生参与城市志愿者选拔，并进行统一培训，为志愿者们提供必要的后勤保障服务。

第三节　开启社会主义精神文明建设之匙

（一）志愿参与带来了何种影响

上述三个案例反映出了一种志愿服务在特大城市县域治理中的供求路径（见图5-4），并具有相当的代表性。在国家层面，国家通过精神文明建设树立统一的道德标准和社会规范，将不同需求层次上的主体统一到精神文明建设的目标上来，使得在此基础上多主体的协作真正成为"生产力"。国家鼓励个人参与志愿活动时要先进行志愿者身份的注册和认证。通过量化的数据分析，政府部门不仅能够实时掌握各区域志愿团体的信息，还能够监测各区域志愿总供给量，以及各个社区街道的志愿参与水平，为国家层面社会服务体系的统筹布局奠定了必要的基础。

在个人层面，F区以需求引导志愿参与。有志愿需求和动机的居民通常自己寻找志愿机会，通过主动加入某个志愿团体或项目来满足自我需求。例如F区的A志愿服务队就是一个典型。潜在志愿者通过志愿北京平台搜索加入自己喜爱的项目或是就近加入项目。A志愿服务队在志愿

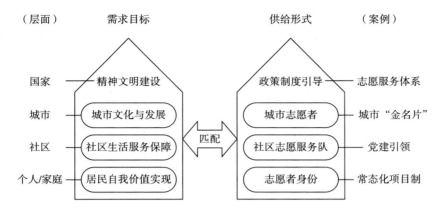

图 5 - 4　F 区志愿服务体系供求路径

资料来源：作者自制。

者招募上也没有特别的条件，志愿者只要符合基本的要求就能够加入。根据负责人 W 女士的介绍，A 志愿服务队甚至还出现过其他区的志愿者不畏路途遥远来 F 区加入他们的志愿项目。一方面，在满足个人层面志愿需求上，主要还是"个人需求个人解决"，对于没有志愿需求，或者是公共意识较薄弱的个人，政府并没有主动引导和鼓励这一群体参与志愿活动，失去了引导他们成为潜在志愿者的机会。另一方面，志愿者跨区流动的现象也在一定程度上说明，一些区域的志愿项目质量较低或志愿供给难以满足个人层面的需求，使得志愿者们不得不舍近求远。

在社区层面，F 区主要以志愿项目供给引导志愿参与。基于社区的志愿团体往往和社区或街道保持着一定程度上的合作。一方面需要社区帮助提供必要的办公场所；另一方面开展的志愿项目也需要取得社区同意或在社区街道报备。作为交换，志愿团体为社区提供诸如垃圾分类、治安、疫情防控等公共服务，分担社区街道的部分职责。同时，街道还会以购买服务的方式给予志愿组织一定的经费补贴，据了解，这部分经费通常是出自街道的党员服务经费。对于提供社区公共服务的非营利团体来说，街道的经费支持是十分重要的，除此之外，为了保障组织的生存和日常运营，向民政局或社工委申请项目也是基层志愿组织的重要资金来源。因此，不少志愿组织以这些资源为导向，申请自己擅长的项目或者有资源的项目来保证自己能够得到资助。甚至很多组织申请到了志愿项目后再次分包给其他的志愿组织，从服务的执行者转变成了中介角色。在这种情况下自然无法从社区的需求出发提供服务，而是申请到什么项目就提供什么服务，供给难以真正满足社区需求，造成公共资源的浪费，无论是对志愿者还是被服务对象来说，志愿服务都成为一种负担。

构建中国特色社会主义新时代精神文明，就是要在党和政府的引导下统筹兼顾各层次需要，发挥我国政治体制优势，自上而下打通各个关键环节，形成合力，打造资源共享、优势互补、供需平衡、高效运转的现代化社会服务体系。F区团区委带头组建了"三工"（志联会政工、青年会社工、社区志愿者义工）队伍，自上而下地对接社区和人民群众需求，从而使畸形的供需关系通过志联会平台的运作，达到供需平衡，既满足了参与者的志愿服务需求，同时提供的服务又是社区居民十分需要的。例如，在了解到街道社区家长暑期无法照看孩子的需求后，有不少青年志愿者希望能够提供帮助，但苦于没有合适的场所开展。志联会的部长J先生积极联系了几家辖区内的国企、事业单位，协调出场地，不仅为企业解决了职工暑期无法带孩子的困境，还给了乐于从事志愿活动的志愿者们施展自己专业技能的机会。团区委在其中牵线搭桥，实现了社会资源、社区需求以及社区志愿者的协同。

（二）以多层联动机制赋能志愿力量发挥

综上所述，志愿服务对于社会发展的意义是显而易见的。一方面，从个人精神追求，到社区共建的需要，再到志愿力量服务于城市发展，最终在国家层面缓解社会主要矛盾，实现精神文明生活与物质文明生活共同富裕，志愿服务在社会治理的不同需求层面上发挥着功能。另一方面，国家通过十四五时期精神文明建设规划等纲领性文件的引导，以打造城市精神文明示范区为起点，科学统筹礼仪、环境、秩序、服务等方面城市公共文明建设标准，宣传引导绿色出行方式等个人精神文明建设，自上而下，乘文明之风，圆发展之梦，把精神文明生活与物质文明生活共同富裕的发展目标贯穿落实到每一个需求层面，统筹兼顾，协同发展。

志愿参与的功能是服务，方法是联合。在志愿服务领域形成高效平衡、相互促进的供需关系，需要政府多部门、社会多主体的共同参与，并在国家层面加强引导、培育全社会的志愿精神和精神文明准则。F区为我们提供了一种志愿服务在特大城市县域治理中的供需机制和经验。在这一机制中，F区团区委带头的区志联会发挥了核心的平台作用和支撑作用。百姓需求往往涉及政府不同的职能部门，志联会的成立能够打通各部门壁垒，实现志愿资源整合培育，优化共享，成为连接政府资源和基层力量的红色纽带。具体来说，F区志联会通过鼓励引导来培育潜在志愿者，鼓励有想法、有能力的青年成立志愿服务组织；通过牵线搭桥、连接社会资源助力志愿参与，使志愿团体靠自身力量无法实现的志愿项目最终落地，增强志愿者志愿参与的满意度和体验感；通过强制志愿、义务劳动等形式把失信个人等社会边缘群体凝聚起来，培养社会参与感。

根据上述经验，政府要充分利用现代信息技术和公益资源中介组织，建立、完善慈善资源供需对接平台和机制，推动"精准慈善"。政府应进一步完善针对机构、个人的捐赠和志愿行为记录、统计制度，并通过行业性或区域性慈善信息平台发布"志愿组织与慈善资源地图"，为慈善资源需求者提供获取帮助的信息渠道；发挥互联网慈善平台的作用，促进帮助者、受助者以及志愿组织之间的直接联系和慈善资金、项目的对接；充分发挥大数据和算法的自动匹配功能，基于云平台分析系统在慈善资源捐赠者、资源对接管理平台、资源受助群体三方之间进行精准的信息推送；大力发展社区志愿组织，发挥社区基金会和社区志愿组织在小范围内匹配慈善资源需求的平台性作用，推动社区互助和社区慈善资源精准对接。

第四节　本章小结

本章从宏观的角度将社会志愿服务划分为四个需求层次，以F区为例分析了志愿服务多层次需求方的供给机制。从 F 区的经验可以看出，志愿服务的个体需求、社区需求以及城市发展需求是构成社会服务体系的重要部分，也是社会精神文明建设的重点实践领域。从实践来看，F 区所形成的供给侧与需求侧的一一对应的供求路径是必要的，它使得不同需求层次的供给主体责任清晰，有利于落实主体责任，强化多元共治的基层治理格局。

志愿服务所要满足的不是其功能本身，而是功能服务的目的。着眼未来，在解构志愿服务的社会需求层次后，社区志愿服务还需要进一步升级目前的单一向度的供求关系，从供给侧打破需求的层级限制，以需求促进志愿服务供给侧结构性改革，增强不同志愿需求层次主体间的互联互动，进一步发挥志联会的平台作用，通过志联会将逐个并联的供求关系串联起来，为社会服务体系注入新的活力。在国家精神文明建设的目标下，不断满足人民群众日益增长的精神文化需要。

第六章

政社合作中的核心机制：能力专有性[*]

　　本章在前述研究基础上，基于课题组的实证调研和较为深入的理论探讨，提出激发社会活力的关键在于政社合作，而政社合作的核心在于社会组织的能力专有性。

　　既有理论对于政社关系的解释更多聚焦于制度论和理念论两个视角，尤其强调制度供给的不足造成了政社关系的不同模式。课题组在实证研究的基础上评判这些观点，并据研究心得，主张从能力论视角出发探求新的解释框架，进而提出"能力专有性"这一新的概念。基于经济学对分工的研究，我们认为，政社之间相互依赖程度的不同源于社会组织所拥有的能力专有性的差异，社会组织能力专有性越高，政府与其越容易形成相互依赖的关系，反之则容易形成任意支配型关系。据我们多年来实证研究的经验，以艾滋病防治为主要领域并以我国台湾地区和大陆的社会组织为例，对这一问题进行比较分析。

　　研究发现，分工基础上的深耕细作、专业化的员工和志愿者队伍以

---

* 本章相关内容曾发表于《中国非营利评论》2019 年第 1 期，题目为《以"能力专有性"论政社合作——以两岸防艾社会组织为例》，作者为王名、蔡志鸿。

·147·

及长期的经验和社会资本的累积，使台湾地区防艾社会组织在自身擅长的领域内形成了很强的能力专有性，这一方面突出了社会组织的竞争优势，另一方面也限制了其跨域流动的可能性，最终形成政社之间相互依赖的紧密关系；而大陆防艾社会组织的专业化分工不明确，缺乏在固有领域的深耕细作，全职员工欠缺特别是员工和志愿者团队的专业性差、流动性高，种种因素使之缺乏能力专有性，在与政府合作中处于被任意支配的地位。从制度视角来看，社会组织形成不同能力专有性有其深刻的原因。

第一节 能力专有性的分析视角及其独特性

（一）能力专有性及其对政社合作的解释力

政社合作关系，归根结底是社会分工的结果。在分工过程中，不同主体间地位的差别在很大程度上取决于分工的专业性。这种分工的专业性，在政府与社会组织的合作实践中构建了社会组织的能力专有性。而正是能力专有性的差异，造成了政府与社会组织合作形态的不同。

为什么组织之间会形成相互依赖的关系？虽然能力论从资源或权力的视角给出了自己的解释，但这种解释并没有从更深层次找到原因。到底是什么因素影响组织之间相互依赖的资源和权力关系？我们认为，组织之间之所以会产生资源上的互动与交换，其本质原因在于组织生存或功能实现的需要，而之所以单个组织无法解决这一问题，乃源于社会分工。如涂尔干在《社会分工论》中所说，分工让社会的有机整合成为可能。在结构功能主义看来，一个稳定的系统意味着其自身内部不同子系统需要承担相应的功能，正是不同子系统之间的相互分工和合作，才使得系统得以平稳运行。[①] 在此背景下，任何子系统都需要与其他子系统进行资源上的交换才能够实现整个系统的稳定，因此组织之间的互动不可

---

① 埃米尔·涂尔干. 社会分工论 [M]. 渠东，译. 生活·读书·新知三联书店，1999.

避免。分工的精细化程度一方面决定了效率的高低，另一方面也造就了不同主体能力专有性的差异，而这种能力专有性则直接影响组织之间的相互依赖程度。

我们借鉴经济学中"资产专有性"这一概念进一步提出"能力专有性"的概念。

诺贝尔经济学奖得主威廉姆森在其代表作《资本主义经济制度：论企业签约与市场签约》一书中提到，劳动分工带来的一个重要后果就是资产专有性，即生产要素的日益专一。① 这种资产专有性主要表现在三个方面：首先是资产本身的专有性，比如专门用来加工某个部件的设备；其次是资产选址的专有性，比如一些原料产地布局一旦形成，高额的搬迁费用使得迁移变得不可能；最后是人力资本的专有性，比如一些具有较高技能门槛的行业，其从业人员在这一领域长期工作积累的经验和技术只能用在这一领域。根据这一理论，分工越精细，资产专有性也就越高；生产要素越专用，设计越简单，制造费用就会变得越低。但相对地，资产专有性越高也意味着这种资产的可迁移性越弱，因为某一种资产或是某一种技能只能用来从事单一的事情。这带来的就是抗社会风险能力的降低：仅仅凭借自身的资产或技能难以完成整个的生产流程，必须与其他专有性资产和技能一起合作才能实现目标。在这样的情况下，生产流程中的各个主体之间就更容易形成相互依存的紧密关系。贝克尔基于人力资本的专有性将技能分为通用型技能和专有型技能两种，并分析了两种技能对于企业与员工关系的影响。根据贝克尔的观点，一方面，专有型技能的人力资本专用性比较高，因此这种人力资本的形成往往需要投入较大的人力物力财力，这也就意味着员工的离职对于企业来说是一个很大的损失，因为企业很难从劳动力市场立刻获得可以替代的员工。但另一方面，员工也难以离开企业，因为其所培养和获得的技能只能在

---

① 奥利弗·E. 威廉姆森. 资本主义经济制度：论企业签约与市场签约 [M]. 段毅才，王伟，译. 商务印书馆，2002.

特定的领域生产出价值。这两方面的共同作用使得企业与员工形成了相互依存的紧密关系。企业不仅不会轻易地开除员工，甚至还愿意为员工投入社会保险以消除员工习得专有型技能后所要承担的社会风险。员工在习得专有型技能之后也愿意在企业长期工作。相反，通用型技能人力资本专有性较低，员工的职业可迁移性很强，企业也很容易在市场中找到相应的替代者，因此强势的企业与高流动率的员工共同造就了二者松散的关系。①

从资产专有性的研究及其逻辑出发，我们认为，政社合作关系的紧密程度，很大程度上取决于在同一场域内社会组织能力专有性的高低。当社会组织有较高的能力专有性的时候，政府与社会组织合作时就容易形成相互依存的紧密关系。相反，当社会组织能力专有性较低时，政府在与社会组织的互动过程中就更容易占据优势地位。能力专有性越高，意味着这个社会组织所具备的能力只能在某一合作领域创造价值，这一方面表示其专业性程度很高，与其他社会组织相比具有很强的竞争优势，另一方面则意味着该能力的可迁移性很弱，难以在其他合作领域发挥作用。对于政府来说，与该社会组织合作是最明智的选择，因为无论是自己干抑或是寻求其他合作对象都无法达到预期的目标，会造成效率的降低。而对于社会组织来说，发挥其比较优势，长期与政府保持合作，在擅长的领域耕耘而非转战其他领域才是其最优选项。虽然自身拥有的专业性能力可以成为其与政府讨价还价的筹码，但其他能力的欠缺，尤其是获取资金能力的不足，也决定了其无法在与政府的博弈过程中占据优势。因此最终形成了政府与社会组织之间相互限制又相互依赖的稳定合作关系。而当社会组织能力专有性较低的时候，就缺乏竞争的比较优势，发挥的作用也不具有不可替代性，政府便可寻求其他合作伙伴甚至是建立自己的组织取而代之，此时社会组织在与政府的博弈过程中就不具有与政府讨价还价的筹码。结果是，留在这个合作关系中的社会组织不得

---

① 加里·贝克尔. 人力资本 [M]. 陈耿宣，译. 机械工业出版社，2016.

不因资源上的依附关系而被政府所支配。而由于迁移性较强，这种较低的能力专有性同时造成了社会组织跨界活动众多的现象。

相对于资产专有性或技能专有性而言，能力专有性更强调主体的组织性和非营利性，是社会组织在与政府合作中表现出的一种综合性的组织能力。具体表现为：一个社会组织在与政府合作的某一特定领域中的深耕细作、长期运营、出色表现，其所拥有的专业化的员工及志愿者队伍，以及长期的经验及社会资本的累积所形成的与包括政府在内的各个合作伙伴之间的稳定的合作关系。

（二）制度互补性视角下能力专有性的培育

较高的能力专有性意味着需要花大量的时间和精力进行培育，因此培育能力专有性就成为一件成本很高的事情。同时，能力专有性越高意味着技能的不可迁移性越强，也就意味着社会风险越高：一旦离开了原本的领域，其辛苦培育的能力将难以发挥作用。那么，为什么不同的社会组织会养成不同的能力专有性？这是我们必须回答的问题。

对此问题，政治经济学者也有充分的探讨。彼得·霍尔在其代表作《资本主义的多样性》（中文 2018 年版）一书中，基于不同的技能专有性教育，区分了两种不同的资本主义——自由型资本主义和协作型资本主义，前者的教育体系是通用型教育体系，而后者的教育体系则是专有型教育体系。在这本书中，霍尔提出了"制度互补性"（Institutional complementary）这一重要概念，指出不同的技能专有性的教育体系所需要的配套性制度是不一样的。除了教育体系之外的四个配套制度分别是：社会福利体系、融资市场、工会体系与公司间关系。在自由型资本主义的体系中，经济的发展主要依靠竞争机制，因此就需要通用型教育、低社会福利、证券市场、弱势工会和竞争性的公司间关系。相反，在协作型资本主义体系中，经济发展主要依靠共识，在制度的安排上就需要专有型教育、高社会福利、银行融资、强势工会以及非竞争性的公司间关系。技能专有性越高，其培育所需要的时间和成本就越多，技能的迁移性就越弱，在市场依赖性强的环境下就会面临很大的社会风险。因此另外的四个配套性制度就必须帮助劳动者消除这种社会风险，这样他才愿意选择并坚持专有型教育，从而产生了强势工会，不能让公司随便开人，因此一旦专有型劳动者失业，便很难在市场中寻找下一份工作。这就需要高社会福利，即便工人失业，国家也可以把其暂时养起来，等经济复苏的时候就可以派上用场。银行融资是用国家的力量去消除证券市场上追求短期利益的弊端，让企业能够坚持研发等符合长期利益的行为。而在自由型资本主义体系中，工会力量薄弱使得公司很容易开除员工，证券市场的融资体系又很容易助长公司短期的逐利行为，低社会福利保障使得员工必须在市场中找到工作才能活下去，种种因素都使得发展专有型技能教育变得不可能，相反只有获得通用型技能才能在市场经济中存活下来。因此技能专有性的培育和其余制度是否能够帮助劳动者消除社会风险紧密相关。①

基于制度互补的视角，社会组织能否培育和保持较高的能力专有性，与外部环境所涉及的配套制度是否互补紧密相关。我们认为，这种配套性制度主要包括如下三个方面。

第一，问题需求，强调从制度上保障社会组织能够面对问题并及时做出响应和形成应对需求的能力，这是产生能力专有性的制度前提。如果一个领域根本就没有对社会组织介入的需求，也就不会产生政府与社会组织的合作，自然社会组织也没有发展能力专有性的必要。问题需求还包括一个重要方面，即社会组织有条件及时做出响应和形成应对需求的能力，同时政府也欢迎社会组织的介入并及时提出与之开展合作的需要。

第二，教育与人才培养体系，强调从制度上保障社会组织能够招聘到足够的专业人才并不断提升其专业能力，形成专业团队的能力，这是社会组织获得能力专有性的人才制度保障。这里的教育与人才培养体系

---

① 彼得·A.霍尔，戴维·索斯凯斯. 资本主义的多样性：比较优势的制度基础［M］. 王新荣，译. 中国人民大学出版社，2018.

既包括正规学校教育，也包括继续教育和各种专业化的培训体系；专业性人才既包括拥有社会组织管理技能的人才，也包括在具体领域拥有专业性知识的人才。

第三，考核体系，强调从制度上保障社会组织有相对宽松的条件逐步培养起应对问题需求的专有性能力，指的是外部环境对于社会组织绩效的考核体系和机制。专业性人才的培育需要耗费大量的人力物力财力，因此一个好的考核体系能够让社会组织愿意投入相应的资源去培育自己所需要的专业性人才而不会只着眼于短期的利益。

因此，社会组织能否发展和拥有专有性能力，与问题需求、教育及人才培养体系及考核体系这三大制度的互补性紧密相关。当外部环境没有对社会组织技术的需求或专业人才与支持型体制不匹配的时候，社会组织就难以发展出专有性能力，也就失去了在合作领域中的竞争优势，从而使自己在与政府的博弈过程中处于劣势地位。相反，当外部环境对社会组织有技术需求，同时专业人才和支持型体制匹配的时候，社会组织就更容易发展出专有性能力，从而在与政府合作的过程中形成相互依赖的紧密关系。

第二节　两种不同的政社合作模式

（一）合作共生型政社合作模式

接下来，我们将通过比较两岸防艾社会组织与政府合作的案例，来具体检视能力专有性对政社合作模式的复杂影响。

在台湾地区，防艾社会组织具有较高的能力专有性并形成了与政府之间合作共生型的关系模式。这既体现在台湾地区在数十年间不断累积形成的开放、包容与合作的艾滋病防治体系上，更体现在防艾社会组织的领域分布、专业能力及与政府合作的具体案例中。

台湾地区自20世纪80年代中期先后出现境外移入和本土感染者后，30余年间，年度报告感染者人数年年累增，2003年突破千人，引起政府和社会的高度关注。台湾地区各级政府很快通过卫生福利的疾病管制系统，建立了自上而下的艾滋病防治体系，制定和执行相关政策，开展相关的医疗卫生行政及艾滋病防治工作。与此同时，台湾地区各级政府在艾滋病疫情发展初期，就将动员民间力量的参与提上了议事日程，积极鼓励防艾社会组织参与艾滋病防治工作。

台湾地区的防艾社会组织主要从 20 世纪 90 年代初开始成立和开展活动，陆续成立了数十家机构并覆盖全岛，这些社会组织中包括了基金会、社会团体等多种形式。从 20 世纪 90 年代开始，政府分阶段提出与社会组织合作的重点和任务，建立相应的机制，如实行购买服务并不断加大力度，将社会组织纳为官方防艾委员会成员并进行跨部门合作，定期召开部际与社会组织联席会议，积极协调政府与社会组织在防艾工作中的相关政策与步调等。同时，政府分期公布参与防艾的社会组织名单及基本信息，对其所参与的防艾工作及其专业能力予以表彰和肯定。因此，随着艾滋病疫情在台湾地区的发展，特别是随着艾滋病防治体系的建立，台湾地区的政府与防艾社会组织之间基本形成了分工互补的合作关系，而这种合作关系与台湾地区防艾社会组织较高的能力专有性有着很大的关系。

台湾地区防艾社会组织的能力专有性，具体表现在活动领域的专门化分工和人员技能的专业化水平两个方面。

首先是社会组织活动领域的专门化分工。社会组织所开展的艾滋病防治活动主要面向四类人群：感染者、高危人群、普通大众及专业人士。其中主要面向感染者开展活动的机构有 7 家，所开展的活动主要包括：医疗转介、感染者咨询辅导、陪同就医、同侪陪伴、个案管理、支持团体、感染者维权等。主要面向高危人群开展活动的机构有 9 家，面对的主要高危人群包括性工作者、同志人群、吸毒者和服刑人员，所开展的活动主要包括筛检前后咨询、艾滋筛检、同志咨询、咨商辅导、就业辅导、就医辅导、吸毒人群减害计划、清洁针具工作站、男同性恋者（简称"男同"）社区健康中心等。面对普通大众开展活动的机构有 15 家。其中有 10 家机构只向大众开展如下活动：教育训练、生命教育、性教育、宣导培训、宣导平权、学术研究、研讨会、训练营等。另有 5 家机构在面向感染者和高危人群提供服务的同时开展相关的宣导教育活动，其中还包括 2 家机构面向专业人士开展艾滋病护理人员的专业培训和课程开发。由此可见，防艾社会组织的分工有两个显著特点：第一，防艾社会组织的覆盖面广，从感染者到高危人群、普通大众和专业人士，从宣传教育到行为干预、权益维护和专业培训，艾滋病防治所需要面对的主要人群、需要开展工作的几乎所有领域中都有防艾社会组织的身影；第二，每个社会组织主要面对相对集中的一类人群，且主要集中在特定领域中开展工作，即在特定的领域针对特定人群，很少出现艾滋病防治领域内部的跨界行为。这两大特点一方面保证了社会组织不缺位，所有防治过程中需要履行的功能都有相应的主体来承担；另一方面确保了社会组织的专业性，由于每个社会组织都是针对特定的群体和内容，经过长期深耕细作，这些社会组织都拥有相应的稳定的资源和网络，同时也形成了丰富的经验和工作技巧，从而形成了具备自身特点与优势的核心竞争力。

其次是社会组织人员技能的专业化水平。不同的领域、不同的工作内容往往需要相关的专业技能和背景知识，其中既包括社会组织管理的相关技能，也包括防艾领域所需要的一些特殊的专业知识，如医疗卫生、性与生殖健康、社会工作、心理咨询、护理等。这些知识的获取有些依靠的是专业的学习和训练，有些则靠个人的特质。在调研中我们深深感到，台湾地区的防艾社会组织不仅专业领域分工明确，社会组织人员技能的专业化水平也很高。具体表现在：第一，这些社会组织的负责人很多都是相关领域的专家，专业背景强，工作经验丰富；第二，这些社会组织的员工和志愿者中，也有很多具有从事该项工作所必不可少的专业背景、专业技能、特殊能力及丰富的经验；第三，这些社会组织的员工长期稳定，组织间流动特别是跨界流动的现象很少发生；第四，无论员工还是志愿者，对所从事的工作都有很高的热情和职业精神；第五，社会组织员工的薪酬水平相对稳定，且总体不低于同龄同等条件的其他就业岗位。

活动领域的专门化分工和人员技能的专业化水平，造就了台湾地区防艾社会组织较高的能力专有性。这一能力专有性在政府购买服务的过程中又不断得到强化，随着时间的推移，它越来越强，最终形成了防艾社会组织在艾滋病防治领域各个环节的精细化分工。

我们在调研中较为深入地考察了成立于1995年主要在高雄和南台湾地区开展防艾工作的A协会和成立于2003年主要在台北地区开展防艾工作的G协会。从个案角度验证了上述结论。

台湾地区防艾社会组织较高的能力专有性，促成了防艾领域各主体间的紧密协作关系。这种紧密协作关系表现在两个层面，一是防艾社会组织之间的关系，二是防艾社会组织与政府部门之间的关系。前者表现为防艾社会组织之间合作多于竞争，很少出现不同社会组织间争夺资源的情况；后者主要表现为政府与防艾社会组织之间合作共生型的关系模式，形成长期稳定的政府出钱、社会组织出力的局面。由于防艾社会组织大多只负责特定群体的特定事项，凭借清晰的定位和优秀的专业性人才，久而久之各个防艾社会组织都成为自己所在领域的"专家"。假设整个防艾体系是一个生产流水线的话，那么各个社会组织就是这个流水线上不同的环节，每个社会组织都只在自己的环节做好分内之事，很少会出现一个社会组织跑到另一个环节去抢他人的饭碗。这一分工特点所带来的必然的结果就是防艾社会组织间的非竞争性：每个社会组织都是防艾体系中不可缺少的重要一环，因而都具有不可替代性。同时，这也就意味着必然能得到相应的政府支持，社会组织间不需要为争夺政府的资源而相互竞争。因此在台湾地区，防艾社会组织往往各干各的事，履行好自己的职责，较少与其他防艾社会组织发生关系。即便有所互动，很多时候也是合作多于竞争，合作的内容也往往是向普通大众进行教育宣传这种能力专有性较低的工作。

较高的能力专有性除影响防艾社会组织间的关系外，更为重要的是推动了政府与防艾社会组织之间形成更加紧密的合作关系。对政府来说，之所以要与社会组织合作，归根结底是因为自身力量的有限性，故而会采取购买服务的方式将一些职能交给社会组织；而社会组织在承担政府委托职能开展合作的过程中越是具有专业能力，就越能彰显其不可替代的价值，只有通过不断提高专业能力出色地完成政府委托的职能，这种不可替代的价值才能继续彰显出来，其也才能继续承担更多的政府委托职能。如此便形成政府与防艾社会组织之间合作关系的良性循环。在这个过程中，较高的能力专有性如同门槛一样，能够将任何其他的主体——包括政府与其他社会组织——隔离于已经开展工作并形成密切合作关系的领域之外，如要跨越这一门槛，不仅需要耗费更多的人力物力财力，还要有更加专业的人才和拥有特定群体的社会资本与网络。而这些，尤其是后两者必须经过长期的积累才能拥有。因此，即使是从成本收益的角度来看，对于已经形成的合作关系和领域，外来者要想介入，其困难程度也可想而知。当然，任何合作都不是一帆风顺的，也不会是天衣无缝的。不过，即便政府对这些防艾社会组织的做法存在不同意见，甚至有时候还会有抱怨和争吵，政府依然会倾向于保持已经形成的稳定且密切的合作关系。

　　然而，防艾社会组织也不能将自己较高的能力专有性作为谈判筹码而对政府施压。因为高能力专有性意味着较弱的可迁移性，这实际上削弱了防艾社会组织的环境适应能力。台湾地区的防艾社会组织大多在某一活动领域长期耕耘，有着特定的对象、特定的内容，这些固然帮助它们形成了稳定的资源和经验，但这些资源和经验也成为它们转型的包袱：涉足其他领域就意味着要放弃原本取得的成就。再加上其他领域的社会组织也具有较高的能力专有性，形成了竞争优势，因此沿着之前所走的道路前进就成为最为明智的选择。这在实践中表现为社会组织对政府也十分依赖，即便有时候对政府的要求感到不满，但依然会继续与政府合作。

　　这种相互依赖的紧密关系让政府与社会组织之间能够保持长期的合作，原本基于竞争机制而追求效率最大化的政府招标也逐渐在实践中成为一种形式。

之所以会出现这样的情况，就是因为无论政府还是社会组织，都很清楚相互之间的合作不仅是必然的而且不可替代。在这一共识下，招标仅仅是为了满足程序合法性的需求，大部分意见早在之前就已经通过非正式的场合得到确认。

这一合作共生型的政社合作模式，让政府与社会组织之间形成了既相互依赖又相互制约、既彼此需要又各有所长、唯有合作才能共赢乃至共生的特殊关系。在这样的关系格局下，双方之间的意见和冲突也更容易通过制度化的形式得以表达、传递、疏解，而且双方会相互理解，不会采取公开对立或冲突的方式。

因此，当社会组织具有较高的能力专有性的时候，政府与社会组织就更容易形成相互依赖的紧密合作关系。相反，当社会组织能力专有性较低的时候，政府与社会组织就难以形成对等关系，便容易出现任意支配型政社合作模式。

（二）任意支配型政社合作模式

在大陆，与台湾地区的情形相反，虽然防艾社会组织的发展也很快，与政府的合作也很多，但在调研中我们发现，大陆防艾社会组织的能力专有性较低，因而陷入了一种可称为任意支配型的与政府间合作模式之中。这既体现在大陆以政府为主导的艾滋病防控体系上，更体现在防艾社会组织的领域分布、专业能力及与政府合作的具体案例中。

大陆的艾滋病疫情不容乐观。尽管中央和各级政府采取种种措施，各种社会力量积极努力，防艾工作取得了许多重要进展，但艾滋病疫情长期以来有增无减。从1985年北京协和医院发现首例患者以来，艾滋病疫情大体经过了传入期（1985—1988年）、散播期（1989—1994年）、快速增长期（1995—2004年）和稳定高位增长期（2005年以来）四个阶段，年度报告感染者在2000年突破5000人，2003年突破2万人，2008年突破5万人，2014年突破10万人，截至2017年底，大陆艾滋病感染人数达134512人。随着艾滋病疫情日趋严峻，大陆逐步建立起三位一体的艾滋病防治体系：一是以政府为主体的防艾工作体系，二是以国际项目的实施为核心形成的防艾国际项目体系，三是以各类社会组织特别是草根组织为组织者和行动者构建的防艾核心工作网络。

所谓防艾工作体系，指的是以政府为主体形成的艾滋病防治的行政工作体系。这一体系的最高领导机构是 2004 年 2 月设立的国务院防治艾滋病工作委员会（简称"国务院艾工委"），负责研究制定艾滋病防治工作的重大方针、政策和规划，协调解决全国艾滋病防治工作中的重大问题，组织有关部门和单位并动员社会各方面力量积极参与艾滋病防治工作。国务院艾工委办公室（简称"国艾办"）设在卫健委疾控局，内设综合管理、政策协调及计划督导三个工作部门，承担国务院艾工委的日常工作。各级地方政府相应设有艾滋病防治的领导和工作机构。卫健委下属的中国疾病预防控制中心（简称"中国疾控中心"）及各级疾控中心是艾滋病防治工作的具体执行部门，具体负责艾滋病防治的政策组织保障、经费投入、宣传教育、信息搜集、监测、母婴阻断、综合干预、抗病毒治疗、关怀救助、动员社会力量、国际合作和科研检测等工作。公安、教育等其他政府部门和共青团、妇联等人民团体则配合开展相应工作。

所谓防艾国际项目体系，指的是以国际项目的实施为核心构建的包括资助方、政府和各类社会组织在内的防艾体系，这一体系是连接上述防艾工作体系和各类防艾社会组织特别是草根组织的桥梁和纽带。为应对迅猛发展的艾滋病疫情，大陆接受了来自国际社会的大量资助，实施了包括中盖项目、全球基金项目、中墨项目、中美项目、中澳项目、中英项目在内的多个大型国际项目。这些国际项目不仅为大陆的艾滋病防治带来了大量的资源，而且带来了重要的国际经验和模式，其中之一就是要求培育和发展一批能够在项目执行层面切实发挥作用的草根组织。以中盖项目为例，中盖项目是美国比尔及梅琳达·盖茨基金会与中国卫健委签订的艾滋病防治合作项目，旨在中国大陆探索大规模艾滋病综合预防模式，通过减少 HIV 新发感染数量控制艾滋病蔓延。项目覆盖大陆的海南省以及北京、天津、上海等 14 个城市，目标人群为感染者和高危人群。为开展这一项目，在国家层面成立"中盖项目国家监督委员会"及其管理办公室，其设在疾控中心，负责项目的宏观协调、管理及组织实施，各项目地区设省/市联合项目办，负责当地的项目管理与实施，由疾控中心支持的两家官办社会组织（中华预防医学会和中国性病艾滋病防治协会）作为中盖项目的重要合作伙伴，负责项目的计划、预算、协调、督导和评估等事宜。各省/市学会或协会承担省/市防艾社会组织的项目管理，设防艾社会组织项目联络员，并纳入省/市联合项目办。项目设联席会议制度，在国家和省/市层面定期召开政府和社会组织项目联席会议。

所谓防艾核心工作网络，指的是在上述防艾工作体系和防艾国际项目体系下，直接面向感染者和高危人群开展艾滋病防治工作，以各类社会组织特别是草根组织为组织者和行动者构建的防艾网络。这一网络中包括了四类社会组织——疾控中心支持的官办社会组织、草根社会组织、社工类社会组织和医疗类社会组织，四者共同构成了这一网络，目标人群特别是各类高危人群是该网络面对的主要对象。

为便于比较研究，我们所称防艾社会组织，主要指上述防艾核心工作网络中工作在一线和基层的草根社会组织。与环保、扶贫、教育等领域一样，艾滋病防治领域是一个关系大量且多类型社会组织生存和发展的重要领域，更是一个独特的领域。这一领域的独特性在于：包括艾滋病感染者、各类高危人群在内的相关群体，具有很强的"封闭性"，或者更准确地说是具有"圈子性"。艾滋病防治工作的目标人群主要包括艾滋病患者及感染者、各类高危人群以及受上述两个群体影响的人群，我们将其统称为"防艾社群"。防艾社群在当下主流的社会结构中常处于边缘、弱势和受歧视的状态，因此易于在主流社会之外形成一种封闭的社群关系圈。他们在主流社会中尽量隐蔽真实的自己，而在这些封闭的社群关系圈中能够真正地交流、沟通和释放自我。因此，要想以防艾社群为目标人群开展艾滋病防治工作，必须融入或者进入社群关系圈。由于封闭性，普通人进入该圈子的难度很大。而进入社群关系圈的最为简单有效也是最主要的钥匙就是"社群人士"这一内化的身份。因此，进入防艾社群的钥匙不在这一社群之外，而恰恰就在这一社群内部。门只能从内部打开。因此在艾滋病防治领域，社群人士自我组织起来开展防艾工作，受益者本身成为施益者，不管在哪个国家和地区，也无论什么时候，都是这一领域所特有的一道风景线。

根据我们的调研和掌握的资料，我国的防艾社会组织主要是在2000年开始成立和开展活动的。其总的规模无法精确把握，从我们参与国际项目的各种调研所掌握的情况看，其数量多达数百家。我们重点调研了其中48家。

对比台湾地区的防艾社会组织，从活动领域的专门化分工和人员技能的专业化水平两个方面来看，大陆的防艾社会组织在能力专有性方面明显弱一些。

首先是活动领域的专门化分工不够。在我们调研的48家防艾社会组织中，艾滋病防治活动主要面向三类人群：感染者、高危人群和普通大众。其中主要面向感染者开展活动的组织有14家，所开展的活动主要集中在感染者自助、关怀及个案管理、患者临终关怀等方面。主要面向高危人群开展活动的组织有32家，其中以面向男同的居多，达22家，其余多为面向性工作者的，所开展的活动主要包括志愿检测、同志咨询、就医辅导、男同社区建设等。面对普通大众开展活动的机构不多，主要开展的活动涉及教育宣传、生殖健康等方面。

对比台湾地区的情形可以看出，大陆的防艾社会组织尽管数量不少，但领域分布却过于集中，所服务的人群也高度集中，且在面向感染者的权益维护和面向专业人士的专业培训方面存在不足。同时，防艾社会组织的工作领域高度重叠，每个社会组织所从事的工作内容跨度较大。调研显示，许多社会组织都在进行跨界的活动，一些原本致力于为感染者提供个案服务的机构，在实际活动中往往会介入面向高危人群乃至普通大众的宣传教育中。专业领域不够集中，意味着艾滋病防治工作在整体上存在漏洞或空白，易于造成"挤出效应"，使防艾社会组织不得不进入其他有限的领域，形成彼此竞争资源的尴尬局面。对社会组织来说，跨界一方面意味着策略的灵活，防艾社会组织可以通过更多的渠道获得资源；另一方面也对社会组织提出了更高的要求，如果从事跨界活动时并没有很强的竞争力，就很容易与其他的参与者形成竞争，这就意味着组织必须消耗更多的资源和精力处理跨领域的工作，有时候还会与其他社会组织发生冲突，很大程度上会影响到组织能力专有性的培育。调研显示，有38.2%的防艾社会组织表示曾与其他防艾社会组织发生过矛盾或冲突。

从人员技能的专业化水平来看，与台湾地区的防艾社会组织相比，大陆防艾社会组织的人员技能专业化水平也偏低。2010年我们曾开展过一项跨地域的防艾社会组织调研，在被访的55家防艾社会组织中，有26家专职员工数为1—5人，占比47.3%；23家没有专职员工，占比41.8%，可见有近90%的防艾社会组织专职员工不超过5人。志愿者人数不超过5人的组织有45家，占比81.8%。被调研的55家组织平均每家拥有专职员工2人、志愿者3人。此外，防艾社会组织的员工稳定性不高，在不同组织之间的横向流动较普遍。

调研中我们较为深入地考察了成立于2003年主要在重庆开展防艾工作的C组织、成立于2004年主要在上海开展防艾工作的L组织和成立于2008年主要在广州开展防艾工作的D组织，从个案角度验证了上述结论。

较低的能力专有性，造成了大陆与台湾地区相比在艾滋病防治领域呈现出截然不同的景象。首先，防艾社会组织之间的竞争远大于合作，由于缺乏共识，这种竞争常演化为没有底线的恶性竞争，导致整个防艾公益生态的恶化；其次，政府在与防艾社会组织的合作中处于绝对强势地位，缺乏优势的草根组织无法与之形成紧密而稳定的关系，常常出现功能替代或项目缩水现象，在资金及项目上打折扣并挤压防艾社会组织空间，后者因缺乏核心竞争力只能被动接受，许多组织不得不在一些与使命无关的事情上投入大量资源和精力，进而为了获得经费支持不断变换活动领域，开展跨界活动。在这一过程中，政府对防艾社会组织的态度就从初期的期待和支持，变为怀疑与观望，甚至在一些重要的项目上甩开草根社会组织，不惜付出更大的代价自己成立相应的组织取而代之，我们将这一现象称为"项目驱逐组织"。面向感染者提供相关服务的领域是这一现象的高发区。在这类现象的消极影响下，防艾社会组织的作用逐渐被淡化，退出趋势较为明显。

"项目驱逐组织"发生的根本原因在于防艾社会组织自身能力专有性的缺失，从而无法形成竞争优势，使得本来作为合作者的政府选择逐步退出合作，转而扶持自己的队伍。在防艾领域，作为目标人群的防艾社群往往是重要资源，也是防艾社会组织形成自身竞争力的依据，但如果不能及时将这一资源转化为能力专有性，那么谁掌握了这一资源，谁就能够争取到项目并逐渐驱逐已有的组织。

遗憾的是，在大陆，从艾滋病疫情发生以来，特别是国际项目大规模进入以来，防艾社会组织仿佛陷入了上述的恶性生态之中，尽管资源投入巨大，政府及国际项目也不断加大与防艾社会组织的合作力度，涌现出了为数不少的各类防艾社会组织，但它们似乎总也无法成长起来，大多数组织都没能形成自己的能力专有性，在总体上一直没形成核心竞争力，因而一直没能成为政府防治艾滋病所依靠的重要力量。随着国际项目的退出，特别是政府防艾工作重心的转移，大陆防艾社会组织的衰落似已成定局。

由上可见，防艾社会组织能力专有性的高低，直接影响了它们与政府合作过程中的关系，能力专有性越高，社会组织的竞争优势就越明显，同时其从事其他工作的能力就越弱，因此越有可能与政府产生相互需要的关系，最终形成相互依赖的紧密合作关系。相反，防艾社会组织能力专有性越低，就意味着竞争力越弱，因此可替代性也会越强，很容易形成对政府资源的单一依赖，在合作中地位也会较低。通过对两岸防艾社会组织的比较可见，大陆与台湾地区之所以会形成不同的政社关系模式，归根结底是因为两地社会组织能力专有性的差异。总体来看，专门化分工基础上的深耕细作、专业化的员工及志愿者队伍以及长期的经验及社会资本的累积，使台湾地区的防艾社会组织在自身擅长的领域内形成了很强的能力专有性，这一方面突出了防艾社会组织的竞争优势，另一方面也限制了其向其他领域转型的可能性；而大陆防艾社会组织的专门化分工不明确，缺乏在固有领域的深耕细作，全职员工欠缺特别是员工和志愿者团队的专业性差、流动性高，种种因素使大陆防艾社会组织的能力专有性欠缺，常面临被替代的风险。随着艾滋病疫情的逐步缓解和政策的变化，缺乏能力专有性的社会组织在合作中丧失优势，而沦为被任意支配的对象。

第三节　能力专有性差异的原因探析

对比两个案例我们不难发现，台湾地区防艾社会组织与政府能够形成相互依赖的合作模式，很大程度上源于它们形成了较高的能力专有性，这一方面表现为这些社会组织从事固定领域、固定人群的工作，另一方面表现为其员工技能的专业性。长期的耕耘使得这些社会组织具备了独有的竞争优势，各个社会组织在自己领域形成了垄断性地位，成为唯一的、最适合的与政府合作的对象。

那么，到底是什么原因导致社会组织在能力专有性上出现如两岸防艾领域中这样显著的差异？我们从历史制度主义的角度探析台湾地区与大陆防艾社会组织能力专有性的培育历程。研究发现，两岸在政府对于艾滋病问题的认识、教育人才培养体系及项目的绩效考核方式等若干重要因素上存在较大差异，这些因素的综合及相互作用，在很大程度上影响了社会组织能力专有性的形成。

台湾地区防艾社会组织之所以能够形成较高的能力专有性，很大程度上与其互补性的制度支持有关。最初政府将艾滋病视为不可回避的现实问题，明确了问题需求并鼓励民间参与，使得专业性社会组织的出现成为可能；完善的教育与人才培养机制从人才供给及专业能力提升的角度支持防艾社会组织朝着专业化方向发展；非竞争性的考核体系又让防艾社会组织能够聚焦于长远利益，逐步积累和发展专业化的优势。这些制度的共同作用推动了台湾地区防艾社会组织能力专有性的养成，造就了合作共生型的政社合作模式。

（1）明确的问题需求与专业性防艾社会组织的产生。台湾地区防艾社会组织之所以能够形成较高的能力专有性，很大程度上是因为当地较早就形成了对专业社会组织的需求。当首例艾滋病出现在台湾地区的时候，官方和民间的认知和努力几乎同步，双方也形成了良好的互动。许多专家参与并积极推动了早期政府决策过程，让决策当局能迅速掌握艾滋病疫情的特征及外国防艾的经验，民间人士的介入使当局很快认识到防艾的必要性，并将其上升为公共政策。作为防艾的重要力量，防艾社会组织也自然被纳入其中。在这一过程中，专业性的防艾社会组织不仅被认为是必要的，能得到政府的支持和认可，且有很大的自由度，政府鼓励其朝着专业的方向发展。

（2）教育和人才培养体系的支持。教育和人才培养体系是帮助台湾地区社会组织形成能力专有性的另一个十分重要的互补性制度安排。所谓教育和人才培养体系，主要表现在两个方面：一是教育系统内部相关专业的发展较为成熟，二是社会系统内部相关人才培养和流动机制较为完善。

台湾地区与艾滋病防治有关的专业发展都较为成熟，除了医科从医疗卫生的角度较早关注艾滋病的防治以外，心理专业与社工专业在台湾地区起步都较早，发展成熟，尤其是社工专业，不仅起步早，专业体系完备，政府还出台一系列政策予以支持。台湾地区的医务社工也发展成熟，其人才培养采用"专才教育"的模式，依托医学院校整合各种教学资源，培养专门面向健康领域的专业人才。在社工特别是医务社工的人才培养方面，政府发挥着管理、教育、支持的功能。具有权威性和广泛影响力的行业协会主导着社工的发展，行业自律特征明显。教育体系的完善为台湾地区防艾社会组织的出现和发展提供了大量的储备型人才，为其能力专有性的养成提供了坚实的基础。与此同时，社会上较为完善的社会组织人才培养和流动机制也有助于防艾社会组织的成长和专业能力的提升。台湾地区的社会组织主要是在20世纪80年代以后发展起来的，彼时经济的起飞、政治的转型、社会运动的兴起，促成了台湾地区社会组织的迅猛发展。而民间力量的壮大又反过来促成了政治和行政系统的变革，社会组织不仅成为弥补"政府失灵"的重要机制，也成为推进社会和政治民主的关键力量。随着台湾地区社会组织的发展，其领域分布、行业规范、内部管理和社会服务，也都逐步走向了专业化和精细化。社会组织的活动遍布社会生活的方方面面，许多社会组织也走上了专业化发展的道路。20世纪90年代以来，面向社会组织管理者、员工和志愿者的各种培训营、读书会、研讨会、训练营等不断推出，形成了较为健全的社会人才培养和流动体系。在社会组织内部，也逐渐形成了较为规范化和制度化的志愿者管理体系和人才培养体系。这些要素的存在，让社会子系统自身可以通过一整套流程机制培养出防艾社会组织所需要的专业化的管理者、员工和志愿者。

（3）非竞争性的考核体系。除上述两个因素外，另一个重要的因素是：台湾地区的防艾社会组织面临的是一个非竞争性的考核体系。新公共管理运动的核心，是在公共服务领域中引入竞争机制，通过社会主体之间的相互竞争来实现公共服务效率的最优。基于这一思想，从理论上讲，政府购买服务应对社会组织使用竞争性的考核指标，通过社会组织之间的竞争实现效率优化。但实际上，并非所有政府购买服务的领域都适合采用竞争性的考核体系。在艾滋病防治领域，尤其是在社会组织成长初期，竞争性的考核体系并不有助于社会组织专业能力的提升，相反会加大社会组织的不确定性，使之为竞争过于追求短期效果和利益，并加剧彼此间的不信任和紧张关系。台湾地区艾滋病防治领域政府与社会组织合作的主要机制是购买服务。如何在购买服务中开展绩效评估？高雄市卫生局疾管处科员如是说：

在购买服务方面，通常大于10万元就要公开招标（外包），但有长期合作的或者中意的 NGO，我们会把标的降下来，采取委托的方式。关于绩效考评的标准，其实最重要的是已有的合作经验，绩效评估的机制其实并没有很明确。会要求 NGO 提交期中的报告。因为也是每年度让它们申请经费。但是，并没有建立考核机制啊。合作对象其实很固定。所以就没有，其实也没有奖惩。为什么呢？因为他们人员的专业度比较高，配合度高，执行力也很高。沟通上面也比较方便。（访谈资料：20110723）

　　在我们访谈的多家防艾社会组织中，这种相对宽松的、非竞争性的评估体系也得到了确认。应当说，这在很大程度上帮助社会组织特别是在成长初期的社会组织赢得了时间，克服了外部环境不确定性，使它们能集中有限的资源在一个相对稳定的领域里深耕细作，将专业的防艾工作做专做精，随着时间的积累，不仅逐步培育出一支专业化的队伍，也形成了机构整体的能力专有性。当这种现象普遍出现的时候，多数社会组织都能在所在的领域、面向特定的人群提供专业化服务的时候，不仅社会组织的能力专有性得以养成，政府与社会组织之间相互依赖的紧密合作关系也易于达成。

　　由此可见，台湾地区与大陆的防艾社会组织之所以会形成不同的能力专有性，很大程度上是由三种配套性制度的匹配程度决定的。这三种配套性制度为：问题需求、教育与人才培养体系和考核机制。台湾地区的防艾社会组织之所以能够形成较高的能力专有性，主要是因为其另外三种配套性制度的完善。首先，政府对艾滋病问题的重视促进了艾滋病治理需求的产生，催生了专业性社会组织。其次，台湾地区的人才培养体系保障了教育体系能够源源不断地为社会组织提供医疗卫生、社会工作、心理等方面的专业性人才。最后，非竞争性的考核机制使社会组织能着眼于长期利益，不会因为追求短期的绩效而过快过早进行组织扩张。这些都推动了台湾地区防艾社会组织能力专有性的养成和发展。

　　因此，能力专有性的培育需要配套性的制度保障，需要消耗大量的时间和精力，周期长，成本高。只有当配套性的制度能提供足够的支持时，社会组织才有可能致力于能力专有性的培育和养成，才能逐渐积累并形成较高的能力专有性，从而在与政府合作过程中形成相互依赖的紧密关系。

第四节　本章小结

本章通过对两岸防艾领域社会组织的案例研究得出如下三个一般性结论。

第一，社会组织能力专有性是影响政社合作的重要因素。能力专有性越高，社会组织与政府的合作形态越容易呈现相互依赖的紧密关系；相反，能力专有性越低，政府在政社合作中就越容易占据优势，形成任意支配型模式。这一结论首先承认了政社间的合作形态本质上是双方相对实力的反映，弥补了传统制度论视角和理念论视角的缺陷；其次指出了在能力论的视角下，社会组织所拥有的能力专有性的高低是影响政社合作形态最重要的因素，提出了新的解释变量。

第二，社会组织的能力专有性具体表现为专门化分工基础上的深耕细作、专业化的员工及志愿者队伍，以及长期的经验及社会资本的累积。能力专有性较高，一方面表示其专业性程度很高，与其他社会组织相比具有很强的竞争优势；另一方面则意味着该能力的可迁移性弱，难以在其他合作领域发挥作用。因此，能力专有性或可成为与政府讨价还价的筹码，但同时也意味着其他能力的欠缺，尤其是获取资金能力的不足，因而决定了其无法在与政府的博弈中占据优势。结果形成政府与社会组织之间既相互限制又相互依赖的稳定合作关系。当能力专有性较低时，社会组织的竞争力和比较优势弱，所发挥的作用就不具有不可替代性，政府可寻求其他合作伙伴甚至自建组织取而代之，因此社会组织在与政府的博弈中就不具有讨价还价的筹码，使得想继续既有合作关系的社会组织因资源依赖而陷于被支配的地位。反之，较低的能力专有性意味着迁移性较强，导致这类社会组织出现经常性的跨界活动。这一结论在机制上阐明了能力专有性如何对政社合作关系产生影响。能力专有性本身是一把双刃剑，是专业性与可迁移性之间的一种平衡。因此很好地解释了为什么即便能力专有性很高，社会组织也很难在与政府的合作中占据优势。

第三，能力专有性的培育和互补性制度的匹配紧密相关。只有当互补性制度能帮助社会组织消除培育能力专有性障碍的时候，才更有可能形成较高的能力专有性。这种互补性制度主要包括三个方面：问题需求、教育及人才培养体系与考核体系。问题需求是催生社会组织能力专有性的前提，而教育及人才培养体系是培育社会组织能力专有性的核心，考核体系则是从外部制度环境给予社会组织培育能力专有性的保障。当这些要素都不具备的时候，社会组织就难以培育出较高的能力专有性。

本章的研究表明，社会组织所拥有的能力专有性，才是影响政府与社会组织合作形态的最重要因素。因此，为真正发挥社会组织的作用，推动国家治理体系与治理能力的现代化，必须从培育和发展社会组织的能力专有性入手，把培育和发展社会组织的能力专有性作为推进社会组织深化改革的重要政策目标。同时要对现行的政府购买服务、社会组织评估等政策机制进行必要的改革调整，建立和完善基于能力专有性的绩效考评指标体系，鼓励社会组织朝着专业化方向发展，鼓励社会组织建立专业化的团队，不断提高社会组织的能力专有性，并从能力专有性视角出发，努力改善社会组织的整体生态。

第二篇　基层活力篇

激发社会治理创新的第二个活力，即激发基层活力，推进社会治理创新，改善城乡基层社区治理体系。其目的在于"推动社会治理重心向基层下移，发挥社会组织作用，实现政府治理和社会调节、居民自治良性互动"，"健全自治、法治、德治相结合的社区治理体系"。

我们处在一个具有中国特色且高度复杂的转型期社会，基层社会治理的需求变得越来越多元、复杂和不确定，各级党政部门与基层治理主体之间的关系（我们称之为"府基关系"）得以形成并变得错综复杂，基层治理主体主要包括基层政府、城乡基层自治组织及各种社区社会组织，它们回应基层社会需求的动力、权力、能力和资源参差不齐且不够充分，并因府基关系的错综复杂而难以有效应对各种社会问题且常处于碎片化和非对称的错位状态，这些都约束了基层社会治理的创新活力。

激发基层活力，重点在于协调和整合各种面向基层社会的资源及力量，并在党的领导下呼吁基层的领导力与多元要素的协同，提高基层治理主体回应基层社会需求和各种社会问题的能力及效能。

通过深入调研，我们深感各地的许多创新案例向我们扑面而来，讲述着治理创新在基层的生动故事，它们成为观察中国社会治理创新的重要窗口。本篇的内容体现了课题组开展实证研究的主要发现和得出的重要结论，共由 5 章构成。第七章围绕基层社区治理创新中如何在党的领导和政府支持下激发社区活力问题，从"社区活力"及其指标体系入手，分析了全国性问卷调查、一个综合性社区个案和两个城市比较的实证案例；第八章提出"乡情治理"的范畴，探讨基层活力的社会基础；第九、十两章分别聚焦于城市社区和乡村社区，从里仁驱动社会资本、发挥乡贤和乡村自组织的作用两个方面，探讨在基层治理中如何激发城乡基层活力，进而带动城乡社区治理创新；第十一章关注新冠肺炎疫情防控下的风险危机治理案例，深入探讨社区治理中的韧性与适应性问题。

在全面深化改革的新时代，激发基层活力，最根本和首要的，是探索和构建在党的领导与政府支持下的社区活力保障体制，真正激发蕴藏在城乡社区内部及文化深层的活力，让城乡社区中的居民组织起来，让城乡社区中的社会活跃起来，让蕴藏在城乡社区中的不竭的组织力、创新力与共治力运转起来，从而自下而上地助推整个中国的社会治理创新，成为其实践创新、政策创新和理论创新不竭的源泉。本篇报告所呈现的，是我们通过课题组的实证研究所见证的这一宏大历史画卷中关于基层的若干篇章。

第七章

社区活力的体制基础：党的
领导与政府支持

社区活力是基层活力的基石，而基层党组织的领导和政府支持，是社区活力的体制基础。党的十九大报告强调要"加强社区治理体系建设，推动社会治理重心向基层下移，发挥社会组织作用，实现政府治理和社会调节、居民自治良性互动"。近年来，在中央和各级党政部门的大力推进下，城乡社区治理创新空前活跃，在地方治理创新实践中涌现出了大量富有创新意义的激发城乡社区活力的案例。

本章围绕基层社区治理创新中如何在党的领导和政府支持下激发社区活力问题，从对"社区活力"范畴及指标体系的讨论入手，分别从社区问卷调查及其结果、一个综合性社区个案和两个典型城市的案例比较三个视角展开研讨。首先，我们结合理论思考并在实证调研的基础上，研发出一套测量"社区活力"的指标体系及其操作方法；其次，运用这一指标体系，基于问卷调查，考察了全国范围内城市社区活力的主要影响因素，说明党的领导是其中最重要的影响因素；再次，以武汉市 B 社区为综合个案，分析说明激发社区活力的关键在于实现"四大转变"，真正形成党委领导、政府负责、社会协同、公众参与、法治保障"多元共治"的社会治理体制；最后，以成都和深圳两个城市为案例，分析说明政府适当的财政支持对社区活力的积极影响及其内在机制。

第一节　党组织强则社区更有活力：来自数据的支持

（一）社区活力的概念与维度

本章所谓"社区活力"是指基层社区公共事务中社区居民自身的主体性发挥程度，其代表着社区主体的内生活力和自我组织、自我管理、自我服务、自我发展的潜力，并最终体现为社区治理与社区发展中的能动性、创造性以及社区共同体面临环境变化时的适应性。在批判性梳理国内外有关社区活力的主要研究成果的基础上，基于长期社区调研的经验观察，我们构建了一个包含意识、结构、资源、机制、参与 5 个要素维度，12 个二级指标，29 个操作性指标的"社区活力"指标体系，并初步设计了一个较为完整的测量量表。

"意识"维度，是社区活力的精神要素，是社区居民对自身和社区共同体的主体性认知。指标体系区分了自主意识和公共意识两个方面，二者都是社区居民主体性认知的表现但又略有不同。自主意识体现的是主体性的个体面向，即社区成员遇到问题时首先对自己负责、依靠自己解决，然后是依靠社区组织，最后才是依靠政府；公共意识体现的是共同体面向，表现的是在社区公共事务中的主人翁意识和责任感。

"结构"维度，是当前社区治理研究范式的重要切入点，"国家—社会"二元结构及其互动是社区活力的主体要素，是关于社区社会主体的状态。[1] 社区活力的激发有赖于居民的互动与组织化，而作为一种组织化

---

① 徐选国. 走向双重嵌入：城市社区治理中政社互动的机制演变——基于深圳市 H 社区的经验研究［J］. 社会发展研究，2016（1）：163 – 180 + 244 – 245.

代表的社区社会组织是社区治理创新中不可或缺的元素，社区系统的创造性、适应性所依赖的是一个多元而又有机联系的社会组织生态系统。这一维度区分了社区组织和非正式的社区社会网络两个二级指标，着重考察社区社会组织的数量和多样性。

"资源"维度，是社会活力的物质要素，是主体得以运转和发挥功能的基础。当前社区自组织资源存在普遍缺乏的困境，因而这一维度尤为重要。社区自组织资源主要分为资金、空间场所和人力资源。其中人力资源主要由社区带头人、社区志愿者、专业社会工作者组成。

"机制"维度，是达成社区治理、激发社区活力的制度要素，是主体性得以发挥的过程保障。社区自组织治理及其可持续性有赖于一套（个）被广泛认知和共享的自组织规则和平台。当新的问题或议题出现时，这样的机制能确保社区适应变化，匹配资源甚至调适社区结构以应对新的情况。依据公共事务产生到治理的过程，区分了议程设置机制和议事机制。

"参与"维度，是既有指标体系中的关键要素，又是社区活力的结果，也是社区活跃程度的直接体现。这里将"参与"区分为基于自身兴趣的兴趣类活动参与、基于他人利益的邻里互助参与、基于社区公共利益的社区公共事务参与等三个层次。其中社区公共事务参与区分了议题形成和方案协商两个层次的参与。

以下将引入经验数据对社区活力的初始指标体系进行实证检验，并运用因子分析法修正要素维度和具体指标。

（二）社区活力的测量与指标体系修正

1. 测量与修正方法

（1）指标的可操作性与数据收集方式。主要通过社区入户发放调查问卷和针对社区居委会负责人的结构化访谈获取研究数据。"社区活力"是社区层次的属性，数据分析将以社区为单元进行，借鉴既有研究的处理经验，指标体系中涉及居民意识、参与以及社会网络等方面指标的数据，需要通过收集和汇总个体层次的数据来获取。[①] 社区组织、空间资源、治理机制等指标，更适合直接通过关键人物访谈收集社区层面的数据。考虑到指标体系的未来应用场景，数据收集方式不宜太复杂。为此，课题组将社区组织、空间资源等指标的测量设计成问卷验证题目。如对于社区社会组织的数量、规模和多样性，通过社区居民对不同类型社区社会组织的知晓率或参与率来间接衡量；对于意见收集、意见表达等机制也采取类似方式来衡量。[②] 入户调查问卷依据楼栋分布情况进行分层抽样来保障其代表性，每个社区有40—60份有效问卷。实际的操作过程表明，对社区居委会负责人的访谈存在一定障碍，缺失信息较多，信度亦不易保障。因此结合实际获取的数据情况，本章主要依靠社区问卷数据进行分析。

（2）要素提取与指标体系的修正。基于理论初步构建的要素维度和指标体系，可能存在不合理或指标之间意义不独立等问题，需要通过实际测量和经验数据来修正。我们采用探索性因子分析法来提取要素维度，并结合数据收集中的可操作性和信度对一些指标进行取舍。因子分析的主要目的是从一组具有相关性的操作性指标中提取出共性因子，从而更好地理解操作性指标之间的内在联系，指导更科学的要素维度划分并简化指标。因子分析采用主成分法，先后调整指标数量进行了多轮探索性因子分析。

（3）信度、效度检验与维度的权重赋值。研究采用因子分析中常用的克朗巴哈系数（Cronbach's α）对修正后的测量指标进行内在一致性的信度检验；通过考察指数与入户问卷中关于社区评价的几个问题（可在一定程度上表征社区治理绩效）的相关性来初步检验指数的效度。通过因子分析得到的指标体系还需要对各个要素维度进行权重赋值，从而计算社区活力的最终得分，课题组采取德尔菲（专家意见）法对因子分析

---

① Onyx J, Bullen P. Measuring social capital in five communities [J]. Journal of Applied Behavioral Science, 2000, 36 (1): 23 – 42.

② 准确来说是在社区中"被居民感知的"社区社会组织规模、多样性或社区机制。

提取的最终维度进行权重赋值。

2. 数据来源与样本情况

课题组于 2018 年 7—9 月在全国范围内选取了 83 个城市社区进行测量。[①] 社区界定为以一个居委会辖区为界的行政性社区，选择标准如下：①常住人口不超过 3 万人（1 万—2 万人为宜），社区成立时间在 5 年以上；②避免选择异质性太强的社区，如一个社区包含多个在居民阶层、小区环境等方面截然不同的小区；③同一个城市选择 3—6 个社区，直观上拟选取样本社区的治理水平或社区公共生活活跃度应该体现出区分度。最终获取了 80 个社区的有效数据，这些社区的大致分布为：华北 22 个社区、华东 15 个社区、西北 13 个社区、中部 6 个社区、西部 24 个社区。社区的人口规模差异较大，社区人口平均规模为 13263 人，80% 的社区样本人口规模在 4132 人至 29525 人之间。

共回收 80 个社区有效入户问卷 3531 份。受访对象年龄分布较为平均，以社区业主或业主亲属为主（82%），男性占 44%，女性占 56%；居住年限分布总体均衡，超过 10 年的比例较高，占 34%。在访谈部分，在 80 个社区中有 74 个社区的信息是通过社区居委会主要负责人或工作人员获取的。

3. 探索性因子分析与指标体系修正

课题组对 29 个原始操作性指标进行了多轮因子分析、多次指标筛选及精简，最终确认指标。原则如下：①保留在多轮探索中比较稳定、意义比较清晰的指标，删除负载分散、意义不明的操作性指标；②当同一维度操作性指标较多时，删除一些因子载荷较小的指标，保留适中数量的问题；③在保障意义不遗漏的情况下，删除数据质量不高（获取难度较大）的操作性指标。

最终从精简后的 22 个操作性指标中提取出 6 个共性因子，可解释

---

① 出于研究的便利性，课题组的操作方式是招募大学生调研员在暑期返乡期间开展社区调研并收集数据，调研员在调研之前经过了严格的培训，培训内容包括社区基本概念与知识、调研目的和详细的调研方法。一共有 26 位调研员参与。

样本数据 75.843% 的变异。22 个操作性指标的负荷结构比较清晰，6 个因子理论含义也比较清楚。测量指标的变量共同度多数大于 0.7，表明因子分析对原始信息的提取比较充分。① 根据保留下来的测量指标对 6 个因子的意义进行判断，认为 6 个因子代表新的 6 个要素维度，分别命名为：因子 1——公共意识、因子 2——自我效能感、因子 3——社区组织、因子 4——社区关系网络、因子 5——社区资源、因子 6——社区参与。

对修正后的 6 个维度测量指标进行内在一致性信度检验，进行基于社区活力综合得分与社区评价相关性的效度检验，以及基于德尔菲法指标权重赋值后，得到修正后的社区活力指标体系（见表 7 - 1）及社区活力指数计算方法。

表 7 - 1　修正后的社区活力要素维度和指标体系

测量指标	内部信度	权重
公共意识	0.863	0.173
PA1 我对社区里发生的事情比较关注 PA2 我愿意主动参加社区公共事务讨论 PA3 我会发动其他居民一起解决社区问题 PA4 如果有人发动居民来解决问题，我会参加 PA5 如果小区公共项目不直接对我有利，我会为此付出时间或金钱		
自我效能感	0.777	0.161
SE1 社区的事儿找能干的人决定就行，我去参加讨论的意义不大 SE2 没有居委会来组织，社区啥事儿都搞不起来 SE3 社区居民等和靠的情况突出，很难自己组织起来解决问题		
社区组织	0.708	0.168
CS1 社区社会组织活跃度（基于"我听说过以下这些社区组织的活动"） CS2 社区社会组织多样性（基于"我听说过以下这些社区组织的活动"） CS3 社区意见表达平台（基于"据我所知，在本社区反映公共问题有这些意见表达平台"）		

---

① 共同度表明原始变量方差中能被共同因子解释的部分，共同度越大说明用共同因子替代原始变量后，原始变量的信息被保留的程度越高。

测量指标	内部信度	权重
社区关系网络	0.815	0.170
SN1 本社区里见面会彼此打招呼的邻居数量 SN2 本社区里关系好到可以登门拜访的居民数量 SN3 本社区我认识的、热心社区公共事务的社区居民带头人数量		
社区资源	0.730	0.150
CR1 所在社区的公共活动空间（如社区广场、活动室等）是否充分 CR2 如果社区公共问题需要居民出钱出力，我认为社区可动员的资源丰富		
社区参与	0.720	0.178
CP1 本社区中我认识的社区志愿者/义工数量 CP2 过去 1 年参加社区各类文化、体育、娱乐活动的频率 CP3 过去 1 年参加社区志愿活动次数 CP4 过去 1 年为社区居民捐款捐物次数 CP5 过去 1 年向社区反映公共问题的次数 CP6 过去 1 年参加社区公共事务讨论的次数		

4. 修正后的指标体系及其意义说明

修正后的指标体系将最初的 5 个要素维度，12 个二级指标，29 个操作性指标简化为 6 个相对独立的要素维度和 22 个操作性指标，并完全基于问卷调查获取数据。6 个相对独立的要素维度的权重赋值结果表明，社区资源的重要性相对较低，而社区参与和公共意识的权重最高。对比最初的操作性指标体系，有如下讨论。

（1）原"机制"维度未保留。一方面，是由于先前设计的数据获取方式过于复杂且不易操作，如"议事会等议事平台运作频率"需要访谈关键人，且范围和标准不易界定和操作。另一方面，因子分析表明原"机制"维度中的部分指标与"结构"维度中的"社区组织"存在较大相关性，例如"社区意见表达平台"与社区组织的活跃度、多样性明显相关；在某种意义上，社区议事会、社区微信群等网络平台既是社区表达、协商"机制"的体现，也可以被认为代表一种社区进行组织的"结构"形态。因此，"机制"在一定程度上被其他维度消解，同时也不排除部分意涵在本研究中未能被有效测量。

（2）原"意识"维度分解为"公共意识"和"自我效能感"两个维度。"公共意识"维度测量一致性较好，而"自主意识"的指标经过精简后，剩下的三个指标用"自我效能感"来替代更符合指标实际意涵。自我效能感是指对自己或自组织的行动能在多大程度上带来改变的认知。自我效能感的提出具有很大现实意义，可以从社区（居民）主体性发挥的行为模型（见图7-1）来理解。通常，个体或自组织的行为基础包括动力（意愿）、能力和权力三个基本要素，其中，动力（意愿）来源可能包括利益、责任和情感。计划行为理论认为，从动力到真正产生行为还需要主体对自身能力和权力的判断，而这种判断往往基于过去的经验。课题组的测量未能覆盖这个模型的所有要素，原有指标框架的"自主意识"和"公共意识"在这个框架中主要集中于社区成员所体现的对社区公共事务的主人翁意识，侧重于社区自组织的动力（意愿）层面，而新体系的"自我效能感"更侧重能力、权力要素及行为结果的反馈机制。因子分析帮助提取出自我效能感这一独立的维度，即这一维度的得分在社区之间表现出明显的差异，表明它比被删除的两个"自主意识"指标更重要。

"自我效能感"对于社区居民主体性发挥的重要性也已经在实践中得到充分验证。目前很多社区都建立了社区议事会、民生会等社区协商机制，但相当一部分只是做表面工作而未落到实处，出现"议而不决"或"决而不行"的情况，由此造成的自我效能感不足极大地挫伤了社区居民自我组织、自我服务、自我管理的积极性。换言之，社区居民自组织的自我效能感越强，表明社区社会主体性发挥的程度越高，因为自我效能感往往是由过去的经验来塑造的。

（3）原"资源"维度中"社区领袖/骨干"指标与"社区关系网络""社区参与"相关度高，被调整到其他维度。"本社区我认识的、热心社区公共事务的社区居民带头人数量"被调整到"社区关系网络"维度，主要反映的是社区中个体的关系结构而非社区领袖的数量；"本社区中我认识的社区志愿者/义工数量"被调整到"社区参与"维度，表明居民的社区参与主要依托于志愿者团队开展。当然，也有可能原指标存在缺陷，

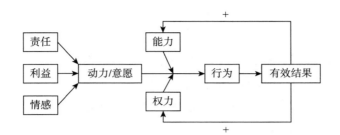

图7-1　社区（居民）主体性发挥的行为模型

资料来源：笔者自制。

未能很好地反映社区带头人或领导力资源的丰富程度。

（4）原"参与"维度的指标未能区分兴趣类活动参与、邻里互助参与和社区公共事务参与，表明三类参与具有高度相关性。通常认为，兴趣类活动参与更多反映个体性，而邻里互助参与和社区公共事务参与有更强的公共性，但因子分析结果表明不同类型的参与是有共性的，兴趣类活动参与也有可能促进社区公共事务参与，或者社区公共事务参与代表的更多是个体社会交往的偏好，而非基于责任感、意识层面的为私或为公。

（三）党的领导与社区活力关系的实证分析

基于以上社区活力指标体系及测量结果，课题组考察了三类社区层面的因素对社区活力的影响，尤其关注到社区党组织的作用发挥对社区活力的影响。一是社区人口学特征，如社区人口规模、社区人口文化层次、流动人口比例等；二是社区本身特征，如社区成立的时长、社区类型（如单位社区、现代商品房社区、传统街坊社区、城乡接合部社区等）；三是社区党组织，如社区党员规模和党组织的作用发挥。

对于社区人口学特征的影响，根据课题组所获数据和变量选取过程，我们提出如下假设：

假设1a：社区人口规模越大，社区活力越不容易激发，社区活力越低；

假设1b：社区房屋出租率越高，社区活力越低；

假设1c：社区居民的文化水平越高，社区活力越高。

在社区本身特征方面，我们提出如下假设：

假设2a：同质性较强的单位社区的社区活力相对其他社区较低；

假设2b：现代商品房社区的社区活力相对较高；

假设2c：社区成立的时间越长，社区活力越高。

在社区党组织方面，课题组高度关注基层党组织对于社区活力的作用。我们提出如下假设：

假设3a：社区党员数量越多，社区活力越高；

假设3b：社区党组织在社区治理与服务中的作用越大，社区活力越高。

（四）实证结果与讨论

1. 社区人口学特征对社区活力的影响

房屋出租率（代表社区人口流动性）在三个模型中均显著，且与社区活力指数呈负相关关系，验证了假设1b；社区居民文化水平在后面两个模型中均显著，并与社区活力呈负相关关系，与假设1c的预期相反。

对房屋出租率的考察表明，社区流动人口比例过高的确对社区活力有负面影响。进一步分析该指标与社区活力6个维度的相关关系表明，该因素与社区关系网络存在 $p < 0.05$ 显著性水平上的负相关关系，与社区参与存在 $p < 0.1$ 显著性水平上的负相关关系，可见其主要是通过降低居民在社区的个体关系网络密度和社区参与程度来产生影响的。

对社区居民文化水平的考察结果表明，社区居民平均文化水平越高，社区活力越低。进一步考察表明，平均文化水平与社区组织、社区关系网络两个维度显著地负相关，一个最合理的解释是文化水平高的居民对社区生活的关注度相对较低，在社区组织和互动关系构建上兴趣不足。

相比之下，社区人口规模对社区活力的影响在前两个模型中均不显著，在第三个模型中在 $p < 0.1$ 的显著性水平上才有所体现，表明人口规模对社区活力的影响有限。

2. 社区本身特征对社区活力的影响

是否为单位社区的影响在三个模型中均显著且与社区活力指数呈负

相关关系，假设 2a 得到验证；社区是否为现代商品房社区以及社区成立时间对社区活力的影响不显著。

进一步对是否为单位社区与 6 个维度的相关性进行分析，发现是否为单位社区显著地与社区组织和社区参与负相关。这进一步验证了假设的预期，即单位社区内居民虽然彼此熟悉度较高，但缺少组织化和参与动机。最可能的解释就是单位本身的组织化程度已经较高并延伸到社会生活，从而使社区组织的必要性降低；或者基于业缘的单位社会关系挤出了基于地缘的社会关系，即人们不愿意把日常社会交往与工作关系联系得过于紧密。具体原因还有待进一步定性研究的补充。

另外两个因素的不显著，表明社区同质性和社区成立时间对社区活力的影响比较复杂，并非单一的面向。

3. 社区党组织对社区活力的影响

社区党组织在社区治理服务中的作用发挥对社区活力有着非常显著的正向影响，尤其是模型 3 中这一个因素的加入使模型对社区活力的解释度（R^2）提高了一倍，达到 51.4%；但社区党员数量的影响只在模型 3 中在 $p < 0.1$ 的显著性水平上得到证实。

这一结果表明，在两个竞争性解释中，社区活力的提升与社区党组织的作用发挥密切相关，而不是由党组织所代表的体制性力量缺位造成。同时研究结果也表明，社区党员数量本身对社区活力的影响并不显著，这表明社区党组织的作用发挥程度与党员数量没有直接关系，更重要的可能在于有多少有领导力的党组织骨干和有多少活跃的党员。

上述结果对于当前的基层党建引领社会治理创新实践非常重要，其肯定了基层党建、固本强基与社会主体性的生长是可以协同共进的，而非此消彼长。研究数据也表明，社区活力与居民对社区党组织的信任存在一定正相关关系（见图 7-2）。同时实证结果也说明，基层社会依靠党组织来提升社会活力在我国当下依然是一个普遍的选择。

结合其与社区活力 6 个维度的相关性分析表明，社区党组织的作用主要是通过带动公共意识、社区组织和社区参与来发挥影响，与自我效

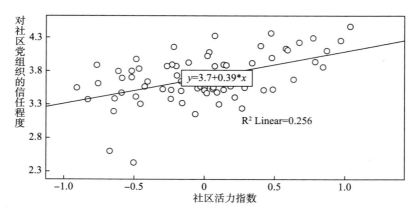

图7-2 社区活力与居民对社区党组织的信任关系

能感的相关性稍弱，与社区关系网络和社区资源则没有相关性。可见，相对来说，社区党组织对社区活力的影响相对比较全面。

4. 简单的讨论

综合以上几个关键因素的影响及其与社区活力不同维度的相关性，可以看到社区本身特征、人口学特征和社区党组织的作用都可能对社区活力产生影响，但影响的路径有所不同。总体来说，产生影响的主要维度是社区组织和社区参与，此外人口学特征还影响社区关系网络，党组织还极大影响社区居民的公共意识。但是，在社区活力的意识层面，社区的外生变量很难产生影响，还主要依靠社区内部主体（如党组织）在实践中的主观作为。

那么，哪些因素造成了社区之间的活力差异？基于对83个社区的社区活力测量和多元回归模型分析，初步的探索表明：

（1）社区活力受到社区本身特征、社区人口学特征、社区党组织三个层面因素的影响，研究尤其验证了是否为单位社区、社区人口流动、社区居民文化水平、社区党组织作用发挥程度对社区活力的显著影响。其中是否为单位社区、房屋出租率、社区居民文化水平与社区活力显著负相关，而社区党组织作用发挥程度与社区活力正相关。相比之下，社区人口规模对社区活力的影响并不显著。

（2）与社区本身特征、人口学特征等客观因素相比，社区内核心治理主体即社区党组织的表现和作用发挥对社区活力的影响最为关键。研究加入党组织的影响因素后，对社区活力指数的解释力极大增强；涉及的几个影响因素对社区活力的影响主要是通过影响社区组织和社区参与来达成的，其中人口学特征还影响社区关系网络，而党组织则极大地影响社区居民的公共意识。这表明事在人为，尤其是在社区活力的意识层面，客观变量很难产生影响，还主要依靠社区内部主体如党组织在实践中的主动作为。

（3）社区党组织与社区活力的关系尤其值得关注。研究表明，社区活力的提升与社区党组织的作用发挥密切相关，而不是党组织所代表的体制性力量缺位才激发社区活力。这一结果对于当前的基层党建引领社会治理创新实践很有启发，肯定了基层党建、固本强基与社会主体性的生长是可以协同共进的，而非此消彼长。研究数据也表明，社会活力越高，社区居民对社区党组织的信任度也越高。同时实证结果也说明，基层社会依靠党组织来提升社会活力在我国当下依然是一个普遍的选择。

第二节　党建引领社区活力：武汉市 B 社区案例

以上基于问卷调查和实证数据分析了党组织在激发社区活力中的重要性。本节则选择武汉市 B 社区的案例，综合分析实践中党组织是如何引领"多元共治"，从而激发社区活力的。

B 社区是一个集商品房、经济适用房和廉租房于一体的混合型社区。社区占地 5 平方千米，居住和生活着 16 万人，划分了 22 个苑区，辖有 8 个居委会，居委会的划分标准是每个居委会辖有 3000 户居民。如今的 B 社区文明新风扑面、人际关系亲密、管理服务完善、群众安居乐业，曾获全国文明社区、全国和谐社区等 100 多项国家级称号和奖项，是全国社区党建和社区治理创新的一面旗帜。

（一）B 社区治理的发展阶段

从成立之初至今，B 社区治理走过了从企业主导到政府（居委会）主导，再到社会主导（志愿者能动）的三个发展阶段。

第一阶段（1995—2000 年）为企业主导阶段。开发建设之前的 B 地区，位置偏僻，地势低洼，到处是鱼塘和沟渠，水电路等市政配套全无，老旧住宅小区里蚊子多、小偷多。首期开发的 7 家房地产公司先后进驻，都因条件恶劣、赚不到钱而退出。1995 年，某工程公司成立，进驻 B 地区；1997 年，经过两年的考察学习和专家研究等前期论证，开发公司将 B 社区定位为可持续发展的现代文明社区，率先提出"社区地产"概念，进而开工建设；1998 年，居民入住，B 社区物业公司成立，并设立信访中心，同时引导居民成立业主委员会、社团组织，号召居民志愿者参与社区建设；1999 年，开发公司提供资金，物业公司提供岗位，联合志愿者安排社区下岗职工再就业；2000 年，开发公司拿出 20 万元成立"慈善援助会""教育援助会"，专项接济老弱病残及其子女，该年第一居委会成立。

第二阶段（2001—2005 年）为政府（居委会）主导阶段。随着 B 社区规模不断扩大、入住居民不断增加，居委会陆续成立，并逐渐成为社区参与的主导力量。2001 年，在居委会与企业努力下，志愿者组织、管委会等社区组织相继成立，提出以居委会为中心的居民自治，倡导全民参与；2003 年，第二居委会成立，创设楼栋长制，以楼栋为单位宣传引导、大力发展志愿者队伍，此时 B 集团成立，退居幕后，留物业公司（物业新总经理上任）参与社区治理；2005 年，第三居委会成立，设立相应物业服务处，创新一系列志愿者发动机制，志愿者队伍也随之迅速扩张。

第三阶段（2006 年至今）为社会主导（志愿者能动）阶段。随着 B 社区志愿者人数和队伍规模的不断扩大，志愿者活动开展呈现常态化、规模化、高质量化，志愿者成为 B 社区的一张"金名片"，并带动社区居民、联同居委会和企业共同参与社区建设。2007 年，B 社区特色志愿队伍已超过 100 支，在居民志愿者（居委会）和员工志愿者（物业）管理体系下发挥社区参与能动性，B 集团将下属的物业管理、资产经营等公司移交社区管理，5% 的收益作为社区发展费用，居委会拓展工作范围，人员经费由企业资助转为政府补贴；2009 年，相继成立多个居委会，并设相应物业服务处，各居委会主任和物业服务处经理开始交叉任职，以方便合作，共同解决问题；2010 年，"社区志愿服务全国联络总站"在 B 社区成立，中国社区志愿服务网开通，截至 2016 年，B 社区牵头连续举办五届"全国社区网络春晚"，参与社区由 1000 个增加到 2 万多个，参演居民由 1 万人增加到 20 多万人，B 社区的 4 万多名志愿者也成为社区参与的中坚力量。

（二）B 社区治理的"三点一线"机制

1. 三大治理主体

伴随着 B 社区建设的推进和发展，分别代表市场、政府和社会的三股力量在社区治理结构演进过程中深度互动，并最终形成了企业、居委会和志愿者三类社区治理主体良性互动、和谐相处的共治局面。如今的 B 社区，已经告别了过去的脏乱差，告别了无人开发、无人购买、无人居住的窘境，摇身一变成为"科教、文体、卫生、普法事业齐全，路不拾遗、夜不闭户的邻里相亲相爱、可持续发展的现代文明社区"，成为"不管楼市冷暖，都不愁销售"的热门楼盘。

在 B 社区治理中，三大主体分工明确，各司其职。在实践中，B 社区以"市场能做的交给市场去做，社会能做的交给社会去做，居民能做的交给居民去做"为指导思想，社区公共配套主要通过企业进行"市场化建设"，社区基层政权主要通过居委会进行"职能化管理"，社区居民需求则主要通过志愿者来提供"社会化服务"，从而探索出了一种"建设、管理、服务"社区治理功能三位一体，以及"居委会、志愿者、企业"社区治理主体三位一体的城市社区建设发展模式。B 社区治理模式的突出特色有二：其一是创新社会治理机制，不设街道办事处，直接由区委区政府领导，从而淡化了 B 社区的行政色彩，便于强化社区自治；其二是创新企业参与社区服务方式，社区治理由"政府包办"转变为"企业服务社区"，这在很大程度上解决了公共设施不足的问题。

与此同时，三大治理主体又紧密合作，互为补充。城市社区治理人多事杂，常常面临着缺资金、缺编制、缺人员的困境。B 社区治理模式重点发挥了志愿者和企业的主观能动性，盘活了志愿者、居委会和企业之间三位一体的合作关系，从而对传统的以居委会为主导或者以政府为主导的模式进行有益补充。志愿者队伍①人员规模庞大，且多为无偿劳动，相当于把社区工作人员变成了"千手观音"，用"千手"去服务，用"千眼"去观察，很好地解决了缺编制、缺人员的问题；B 集团则为社区的公共设施建设等提供了额外而重要的资金来源，解决了缺资金的问题；居委会是连接居民、志愿者和企业的桥梁，可有效地反映居民需求，寻求企业支持。正是三大主体的合作性战略，使得 B 社区治理"铁三角"的资源实现整合，网络更为丰富，大大增强了社区能力。

2. 三类社区领袖

在 B 社区治理的三大主体活动过程中，不同主体内部也出现了社区领袖。传统的社会学观点认为，社区领袖既包括社区治理工作人员，如城市的居委会主任和农村的村委会主任等，也包括非社区工作人员，比如西方国家华人社区领袖。我们考虑到 B 社区的特殊性，即企业参与社区服务的重大特色，以及企业董事长兼任社区党委书记、总经理兼任社区管委会主任的做法，企业与社区事实上已密不可分，认为社区企业家也属于社区领袖的一种。因此，除了由来已久的社区党委以外，在企业、居委会和居民三大治理主体中，分别产生了三类社区领袖，即社区企业家、社区工作人员和社区志愿者，他们都能够满足和反映 B 社区群众的需求，能够获得社区群众的支持和信赖，其中的佼佼者更是成为影响社区思

---

① 例如 B 社区的"两长四员"进楼栋机制，"两长"是指各个楼栋的党小组长和楼栋长，"四员"则是指卫生委员、治安委员、文体委员和物业房管员，均由志愿者担任，负责楼栋的相关管理事务。

想、生活的关键人物。

第一类社区领袖是社区企业家。B集团首倡"社区地产"概念，在B社区的重大公共设施和常规活动资金来源方面提供巨大帮助，比如投资兴建群众和党员服务中心、社区卫生服务中心等，使得B社区的体育活动、卫生医疗设施水平都远高于其他社区，同时低价征收物业费并将之作为社区发展费用留用，后期企业逐步退出，社区经费更多来自政府拨款、活动中心租金等，社区卫生服务中心实现自营自支。

第二类社区领袖是社区工作人员。B社区管委会及各居委会的工作人员普遍年纪轻、群众工作能力强，这得益于"奉献＋才艺"的选配制度，即重点观察奉献精神、工作能力、群众基础、文艺才干，着力把志愿者培养成社区干部；此外，各个居委会各有特色，工作人员亦各有特长，如作为"资源节约型、环境友好型"社区的X社区，其居委会更侧重于现代社区的绿色管理，又如作为保障房小区的W社区，因残、因病、因老致贫人员及问题人员等众多，综合治理难度大，居委会提出了感化、转化、教化、活动经常化等"四化"教育。

第三类社区领袖是社区志愿者。社区志愿者既包括协助楼栋管理的"两长四员"、巡逻队等，也包括按兴趣爱好（如腰鼓、合唱、书法、舞蹈等）划分的文艺型队伍。前者很好地解决了社区工作人员不足的困境，并激发了社区居民的主人翁意识；后者则以文体活动为载体，拉近了社区居民之间的距离，盘活了整个社区气氛，也从中成长出了许多优秀的社区干部。

3. 党的领导一以贯之

B社区的三大治理主体和三类社区领袖，为什么能够长期以来相安无事，并实现良性互动，共同推动社区发展，而没有出现类似其他社区的大规模冲突、对立、紧张的情况（比如居民与物业之间等）？事实上，在企业、居委会和志愿者之间，还有一个一以贯之的核心点，就是社区党委。B社区运行的完整机制是"党的领导、政府服务、居民自治、市场运作"的"三点一线""三元一核"模式（见图7-3），其中，党领导下的居民自治，是 B 社区治理的唯一主线和核心内容。

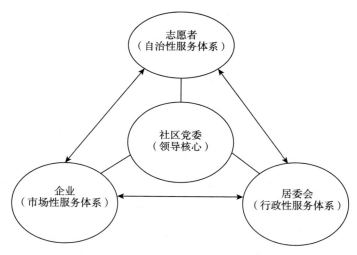

图 7 – 3　B 社区治理的"三点一线""三元一核"模式

社区党建工作自上而下地开展，始终贯穿、全面覆盖 B 社区的网格化管理。B 社区党委借鉴"支部建在连上"的做法，在网格内实行党组织负责的区域责任体系，要求做到"五级负责"，即党委书记负责社区，党支部书记负责苑区，党支部委员负责片区，党小组长负责楼栋，党员负责家庭。同时制定了基层党建"三制"措施，即党小组楼栋组织制、24 小时党员责任制、社区与在职党员单位联系制，保证了楼栋的党员覆盖面，强化了社区党员的责任心，并通过与所在单位联系强化了社区对在职党员的约束力。这样一来，社区党员就成为志愿者乃至社区工作人员中的核心力量。

社区党员身份的认同感，是各类社区领袖合法性的来源，是促进社区领袖之间合作的黏合剂，更是激励社区领袖特别是志愿者站出来的信心之源。B 社区基层党建工作之所以能够顺利开展，涌现出各类社区领袖并紧密合作，关键还在于共产党本身的合法性。拥有共产党员的身份，有助于点燃社区居民（特别是离退休党员）的自信，强化其奉献意识，鼓励其站出来成为志愿者乃至社区领袖，同时在不同的社会治理主体之间，共同拥有的党员身份，也有助于抹平嫌隙，使其更好地开展社区管理、服务合作。

（三）与传统社区治理的不同及实现的转变

1. 四个不同之处

B社区独特的"三点一线"治理结构，在党建、政府、居民和企业等四个层面形成了有别于其他地区一般城市社区的不同之处。首先，从党建层面来看，B社区"党性强"。B社区以党员为核心，通过自上而下的社区、苑区、片区、楼栋、家庭的五级负责以及党小组楼栋组织制、24小时党员责任制、社区与在职党员单位联系制等三个制度，更好地激发了党员的党性意识和使命感。其次，从政府层面来看，B社区"活动多"。传统老街道、老社区的工作，多为条条框框地应付上一级要求，很少有创新，B社区则要求每个支部各有特色、各有所长，结合苑区进行更为细腻的灵活创新，在居委会和社区两个层面，借力庞大而常备的志愿者队伍，开展各式各样的活动。再次，从居民层面来看，B社区"志愿者众"。在B社区下辖的8个居委会中，一般每个居委会的注册志愿者人数都超过1000人（各居委会人数总规模为3000人左右），经常性活动的有200—300人。如此众多的志愿者，其示范和带动作用不可忽视，也很好地解决了基层治理缺人、缺钱、缺资源的难题。最后，从企业层面来看，B社区的"企业助"色彩明显。B社区的建设，与B集团的壮大同步进行，集团在社区公共设施前期建设上投入了巨大资金，形成了高水平的文体活动平台和医疗卫生设施，进而促进企业与社区良性互动、互利共赢。

2. 实现四大转变

B社区的"党性强、活动多、志愿者众、企业助"这四个与传统社区的不同之处，也从不同侧面推动了基层社区治理中党的领导、政府角色、社区组织以及社区治理的四大转变（见表7-2）。

表 7 – 2　B 社区治理结构及不同之处

	企业	居委会	志愿者	社区党委
主导阶段	1995—2000 年	2001—2005 年	2006 年至今	始终是主线
社区领袖	社区企业家	社区工作人员	社区志愿者	社区党员骨干
参与动机	理性利润	风险精神	自我实现	统一领导
参与方式	合作性参与	合作性参与	能动性参与	指导性参与
与传统社区的不同之处	企业助	活动多	志愿者众	党性强
实现转变	社区治理从"行政化管理"为主向"市场化经营"为主转变	政府角色从"参与监督者"向"指导服务者"转变	社区组织从"虚体居委会"向"实体自治组织"转变	党的领导从"体制保证型"向"功能作用型"转变

第一，党的领导从"体制保证型"向"功能作用型"转变。B 社区走出了一条志愿者服务蓬勃开展、企业与社区紧密联系的新路子。但这并不意味着放弃党对社区治理的领导，而是通过党小组楼栋组织制、社区与在职党员单位联系制、24 小时党员责任制等基层党建制度，进行一次适应社区发展和居民需求的大改进，使社区党的核心作用更符合区域性、社会性、群众性、公益性的特点，更好地发挥引领、激励、带动作用。

第二，政府角色从"参与监督者"向"指导服务者"转变。B 社区作为一个相当于"街道"规模的现代城市社区，由"管委会"代为行使原由"街道办"行使的社区治理方面的部分职能，淡化了社区自治组织的行政权力色彩，使得 B 社区的行政功能与自治功能得以互补，政府力量与社会力量形成互动，从而更好地实现政府职能结构重心从社会管理向社会服务、从直接参与监督到间接指导服务的位移。

第三，社区组织从"虚体居委会"向"实体自治组织"转变。按照《城市居民委员会组织法》的规定，居委会是居民自治组织，但长期以来，居委会主要承担了政府下沉到社区的管理工作，自治、服务功能并不充分。B 社区通过搭建法定组织平台（居委会）和非法定组织平台

（如业主委员会、"两长四员"、志愿者、服务队等）等，形成了一个包容的自治组织网络体系，扩大了社区居民参与政治生活和社区生活的渠道，更充分地调动了社区居民参与社区自治的积极性。

第四，社区治理从"行政化管理"为主向"市场化经营"为主转变。B社区基于以市场法则经营社区的新观念，构建了"一个中心、两层网络"的管理结构。"一个中心"是指社区党委领导下的社区管委会，帮助协调社区内部组织机构与派出所、城管执法中队、社区法庭、司法所、工商所、食药监所、交管所等7个政府职能部门的关系。"两层网络"分别指开发公司和物业公司，其中开发公司负责社区的住宅及配套设施开发、公共基础设施投资等，物业公司则负责社区保洁保安、家政服务、公共维修等，从而用高效率的市场运作机制代替低效率的行政化运作方式。

（四）对激发基层活力的四点启示

B社区以党的领导为核心构建起"三点一线""三元一核"的独特治理模式，进而带动社区实现了党的领导从"体制保证型"向"功能作用型"转变、政府角色从"参与监督者"向"指导服务者"转变、社区组织从"虚体居委会"向"实体自治组织"转变、社区治理从"行政化管理"为主向"市场化经营"为主转变等四类转变。B社区案例对激发城市基层活力有如下四点启示。

（1）发挥基层党建的组织优势。在我国，共产党员规模庞大，其中绝大多数是社会精英，他们期待能够服务社会、贡献社会。B社区的成功之处在于有效地激活并点燃了社区党员特别是刚刚退出正式舞台的离退休党员的热情，通过搭建志愿者服务平台，让他们重新站出来，为社区服务，实现自我价值，使得党员的特殊身份优势转化为组织优势。这一组织优势能够很好地抹平社区不同主体间的嫌隙，比如邻里之间、居民与物业之间以及居民与城管等政府部门之间。因此，激活基层党员能动性，盘活基层党建工作，将大大助力基层社区治理创新。

（2）运用政治机会的企业激励。B社区的成功，离不开社区企业家的初始推动，但并非企业家有意为之。这既有可能是企业家不强势，给居民以空间，导致社会组织和志愿者迅速发展壮大，这无意中成为成绩，从而形成老百姓认同、政治上安全的 B 社区治理模式；也有可能是在 B 集团的发展壮大过程中，企业家同时完成了自身改造，对其价值、追求进行了偏离纯经济目标的调整。总而言之，驱动企业家行为的最大动机，仍然是理性利润，但可以更好地发挥政治机会的激励作用，让企业站出来，更好地服务社会。

（3）推动社区治理的服务转型。管理和服务是社区治理的两大主要工作内容。随着城市社区居民素质的提高，社区治理重心应当从管理向服务转型，从单一、自上而下的管理向双向、上下互动的治理转型。在 B 社区，企业也好，居委会乃至社区管委会以及区委区政府也好，更多地扮演了"搭台人"的角色，让社区居民成为真正的"唱戏人"。应努力打造社区服务型政府，做好社区各项服务工作，搞活社区气氛，凝聚广大居民。

（4）注重社区领袖的挖掘培育。"星星之火，可以燎原。"社区领袖是社区治理不可忽视的重要力量，借力得当则治理效果事半功倍。因此，做好社区治理工作，需要多渠道、全方位地挖掘培育社区领袖，包括搭建平台使之脱颖而出、多元管理创造良好成长环境、扶持骨干提供后备人选、集中培训提升素质水平以及沟通疏导解决所遇难题等。此外，"社区靠群众、群众靠发动、发动靠活动、活动靠文化"，在城市社区治理中，要特别重视对文化等软实力的运用，通过开展文化活动来挖掘社区领袖，激发群众参与热情。

第三节　财政资金撬动社区活力：成都与深圳双案例比较

党的十九大报告提出社会治理要重心下移，基层治理要"实现政府治理和社会调节、居民自治良性互动"。除了党的政治领导和组织引领之外，政府如何负责，如何有效动用体制资源支持社区治理也非常关键。本节通过两个城市案例的比较，主要说明两个观点：第一，社区治理需要政府的资源性支持，只要资源投入政策和方式设计得足够巧妙，有限的财政资金也可以催生社区活力；第二，政府支持的下一个链条是居民参与，不仅要"民事民议"，还要"民事民定"，更要"民事民行"，要在党委领导和政府支持下突出居民在社区治理中的主人翁责任感和社区主体精神，"建设人人有责、人人尽责、人人享有的社会治理共同体"。

（一）财政资金催生社区活力的理想模型

首先提出一个财政资金催生社区活力的理想模型。通常认为，社区活力不足的主因在于居委会"过度行政化"，为改变这一局面，许多地方推行"居站分设"等措施剥离社区居委会的行政职能，但效果不大。研究发现，居民参与不足的症结在于居民间缺乏天然纽带和动力不足，社区居民在业缘、身缘、利益、情感、文化等诸多方面缺乏关联，缺少参与社区自治的动力，使"社区"常常沦为地理性和行政性的概念，而难以成为居民社会交往与守望相助的场域或共同体。

随着服务型政府建设的推进和地方政府对社会建设投入的不断增大，一种新的方式——政府以社区为单元的资源投入，可能成为连接社区居民的纽带，并有潜力成为居民参与的动力。当政府面向社区的财政资源以适当方式进入社区时，这些公共资源可成为引导社区居民组织起来的因素，并在资源决策和使用过程中促进社区自组织的生长，训练居民参与和自治的能力。这种公共资源的导入，关键在于改变过去由政府直接分配和决定使用方向的模式，让居民对资源的使用有决策权，并将资源的配置建立在居民能够自组织起来，表达意见，协商对话，达成共识，进而共同参与社区公共事务的决策和执行的基础上。

这就是政府支持的财政资金催生社区活力的理想模型。

令人惊喜的是，近几年来一些地方陆续出现了类似理念的实践创新——通过设立社区公共服务资金等专项经费来鼓励社区参与和激发社区活力。我们在调研中跟踪了成都和深圳两个城市的案例，分别是成都的社区公服金制度和深圳的民生微实事。以下通过比较这两个案例简要分析其中的政策机制及其实践效果。

（二）政策设计与实践：成都与深圳

成都最早于 2009 年在城乡统筹和公共服务一体化的大背景下探索村级公共财政制度，建立村级公共服务与社会管理专项资金（简称"社区公服金"），并于 2012 年将这套制度复制到城市社区。2018 年成都城乡社区的这部分资金投入 15.5 亿元，从 2009 年以来共投入 121 亿元。2019 年以后，"社区公服金"更名为"社区发展治理专项保障金"，并另设了一个"社区发展治理激励金"来根据不同社区的使用效率进行调节。经过不断迭代升级，社区公服金的模式日趋完善，其核心逻辑是为居民自发解决社区公共议题提供资源支持，其实质是以社区议事会为核心平台来运作的、参与式预算的社区基金，实施方式是由居民、自组织、居委会提出社区想要解决的问题，然后通过评审委员会的评审资助，借助本地的力量来解决本地的问题。

深圳的"民生微实事"探索于 2014 年左右，发源于 F 区，后经过 L 区推出的"社区民生大盘菜"工程而受到广泛关注。2015 年，深圳市政府办公厅印发《全面推广实施民生微实事指导意见》，在全市范围内推广。民生微实事是指由市区两级财政筹集专项资金，支持社区开展群众关注度高、受益面广、贴近居民、贴近生活的惠民小项目。其核心理念是使社区服务由过去政府指定、包办的"政府配菜"变为"居民点菜"，全面激发社区居民参与社区事务管理的热情，充分发挥社区居民自我管理、自我服务的基层群众自治作用。

成都与深圳两市社区资金政策及程序比较如表 7-3 所示。

表 7-3　成都与深圳两市社区资金政策及程序比较

对比内容	成都社区公服金	深圳民生微实事
资金规模	根据社区人口数调节，每个社区 30 万—40 万元（1 万人左右社区规模）	每个社区约 200 万元（社区规模为 3 万—4 万人较为常见）

续表

对比内容	成都社区公服金	深圳民生微实事
经费来源	区级财政为主体，市级财政按比例补贴	市区两级财政按1:1比例投入
责任主体	居财居管，每个社区专款专用、转账核算；社区公服金使用在街道备案；街道设社区公服金调节金，对社区结余较大的情况进行跨社区调节	居财街管，街道党工委（办事处）负责本街道项目统筹协调、管理评估，对部分项目有最终审批权；社区党委（工作站、居委会）为项目征集的责任主体
使用范围	采取"负面清单"制度，在负面清单之外、符合八步使用程序的项目，街道不得阻止社区实施。鼓励使用范围包括：培育发展社区自组织、社区志愿服务、社区基础设施维护维修建设、社区文体公益活动、社区教育培训、社区和院落环境治理等。此外运行经费不超过10%，奖励经费不超过20%。特别需要说明的是，针对基础设施类项目，社区居民必须自筹50%以上经费进行配资	居民关注度高、受益面广的"小事、急事、难事"，主要包括：消除安全隐患项目、社区环境整治项目、文化体育娱乐项目、居民生活关爱项目。不含小区物业管理公司等其他社会主体应承担职责范围内的项目，不与市区政府在建、拟建的政府投资项目重复。其中，服务项目单项资金原则上不超过20万元，实物项目单项资金原则上不超过50万元
项目征集	社区党委、居委会牵头，在充分宣传让居民知晓基础上，一般以三种方式进行：①以院落自治组织为单位，一户一票征集居民需求，要求回收率不低于总户数的30%，院落自治组织召集居民协商提出本院落的项目申请，公示无异议后向社区正式提出；②社区自组织（未登记备案也有资格）申请，为征集项目的主要形式；③由社区居委会提出（不超过提交审议项目的20%）	社区党委牵头通过多种方式公开征集项目；社区党委、社区居委会、驻社区企事业单位、社区社会组织、街道驻点团队及"两代表、一委员"、社区党员、社区居民等主体均可作为项目提议人；社区居民议事会充分讨论并筛选社区备选项目
项目决策	社区召集各类代表，根据社区公服金撬动居民参与的核心精神制定项目评审办法，成立评审委员会（通常为社区议事会）。评审通过并经过公示无异议（不超过10%的居民代表提出反对）后街道备案，即可实施。硬件建设项目需进行社区事务听证；重大项目需居民代表会审议并表决	各街道办事处根据各社区提交的备选项目，组织审批小组，按照资金情况和辖区实际，综合衡量后确定实施项目；通常金额较小的项目（如N区规定低于3万元的情况）由社区议事会决策后备案到街道主管科室，即可由社区居委会组织实施，额度稍大的项目由街道党工委审批确定
项目实施	谁主张谁实施，院落自治组织、社区自组织、居委会分别负责实施；不能由申请主体负责实施的项目经居民议事会或居民代表会议讨论决定后委托第三方组织实施	各街道办事处及相关部门负责项目的组织实施，依法依规确定项目实施主体；市、区、街道三级针对较为成熟的项目设立民生微实事项目库或供应商库。项目库作为供给端改革，是民生微实事创新的重要部分

续表

对比内容	成都社区公服金	深圳民生微实事
评估监督	社区居务监督委员会负责监督项目实施过程及结果；社区居委会及时组织实施主体公开回应社区居民提出的异议；居委会组织评议验收及监督整改。市、区、街镇三级监督财政资金的使用	"四议四公开"（居民提议、社区商议、街道党工委审议、居民议事会决议，决议结果公开、实施过程公开、实施效果公开、评价结果公开）；街道办组织审计决算并公示；区、街道两级组织第三方评估，并组织辖区"两代表、一委员"以及社区党员、居民代表、有关项目专家等开展项目实施情况公众满意度测评

注：成都政策分析以2016年《成都市城市社区公共服务和社会管理一般性转移支付资金管理办法》（成财社〔2016〕40号）为主，近两年有新的变化，但框架基本未变；深圳政策分析以《深圳市人民政府办公厅关于印发〈全面推广实施民生微实事指导意见〉的通知》（深府办函〔2015〕140号）和《深圳市民政局中共深圳市委组织部关于印发〈深圳市全面实施民生微实事项目工作指引〉的通知》（深民函〔2016〕264号）为准，并参考N区、F区相关区级项目管理办法。

（三）两个案例的比较与讨论

通过以上政策设计和资源投入社区的方式比较，得出以下结论。

（1）成都实践的亮点在社区自治，深圳实践的亮点在社区服务供给。深圳的政策设计强调了激发社区自治活力的目的，在民生微实事项目中也对项目进行"四议四公开"等详细的程序设计，力图确保资金导入过程中的社区参与，粗看起来与成都无异，但从政策细节的设计上来看，深圳实践存在有张力的双重目的——社区参与和服务绩效。或者说深圳的目的本质上是通过社区参与更好地匹配社区需求和服务供给；而成都的目标非常清晰单一，就是撬动和训练自下而上的社区自治参与。所以深圳在服务供给端催生了非常多的创意和创新，例如N区结合自身科技企业密布的特点，通过社区服务项目大赛吸引了众多科技企业的参与，不断扩充服务供给的项目库，打破了社区服务中社会组织内循环的小圈子，使服务主体和服务类型都更加多元化。当然，在需求端的参与和意见整合中，也产生了用手机APP等新信息技术优化项目征集的新举措，降低了参与成本。而成都则一直强调自下而上的参与，在撬动社区自治方面进行了大量细致的设计，并不断更新迭代，形成了一套经典的政策体系。

（2）深圳和成都的差异反映了各地对社区参与和社区自治理解的程度不同。深圳主要强调的是社区的意见整合和对服务项目的决策权；而成都不但强调居民的决策参与，还强调居民自我管理、自我服务的责任。也就是说，在成都，社区参与不仅要"动口"，还要"动手"。这背后的意涵是，推动社区自治不仅要还权，还要还责（政府要归位，不能替代社区）与赋能（帮助社区培养自组织参与事务、解决问题的能力）；社区不仅要自我决策，还要自我实现决策。关于这一点，从成都强调社区自组织培育，强调基建项目必须社区居民自筹 50% 以上资金，以及对项目实施主体的不同安排中可以清晰看到。同时，成都对社区的还权更彻底，只要社区提出的项目在"负面清单"之外，且符合程序，街道没有权力干预社区议事会的选择。相比之下，深圳的街道层面有较大的决策权，同时也成为责任主体，这也为后文要提及的政策执行埋下了隐患。

（3）政策设计细节的对比可以引发对资源导入催化社区自治条件的再思考。从理论上推演，通过导入的资源撬动社区参与，需要如下条件：一是导入的资源成为"共有资源"，而不是分散给个体居民的资源，也即成为创造利益的纽带；二是社区居民对导入的资源广泛知情，知情才可能产生"共有"意识和形成真实的利益纽带；三是资源的使用范畴要有充分的刺激性，能吸引社区居民的注意力和关切，也即社区居民有需求、感兴趣，资源在量上有一定强度；四是有人来牵头发起、组织参与，也即发挥社区骨干的作用；五是有恰当的平台、渠道和过程，且这样的平台、渠道和过程足够简洁，保障居民参与和集体行动的成本不至于过高；六是参与要有结果，在参与者中产生效能感。两地的实践验证了这些条件的重要性。例如成都要求充分宣传，尤其是在政策初期要求院落通过"一户一票"民情调查表（回收率在 60% 以上，后期降至 30%）来宣传社区公服金，以达到让居民充分知晓、参与和监督的目的，事实也证明这项艰巨的工作是有价值的。相比之下，深圳民生微实事主要通过大众传媒、公示宣传进行传播，居民知情率较低，即使知道民生微实事项目，对它的理解也与对政府其他服务民生的项目的理解无异，未能清晰地认识到参与价值和项目与自身的关系。当然深圳利用 APP"组团"提议的模式验证了渠道和降低参与成本的重要性，这对于深圳流动人口多、社区规模大的特征来说尤为重要。除了验证之外，案例对比也深化了我们对上述条件的理解或让我们看到了忽略的部分。例如社区规模的影响，我们也可以认为其通过参与成本间接影响参与；又如基层政策执行过程中的激励问题，这又是上述理论推演没有考虑到的；再如深圳的大量政府资源投入存在对自愿行为的挤出效应，更是让人始料不及。总之，在政策设计中，细节决定成败，需要不断地迭代提升。

（4）政策执行有成本，对实施责任主体的激励必须被纳入政策设计中。理论推演得再好，在实施中也需要人来推动，其中不仅包括政策设计者，更重要的是基层干部。深圳在政策执行过程中最大的问题是街道层面政府的反弹，新增的经费在管理上异常严苛，给街道层面政府增加了大量负担和责任，以至于街道不愿意要这个资金。成都在初期也存在类似的情况，社区干部也觉得程序复杂，钱不好花，从而不愿意花。所以自上而下的推动，必须要从观念传递开始，尤其要让观念被基层干部接受，把政策推动者的意识和价值转化为基层干部的共享价值，把政策推动者的创新动力转化为基层干部日常的行为方式。只有这样，才能实现真正的自下而上，而不是基层干部的功利性表功、"表演"。从这个意义上说，政策的推动快不得。花不了的钱先屯着，有意识、有能力花的时候再花；否则很快会面临基层干部的反弹，认为是在为上级领导的创新而做事。要在政策设计和实施中考虑到对基层干部的激励，让基层干部意识到这件事是帮他们解决问题、减轻负担，这样的政策才有可能得到执行。所以，成都的经验绝非一日之功，而是经历了较长时间的积累和迭代而来的，基层观念的转变才是最大的成就。

成都和深圳的案例虽都是个案，且还都在继续推进和迭代之中，但从上述分析中，至少能够得出如下两点。

其一，政府单独拿出一部分财政资金来催生社区活力、撬动居民参与很有必要，也很有效果。不要担心社区参与见效慢，不要期望社区服务与治理"毕其功于一役"，要有耐心。经过几年对社区参与的培养和训练，社区骨干就会出现，社区参与意识也会产生，社区参与的能力和习惯会慢慢生根发芽，"社会治理共同体"以及基层治理体系与能力现代化就会落到实处和可持续。

其二，资源撬动社区参与需要细致的政策设计。除了确保社区居民知情、降低参与成本等方面的努力外，尤其要把握"民事民议""民议民定""民定民行"的社区参与完整链条，让社区居民意识到自己的责任，而不仅仅是表达权利，真正做到"人人有责、人人尽责、人人享有"。

第四节　本章小结

本章围绕基层社区治理创新中如何在党的领导和政府支持下激发社区活力问题，从"社区活力"范畴及指标体系的讨论入手，分别从全国范围内的问卷调查及其结果、一个综合性社区个案和两个典型城市的案例比较三个视角展开研讨，分析跨度很大，既有全国性的问卷调查和相应的数据分析，也有较为深入的社区个案分析和较为具体的城市案例比较，但讨论的问题和所得出的结论却很聚焦和清晰。概述如下：

第一，党的领导是社区活力最重要的影响因素之一。通过对"社区活力"的指标化探讨和基于问卷调查的定量分析发现，社区活力受多种因素的影响，其中包括千差万别的社区类型、规模各异结构不同的社区居民等，在影响社区活力的各种因素中，社区内党员参与积极性和基层党组织作用发挥是关键影响因素。党员的参与积极性高、基层党组织作用发挥得好，社区活力就越高；而社会活力越高，社区居民对社区党组织的信任度也越高。因此，党的领导是现阶段我国社区活力中重要的决定因素。

第二，社区治理创新是一个扎根现实、不断探索迭代创新的过程。武汉市B社区的主要经验是：形成企业、居委会和居民三大治理主体，培育发展社区企业家、社区工作人员以及社区志愿者三类社区领袖，以党的领导为核心构建"三点一线""三元一核"的治理结构，推进党的领导、政府角色、社区组织、社区管理的"四个转变"。武汉市 B 社区案例提供了激发社区活力的四点启示：一是发挥基层党建的组织优势；二是运用政治机会的企业激励；三是推动社区治理的服务转型；四是注重社区领袖的挖掘培育。

第三，政府的财政支持是催生社区活力的一个重要政策机制。成都和深圳的案例表明，随着服务型政府建设的推进，地方政府以社区为单元投入一定的公共资源，引导社区居民组织起来，并在资源决策和使用过程中促进社区自组织的生长，训练居民参与和自治的能力，在逐渐推进的过程中培养和训练了社区骨干，养成了居民的自主参与意识，激发了社区活力。这一过程需要精准的政策设计和执行，真正做到"人人有责、人人尽责、人人享有"。

第八章

社区活力的社会基础：乡情治理[*]

前章探讨了党和政府在激发社区活力中的作用，本章则转向社区活力的社会和文化基础。中国社会是一个人情社会，无论在城市还是农村，"乡情"都是人们日常生活中十分重要的情感组成。与此同时，"乡情"也是一种基于地域（家乡）并附着在其上的，作为经济、社会、文化纽带的特殊情感，其体现为认同感、归属感、荣誉感及在此基础上的回馈意愿和公共精神。我们将"乡情治理"界定为乡情作用于基层社会治理主体和治理体系，在基层社会的意见整合、利益协调、矛盾化解、服务供给等治理过程中发挥重要作用的一种治理形态。本章关注的案例为顺德，调查研究表明，该地区丰富的基层社区治理创新样态得益于在其特定经济发展路径下传统社会关系和文化纽带得以保留，而政府也有意识地保育优秀传统文化、维系乡情和培育地方精神，从而在县域内凝聚精英，塑造了多层次、多元参与的地方治理共同体。

---

　　* 本章主要内容已发表，参见：蓝煜昕，林顺浩. 乡情治理：县域社会治理的情感要素及其作用逻辑——基于顺德案例的考察 ［J］. 中国行政管理，2020（2）：54 – 59.

第一节　何谓乡情治理：概念与框架

乡情治理的核心是存在一个由情感和认同构筑的场域，这个场域通过一些微观机制影响个体动机和群体行为。乡情治理的特征包括：在治理主体上，来自政、商、学、社的本土精英和社区领袖广泛参与并形成议题网络；在治理平台上，传统文化、习俗场合发挥公共领域功能，成为协商议事、解决问题的重要平台；在治理规则上，爱乡、奉献、共荣等非正式规则和价值观嵌入利益协调和集体行动过程；在治理资源上，民间慈善高度发达，为政社良性互动、协同治理提供资源保障。

乡情治理强调情感的治理价值，主要是与法治和德治进行区分。首先，乡情产生非正式规则并对个体的选择和行为产生影响，其经由群体归属感和社会认同（Social identity）而来，正如社会心理学家豪格和阿布拉姆斯所言，归属于某个群体就会获得一种共享的、集体的表征，它关乎的是"你是谁"，"你应该怎样行事才是恰当的"。① 但这种规则的载体不同于法律和道德，它附着在乡情共同体共享的习俗和为人称道的地方精神上（如"奋勇争先""低调务实"）。其次，法律和道德强调对个体行为的约束，而乡情的作用更积极，且面向的是共同体的公共利益。再次，法治以权利为本，德治以责任为基，② 而乡情治理则强调认同、回馈与合作共荣。最后，乡情治理有很强的地域特征，主要适用于基层，尤其是县域治理。乡情治理强调传统的、文化的治理资源，但也不同于"新乡贤治理"。③ 后者主要强调的是新乡贤这一治理主体，而乡情治理则

---

① 迈克尔·A. 豪格，多米尼克·阿布拉姆斯. 社会认同过程［M］. 高明华，译. 中国人民大学出版社，2011：4 – 8.

② 张文显，徐勇，何显明等. 推进自治法治德治融合建设，创新基层社会治理［J］. 治理研究，2018（6）：5 – 16.

③ 颜德如. 以新乡贤推进当代中国乡村治理［J］. 理论探讨，2016（1）：17 – 21；付翠莲. 我国乡村治理模式的变迁、困境与内生权威嵌入的新乡贤治理［J］. 地方治理研究，2016（1）：67 – 73.

强调地域认同和情感场域的营造，有很强的文化面向，而不只是依靠精英或能人。由此，情感场域中的精英主体不是一个个分散的乡贤，而是围绕本地发展和治理的精英议题网络；① 情感不仅作用于精英主体，还作用于普通社会成员。乡情治理的内涵也丰富得多，不仅涉及治理主体，还涉及乡情治理规则、特定公共领域和治理资源的挖掘和运用。此外，新乡贤治理的考察单元主要是村，乡情治理则是基于县域治理的考察。

乡情治理不排斥现代性，其本质恰恰是传统文化和乡土情感作用于现代社会治理体系，调和其现代性的一种治理形态。这种调和将基于乡土情怀和文化认同的社会关系、慈善资源和内聚力整合到社会分权、公民参与、依法自治等现代治理框架中。现代因素强调"分"，通过分权和明晰责权形成社会治理的"活力"；传统因素强调"和"，通过整合与协商共治形成社会治理的"合力"。可见，乡情治理与自治、共治以及法治、德治并不冲突，是一种补充和催化机制。乡情的嵌入使得共识更容易达成、领导力得以形成、新的公共空间得以生成，在基于权利的、强调分权的现代性中加入"合"与"和"的要素。

图 8 - 1 的逻辑框架抽提出乡情治理的核心要素及作用路径，并展示了乡情治理与自治、法治、德治以及共建、共治、共享的关系。这一框架借鉴了奥斯特罗姆制度分析与发展框架（IAD）② 中的部分要素，将乡情治理的内部要素分为主体、平台、规则和资源，乡情共同体及其所形成的情感场域作为环境变量通过影响这些内部要素而促成"共建共治共享"治理格局，地方发展与治理绩效塑造出共荣的氛围，这反过来又强化了本土认同和乡情共同体的凝聚力。

乡情共同体体现为一种情感场域，居于核心位置。乡情共同体又与地域内的经济纽带、社会关系和共同的文化符号有关：经济纽带即经济上的

---

① 这个议题网络的成员不限于"社会人"，还包括有社会威望的在任党政干部。
② IAD 框架将治理看成一个行动者在特定的行动舞台中、在特定的行动情境下互动或集体行动的过程，而互动过程则受到共同体属性、资源属性、规则等外生变量的影响。本章主要将共同体属性作为治理过程的外生变量。

集群、互补和共同富裕，包括县域、街镇范围内的产业集群或社区层面集体经济发挥的凝聚作用；社会关系主要是指家族、同乡等传统社会纽带，能创生出地域情感；共同的文化符号则包括一地乡民广泛参与的集体习俗、被区域内外广泛认同的地方精神和文化秉性、地方产业品牌及荣誉等，其往往是荣耀与自豪感的来源，最具情感意义和凝聚价值。

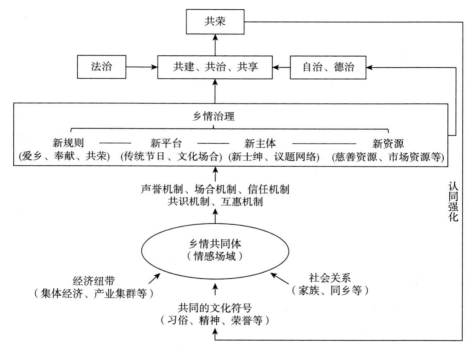

图8－1　乡情作用于基层社会治理的一个理论框架

资料来源：笔者自制。

乡情共同体通过声誉、场合、互惠、信任、共识机制等一系列微观机制作用于基层治理体系，并产生了特定的治理主体、平台、规则与资源。顾炎武在其《郡县论》中即指出，人们对于家乡自然而然的热爱能有力地促进地方的良政善治。① 乡情在现代社会中仍可能具有强大的动员

---

① 转引自：孔飞力. 中国现代国家的起源［M］. 陈兼，陈之宏，译. 生活·读书·新知三联书店，2013.

力和影响力。其一，乡情能够激发人们的公共精神和信任，尤其是在声誉机制的助力下能动员本土精英、社会贤达、社区领袖（在现代社会的背景下，我们称之为"新士绅"）广泛参与并形成议题网络。在这些"新士绅"的呼吁、示范、引领下，乡情的信任、互惠机制也对普通公众的参与行为发挥作用。其二，作为乡情载体的传统节日、文化场合成为基层社会治理的重要平台，很多平时不太容易达成的共识或不易协调的矛盾在这种特殊的氛围和场合下往往能够迎刃而解。其三，乡情场域下的地方精神以及互惠、共识机制等为基层治理创造了爱乡、奉献、共荣等积极的非正式规则，这些规则影响个体行为并有利于利益协调和集体行动过程。其四，乡情动员起来的市场资源、慈善资源，村居自组织的共益资源，社会服务机构的专业资源投入基层治理，服务于民生与社区发展，增强了基层社会的主体性和自治能力。

"乡情"的引入有力地支撑了县域社会的共建、共治、共享和基层社区的自治、法治和德治。"乡情"在基层社会治理体系和治理能力现代化的过程中增加了情感维度，拥有情感的"共同体"不再是结构性力量或利益的机械组合，而是有温度的有机体，为"共建共治共享"的社会治理格局增加了"共荣"的精神动力与文化内涵。同时，这是一个持续反馈的过程，良好的发展、治理绩效和荣誉又强化了乡情共同体的文化认同和善治的累积。

第二节　乡情治理在顺德：案例剖析

顺德人有强烈的本土认同和地方情感，这种认同可能来源于顺德历史上的经济和改革成就、本地紧密的经济社会关系以及政府的有意识建构，并体现在一系列地方文化符号当中。

在县域层次，"顺德人"本身就是最重要的身份认同，人们习惯用如下文化符号来凸显顺德人的秉性和特征：顺德人好赛龙舟，不仅在本地参与度高，在国内国际各种龙舟大赛中也常摘冠夺桂，龙舟文化体现的是顺德人"奋勇争先""团结合作"，所以顺德人从骨子里就有吸收新观念、敢于改革创新的基因；顺德是"世界美食之都"，"千年水乡，食不厌精""食在广州，厨出凤城"这些话语蕴含了一方水土的特质，体现了顺德人对家乡的热爱与文化自豪，更是被顺德人赋予了"精益求精"的精神内涵；"顺德祠堂南海庙"，家族和祠堂文化是顺德的另一个重要标签，代表顺德人在内讲究和谐共处、邻里敦睦，在外讲究故土亲情、回馈乡梓。在这些传统文化符号之外，顺德还有过去几十年来在经济和产业发展、体制改革领域取得的巨大成就和荣誉，如众多世界五百强企业聚集顺德、中国"经济百强县"之首、体制创新改革先锋等，这些成就塑造了"低调务实的顺德人""'可怕'的顺德人"的集体声誉。①

顺德的街镇和社区也有自己的文化符号，并构成多层次的家乡认同。几乎每个街镇都有自己引以为傲的特色产业或美食品牌，产业如大良的机械、容桂的电器、龙江的家具、陈村的花卉，美食如陈村粉、伦教糕、均安蒸猪，村居社区的特色文化或习俗则如马东村的咏春拳、龙眼村的点睛、仕版的城隍庙、沙头村的自梳女、沙边的祠堂等。顺德人对这些文化符号耳熟能详、津津乐道，街镇、村居之间也如龙舟竞赛一样，在打造家乡名片和文化特色上勇争上游。可见，顺德人之间的竞争并没有走向同质化的你死我活，而是差异化发展或上下游发展形成产业集群，这种竞争与合作的氛围极大地体现了顺德人的大局观和共同体意识。

顺德乡情共同体的塑造还得益于顺德的经济发展路径和城市化进程中仍然保留的社会关系。在经济上，20世纪80年代经济起步时期的"顺德模式"以"离土不离乡"、乡镇企业和本土（金融）资本主导为主要特征，很多企业家就是洗脚上田的农民，很多企业和行业就是靠家族和乡邻彼此信任、共同维系、相互支撑而发展起来。时至今日，顺德很多企业已经建立了现代企业制度，但其经济与社会关系的互嵌程度仍然非

---

① 陈春花，马志良，罗雪挥等. 顺德40年：一个中国改革开放的县域发展样板［M］. 机械工业出版社，2018.

常高，美的集团、碧桂园这样的世界五百强大企业仍然愿意把总部留在自己的家乡。在基层，顺德10个街镇205个村居社区仍保留了455个集体经济组织，① 这些集体经济组织对于保障社区公共服务供给和凝聚乡邻发挥着重要作用。在城市化进程上，以街镇为中心的多中心发展路径使顺德整体上呈现城乡交融的状态，超过半数社区仍为乡村，纯城市社区只占14%，其余33%为村改居。② 即便在村改居社区，祠堂、庙、神龛等传统文化要素也随处可见，传统的社会关系和节日活动等得到相当程度的保留。

政府政策在地方文化保育和凝聚力塑造方面做了大量努力。一方面，通过创造品牌在县域塑造文化符号和认同，无论是产业、美食还是文化方面的品牌，背后都有政府的大力推动；另一方面，政府注重社区层面的文化保育与活化，2014年以来政府大力推动"社区营造"，其中传统文化的保育和社区感的营造是重要目的。由此，在历史自然因素和顺德地方政府有意识地构筑下，顺德在县域范围内形成了一个内部层层相嵌、整体统一紧密的乡情共同体。

（一）政商社学：乡情凝聚的"新士绅"与议题网络

乡情的首要效应是凝聚一批我们称之为"新士绅"的精英群体，他们为基层社会治理注入了传统领导力。顺德在县域范围内存在的这个"新士绅"群体，其成员包括党政干部、企业家、知识分子和社会组织负责人，他们因为关心和参与家乡公共事务而成为意见领袖，并形成一个相互熟悉的议题网络。例如从当地市委党校退休后的一位老校长，常年落脚社区调研和公益宣讲，推动社区大学等基层创新落地，为政府建言献策，在关心顺德社会发展的议题网络中很有威望。年轻一代也有一大批关心地方事务的领袖。例如顺德青年企业家协会组织了很多慈善活动，凝聚了不少热爱家乡、共谋发展的青年领袖；还有年轻人创办了一家只

---

① 2018年4月顺德区农业农村局访谈。
② 2018年6月课题组针对村居干部进行的一项问卷调查。

在本地开展活动的、研究社区治理的民间智库，如此专注地方事务的民间机构在其他地方很难想象。在更基层的街镇和社区，被乡情激励的社区领袖更常见，不少人不在乎做多大的事业，而是将学识和才华用于故土一隅，只求获得乡邻的信任。在顺德，基层村居社区的年轻干部比例明显偏高，一方面他们的生活收入来源多元，另一方面造福家乡也在其公共服务动机中占据相当大的分量。

顺德地方政府进行了一系列制度安排来广泛吸纳这些"新士绅"。如于 2010 年成立全国首个县域公共决策咨询委员会，并随后推广到区属部门和各街镇，截至 2018 年区镇两级共有决策咨询机构 30 个。在村居社区层面，从 2013 年起探索成立议事监事会，由社区党组织联动社区企事业单位、社会组织和社区精英参与；2018 年以来，顺德推进"村企结对"，通过成立"乡村振兴促进会"吸纳爱乡企业家和乡贤为村居产业、环境治理和社会民生事业发展提供建议乃至进行决策。这些决策咨询机制只有在乡情和公共精神的浸润下方能真正地发挥作用，正如一位街镇干部所言：

> 决咨委生存的价值在两个方面，一是政府对他（决策咨询委员会成员）的信任，二是他自己有这种情怀，要把自己的能量发挥出来。[①]

（二）回馈乡邻：发达的民间慈善和第三部门

乡情共同体也通过发达的民间慈善为基层社会提供额外的治理资源。顺德慈善传统深厚，再加上民营企业家和华侨群体的带动，慈善氛围浓厚。顺德形成了区—街镇—社区三级慈善组织系统，截至 2017 年底注册慈善组织 228 个，包括 1 个区级慈善行业组织（慈善会）、19 家基金会、10 个街镇慈善会和 198 个村居社区福利会。2017 年慈善会系统接收捐赠

[①] 2018 年 4 月顺德区 B 镇访谈。

额3.8亿元，社区福利会系统总资产3.1亿元，2016年基金会体系接受捐赠超过6.6亿元。顺德拥有50多万名港澳和海外乡亲，截至2017年顺德接受侨捐超过20亿元。[1] 最值得关注的是顺德的社区慈善，几乎每个村居社区都有福利会，社区成员汇集涓涓细流支持社区慰老、扶贫、济困等活动，体现了很强的社区责任感；还有大量未进入三级慈善体系的捐赠投入宗祠、广场等的修葺中，维系着传统的社会关系。

自2011年顺德推进社会体制综合改革以来，政府通过一系列制度和组织安排更好地整合慈善资源，引导传统慈善向现代慈善的转型，以支撑更为专业的基层社会服务和治理体系。例如，通过设立社会创新中心、社工服务联合会、慈善联合会等平台型组织，大力培育本土社会组织，培养本土社工人才；通过开展公益创投来带动慈善资源进入社区服务体系，并促进社会组织发展。再如，2017年美的集团创始人何享健发布了60亿元慈善捐赠计划，其中5亿元用来设立了国内最大的慈善信托。还设立了一个全区层面的社区基金会，这成为顺德慈善现代化的标志性事件。

（三）节日舞台：传统习俗构建的公共领域

顺德村居传承了丰富多样的民俗节日与风气。课题组的调查显示，在非物质文化遗产方面，大约有38.7%的顺德村居拥有民风民俗、传统节日、民间技艺等文化习俗。驰名顺德域内的民俗节日，在居民中有着强大的影响力，如容桂和龙江的"观音开库"、均安"关帝出游"、伦教仕版"城隍庙诞"、勒流"龙眼点睛"等大型民俗活动。各村居内各具特色的民俗节日，诸如小涌娘娘诞、马东永春节、劳村敬老节、连村生菜会、东村烧大炮等，共有130多个种类的民俗节日。[2] 荣里社区保留着社公（土地公）祭祀习俗，许多大大小小的神龛彩塑镶嵌在民居、道路、广场等地方，香火不断，在不少社公祭祀现场，还能看出节日隆重举行

---

① 2018年顺德区慈善事业发展相关报告。
② 2018年6月课题组针对村居干部进行的一项问卷调查数据。

的痕迹，以及平日里居民参拜的香火痕迹。

这些民俗节日在两个层面上扮演了公共领域和治理平台的角色。一是提供了本社区居民返乡聚会的场合，在这个场合下很多事情可以商量。一位村支书提到村里小庙"天后宫"的作用时说：

> 开会就等过节活动的时候，大家都回来，该捐款的捐款、该谈的事儿就谈了。①

二是这些民俗、节日活动背后通常都有非官方的、非正式的组织，这些组织的牵头人（如社公祭祀中的"社头"）可能扮演社区事务意见领袖的角色，基层社区治理可以充分发挥他们的作用。②

（四）情感与规则：乡情浇灌下的互惠合作与公共精神

顺德人有一套非正式的规则或行事方式，除了体现在"低调务实""奋勇争先"等地方精神方面外，还体现为社会交往中的互惠合作和集体行动中的公共精神。一位区领导用经济领域中的例子来描述顺德人社会交往中的信任与合作。

> 现在银行给企业贷款都强调要看企业的财报，但早年顺德人更看重这个人（企业家）的信誉而不是财报，人值得信任就可以很快给批了；企业财报可以造假，但本地人的信誉造不了假，顺德人的很多活动就是靠信任在协调，节省了很多成本。③

可见乡情及其蕴含的信任代表了一种行为规则，对具体社会治理议题中的互动结果和协调成本具有潜在的影响。

---

① 2018年3月顺德区X镇MD社区访谈。
② 2018年4月访谈R镇RL社区书记，他给调研小组介绍了如何通过"社头"来协调社区事务。
③ 2018年4月顺德区S基金会理事长访谈。

乡情浇灌下的公共精神则有另外一个生动场景：在 2009 年 9 月 "顺德党政机构改革动员大会"上，顺德大部制改革小组宣布将 41 个党政部门合并为 16 个大部门，领导职数大幅减少，很多局长在会场才知道自己被 "改革"成副局长，然而会场氛围并不低迷，而是忐忑又跃跃欲试的热烈，大家感觉像在表达 "我们顺德终于又来了一个大动作"。[①] 地方情感激发了这种 "奋勇争先"的气概和公共精神，并进一步形塑了顺德人的行为方式。

第三节　乡情治理的适用性讨论

基于对顺德的实践观察，发现在基层治理中存在一种连接了诸多传统文化要素并影响个体和群体行为的情感场域，本章将这种场域及其在县域社会治理中的作用逻辑提炼为 "乡情治理"。"乡情"是基于经济纽带、社会关系和共同文化符号而形成的一种地域情感和认同，其通过声誉机制、场合机制、互惠机制、信任机制、共识机制等，对现代社会治理体系中的参与主体、治理平台、治理规则以及治理资源产生影响，从而达成在集体行动、利益协调和服务供给等领域的治理创新。乡情治理是对基层自治、法治和德治的补充和催化，为 "共建共治共享"的社会治理格局增加了 "共荣"的精神动力和文化内涵，为基层社会治理提供了新的想象力。

在韦伯看来，现代性的发展是一个不断理性化的过程，按照这个思路，情感维度则被视为一个非理性的维度，这一点与制度主义学派中强调非理性因素类似。实际上，乡情治理所表现出的一整套行动伦理，包括道德、文化、情感等非理性因素。情感并不是非正式制度所能涵盖的，不能刻画出情感实践的全貌也就忽视了情感维度在现代治理中的重要性。作为一个学科知识增进的过程，本章突出情感维度的治理形态，从丰富

---

① 2018 年 4 月对曾参与大部制改革的当事人的访谈。

的传统资源中寻找学科知识的历史定位，增强对非理性因素的关注，借助中国公共管理学科所需行政哲学与伦理知识积累，更科学地讲好"中国故事"。[①] 同时，作为一种对县域治理实践模式的提炼，乡情治理是一种将传统治理资源与现代治理体系相融合的社会治理形态，从传统性中寻找治理智慧与资源，而面向当代治国理政的现实情境，尤其是在拥有传统人情的农村社会，这套情感的行动逻辑可能会更为有效。

乡情治理经验是否具备普遍性和可复制性呢？从某种意义上来说，顺德的乡情治理有深厚的历史基础和特定的演化路径，尤其是以传统祠堂文化为基础的社会关系和以村镇企业发展为关键过程的经济发展路径很难被复制。但乡情治理中的一些具体要素和方法是可以直接借鉴和复制的，如以文化符号和地方精神凝聚人心、动员"新士绅"和民间慈善组织回馈乡邻、运用节日舞台协调公共事务等，这些要素在其他一些乡村治理的案例中也有或多或少的呈现。然而更重要的是，乡情治理为我国的城市化进程和乡村振兴带来了一种新的未来图景和治理想象力——城市与乡村并不必然区隔，可以用乡土归属感与城市文明共同定义人们的精神世界和日常治理场景。对于尚保留一定社会关系和传统文化纽带的乡村来说，未来的乡村振兴和城镇化进程可以通过吸引返乡青年和乡贤创业、发展"乡愁经济"等方式将产业发展和重建社会关系结合起来。经济基础与文化纽带的这种有意识嫁接就有可能培育出乡情治理的土壤，传统治理资源的重新挖掘并非毫无条件。

当然，乡情治理仍具有潜在的局限性。乡情治理绝非追求"熟人社会""帮派文化""圈子文化""关系"等身份地缘的特殊利益，但也存在负向累积的可能。在这个意义上，要防止乡情治理落入上述窠臼，仍需要结合现代法治精神和协商民主进行细致的思考和制度设计。

---

① 朱正威，吴佳. 面向治国理政的知识生产：中国公共管理学的本土叙事及其未来 [J]. 中国行政管理，2017（9）：12–17.

第四节 本章小结

本章的案例表明，传统社会关系与文化的保育对于激发基层社会活力有着重要价值。不过，顺德的基层活力既有自然生发的成分，也是政府有意识撬动的结果。顺德是一个勇于改革创新的地方，其在经济领域的产权改革和行政体制领域的大部制改革敢为人先、影响深远。2011 年以来，顺德又先后推动了以向社会分权和协同共治为特征的社会体制综合改革，以及以乡村振兴为目的，以固本强基、自治、法治、德治为基本框架的基层社会治理创新。然而引人注目的是，在现代社会治理体系建构过程中，以乡土情怀为核心的传统要素在顺德呈现出巨大的生机与活力。这些传统要素在县域范围内与现代性相互嵌入、共同作用、相得益彰，当地政府也在改革创新中有意识地运用这些传统要素。对于乡村治理中的传统要素，已有研究主要强调"新乡贤"或"德治"的价值，①然而顺德基层社会治理中传统的、文化的要素如此丰富以至于很难用上述单一的特征来描述。最终我们意识到其背后的核心乃是"乡情"——连接诸多传统文化要素并影响个体和群体行为的本土情感，我们将乡情要素在激发社区活力中的运用和呈现总结为"乡情治理"。

---

① 黄爱教. 新乡贤助推乡村振兴的政策空间、阻碍因素及对策［J］. 理论月刊，2019（1）：80 – 86.

第九章

激发城市社区活力：里仁
思想与社会资本建构

　　党的十九届四中全会和党的二十大报告都提出要建设"人人有责、人人尽责、人人享有的社会治理共同体"，而在城市基层社区，物业企业也是社会治理共同体的重要成员。课题组在对杭州 GT 生活服务集团（简称"GT"）作为物业企业推动社区治理的案例调研中注意到，物业企业对社区治理的投入已大大超越了企业的逐利动机和政府对其公共性要求。为什么企业能够主动持续投入资源去探索一个全新的基层善治路径呢？其作用于社区共治和社区活力的机制是什么？基于对 GT "幸福里" 社区治理案例的考察，本章提出中国传统文化中的里仁思想可以通过企业家和企业传导至社区成员，从而推动社区社会资本的建构和社区活力的呈现。本章从理论分析和个案分析两个层面探讨"里仁"这一文化、精神要素是如何建构社会资本并形成社区活力与善治的。

第一节　理论基础：里仁思想、社区
社会资本与社区治理

（一）里仁与社区社会资本

在中国传统文化的概念定义和话语体系中，"仁"（Benevolence）的概念无疑处于核心位置，形而上之"道""德"与形而下之"义""礼"及更具体的"智""信""法""术""刑""名"等在"仁"这个层面实现关联和过渡。一方面，"仁"通过"为之"由道、德的内在修为转向外在行动，是社会和公共活动的开始；另一方面，"仁"也通过"无以为"为义、礼等社会公共活动的内在目标树立了最高标准，即不忘"初心"也。"仁"本身处于"体"与"用"之关键点，其中包含了形而上向内之"无以为"和形而下向外之"为之"两个面向。

我们可以将向内的面向定义为"里仁"。"里仁"出自《论语·里仁》："里仁为美，择不处仁，焉得知？"学界比较一致的解释为，这是孔子对选择居处原则的论述。"里"为动词，"仁"为名词，"里仁"为动宾结构，表示跟仁德的人住在一起，才是美好的。其实，将"里仁"仅仅定义为选择居处的原则是不确切的，至少是不完整的，"里仁"本身有更为深层次和广泛的含义，在现代学术的话语体系中可以得到科学合理的应用。

本章认为，"里仁"的内涵不应仅仅局限于择邻，而是有"依于仁"之意，可以拓展为人作为主体的内部核心属性。"里"表示主体之"内在"和主动"向内"，"里仁"（Inner Benevolence）即主体向内追求"致良知"的主动和动态过程，是对生命高度的追求，是更高维度上的自我修炼，是对仁人君子的基本要求。这样的解读显然才符合孔子立足君子追求圣人的本意，也与《论语》全篇主旨更契合，从而更能代表儒家思想的正统。仅仅解读为"择邻"，就失于狭隘了。

不论是中国传统的仁人君子，还是西方现代的公民，作为主体与其他客体及公共事务发生关系的时候，均存在向内的"主体里"和向外的"主体表"两个向度。有了"里仁"这一基本维度和对它的界定，即可以对主体向内"致良知"进行开创性的结构化分析。如此，本章尝试将中国传统文化理念与西方现代社会科学理论从学理上建立了某种联系。由古至今道体常在，器用日繁；由内而外言行有宗，内圣外王。循此原则，方可进一步探讨"里仁"与社会资本建构之道。

本章根据里仁与社会资本建构的"主体里—主体表—主体间"三个层面的相对关系和作用机制建立起研究假设和基础分析框架，从空间关系上来讲，是"主体里—主体表—主体间"三个层面；从体用之哲学范畴来看，对应的是"道—理—用"三个层面。本章聚焦共建、共治、共享和自治的基层社区治理实践，深入探索三个层次的关系和作用机制，发现这种关系具体表现在三个方面：从内外视角来看，里仁与社会资本呈表里关系；从体用视角来看，里仁与社会资本的关系为映射关系；从数量和发展趋势来看，里仁与社会资本之间是正相关关系。

从根本上讲，里仁与社会资本的正相关性是由社会资本的本质和建构机制决定的。社会资本的本质是一种规范的信任关系，它存在于主体间，但并不能在主体间凭空生成，其建构的基础在于一个个主体。因此，主体里以里仁为核心的特征表现为主体表的价值观，再通过主体间良好的交往行为建构社会资本的规范、网络与信任（见图9-1）；反过来，良性的社会资本同样对主体的里仁的塑造起到了正面促进作用。这种正相关性是毋庸置疑的。

（二）社会资本与社区治理

社会资本与社区治理密切相关，社区重建的关键在于社会资本的培育与良性增长，而社会的重建有赖于社区重建，这也是学界的共识。从社会资本视角研究社区治理问题，研究成果虽然较多，但总体来看还不够深入和完善。有的研究将社会资本作为社区治理绩效的衡量指标；有的研究关注社会资本作为自变量如何影响社区治理绩效；有的研究将社会资本的培育作为社区治理的重要方面和基础部分；也有的研究将社区

图 9 - 1　由里仁到社会资本

资料来源：笔者自制。

治理直接等同于社会资本的建构等。

一方面，社会资本与社区治理问题二者之间的关系从理论与问题天然地契合，到分析工具与分析视角，到现实基础与重要工具，再到衡量指标与最终目标，研究的视角不可谓不丰富，观点多种多样，也都能言之成理。有学者甚至认为，社区治理问题就是社会资本的问题，直接将二者等同起来。

另一方面，这些研究多数存在"两层皮"的现象，其框架是先综述社会资本概念，然后聚焦需要强调的与其研究结论或建议相关的主体方，结合描述案例，对现象和问题进行不同程度的分析，最后提出建议，没有深入具体地研究社区社会资本的构建与增长机制，很难看出理论和相应的问题有什么必然的逻辑关系。

如吾等所知，在对社区定义之内涵和外延的讨论中，除了达成社区应当具备公共性或以公共性为基础之共识，中外之学界对社区的认识依然存有一定差异。国外的定义更关注作为软件的社会共同体，国内则更为关注作为硬件的居住区域。但这不是本章关注的重点，故本章统一采用国内的观点，即比较一致地认为社区是指聚居在一定地域范围（一般是单个或几个小区）内的人们所组成的社会共同体。由此，社区治理是指以社区地域为基础，政府与社区组织、社区居民共同管理社区公共事务的活动，它体现为社区范围内的不同主体依托各自资源而进行的独立或协同活动和相互作用。随着中国城市化的推进，城市经济、政治、文化迅速发展，社区治理模式如何革故鼎新以强化中国城市基层社区自治建设，成为一个亟待解决的焦点问题。

首先，社会资本与社区治理相关性很强。有学者明确提出，社会资本理论是讨论社区治理问题所能想到的最贴切的理论，因为从目标取向来看，一种良好的社区治理状态，应该是社区成员相互信任、合作，具有普遍共识、集体认同和集体归属感，这样比较容易形成集体行动，实现自我组织、自我管理的状态，而社会资本理论所讨论的正是这种状态何以产生的问题。① 从"治理"概念的本质含义看，社区治理与社会资本之间也有着天然的契合性。社区治理依赖于社区内丰富的社会资本。将社会资本带入社区治理和社区建设研究便于提升社区自组织能力，增强社区活力和凝聚力，弥补国家和市场在资源配置过程中的不足，对促进社会整合具有十分重要的意义。② 由于社会资本与社区建设之间存在着十分密切的关系，赵廷彦认为社会资本的缺失是社区建设中存在失谐现象的重要原因。③ 社区是社会的基础，和谐社区是构建社会主义和谐社会的重要内容；而社会资本对社区发展起着明显的促进或制约作用，社区发展依赖于社会资本的存量及分布状况。

除了讨论社区治理与社会资本的天然契合及对其依赖之外，也有研究进一步提出，繁荣的社会资本是社区治理的最终目标指向，社区社会资本存量及其分布状况是衡量社区和谐程度的重要指标。另外，从分析工具和思路出发，社会资本对社区治理也至关重要。目前在对社区治理的经验探讨中，关注的焦点大多在公共参与、社会网络以及社会组织等方面，这些方面在社会科学研究中恰恰被概括为社会资本。有研究进一

① 燕继荣. 社区治理与社会资本投资——中国社区治理创新的理论解释 [J]. 天津社会科学, 2010 (3): 59 – 64.
② 史斌, 吴欣欣. 社会资本在社区治理中的功能分析——以社区治理"失灵困境"现象为视角 [J]. 科学决策, 2009 (7): 83 – 89.
③ 赵廷彦. 社区失谐与社区社会资本的重构 [J]. 社会科学辑刊, 2007 (2): 76 – 78.

步注意到，社会资本可建构性的相关研究为我国当前的社区治理结构与机制的改革和完善提供了有益的思路。① 社会资本的可建构性，本身是一个重要的概念，也是值得关注的理论和实践问题。遗憾的是，社会资本如何建构，尚未得到深入的研究，故而学界也未达成广泛共识。

社会资本在社区治理中的功用也得到研究者的关注。社会资本是传播人力和智力资本的催化剂；社会资本是更高水平协同和合作的基础；社会资本是社会网络间的润滑剂，能减少交易成本；社会资本能催生中介机构和市民社会。从城市社区冲突的问题导向出发，提出"善治"的实现必须以丰富的社会资本为基础，国家与社会合作共治。在具体的实践中，社会资本在社区治理问题的解决中也扮演了不可或缺的角色。作为社区治理不可或缺的社会资本，社区社会组织的信息资本、人力资本、网络资本在城市社区治理中分别扮演着"指南针""疏导员""关系网"的重要角色。②

无论是内涵的契合，还是作为理论工具的贴切适用，关注的都是社会资本和社区治理两个概念之间的相似性和相关性，这是毋庸置疑的。但是，二者之间仅仅是价值与功用、理论与实践、目标与路径的关系吗？这种界定未免过于简单化，进一步将社区治理与社会资本结合在一起后，"社区社会资本"的概念得以确立。

社区社会资本是社会学家在运用社会资本概念开展社区研究过程中形成的一个新概念。有学者尝试从帕特南对社会资本的定义出发，将社区社会资本定义为潜藏于社区结构中，并为社区行动提供便利的社会资源。这些资源包括社区规范、社区信任以及社区网络等。

有学者强调社会资本是行动主体与社会的联系，以及通过这种联系摄取稀缺资源的能力。社区是社会活动的主体，又是在各种各样的联系

---

① 程秀英，孙柏瑛. 社会资本视角下社区治理中的制度设计再思考［J］. 中国行政管理，2017（4）：53－58.

② 苏曦凌，黄婷. 城市社区冲突治理中的社区社会组织构建——以社会资本理论为视角［J］. 广东行政学院学报，2017（2）：41－46.

"网"中运行的，因此提出社区社会资本的概念，不是简单地将社会资本的概念套在社区之上，而是说社区是与社会领域各个方面发生种种联系的关系网络上的纽带，通过这些联系摄取社会资源就是社区的一种能力。①

（三）聚焦社区供给侧发生的改变

在实践当中我们观察到了不同基层社区中社会资本的表现大相径庭。这仅仅是主体里的里仁的缺乏造成的吗？由主体里的里仁到主体表的价值观，再到主体间的社会资本，是简单的直线映射和线性正相关的关系吗？为了回答这些问题，不仅要关注里仁本身自发的表里体用关系，还必须结合基层社区层面的供给侧特殊作用机制来进行分析。在基层社区层面，里仁主要可以分为住户的里仁和企业家的里仁，前者主要表现为需求侧的自发行为，后者则表现为供给侧的自觉作用机制。由里仁到社会资本的作用路径如图9-2所示。

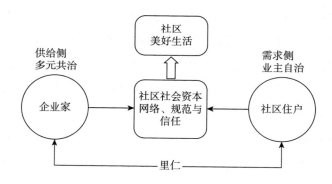

图9-2　由里仁到社会资本的作用路径
资料来源：笔者自制。

本章重点关注企业供给侧，对于居住社区来讲，主要是房地产开发和物业服务企业。作为一般的市场主体，企业的目标是追求利润，遵循的规则是市场和法治，这是理所当然和无可厚非的。但仅仅看到这一点

---

① 郝彦辉，刘威. 转型期城市基层社区社会资本的重建［J］. 东南学术，2006（5）：27－33.

是不够的，房地产开发和物业服务行业与以工业为代表的其他行业的产品本身及其生产、分配、交换和消费过程不同，由于行业的特殊性，这些行业的企业与居民的日常生活密切相关。

房地产开发和物业服务企业的行业特征决定了其行为与社区公共性密切相关，与住户生活密切融合，必须予以足够的关注，因而企业家的里仁完全不同于住户的自发里仁，由企业家个人的主体里之特性通过企业管理制度和文化作用，自觉地转化为企业行为和员工理念，从而机制性地影响甚至决定了里仁到社会资本的关键映射关系。正是由于企业家里仁的主体差异，并通过企业行为进一步形成机制性作用，不同的企业于此表现出了完全不同的效用，形成了截然不同的数量关系，对社会资本的建构和成长产生了至为关键的影响。

作为一般的主体，企业家的里仁与住户的个体的里仁没有本质区别，其作用机制、影响能力和发展规律也完全相同，但作为供给侧主导的企业家对社区社会资本的作用机制就完全不同了。具体来讲，作为个体的企业家与社区普通居民由主体里的里仁到主体表的价值观这一环节没有太大的区别，但与普通住户不同，企业家的里仁不是其作为主体通过交往行为直接进入主体间的，而是通过企业行为（包括员工工作行为）构成社区社会资本建构的供给侧及其整合者，进而作用于作为社区主体的住户之主体间，对社区来讲是作为一种"输入"作用于主体间，对社会资本进行提升和强化。

由于企业家主导企业行为，通过企业这一微观经济系统的代表性表现机制，将企业家的里仁和价值观转化为企业行为，从主体表价值观到主体间社会资本这一关键作用机制，无论资源投入、规范引领，还是日常交往和服务行为，都得到了影响、激励与强化，发生了实质性的升维和增值。

总而言之，企业家的里仁通过企业供给侧的工具理性机制作用于社区住户交往，实现了社会资本网络的高强度、规范的强保障和信任的高起点，从而使社会资本的强度和广度都得到指数级别的增长，社区社会资本的建构和增殖得以实现（见图9-3）。

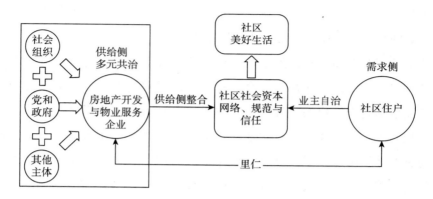

图9-3　里仁驱动供给侧整合的作用机制
资料来源：笔者自制。

在里仁驱动供给侧的社会资本建构中，企业系统的工具理性发挥了巨大作用。故有必要在分析中国传统文化概念体系和社区供给侧作用机制的基础上，重点分析企业的供给侧整合过程，以企业家里仁为"输入"，以企业与员工的行为为"输出"，将里仁与社会资本的表里关系、映射关系，以及供给侧正向作用机制下的数量关系梳理清楚（见图9-4）。

企业家里仁的存在，驱动了供给侧的有效整合，使得住户的交往行为由放任自发转为系统自觉推动，从而实现社区社会资本的高效建构和增殖，加快实现美好的生活世界。如果将企业视为主体，企业家的内在里仁天然成为企业的内在里仁，表现为与里仁相应的价值观，并将其进行了系统性的放大。工具性和权力表征的高效性与一致性也成为优势，得到充分的体现。而企业内部的科层制体系中，权力表征本来天然占据主导地位，主体间本身不需要交往理性的主导，企业员工个体的主体里是否具备里仁，以及里仁在员工中的分布规律，则是另一个层面讨论的问题了，本章将企业视作黑箱，其功能是作为系统的代表发挥工具理性的放大作用，个体员工主体里仁如何，大可以存而不论。

通过供给侧的系统工具性放大，企业家的里仁最大限度地体现为企业的主体表的价值取向，进一步高效作用于社区住户主体之间，完成了

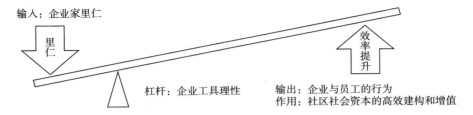

图 9 - 4　供给侧企业工具理性的作用机制

资料来源：笔者自制。

社会资本的初始建构。因此，在里仁驱动供给侧社会资本建构的条件下，政治经济系统的现代化对人与人的交往规范的作用并不仅仅是工具化那么简单；科层制与市场规则传递价值理性的机制也可以得到实现；权力与货币表征并不必然意味着对价值的侵害。

第二节　案例剖析："幸福里"社区治理实践

在社区治理的实践中，各地各相关方也做了不少实践上的尝试，取得了有益的经验，呈现出不同的特色。从推动和参与主体来看，有党建引领、政府主导、学者推动、内部能人自发、社工与社会组织帮扶以及企业推动等方式。从社区活动引领方式来看，有健康养老、文化教育、特色街区、经济合作、兴趣组织与志愿者服务等不同特色与亮点。也涌现出一些成功的实践案例，武汉 B 社区、深圳 T 社区、上海 X 社区等都是代表。

经过对这些案例进行实地调研和相关文献梳理研究，我们发现 GT 的社区和服务实践取得了很好的效果，得到了市场及住户的充分认可，住户整体满意度高，出现了一批社区领袖和热心志愿者，公益精神得到成长。GT 的产品和服务，有着市场公认的一流品质保证，并毫无争议成为同行的标杆。GT 承接管理的 1000 多个小区，外接项目已经超过 90%，形成了良好的市场口碑和行业品牌，出现了政府认可、市场领先、住户追捧的"GT 系"、"BT 系"和"宋 WP 现象"。我们不禁要问，在同样的市场环境和政策背景下，宋 WP 是如何做到的？仅仅是因为其个人对产品和服务品质的极度追求，还是背后有什么机制在起作用？其中又有什么规律？能否复制和推广？

带着这些问题，我们展开了对 GT 企业及项目的调研。我们看到，GT 的开发服务团队，在多年专注产品与服务，铸就业界及市场一流品牌的基础上，又致力于推进二次创新，努力整合开发商及物业服务资源，创造性地从供给侧的角度开展社区住户自理自治，以建设幸福美好社区为目标，呈现出一种我们称之为"追求美好生活的理想型社区治理及其社会资本建构"的实践创新过程。而这种实践创新的最新形态就是推动住户成长和自治的"幸福里"计划。在共建共治的幸福家园中，住户才是主人，让更多住户参与到生活服务中来，实现人人都是服务者，人人都是被服务者。而 GT 是点火器，是服务者和推动者，与住户共同建设美好生活。

我们了解到，在 GT 服务共治模式的探索尝试中，逐步形成了奇妙社、睦邻社、颐乐学院、海豚计划、住户监督小组等社区平台，并在此基础上，形成了由住户主导、物业协助的"幸福里"计划。每一位 GT 住户都可以通过"幸福里"平台增加与邻里的交流和互动，分享资源和人脉，并创造一种更美好、和谐，富有文化的小区生活氛围。通过这种方式，"幸福里"为住户们搭建了一个共建共治共享的重要平台和载体。

（一）"幸福里"共建共治的展开模式

"幸福里"作为由住户主导的小区共建共治体系，以邻里文化为主线，营造住户共建共治共享的幸福小区，激发向善之心下的共同参与、小区幸福大同下的自律和他律，发扬邻里之间守望相助、分享关怀的中国式邻里文化。结合 GT 小区特色，"幸福里"在众多 GT 小区住户与物业企业员工的共同营造下，规范工作流程，提高工作效率，提升参与者服务水准，实现"老有所依、幼有所教、花儿绽放、邻里和睦"，并将志愿者精神薪火相传。

实行住户自治虽然在《物权法》上有所提及，但仍缺少配套法律法规的指引，住户自治这种制度在我国并未成熟，亟待实践去探索。物业管理是现代社会的产物，物业管理中住户自治是现代民主法治精神的反映。我国相关立法和研究起步较晚，物业管理的法律法规尚未完善，物业服务界限模糊，住户自治意识和自治能力不强，导致现实生活中住户与物业管理企业纠纷不断。因此，团结多方力量合力构建小区共治模式是协调矛盾，营造小区和谐、融洽氛围的重要途径。

在 GT 推动的"幸福里"小区共治模式中，物业企业由服务产品导向、客户导向、市场导向转变成利益相关方导向，通过建构社区社会资本，激励社区参与，大大提高了整体服务效率和客户满意度。物业企业推动"幸福里"启动的过程大致如下。

首先，各小区在"幸福里"启动前召开社区党委、业委会/住户监督组织、物业、热心住户多方联席座谈会，解读、探讨"幸福里"住户共建共治组织建立的理念与开展模式，并达成共识。各小区对原有的睦邻社、颐乐学院等组织进行梳理，对核心住户及热心人士进行摸底，并将其作为首批动员对象。

其次，宣传采用线上线下相结合的方式，线上采用住户服务系统宣传渠道，在小区电子互动屏上展示"幸福里"电子宣传报名海报，在住户来访时指引住户观看，并主动邀约。企业还开发了"幸福 GT"App 作为连接社区居民、畅通物业和住户沟通的线上渠道。"幸福 GT"App 每周五上午 10 时前定时使用"消息推送"模板发送"幸福里"电子宣传报名海报。每周五下午下班前片区管家/管理员在住户微信群中推送"幸福里"电子宣传报名海报。线下渠道包括客服前台放置宣传单页主动提示住户、单元长上门邀约、网格组织成员发展、颐乐学院学员与睦邻社骨干宣传邀约等。结合小区活动开展"幸福里"共建共治活动启动仪式，也可以用座谈会的形式开展。可在启动仪式现场放置"幸福 GT"App 二维码签到板（说明报名路径），请住户现场签名响应并报名。在小区主出入口悬挂横幅、张贴海报，在单元信息栏张贴宣传单页，在服务中心及会所大堂等住户人流量较大的公共区域摆放易拉宝。

最后，举办"幸福里"启动仪式，结合小区活动宣传，组织常态化的"幸福里"共建共治活动。"幸福里"开展活动不仅限于小区内，也参与面向社会的义工活动，如养老院助老服务、大型赛事志愿者服务等。同时，"幸福里"对核心参与者提出明确要求：诚实守信、无偿奉献，忠于职守、不谋私利，顾全大局、坚守原则，精诚团结、互助进步；关心和支持小区共建共治志愿服务，自愿加入"幸福里"；遵守法律法规和小区《（临时）管理规约》《住户大会议事规则》，模范履行住户义务；思想正派，综合素质较高，有一定的特长与专业知识，具有一定时间投入小区住户共建共治志愿服务；年满 14 周岁（未满 14 周岁的需有监护人共同参加），身体健康，能满足相应志愿者岗位工作要求。

（二）"幸福里"的组织体系及运作

在启动之后，"幸福里"搭建了企业推动、住户为主体、政府支持的社区共建共治组织体系（见图 9-5），各角色职责明确。

里长（网格长）：本小区"幸福里"志愿活动的宣传、组织与管理；本小区"幸福里"工作品质的监督；参与区域内"幸福里"巡查，发现并协助排除缺陷与安全隐患；参与服务时间拥有积分兑换、在时间银行储存使用的权利。

楼长（网格协管）：本楼栋"幸福里"志愿活动的宣传、组织与管理；组织单元长定期联合巡查；所属楼栋志愿者工作时间与品质的验证与记录；定期组织对单元长及其他志愿者的实务培训；参加社区、物业组织的安全知识培训；参与管理服务区域的划分与标准制定；参与区域内"幸福里"巡查，发现并协助排除缺陷与安全隐患；参与服务时间拥有积分兑换、在时间银行储存使用的权利；每届楼长任期 1 年，任期届满后可连选连任。

单元长（网格员）：本单元"幸福里"志愿活动的宣传、招募、组织与管理；参与区域内"幸福里"巡查，组织本单元志愿者对网格范围内缺陷与隐患进行周期性巡查；参与定期联动检查与网格间互查行动；报送"幸福里"巡查缺陷与隐患事项，并跟进处理，对反馈结果负责；

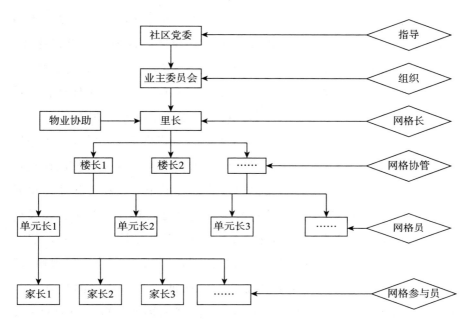

图9－5　"幸福里"组织体系

资料来源：GT企业。

参与服务时间拥有积分兑换、在时间银行储存使用的权利；每届单元长任期1年，任期届满后可连选连任。

　　家长（网格参与员）：以家庭为单位的"幸福里"活动的联系人，积极参与对家庭成员"幸福里"活动的宣传与动员；积极协助参加网格区域内"幸福里"缺陷与隐患的巡查与报送；自愿参加网格员志愿工作培训；参与服务时间拥有积分兑换、在时间银行储存使用的权利。

　　"幸福里"里长由业委会主任或业委会指定委员担任，负责小区"幸福里"志愿活动的宣传、组织与管理；楼长由楼栋的单元长选任，负责楼栋"幸福里"志愿活动的宣传、组织与管理；单元长由单元家长（住户）选任，负责单元"幸福里"志愿活动的宣传、组织与管理。

　　楼长、单元长首先从主动报名的住户志愿者中选任，而主动报名志愿者未涵盖楼栋、单元的楼长、单元长由社区居委会、业委会、物业服务中心或已报名志愿者推荐该楼栋、单元热心住户，热心住户自愿加入。

里长、楼长、单元长人选以共产党员、共青团员等先锋带头积极骨干为首选。所有楼长、单元长任命前须由业委会审核，任命后向社区报备，名单同时报物业服务中心留存，方便日常活动的通知、召集等。楼长、单元长可兼任，也可独立担任。各楼栋、单元不少于 1 人担任楼长、单元长，小区"幸福里"志愿者招募人数不少于入住户数的 20%。

"幸福里"建立了不同规模的成员微信群来增进联系。楼长群由小区"幸福里"里长担任群主，楼长为群成员；单元长群由所属楼栋的楼长担任群主，单元长为群成员；家长群由所属单元的单元长担任群主，单元家长为群成员；单元较少的楼栋可酌情只建立楼长群与家长群，楼长群由小区"幸福里"里长担任群主，成员包括所有楼长与单元长。所有"幸福里"成员必须为自愿加入，并积极参与日常志愿服务，"幸福里"相应的微信群应建立群主实名认证机制，认证"我在本群的昵称"为"房号＋姓名"。物业服务中心员工加入小区"幸福里"群，经理助理及以上职级加入楼长群，其他人员加入相应的单元长群。物业服务中心提前与业委会对接，划分网格管理服务区域，将小区所有公共区域（包括室外公共绿化、会所、游泳池等区域）合理分配至各单元长。

小区"幸福里"志愿者队成立后，各级网格成员须由业委会向所属地社区报备。"幸福里"志愿者名单可由各支/分队"志愿汇"后台管理员查阅，后台管理员应每周对所在志愿队的名单、身份进行核查。物业服务中心按集团推荐主题或自行根据项目情况围绕安全守护、健康生活、文明监督、邻里守望、爱心义工等方面设计以小区生活、服务共建共治为主题的特色活动，鼓励创新服务与活动内容，但严禁开展影响住户正常生活、涉及住户财物、商业经营、有悖公共道德等的活动。每月第二周作为"幸福里"安全巡查周，物业服务中心组织小区"幸福里"住户志愿者进行安全巡查，书面记录于当日录入 OA"品质管理"模块的"核查记录"中，巡查完成后制订整改计划，限期完成整改。物业服务中心自行组织开展的"幸福里"住户共建共治志愿活动由公司物业部收集汇总后报集团品质管理中心，报事渠道、跟进处理流程如图 9-6 所示。

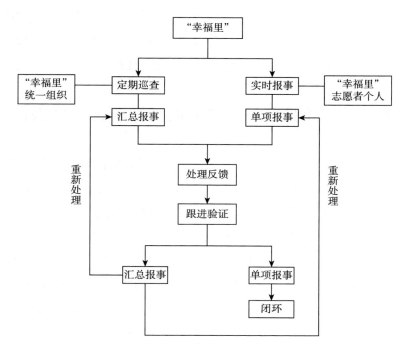

图 9 – 6 "幸福里"报事渠道、跟进处理流程

资料来源：GT 企业。

公益相关专项活动均由"幸福 GT"App"幸福里"模块的后台管理员在平台发布。活动组织负责人提醒志愿者及时在活动范围与时间内签到和签退，以便准确记录志愿服务时数。志愿者人数及活动开展按"幸福 GT"App"幸福里"模块后台注册人数、发布活动开展数据为准。服务督导中"幸福里创建"模块结果以线上录入的"安全巡查情况反馈表"为准。目前"幸福里"已加入志愿中国"志愿汇"App 平台系统，"幸福里"成员在志愿中国平台完成"幸福里"GT 志愿服务总队注册后，即可参与该平台信用时数、荣誉时数、公益益币等的累积，享受志愿服务数据的各项激励措施，实现志愿者信息与积分入户、看病就医、创业就业等信用评价体系的对接挂钩及积分的兑换。

此外，物业企业通过线上、线下多种渠道（自编微信宣传稿、开发"幸福 GT"App、成立住户微信群、发微信朋友圈、电子屏显示、悬挂横幅、张贴海报、发放宣传单页、主动邀约等）推送活动消息、精彩场景、活动感悟等，充分运用内部自有媒体及外部各类主流媒体进行宣传推广，展示"幸福里"共建共治的和谐邻里场景，激发住户的荣誉感和参与热情。

第三节　经验归纳："幸福里"推进社区善治

总体来看，GT 物业推动的"幸福里"开展效果较好，住户知晓率较高，认可度与美誉度也很高。更为关键的是，住户表现出对物业服务工作的总体认可以及对后续"幸福里"实施的期待与配合意愿。已经有一批业委会主任和业委会成员、"幸福里"里长、志愿者和社团积极分子、热心住户成长起来并日益发挥作用。同时，基层政府和社区党组织、居委会也对"幸福里"表示了高度的认可和支持，一些小区成为区、市乃至全省范围内的社区治理样板项目。部分小区的志愿者活动和社团活动也已经由服务本小区进一步成功走向社会，与政府和社会组织合作，获得了良好的社会声誉，也为自身赢得了新的资源和发展动力。

通过对"幸福里"试点的深入观察，可总结出以下经验。

首先，"幸福里"启动和初期实施效果与小区物业绩效直接相关。很明显可以观察到，在物业基础服务和生活服务比较成功、住户信任度认可度较高的小区，"幸福里"的推进更加顺畅高效。物业与住户、项目经理与业委会主任可以很快达成一致，找到工作的切入点，一步步扎实有效地推进。物业与住户取得共识以后，也有利于获得小区所在社区及上级政府的支持，更有利于开展相关工作。相反，如果住户对物业服务有意见，对小区状况不太满意，对生活服务和增值服务有不同的看法，这种不信任会在"幸福里"工作的落实过程中随时表达出来。物业与住户、项目经理与业委会主任难以达成一致。业委会可以有很多"正当"理由不配合"幸福里"工作的开展，物业经理也束手无策。对此有两个方面的解决办法：一是持续有效地改进物业基础服务，科学合理地推进生活服务和增值服务，以优质服务获得住户的信任；二是在"幸福里"的推进机制上，物业企业要给物业项目部和项目经理提供突破的方向和方法，而不仅仅是交代任务再简单督促和考评。

其次，选好业委会主任是"幸福里"优质高效推进的必要条件。好的业委会主任，是由内而外的个人良知和价值实现与外在的发现和锻炼培养机制的统一。对于前者，业委会主任个人的公共性与公益精神更多根源于"里仁"与"致良知"；而对于后者，每一个小区从开发建设到交付入住，实际上都具备足够的时间、空间，足够的住户数量基础和足够的沟通交流机会将合适的人选挖掘和培养出来。对这种挖掘和培养的机制应当予以重点关注，探索有效机制。

再次，有效的沟通交流对"幸福里"的落地和推进至关重要。按照前文的主体间动机、资源和信任分析，无论物业公司还是开发商，抑或是社区居委会，与住户都难以达到住户间的信任程度，特别是在需要决策的时候。住户与物业公司之间是市场关系，"无奸不商"的观念影响深远，对于物业发出的信息，住户难免会画一个问号。而由于住户对政府的公权力有天然的信任，由基层社区居委会、街道办相关部门以及更高层级的政府来组织进行的住户间沟通，会取得住户的信任，从而达到很好的效果。一方面，这是由于沟通的主体还是住户；另一方面，作为组织者的基层政府是作为中介以公权力的身份出现，从而避免了私人利益关系和官商勾结的嫌疑。故而在必要的情况下，可以采取这种方式来组织住户之间的沟通交流，建立多渠道有效沟通方式，促进信息和经验的交流。

复次，开发商支持也是一个重要影响因素。大品牌开发商在项目开发过程中，对于公司品牌和项目品牌的建设维护都极为重视。对于已入住小区的社区建设，都会给予高度重视和实际支持。另外，小区重大问题的解决，比如重大的资产交付、重要的建筑设施设备更新维护等，都需要取得开发商的实际支持。实际情况是不同开发商的企业文化与品牌发展战略不同，发展阶段各异，规模实力也不可同日而语，造成对类似问题的应对和解决方式完全不一样。作为物业公司，一是要积极协调沟通，正视问题而不是回避问题；二是要针对不同的项目开发情况和项目的生命周期做好应对预案；三是在问题解决过程中力求做到公平公正，最大限度争取各方的支持。

最后，小区创收和资金来源问题不容忽视。正所谓有钱好办事，无钱万事难，仅仅依靠物业费的收入办好社区的事是不现实的。物业公司应树立小区经济观念和资产整合意识，在现有的法律法规框架基础上，与业主委员会和开发商协调一致，共同盘活优化存量资产，争取最大收益，共同优化合作，从而挹注资源到社区服务与治理中。

第四节　本章小结

里仁体现的是基于内在良知的德治，本章的案例呈现了一个由里仁激发社会资本建构，从而形成社会活力的过程。从本章所选择和分析的案例可见，在里仁驱动供给侧社会资本建构中，企业系统的工具理性发挥了很大作用。由于企业家里仁的存在驱动了供给侧的有效整合，住户的交往行为由放任自发转为系统推动，从而实现社区社会资本的高效建构和增殖，以里仁为中心由内而外地建设美好生活。"幸福里"案例表明，如果将企业视为主体，企业家的内在里仁就会成为企业的内在里仁，向外表现为与里仁相应的价值观和社会资本，通过供给侧的系统工具及其传导作用放大，企业家的里仁就能转化为企业的社会价值取向，进一步引导并作用于更加广泛的社群内部，完成社会资本向社会价值进而向更高的公共价值的转化。因此，我们要关注中华优秀传统文化的内在价值并修身养性，积极培育并引导内在于文化深处及人心之中的里仁，使之驱动社会资本的积极建构，不仅体现在社区内部的需求侧，还体现在供给侧，并由内而外地激发城市社区的活力，从而由里仁达至善治这一更高维度的治理水平。

第十章
激发乡村社区活力：他组织与自组织

　　在我国广袤的农村地区，如何激发乡村社区活力，重塑地方治理的主体性？乡村社区面临的重要挑战在于现代化、城市化冲击下的人口流失、产业凋敝、组织涣散和文化失序。发展带来的问题往往需要通过进一步发展来解决，乡村主体性与活力的激发首先需要通过宏观的发展战略——乡村振兴来回应。与此同时，各地也出现了大量以激发乡村社区活力为目的，促进乡村自治、德治的治理创新实践。本章深入其中两个各具特色的案例，分别对应政府通过外部社会组织介入和社区自组织生成两类不同的动力机制，并呈现出其中至关重要的文化、社会关系、组织等关键要素。本章最后对这些案例中呈现出来的乡村社区活力激发路径、经验以及存在的张力进行了归纳和讨论。

第一节　外来社会组织撬动乡村活力[①]

（一）外来社会组织介入乡村的挑战及策略框架

　　当前，社会组织已成为我国乡村振兴的一股重要力量。然而，社会

①　本部分相关内容参见：郑观蕾，蓝煜昕. 渐进式嵌入：不确定性视角下社会组织介入乡村振兴的策略选择——以 S 基金会为例 [J]. 公共管理学报，2021（1）：126 – 136 + 174.

组织在介入地方，与地方社会和地方政府打交道时往往面临不确定的社会环境，这主要包括两个方面：权力的复杂性，以及"地方性知识"的模糊性。我国是一个政权组织建设极为有效和强大的国家，地方行政体系在主导地方社会生活方面仍占据重要地位，这在贫困地区、民族地区特别突出。① 对于社会组织来说，政府仍是最有资源、最有动员能力和最合法的工作正当性之来源，与政府合作既能保证社会组织工作的合法性与正当性，又能保证工作效益的最大化。然而，社会组织与基层政权的合作往往缺乏制度化的保障，从而使得社会组织和基层政权的合作关系往往呈现出临时性、多变性的特点，具有很大的不确定性。②

"地方性知识"是地方社会在长期的社会历史发展过程中形成的文化、价值观、风俗习惯等，彰显出不同社会文化的特殊性和多样性。③ 有学者指出，国际非政府组织在中国投资项目时因受"地方性知识"的控制而呈现出"入场"的被动性和"运作"的依附性，最终导致项目发展受到影响。也有学者强调，作为第三方的社会组织在介入乡村建设时由于转型的走向不确定，需要"摸着石头过河"，然而乡村基层的复杂局面又经常让第三方"摸不着石头"，不仅在行动上难得要领，也与当地文化格格不入。④

面对陌生且不确定的社会环境，社会组织采取什么样的策略介入乡村，才能真正撬动乡村社区的活力并产生可持续的影响？本节以 S 基金会参与乡村振兴的过程为案例，分析社会组织在介入乡村社区的过程中所采取的策略及其影响。

社会组织参与乡村振兴既要与政府合作以更好地"入场"，又要深入了解"地方性知识"以更好地"运作"。近年来，社会组织参与乡村发

---

① 杨小柳. 地方性知识和发展研究 [J]. 学术研究, 2009（5）: 68.
② 陈泓冰, 官宇. 试析我国非政府组织与乡村政权的关系 [J]. 知识经济, 2007（9）: 53.
③ 图力古日. 地方性知识研究的历史维度及其内涵 [J]. 云南社会科学, 2017（6）: 82.
④ 罗婧. 他山之石, 却难攻玉？——再探"第三方"改造困境的源头 [J]. 社会学研究, 2019（5）: 217 - 241 + 246.

展的方式越来越多元，除了参与式扶贫之外，嵌入式扶贫也逐渐兴起。嵌入理论成为一个重要的分析视角，从该理论出发探讨社会组织介入乡村发展的策略成为近期学者们关注的重点。

在实地调研中，我们观察到社会组织在介入地方社会时，面对不确定的社会环境，采取了一种"渐进式嵌入"的策略。这种策略强调嵌入的先后顺序，它更好地解决了社会组织的"入场"问题，并为撬动社区可持续发展创造了条件。我们提出的"渐进式嵌入"是指社会组织在介入地方社会时面对不确定的社会环境，按照特定的顺序逐步嵌入客体，以推动乡村社区的可持续发展。基于此，下文将按照"环境—策略—结果"的思路，构建一个社会组织介入乡村振兴的分析框架（见图10-1）。

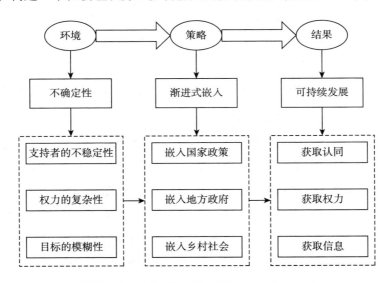

图10-1　社会组织介入乡村振兴的分析框架
资料来源：笔者自制。

其中，环境的不确定性包括支持者的不稳定性、权力的复杂性以及目标的模糊性。从支持者的角度来看，社会组织在进入地方社会之初由于缺乏社会根基，其身份常常受到质疑，从而缺乏稳定的支持者。从权力的角度来看，地方社会的权力具有复杂性。地方权力集中在地方政府手中，在地方行政体系中，官员频繁调动、换届，从而增加了社会组织与政府的沟通成本；社会组织的项目需要多个政府部门审批，官员的心态存在差异，从而降低了办事效率；地方官员常以结果为导向，追求政绩，关注项目的进展速度和实际效果，从而增加了社会组织的工作压力；地方政府和社会组织对于"乡村发展""乡村振兴"有不同的理念，继而影响了合作关系。从目标的角度来看，乡村社会对于乡村振兴的目标具有模糊性。在乡村社会中，村民的需求具有多样性和模糊性，从而影响社会组织项目的制定；村民的社会关系具有复杂性，从而影响社会组织与村民建立信任关系；乡村的文化具有传承性，从而影响社会组织对"地方性知识"的理解和把握。这一系列社会问题使社会组织在介入乡村之初面临许多压力和挑战。

面对不确定的社会环境，社会组织在介入乡村时可以采取渐进式嵌入策略，这种策略可以帮助社会组织更好地扎根地方，与地方社会建立起关系。首先，社会组织要嵌入国家政策。近年来，精准扶贫和乡村振兴成为我国重点扶持的发展领域，社会组织响应国家号召，积极投身于乡村发展事业。社会组织通过将公益实践与国家政策相结合，在发展纲领、项目制定、时间规划等方面凸显国家的大政方针，实现政策嵌入。其次，社会组织要嵌入地方政府。地方政府是地方权力的载体，社会组织既要在保持独立性的同时与地方政府合作，又要处理好与地方政府的关系，实现行政嵌入。最后，社会组织要嵌入乡村社会。乡村是社会组织参与扶贫和乡村振兴的"主战场"，社会组织可以根据乡村的资源禀赋和利益诉求，通过调研走访了解乡村的基本信息，并借助乡贤、宗族、文化等力量与村民建立起信任关系，最终实现嵌入。

（二）S基金会介入乡村的案例分析

M集团作为广东省的知名企业，为了回馈社会并积极响应国家号召，于2017年11月正式启动了精准扶贫项目，其中一个扶贫点落地于广东省深圳市。此后，在2018年6月，M集团又出资200万元成立了S基金会。S基金会成立后，M集团的创始人先后以个人名义向S基金会捐赠了2亿元用于支持深圳市的精准扶贫和乡村振兴事业。深圳市位于山区，属于三省交界地带，下辖3个区、7个县（市）。S基金会从深圳市选出了八个项目村，作为重点扶持村落，其中五个村位于R县，三个村位于N市。这八个村的资源相对贫乏，外出务工是当地人最主要的收入来源。

作为一个外来的社会组织，S基金会在介入之初面临许多挑战。对此，S基金会的一位高管这样总结：

> 我们作为一个新建立的机构来讲，本身磨合、专业能力的沉淀都是不够的……在乡村振兴的议题下，我们是没有参照标准的，实际上几乎都是摸着石头在过河。（访谈资料：20190715，W先生）

面对不确定的挑战，S基金会首先巧妙地通过政策嵌入将其发展纲领和项目规划嵌入国家政策，不仅在其名称中加入了"乡村振兴"，成为国内首家以"乡村振兴"命名的公益组织，而且在具体的项目规划中，将工作目标与精准扶贫和乡村振兴的时间节点相结合，具体确定了短期、中期和长期目标。通过政策嵌入，S基金会获得了各方力量的支持和认同。

在解决了政府与社会的认同问题后，S基金会还与地方政府、扶贫工作队建立起合作机制。在进入深圳市之初，S基金会的高层便多次与市政府的相关领导举行座谈会，了解各单位的利益诉求并将其纳入基金会的顶层设计。为了选出合适的项目村，S基金会的高管与深圳市政府的相关单位不断沟通，并在政府的帮助下选出了八个项目村，顶层设计和项目村选取都融入了地方政府的意见，S基金会也由此与地方政府建立了初步的嵌入关系。为了使这种嵌入关系更牢靠，S基金会特意安排基金会的副秘书长长期对接市政府和县政府，项目经理对接镇政府，项目专员则直接对接村委会，并由此建立起了密切的私人关系，为后续的嵌入奠定了基础。为了保障项目顺利开展，S基金会与深圳市各级政府成立了联席会，由市政府的分管领导担任组长，政府各相关单位负责人以及S基金会负责人担任成员，各级政府发挥政策协调、机制保障、管理支持等作用，S 基金会则发挥资源协调、决策管理、执行运营等作用，以此明确各单位的职责。S 基金会还将两个项目办公室设在政府单位中，既加强了与政府官员的日常互动，也深化了与地方政府的嵌入关系。

扶贫工作队是 S 基金会建立嵌入关系的第二个主体。一方面，S 基金会与扶贫工作队在同一项目上投入资源，提升资源的利用效率，使村民最大限度地受益。另一方面，S 基金会的工作人员在日常工作中与扶贫工作队的驻村人员频繁互动，二者由此建立起了密切的私人关系，S 基金会的工作人员也在无形中将基金会的理念和价值观嵌入驻村人员的认知中，并由此获得了驻村人员的理解和支持。

S 基金会嵌入国家政策、嵌入地方政府的最终目的是嵌入乡村社会。与中国广大农村一样，深圳市的乡村也具有村民需求模糊、社会关系复杂、文化多元等特点。这使得 S 基金会在进入项目村之初对乡村缺乏了解，因此需要"摸着石头过河"。此外，S 基金会涉足的项目村多达八个，每个项目村的情况又有所不同，这也进一步增加了 S 基金会介入乡村振兴的压力和挑战。面对各项目村不同的资源禀赋和实际需求，S 基金会采取了三类方式嵌入乡村并撬动乡村活力。

1. 通过乡贤嵌入乡村

乡贤是参与乡村振兴的重要力量。有学者将新乡贤分为两类，即精英型新乡贤和平民型新乡贤，前者属于"不在场乡贤"，通过捐资捐物、建言献策等方式参与乡村振兴，后者属于"在场乡贤"，以投入时间、精力、技术和文化等形式参与乡村振兴。[①] 深圳市八个项目村的乡贤多为平民型乡贤，S 基金会在介入项目村之初便注重对乡贤的挖掘。然而，乡贤可遇不可求，并非每个村子都有乡贤，也并非每位乡贤都愿意参与乡村振兴。在乡贤可以发挥积极作用的村子，S 基金会常借助乡贤嵌入乡村。例如 R 县 D 村，基金会的工作人员在介入该村之初，便认识了青年乡贤

---

① 高万芹. 新乡贤在乡村振兴中的角色和参与路径研究 [J]. 贵州大学学报（社会科学版），2018（3）：127–134.

D先生，他是一位有能力且对乡村发展有热情的村民。此后，在不断交往互动中，S基金会的工作人员与D先生建立起了信任关系。于是，S基金会便将他作为与村民沟通的桥梁，以避免与村民直接沟通交流时可能产生的摩擦和矛盾。另外，S基金会借助他推动D村成立了村民理事会，D先生被推选为会长。村民理事会的成立提升了D村村民的议事能力和自主性，也提高了S基金会在D村的工作效率，S基金会由此获得了村民的信任和支持。

2. 通过宗族嵌入乡村

宗族在中国的传统社会中发挥着重要作用，在华南地区更是如此。作为华南地区的县市，R县和N市拥有悠久的宗族传统，N市至今仍保留着一条古巷，它被视为广东人的发源地，每年都有许多人到此"寻根"。S基金会在介入项目村之初便意识到了宗族的作用，注重挖掘宗族文化并通过宗族嵌入乡村。在N市Z村，一开始项目进展缓慢，S基金会难以获得村委会和村民的信任和支持，二者的关系一度陷入尴尬境地。面对此局面，项目专员Z先生主动调整思路，绕开村委会，通过宗族嵌入Z村。在调研走访时，他发现Z村的宗族力量雄厚，村里不仅保留了历史悠久的祠堂，而且宗族长者依然在村庄事务中发挥积极作用。Z村为单姓村，村民普遍姓徐，目前共有四个辈分，即道、学、承、友，道字辈是最高的辈分。Z先生发现，在村庄会议中，学字辈的村支书虽然有权力，但却对两位道字辈的长者毕恭毕敬，于是他便主动与这两位宗族长者建立起了私人关系，获得了他们的认可和支持，继而通过他们与村支书等建立起信任关系，最后嵌入乡村并获得村民的支持。对此，Z先生说：

> 我在进入Z村时有几个策略，宗族这块是我最倚重的，最早就是跟两个最高辈分的老大爷建立了联系，跟他们聊天，向他们介绍我自己和基金会，随后他们带我和村支书、其他村干部聊，慢慢找到了突破口，所以我不是通过村委会，而是通过两位宗族的长者进入Z村。（访谈资料：20190621）

此后，Z 先生及其所代表的 S 基金会与 Z 村建立起了良性互动关系，基金会从村干部和村民处了解到村庄的真实信息，村民也积极向基金会反馈真实需求，从而推动项目落地。除了 Z 村，S 基金会在嵌入 N 市 J 村时也借助了宗族的力量。在进入 J 村之初，项目专员 X 先生了解到村民有重建牌坊的意愿，这座牌坊属于 G 氏宗族，已有三四百年的历史，是清廷为嘉奖村里一位妇女而建，由于年久失修而破败不堪。于是，S 基金会便支持村民重建牌坊，并联合村委会和 G 氏宗族成立了牌坊筹建委员会，迅速启动了牌坊重建项目。在此过程中，S 基金会出资但仅发挥协助作用，更多的工作交由 G 氏宗族统筹，从而借助宗族的力量调动了村民的积极性，最终历时五个月完工。新牌坊落成后，G 氏宗族自筹经费举办了近十年来最大的一次聚餐活动，许多在外的村民都回来参加了。通过该活动，G 氏宗族的凝聚力得以加强，S 基金会也获得了村民的认同，为后续项目的开展奠定了重要基础。

3. 借助文化嵌入乡村

文化属于"地方性知识"，代表一个地区或一个族群的价值观和生活方式，能对人们的生产生活产生深远影响。为了了解村民的生活习惯和价值观，S 基金会一开始就注重挖掘各项目村的文化并借助文化嵌入乡村。

基于各项目村不同的文化习俗，项目专员因地制宜，开展了丰富多彩的社区文化活动，通过文化将村民凝聚起来，也通过文化与村庄建立嵌入关系。例如，在 R 县 F 村，项目专员 D 女士在介入该村之初便了解到村里有舞狮的传统，于是在她和 S 基金会的积极推动下，F 村成立了一支舞狮队，S 基金会拨款 1 万元用于购买道具、设备等。舞狮队的成立主要是为了培训村里的儿童，传承传统文化。村里的两位老者担任师傅，项目专员 D 女士也常常出现在舞狮队的排练现场并给予积极的引导。经过一段时间的孵化，舞狮队可以自主训练了，儿童们的热情也被调动起来了。这一举动不仅传承和发展了村里的传统文化，而且活跃了村里的文化气氛。又如，在 R 县 H 村，项目专员 Y 女士在介入该村之初就发现村里的妇女喜欢跳广场舞，但苦于没人组织。于是，Y 女士便利用业余时间自学广场舞并在每个周末的晚上牺牲个人休息时间来到村里教妇女们跳舞。最终历时两个多月，H 村的广场舞队组建起来了，选举出了队长，还制定了舞队的组织规则。为了增加妇女们的信心，Y 女士还联合其他自然村的广场舞队举行了一场汇报演出，吸引了许多村民前来观看，受到了村民们的好评，H 村妇女的自主性和参与感也因此得到了提升。

在其他项目村，项目专员通过举办趣味运动会、春节送春联活动、端午节慰问老人活动等，拉近了与村民之间的距离，获得了村民的认同，唤起了村民对村庄文化的兴趣，丰富了村民的日常生活，也推动了 S 基金会更好地嵌入乡村。在此过程中，S 基金会也将其所倡导的"公共精神"嵌入乡村文化之中，通过成立文娱类的自组织提升了村民的自治能力，通过举办文娱活动提升了村民参与社区活动的积极性，这都为项目的落地奠定了良好的群众基础，也创造了良好的文化氛围。

总的来看，S 基金会通过借助乡贤、宗族、文化等，深化了与村庄的嵌入关系，活跃了乡村的社会氛围，并在潜移默化中将 S 基金会所倡导的价值观嵌入村民的认知、乡村的治理结构和文化之中，为后续提升乡村活力创造了有利条件。

（三）S 基金会的经验探讨

外来无权的社会组织在乡村面临不确定的社会环境，在乡村社区的"入场"和"运行"方面都面临挑战。S 基金会采取了渐进式嵌入策略，从嵌入国家政策到嵌入地方政府再到嵌入乡村社会，一步步撬动了乡村的内生力量，激发了乡村社区的活力。

渐进式嵌入过程的渐进性主要体现在嵌入的先后顺序上。作为新成立的社会组织，S 基金会首先面临支持者的不稳定问题，于是通过将名称、宗旨、发展目标等嵌入国家政策而获得了政治合法性，并由此获得了各方力量的支持并引入了各种社会资源，为进入地方社会"造势"。此后，S 基金会又面临地方权力的复杂性问题，于是通过将顶层设计、人际关系、组织结构和项目规划嵌入地方政府而与地方政府建立起了合作关系，由此整合了政府资源并获得了权力，为进入乡村社会"铺路"。接着，S基金会又面临目标的模糊性问题，于是通过调研走访、嵌入乡村社会而获得了"地方性知识"，并与村民建立起信任关系。S基金会不仅在嵌入不同的目标对象上呈现出渐进性，在嵌入同一目标对象时也呈现出渐进性。例如，在嵌入乡村社会时，首先通过调研走访与村民建立起初步的嵌入关系，继而通过嵌入地方社会结构进一步加深了嵌入关系，体现出S基金会的策略性。此外，S基金会针对不同的目标对象，并没有采取同一种嵌入方式，而是采取灵活多元的方式嵌入。例如，在嵌入乡村社会时，S基金会结合各村的资源禀赋和优势，分别借助乡贤、宗族和文化等力量，具有灵活性，也适应了各项目村的社会环境，推动项目落地。

S基金会通过渐进式嵌入，不仅获得了各方力量的支持和各种社会资源，而且扩大了社会影响力，地方政府也开始主动与S基金会合作。渐进式嵌入策略有效地解决了社会组织"入场"面临的不确定性问题，同时也为项目的"运行"奠定了基础，推动社会组织与地方政府和乡村社会建立起良性互动关系。渐进式嵌入是社会组织参与乡村振兴的一种有效策略，具有重要的推广意义。第一，社会组织在介入地方社会时可以有针对性地嵌入国家政策，将国家政策作为身份合法性和项目正当性的"基石"，将组织的宗旨和目标与国家政策相结合，以此调动多元力量的支持和多种资源的注入。第二，社会组织在介入地方社会时可以有策略地嵌入地方行政体系，在保持自身独立性和自主性的同时，与地方政府建立起合作关系和私人网络，将所开展的项目与地方政府的需求相结合，以融入更多政府资源和权力。第三，社会组织在介入地方社会时可以有目标地嵌入乡村社会，在向村民提供社会服务的同时调动乡村的社会资源，同时将"公共精神"等价值观嵌入村民的认知体系和乡村治理结构中，提高村民的主体性和积极性，激发乡村社区的活力，推动乡村振兴并实现可持续发展。

第二节　乡贤与慈善自组织撬动社区活力

如果说 S 基金会参与乡村振兴的案例是一个外来社会组织通过自上而下的方式撬动乡村社区活力的案例，那么接下来的这个案例，则是一个乡村自组织通过自下而上的方式，借助乡贤的力量撬动乡村社区活力的案例。①

（一）N 镇乐善模式的起源

在一个普通的粤东山区小镇，一群名不见经传的村民发起了乡村志愿服务，一开始只是在敬老院里"羞羞答答"做公益，但是最后却复制扩散到全镇 45 个行政村，并且这些村都成立了慈善互助的"乐善群"，这就是"乐善"的案例。通过搭建人人可参与的互助微信群，分散在城市和家乡的同村人自组织起来支持家乡的扶贫济困和乡村振兴事业，重新激发了乡村社区的活力，并形成了一个跨越城乡边界、以家乡人为主体的"公共领域"，重塑了乡村社区的治理格局。

乐善群是以粤东 N 镇各村微信群为连接载体的乡村慈善自组织，自 2017 年 4 月开始活跃起来，但是，N 镇志愿者活动的开展却比这早了一年。2016 年的暑假，"乐善"故事的关键人物 L 老师从东莞辞掉公办高中教师工作，在返乡照顾患病奶奶与父亲的间隙，在 N 镇老家组织义教活动，带领村里 50 多个小孩子诵读《朱子家训》。

他在家乡之际，当地一位年轻人（N 镇政府临聘人员）寻上门来，流露出在 N 镇成立一个志愿队伍的想法，L 老师欣然应允并牵头实施。经过 3 个多月的筹备，到了 2016 年底，才招募到 7 名热心村民志愿者。他们买了锄头、铲子和扫把，想在镇区扫马路，但毕竟是头一回，当时大家都有点害羞。于是，这 7 名最早的 N 镇志愿者便选择了在"高墙内"的镇敬老院打扫卫生。随后一个月内，他们又在敬老院组织了 5 次慰问

---

① 本案例来源于课题组 2019 年 7 月在广东省梅州市 F 县的调研。

活动。

2017 年 1 月，志愿者第一次走进村里开展志愿活动。当地近百岁高龄的老人感叹道：

> 神奇神奇真神奇，活了长长的一辈子，竟然有志愿者来吾村慰问。

尔后两三个月，志愿者队伍发展到了二三十人。

然而，志愿服务活动在 N 镇尚属新鲜事，因此面临着来自亲友和社会的许多压力。2017 年初，L 老师短暂外出工作了一段时间，这次外出机会让他接触到了 M 县的 Y 氏宗亲群，并与广东省南粤公益基金会建立起了联系。2017 年 3 月 27 日，L 老师被广东省南粤公益基金会任命为南粤志工 N 镇服务队（简称"N 镇志工队"）创建队长，授权组建"南粤志工 N 镇服务队"，同年 7 月，南粤志工 N 镇服务队在镇政府会议室成立。此后，N 镇志愿者正式注册成为合法志愿服务组织。2018 年初，L 老师担任广东省南粤公益基金会志愿服务队总干事，并在广东省委党校办公，其于同年年底辞职离开基金会，再次回到家乡 N 镇。

时间再回溯到 2017 年 2 月，N 镇 X 村有一户 L 姓困难家庭，家中有一个 2 岁的兔唇女孩亟须手术，引起了志愿者们的注意。志愿服务队在下乡开展志愿活动时，了解到乡亲们有些亟待解决的困难，但是志愿者能提供的帮助有限。于是，L 老师便通过微信群向乡亲们发起了爱心筹款倡议，很快便筹集了 3 万多元善款，成功地助力小女孩完成了手术。此时，L 老师意识到了"自己人帮自己人"的能量可以非常大，能为乡亲们解决许多困难。就这样，在 2017 年 3 月，N 镇的第一个微信群"乐善群"在 X 村成立了，它被命名为"X 村乐善群"。

X 村乐善群主要由村内热心乡亲组成，推选群主并组建群理事组，管理乐善群。乐善群接受村内乡亲的热心捐款，根据开展爱心活动的需要，在微信群内向村民发出募捐公告，以群内微信红包的形式接受村民捐款，不限定捐款额度，由专人领取群里的爱心红包，并及时在群内建档公开捐款人和捐款金额，所有善款专用于 X 村内公益活动，善款尽量做到月月结清，未结清的款项作为公共基金留存。X 村乐善群每月在村内做爱心公益活动，及时公布善款开支，并留存档案，村民可随时查阅财务状况。救助兔唇女孩成为乐善群的第一个成功案例。

热心村民，尤其是村里成功的企业家们为家乡所做的慈善事业不断带动和感染家乡的父老乡亲们，N 镇的志愿者们慰问困难村民、关注村内公共事务的慈善行为也不断激发着普通村民的积极性。"帮助别人就是帮助自己"，"慈善不只是有钱人才能做的，我们普通人也可以做"，村民们纷纷表示。乐善群为这些原本想为家乡做点事情的村民们提供了可参与的公益平台，而这一形式也很快在各行政（自然）村扩展开来。

南粤志工 N 镇服务队频繁开展的爱心公益活动，以及 X 村乐善群的成立及其迅速扩大的影响力，逐渐感染了乡亲们，他们纷纷加入本村的乐善群，其中有不少活跃在外地的商会成员、本地小老板、乡镇干部、村干部、学校教师，以及当地著名企业家 Z 氏家族的成员等。L 老师表示，当时乐善群的发展"很是火爆"。

之后，各村乐善群也纷纷建立了各自的群规和章程。以群公告形式，明确乐善群的宗旨、捐款注意事项等，同时制定具体章程，参照正规基金会的章程，对乐善基金会进行了制度化规定，对基金会的宗旨、理事会的组成及其职责、运行规范、基金的用途等都进行了规范。

乐善群从扶贫济困救急等慈善行为扩展到关注村级公共事务议题，L老师将其形容为"没事找事做"。从最开始在敬老院慰问老人和打扫清洁，到走进中小学进行"奖学奖教"，到对孤寡老人、低保户、五保户、因病致贫等贫困家庭"扶危济困"，到参与铺路修桥、路灯安装等美化村居环境的村居公共事务，再到参加关注老兵、在烈士陵园扫墓等公益活动，乐善群所涉及的活动类型越来越丰富，参与的人员也越来越多元。

随着活动的开展，"摸着石头过河"的乐善群逐渐找到了一条相对成熟和可复制的运行模式。在随后的两个月内，乐善群模式迅速扩展到了 N 镇的 35 个行政村。2019 年 11 月的调查显示，N 镇 35 个行政村自主建立了 45 个乐善群，各村乐善群成员平均在 200—400 人，占全村户籍人口的 10%—20%，各乐善群每月能筹集到几千元到几万元不等的善款，乐善"一元捐，月月捐"的爱心倡议已经逐渐进入了普通村民的日常生活中。

（二）乐善模式的扩张、传播与困境

作为一个山区小镇，N 镇经济并不发达，由一群名不见经传的普通村民发起，后又扩展到村村都有的慈善模式也快速进入了外部人的视野，T 先生就是其中之一。他是 G 组织的创始人和理事长，"新乡贤工程""村村有慈善"的发起人，"爱乡宝"CEO。由于 N 镇乐善模式正好是 G 组织和 A 组织所关注的业务领域，乐善所做的事情很快吸引了 G 组织 T 先生的关注。在建立联系后，2019 年正月，L 老师等邀请 G 组织创始人 T 先生到 N 镇考察乐善群，事后 T 先生撰文表示，他被 N 镇乡民互助慈善的民风民情所打动，并有了强烈向外界推介 N 镇乐善模式的想法。他说：

> 我读出了他们的自豪和幸福，对于这样的幸福是忍不住广而告之。
>
> 他们渴望我能让乐善群的模式更上一个台阶。
>
> 希望能通过乐善群的模式让全国更多的农村得到帮助。

T 先生积极调动自身的社会资源，通过媒体报道传播乐善模式，并邀请来自中山大学、广东工业大学、中共中央党校、中国社会科学院等的学者对乐善进行了考察，挖掘乐善群的学术与实践价值，试图说服当地镇政府接纳自组织的乐善公益。然而上述系列报道和专家调研让镇政府感受到了压力。尽管各地媒体对乐善群和乐善骨干进行了大量的报道，但没有得到镇政府的积极回应。

2019 年 8 月，镇领导开始以非正式的方式阻止党员干部参加乐善群，甚至在业余时间也不能参与义工活动，同时禁止村委会和学校等场所举办与乐善群有关的敬老奖学活动。L 老师说，原本很多积极参与活动的地方干部和老师，现在都不愿在公开场合谈论乐善了。那么，为什么在 N

镇志工队成立之初，镇党委书记给予了支持，镇长和部分乡镇干部也加入其村所在的乐善群，但此后乐善群的行为和倡议却没有得到政府的正式支持呢？让我们先看看乐善群涉及的几场风波。

1. 风波一：救助兔唇女孩事件

2017 年 2 月，L 老师知悉 N 镇 X 村有一户 L 姓家庭生活不幸，家中有一个兔唇女孩无钱医治。于是，L 老师等 N 镇志愿者创设了乐善微信群，为兔唇女孩募捐筹集了一笔资金，用于后续的手术治疗及对 L 姓家庭的帮扶。这一案例成为乐善群扶贫济困首个成功案例。

L 老师讲述了当初发起救助兔唇女孩的情形：L 姓家庭虽被政府列为低保户、五保户政策的受惠群体，享受政府的补助帮扶，但是这些帮扶难以帮助兔唇女孩完成手术治疗。

> LSZ 的老婆有精神病，锁在家里，兄弟们也婚姻不幸，女儿兔唇，家里贫困，县里一个月给两三百块，求人不如求己，我们于是搭建一个桥梁。（L 老师）

乐善群在宣传时，认为是自己的团队发现了 L 姓家庭的困难，并首先发动了热心人士参与。从 2019 年的报道内容来看：

> N 镇志愿者起到桥梁的作用，热心的乡亲和爱心人士发起了爱心倡议书，社会各界人士、乡亲们伸出了援助之手，大爱无疆。（报道内容 1）

乐善在报道发起人和参与人时，并没有强调政府人士在事件中的作用。

实际上，从乐善群的其他报道来看，村干部也参与了兔唇女孩的救助行动。

> X 村书记、主任等村两委人员为这个家庭送去了无数温暖。（报

道内容2）

镇政府有关干部认为，政府并未缺席对 L 姓家庭的关怀和帮扶，从相关政策上给予了帮助，同时也在积极协调女孩做手术的事情。显然，乐善群将功劳独揽的行为引起了政府人员的不满。N 镇 Z 主任说：

> 兔唇女孩那个事情，他们的划片片长（W 委员）和村干部一直在协调……为什么变成了他们牵头？

X 村 W 主任也证实了上述说法：

> 划片片长（W 委员）之前都和我说过申请低保的事情，最后是 X 老板安排了小孩的（治疗）。

2. 风波二：五保户盖房子事件

2017 年 6 月，C 村有一个五保户房子常年漏雨，C 村乐善群为其家的屋顶盖了彩布，并送去了慰问物资。C 村乐善群主 Z 先生回忆道：

> 那个五保户有残疾，腿脚不方便，每次下雨时，住房都漏水，为此，乐善群和志愿者在屋顶上盖了彩布。

乐善群也只是暂时帮助缓解了居住环境的艰苦。2019 年 3 月 L 老师发的一条朋友圈信息显示：

> 该五保户住房落雨的问题仍未得到解决。

C 村乐善群主 Z 先生是当地的一名中学老师，Z 先生谈论到，当时镇政府看到后表示这样做"不太好看"，这个不好看并不是因为彩布与房屋不搭配，而是觉得 C 村乐善群"抢了政府风头"，政府表现出"不乐意"，乐善群受到了镇政府和村干部的责难。Z 先生为此感受到了来自政府和学校的压力。

> 校长被政府叫去几次，说乐善是"非法的"，小心被开除，职位没有了，我也压力很大的。（Z 先生）

然而，N 镇政府却讲述了另一个版本的故事。N 镇负责民政工作的 H 主任认为，乐善群为五保户盖彩布是在选择性宣传，实际情况并非如此。

> 宣传方面不够正能量，过分反面宣传。
> 五保户漏雨的那个房子不是常住的，是一个放杂物的地方，他们（乐善志愿者）装了塑料板，然后拍照。（N 镇政府 H 主任）

实际上，政府每个月给该五保户 900 多块钱，加上 200 多块的新农保，一共 1100 多块钱。

> 而对比乐善每个月给 200 块钱的慰问，乐善不能指责镇政府不作为，而夸大自己的作用。（N 镇政府 Z 主任）

3. 风波三：J 村委换届选举风波

> 我们把握了六成的选票，为什么你还选得那么高，你怎么会当选？（J 村书记转述）

2017 年，J 村委换届选举后，一位 X 村乐善骨干这样质问村书记，而村书记则认为，乐善干扰了基层村委的选举。因此，部分村委干部和镇政府领导认为乐善的行为已经超出了慈善的边界，干扰到了基层组织的选举秩序，对基层秩序造成了不良影响。

J村书记谈到，刚开始村干部也很支持乐善，甚至都加入了群内，后面乐善就村内部分公共事务的开展提出了一些自己的建议，村委认为：

> 他们想指挥村子干什么。（J村书记）

例如，乐善提出要在村委会挂牌，但被村干部以乐善为民间组织，还没得到政府许可为由拒绝。

> Y基金要在村委会挂牌，我这个村是党政机构，你们是民间机构，除非政府来文。（J村书记）

也有村干部抱怨，乐善群做慈善本来是好事，有部分人打着慈善的旗号，给政府工作形成了阻力。

> 本来慈善是好事，打着乐善旗号，反对政府工作。（村书记2）

政府干部暗示这部分人可能是选举中落选的人。

> 人员是哪里来的，有落选村干部想选干部，落选的一部分人去组成乐善。（N镇副镇长Z先生）

但也有乐善群主指责他所在村的书记在入党事情上公报私仇和拉拢自己的人。

> 刻意不让一些与他有私人矛盾的人入党，尽管这个人经常出钱为村里做好事，如疫情期间向村里捐了很多消毒水。（乐善群主L先生）

正如村干部指出，乐善群在开展工作时，存在选择性宣传，挑选不好的一面进行放大，却没有看到政府的工作成果，造成政府的形象受损。

> 五保户已经搬迁了，他们只拍老房子不拍新的。为什么去拍危房呢？这就是一种负能量。（J村书记）

村干部认为乐善的这种宣传误导和赢得了乡贤的同情心，但降低了村干部的威信。

> 我们村里的常住人口少了，大量的人在外面，外面的乡贤看到，怎么这个情况，这就误导了乡贤。村干部的威信下降了。（J村书记）

甚至，乐善群个别成员与村干部之间存在一些（私人）矛盾，为此指责村干部存在财务问题，呼吁群成员和热心人士不要支持书记工作，给村工作的开展形成了阻力。

> 在言语上对两委干部进行攻击，这是我们不能接受的。（N镇X镇长）
> 志愿者又说哪个书记拿钱玩去了，拿钱去旅游了，让大家不要捐钱。（S村书记）

4. 风波四：腊八节广场施粥事件

2019年1月13日，太平寺N镇念佛堂楼下H小学的球场上正在施舍腊八粥，同时赠送佛像、佛卡、经书、讲经机等物品，此次活动由L老师负责，吸引了部分信众和群众。在腊八节向公众施舍粥本身作为宣传传统文化的形式无可厚非，但从活动的宣传单来看，此次活动的目的是：

> 能让我们N镇这里更多的人有缘接触到佛法，与佛结缘。（摘录

自活动宣传单）

另外，活动的地点选址较为特殊，念佛堂楼下是一个小学的操场，从活动现场的照片来看，还有很多学生在现场。

在具有宗教色彩的腊八节大量人群集聚在一起，政府有关部门感到紧张不是没有道理的。尽管此次活动的宣传上并没有打出带有"乐善"的横幅，也没有穿着带有"乐善"的马甲，但 L 老师具有乐善创始人的身份，他是此次活动的负责人，L 老师和乐善群责任很大。镇干部向我们介绍道：

> 这次活动并没有向有关部门备案，现场有几百人，人员来自不同的村组，有几百个人在一起，政府很紧张，当时甚至出动了公安维持秩序。（X 村 Y 书记）

政府担心有人打着慈善的名义，从事非法的事情。谈到这一点时，有政府干部特意提到了几十年前某些邪教组织在 N 镇非法活动的案例。

> 它们也是打着做慈善的幌子，在学生和老师中间进行渗透，造成了极坏影响。（N 镇 L 委员）

（三）自组织如何与既有体制兼容：乐善的未来

乐善群产生之初，很多镇政府人员、村干部、校长和老师都参加过乐善群的活动。但是后来，不仅镇政府人员退出了乐善群，还要求村干部、校长和老师都退出乐善，可见镇政府对乐善并不是一种接纳的态度。

从部分村干部和乐善群主的反馈情况来看，乐善群在某些慈善活动中给村委和政府的形象带来了不好的影响。实际上，N 镇政府也肯定了乐善群成立的初衷，但在运行过程中存在着如何与党委政府融合的问题。

将 N 镇乐善群置于 N 镇乃至所在县的慈善工作体系中看，我们会发现，以乐善为代表的平民慈善不能代表 N 镇慈善，只是 N 镇慈善格局中的一个小角色。N 镇是一个地处山区的小镇，没有什么工业产业，经济较为落后，而较为独特的是，这里走出了很多成功的企业家，以 Z 氏家族为代表的这群成功企业家依然心系家乡的父老乡亲。据不完全统计，以企业家为主的乡贤累计向家乡捐赠了近 500 亿元，而梅州市一年的 GDP 不到 2000 亿元，N 镇及所在县的医院、学校、公路等公共基础设施的建设几乎都得益于乡贤企业家的捐赠，企业家的捐赠被誉为当地政府的"第二财政"。福布斯 2020 年中国慈善榜前 10 位企业家中，N 镇籍企业家占两席。

在"积善成德""因缘福报"等传统思想和行善文化的潜移默化影响下，宗祠庙宇、善堂古屋在 N 镇随处可见，一些牌匾、碑刻、楹联和祖训中所宣扬的"善"的理念，也不断影响着 N 镇人的日常生活，可见，慈善理念和互助传承在 N 镇这个山区小镇并不是一件新鲜事。尽管近年来乐善互助在 N 镇蔚然成风，但若将其置于 N 镇的整体慈善格局下来审视，我们会发现，其所涉及的金额规模以及对政府的影响还不能使其居于一个很重要的地位，这也难怪部分村干部会说：

> 我们村做公益做的很多，乡贤老板和村民也很支持，乡贤村民都捐钱，我们村就没有乐善群。
>
> Y 基金也就发发米送送油，给个两百块。
>
> 有的村有大乡贤，H 村是村里主导，捐了几百万，不需要小慈善。
>
> 村里的慈善，我们把它当作互助会，范围很小。
>
> 现在已经比较分散了，这两年都没什么活动了。

可见，以乐善为代表的小慈善在 N 镇政府眼中仅是 N 镇慈善格局的一个简要补充，乐善不应夸大其本身所能产生的影响力。

慈善项目是 N 镇政府推进本地工作的重要资源，N 镇政府并不是不重视慈善。县慈善会作为一个县的事业单位，其会长由县委书记兼任，同时慈善会单独设立 4 个正式编制人员专职负责，可见地方政府是非常重视维持和动员社会资源的，N 镇所在县的慈善捐赠规模每年可达几亿元。另外，在慈善捐赠的管理上，县慈善总会负责统一管理慈善捐赠的资金，根据企业家捐赠意向以项目的形式落地，"大乡贤的捐赠，镇政府也是花费了很多力气去动员的"。大企业家捐赠的大笔资金一般用于实施比较大的基础设施建设，如河道疏浚、堤坝重建、公路硬化等，所在地镇政府负责项目规划落地和执行捐赠意愿，慈善资源以其资金规模和灵活性，成为镇政府推进工作的重要抓手。另外，镇政府负责项目落地的效果直接影响到慈善资金的后续进入。

> 要看到镇政府的工作，镇干实事，给了乡贤信心。（N 镇 X 镇长）

乡镇村居干部是国家各项民生政策和重点任务的一线执行者，他们认为，乐善群不应贪功冒进。当下乡村振兴成为基层工作者的工作重心，除此之外，党建、维稳、森林防火、环境卫生等也成为 N 镇基层干部的日常工作内容。为推进各项政策的落地，N 镇形成了"镇分管领导—驻村工作组—村两委"的镇—村沟通机制与执行体系，村社是最基层的治理单元，"千条线一根针"，村干部是镇政府的主要政策执行者，负责问题识别、上传汇报和执行落地，工作任务非常繁重。

> 村两委干部很辛苦，什么事情都要做。（N 镇政府 Z 主任）

从这个角度来看，乡镇干部的付出和贡献更应该受到关注和宣传，镇政府在村委干部受到委屈时也更愿意站在村委干部的立场上。

尽管镇政府在扶贫政策中投入了巨大的精力，政府也认识到其力量是有限的且不是全能的，需要民间社会力量发挥作用。

国家的扶贫政策是相当多的，医保的、贫困的，政府花了很大的力气。（N 镇 X 镇长）

允许民间的力量，民间的（力量）更大，政府的能力是有限的。（县常委 H 书记）

不可否认，对五保户或贫困户的帮扶形式和资金越多越好，但镇政府认为乐善没有更好地发挥出慈善资金的作用。

五保户每个月给 1000 元，后来每个月给 200 元，为什么不归集起来给重病的，除去报销以后，自费不够的困难人群？（N 镇政府 Z 主任）

政府科层执行体系的烦琐和缓慢与民间救助的灵活与精准，在同时面对特定救助对象时存在一定张力，N 镇政府认为乐善群没有明确自己的定位，在工作方式上没能配合镇政府和村两委，反而过于宣传自己的社会影响力，掩盖了政府工作的付出，暗示或凸显了政府在民生政策中的不作为，存在与政府抢功劳的倾向。

你是大慈善里面的补充，不是主力，不能个人英雄主义，把这些都当成你的功劳，好像我们不作为，你们做了什么？（N 镇政府 Z 主任）

实际上，这也进一步引起了政府对于自我宣传的反思和重视。

我们要把我们做的更好地宣传，要有胸怀和态度。（县常委 H 书记）

乐善群的治理结构与传播能力给政府的治理秩序带来潜在威胁。乐善群借助微信这一现代的普遍社交工具，基于血缘、业缘、地缘等传统社会关系，缩小了离乡工作创业与在乡留守乡民的空间与感情距离，能迅速地动员资源，精准地实施乐善小项目，是乐善成功扩散的关键原因。N 镇 45 个行政村的每一个乐善群，由群主、财务、线下志愿者构成了一个独立功能单元，以本村慈善议题为载体，成为村委和政府的补充，这是政府所期待的。然而，N 镇乐善模式还在 45 个行政村乐善群的基础上形成了以 45 位群主为核心的联络群，以及涉及全镇范围的多个 500 人乐善群，涵盖人群广泛，引起了政府对秩序稳定性的担忧。

> 短短几年能够把村村有乐善凝聚起来，就像一个企业，组织架构、包装宣传等，就像一个企业一样，做得非常到位。（N 镇广州商会 X 会长）

> 千万不能形成层级的管理制度，有没有听人指挥，现在还是平等的业务的交流，都是做好事，一切都 OK，看看底线在哪里。（县常委 H 书记）

> 之前有个学生的身份证丢了，发到群里 1 个小时内，就可以将身份证送到失主手上。（N 镇志工队 W 队长）

可见乐善群具有较强的传播力和凝聚力。政府担忧，如果这种传播力和号召力用在了不好的方面，如宣传负能量或形成一定的对抗，都是对政府威信和公信力的威胁和冲击，而维稳则是基层政府的重要工作逻辑。N 镇地处潮客交会的中心，自古"民风彪悍"，"草根精英"与政府沟通时常常呈现激烈氛围与语言冲突场景，这也是地方民情文化的特色，政府没有理由不担心这种情况会经乐善群发生扩大的可能。

尽管如此，县政府和镇政府并不认为乐善的存在没有必要，也没有解散乐善的想法。实际的问题是，乐善作为村内的自治组织，在保持其一定的自主性的基础上，如何与基层党建相融合，如何与村两委建立合适的工作机制，以此引导乐善合法和规范发展，已成为政府、商会和乐善的共识，但目前政府并没有进一步的政策措施和行动计划。

第三节　本章小结

本章呈现了乡村基层社区活力得以激发的两个案例，并分别代表了乡村社区活力生长的两条不同路径。深圳市 S 基金会参与乡村振兴的案例中，社会组织作为外部力量介入乡村社区并撬动社区自身的组织力量和内生发展。在这一过程中，社会组织采取了自上而下"渐进式嵌入"的策略以应对不确定性并形成可持续的影响，在乡村层面的嵌入和撬动也充分借助了乡贤、宗族组织等传统力量及在地文化的影响。N 镇案例则是自下而上乡村社区草根力量生长的路径，在现代信息工具的助力下，跨越城乡边界的家乡人社群得以生成并向乡村发展和乡村治理注入新的活力，当然案例中这一自下而上的草根路径在成长过程中与既有的乡村治理体制产生了张力，基层党委、政府如何吸纳自组织力量，如何在确保其有序的情况下不至于损害其自组织活力，这成为这类社区活力生成路径未来需要解决的关键问题。

两个案例也呈现出激发乡村社区活力需要关注的共性基础，即如何激活优秀传统文化、情感要素在凝聚社区力量、重建社会关系和基层秩序中的巨大潜力。这也应成为我国社会体制改革在乡村基层这一治理场域中的未来方向和中国特色。

第十一章

非常态下的基层活力：社区
韧性及其建构[*]

当今社会处在一个不确定性因素越发突出的时代，人类在创造物质财富的同时，也制造出更多的危机因素。环境污染、金融危机、食品安全、工业事故等，加之自然灾害，使得社会环境变得越来越脆弱，人类已经进入"风险社会"。人们更是用"VUCA 时代"① 这个概念来概括我们目前所处的这个不断变化，不确定性、复杂性与模糊性不断上升的时代。VUCA 时代随着当今大数据、人工智能、万物互联而不断演化发展，所有人都身处其中，概莫能外。尽管基层社区生活场域与市场环境或更大范围的政治场域比起来要相对稳定，但社区同样面临自然灾害、公共卫生、重大事故等不确定性威胁，并且还面临着基层治理中独特的复杂性、多样性、模糊性和差异化。正如第七章所述，社区活力最终体现为

＊ 本章内容已发表，参见：蓝煜昕，张雪. 社区韧性及其实现路径：基于治理体系现代化的视角［J］. 行政管理改革，2020（7）：73－82.
① VUCA 是易变性（Volatility）、不确定性（Uncertainty）、复杂性（Complexity）和模糊性（Ambiguity）四个单词首字母的缩写。

社区治理与社区发展中的能动性、创造性以及社区共同体面临环境变化时的适应性。本篇前几章重点讨论了常态治理场景下激发社区能动性和创造性的要素与机制，本章则讨论非常态场景下基层社区治理体系的适应性来源，并以新冠肺炎疫情带来的挑战为例，指向社区治理体系的韧性基础及其建构路径。

第一节　社区韧性：应对非常态下的社区治理挑战

在 COVID-19 引发的疫情应对中，我国自上而下的社会动员、干部下沉和对口支援等机制在社区防疫中发挥了关键作用，彰显了举国体制在统筹和执行层面的制度优势。但与此同时，举国体制背后的科层治理高度依赖理性，只有在情况相对明朗后才能找准方向，发挥强大的体制动员力，而在疫情初期的不确定性阶段，基层社区治理体系自身则面临有效性考验。另外，在科层治理发挥作用阶段，自上而下的应急命令频繁下达，常态下的社区治理体系又面临超负荷运转的压力。上述背景引发本章的反思：什么样的社区治理体系才更能在常态与非常态间经受冲击，快速适应环境变化？在基层治理体系与能力现代化的过程中，或在对社区治理创新进行评判的时候，我们是不是应该增加一种非常态思维？由此指向社区治理体系的韧性问题。

"韧性"是源于工程学、生态学、心理学的概念，20 世纪 90 年代韧性概念开始被引入社会系统的研究，"组织韧性""城市韧性"等概念开始出现。韧性概念也从被视为系统对初始状态的一种恢复，发展成为复杂的社会生态系统为回应压力和限制条件而激发的一种变化（Change）、适应（Adapt）和改变（Transform）的能力。[①]

经典的组织韧性研究，关注企业组织在应对外部环境压力时的反应。

---

① Walker B, Holling C S, Carpenter S R, et al. Resilience, adaptability and transformability in social-ecological systems [J]. Ecology and Society, 2004, 9 (2): 5-25.

主要呈现出过程与能力两个视角的研究。过程视角学者运用案例研究的方法，关注组织应对外部环境不确定性的过程机制，认为组织韧性体现在风险分析、贯彻执行、状态维持三个方面。① 能力视角学者认为组织韧性是组织在面临不确定性环境时的一种能力。韧性能力一方面可以是组织利用现存的资源进行反弹，另一方面包括组织发展新的能力对动态环境加以应对，可以分别将其概括为复原能力以及复原超越能力。②

与组织韧性主要关注企业如何优化与环境的关系来避免脆弱性的研究不同，城市韧性研究主要从防灾减灾的视角，强调城市依靠增强内力来缓冲环境变化的影响，保护内部秩序。城市韧性主要是指城市面对外界环境不确定性影响，通过城市物理设施与城市安全系统等，维护城市经济、社会安全稳定的表现。③ 从城市韧性的定义可以看出，城市韧性包括物质系统与社会系统两大部分，具体可以划分为基础设施韧性（Infrastructural resilience）、社会韧性（Social resilience）、制度韧性（Institutional resilience）和经济韧性（Economic resilience）。

在城市韧性研究之下，学者们开始思考基层社区韧性的议题。与城市韧性关注物理层面与社会层面的韧性能力一脉相承，社区韧性强调物理层面"抗逆力"、社会生态层面"恢复力"和社区成员层面"自治力"的三重指向。④ 从能力视角来看，社区韧性具体包括社区包容性（Inclusion）、社区倡导力（Advocacy）和社区胜任力（Competency）。⑤ 从社会

---

① Lengnick-Hall C A，Beck T E，Lengnick-Hall M L. Developing a capacity for organizational resilience through strategic human resource management [J]. Human Resource Management Review，2011，21（3）：243 – 255.

② 王勇. 组织韧性的构念、测量及其影响因素 [J]. 首都经济贸易大学学报，2016（4）：120 – 128.

③ 邵亦文，徐江. 城市韧性：基于国际文献综述的概念解析 [J]. 国际城市规划，2015（2）：52 – 58.

④ 吴晓林，谢伊云. 基于城市公共安全的韧性社区研究 [J]. 天津社会科学，2018（3）：89 – 94.

⑤ Plough A，Fielding E，Chandra A，et al. Building community disaster resilience：perspectives from a large urban county department of public health [J]. American Journal of Public Health，2013，103（7）：1190 – 1197.

资本的角度来看，社区韧性主要体现在自然资本（Natural capital）、人力资本（Human capital）、经济资本（Economic capital）、物质资本（Physical capital）以及社会资本（Social capital）五个方面。① 大多数学者较为认可从灾害管理的视角来分析，社区韧性主要包括：第一，稳定能力，即灾害发生时维持社区稳定的能力；第二，恢复能力，即社区在发生变化后恢复正常的能力；第三，适应能力，即社区适应新环境的能力。②

总体来看，组织韧性理论中的企业主要考虑优化与环境的关系来避免组织脆弱性，城市和社区韧性则更强调依靠增强内生力量来缓冲环境的变化。原因在于企业的目的是生存与发展，其生存和发展要依靠来自环境的资源，而社区的目标主要是内部的生活秩序与稳定。同时，防灾减灾视角下的社区韧性虽涉及治理结构和制度安排，但更偏重空间、物理和管理过程方面的考虑。

结合上述已有韧性相关概念的探讨，本章侧重从治理体系与治理能力现代化的角度，将社区韧性界定为：常态下的社区治理体系能承受外部干扰或风险冲击，并在非常态下保障治理功能持续、有效发挥的潜力。社区韧性强调非常态下社区治理体系仍可以有效组织、领导、动员和协调，体现出社区积极的、自主能动的特点，与之相对应的情况是社区治理体系崩解，只能依靠外部力量介入来维持或重建秩序。韧性发挥作用的结果可以是社区治理体制保持稳定（Stable）、迅速恢复（Resilient）或适应性变迁（Adaptive）。与防灾减灾或风险管理规划的作用相比，治理体系韧性更强调的是一种内生的、蕴含在常态治理中的潜力，区别于单纯依靠专项应急管理方案或应急准备来获取的那部分适应能力。

如果说保持稳定、迅速恢复或适应性变迁是社区韧性发挥作用的结

① Mayunga J S. Understanding and applying the concept of community disaster resilience: a capital-based approach [C]. Summer Academy for Social Vulnerability and Resilience Building, 2007: 1 – 16.

② Bruneau M, Chang S E, Eguchi R T, et al. A framework to quantitatively assess and enhance the seismic resilience of communities [J]. Earthquake Spectra, 2003, 19（4）: 733 – 752.

果，那社区韧性本身的特征是什么呢？本章认为具有韧性的社区治理体系至少有能动性、冗余性和敏捷性三方面特征。

第一，能动性，是指社区在风险冲击下有主动性和自组织能力，而不只依赖外部指令和支持。能动性一方面体现为社区成员的主体意识和对自己负责的态度，另一方面也强调有足够的社区领导力来动员和组织社区成员。在新冠肺炎疫情中，就有一些社区表现出疫情防控的强烈能动性，在上级政府下达疫情防控指令之前就积极行动，采取村庄（社区）物理封闭、排查、宣传、消毒、24 小时值守等方式，第一时间加强社区防疫，做好准备，而非等待疫情防控指令和资源完全下来后再行动。①

第二，冗余性，即社区治理体系存在一些平时不发挥作用的冗余结构、制度或机制安排，在非常态下可激活并发挥关键作用。为了更好应对外界环境的变化，韧性理论强调组织系统设计时增加重复或者多余的部分。在常态下冗余性的系统设计往往被闲置，但是在非常态下却会被触发，通过分散风险、提供备份，最大限度降低损失，起到重要应急作用。在疫情发生后，许多社区涌现出积极的志愿者，而这些社区志愿者往往来自社区各类兴趣团队、小组等，他们在社区日常公共事务治理中发挥作用有限，但作为社会资本和社区领导力的"蓄水池"，在关键时刻能发挥重要作用。②

第三，敏捷性，即治理体系在高度不确定性下也能迅速回应，发挥缓冲作用而使冲击影响降到最低。社区的敏捷性主要体现在两个方面，一方面社区对外界环境的变化有快速的感知，另一方面社区对环境的变化做出快速的决策和应对。此时，"多中心治理"与科层体系体现出较大差别。科层体系高度依赖理性，在情况相对明朗的情况下可以做出快速

① 参见：杨澜. 农村防疫战怎么打？一个河南农村的真实防疫记录［EB/OL］. 新浪网，http://k. sina. com. cn/article_6339694331_179e00efb00100lp5p. html？ kfrome = news&subch = 0&vt = 4，2020 - 2 - 9.

② 参见：邱好. 社区防疫进行时，志愿服务在行动［EB/OL］. 龙岩文明网，http://fjly. wenming. cn/gddt/202003/t20200316_6349960. html，2020 - 3 - 16.

回应；而在危机初期的高度不确定情况下，信息传递具有更为明显的迟滞性与不对称性，此时多中心治理有独特的敏捷性优势。

第二节　社区韧性的来源及其作用机制

基于治理体系现代化的视角，社区韧性主要来源于社区治理体系的结构、过程、能力与文化四个方面，并对应不同的作用机制。下面结合新冠肺炎疫情中的社区经验或教训来对这些韧性来源及实现韧性的机制进行阐述。

（一）结构韧性：多中心协同与调节效应

结构主要是指社区治理主体之间的关系安排，结构韧性的核心在于调节科层治理与多中心治理之间的张力，达成良好的协同互补关系。总体来说，科层安排长于效率，有利于重大冲击后期的恢复与协调；多中心体系长于敏捷，更有利于缓冲初期的不确定性冲击。具体而言，有韧性的结构主要包括如下特点：第一，分权下的多中心治理，需要将社区组织、社区居民作为能动的主体，对其进行还权赋能，并通过搭建社区治理平台，形成多元治理体系。这种多元治理体系无论是在社区常态治理还是非常态治理中，都是科层治理体系的重要补充。第二，协同性结构，这种社区结构呈现相对扁平化的治理结构，相比较于传统的、等级复杂的科层结构而言，兼具协同能力与灵活性。[①] 第三，存在冗余结构，如前文提到的常态下自娱自乐的兴趣类组织，再如一些依靠习俗、仪式等活动来维系的社区日常议事平台。

结构韧性强调多中心治理与科层治理的互补，其核心作用机制可表述为多中心协同机制。其中多中心使结构具有敏捷性，而科层的领导协调使结构形成能动性，二者不可偏废。不确定性危机冲击下首先需要多

---

① 陈玉梅，李康晨．国外公共管理视角下韧性城市研究进展与实践探析［J］．中国行政管理，2017（1）：137 - 143.

中心的迅速反应，然后才是集中领导协调下的资源配置和效率。因此首先强调的是具有主体意识的、充分赋权的多中心，而非依赖科层动员的多元主体；然后才是领导协同机制发挥稳定性作用。此外，冗余结构产生韧性的主要作用机制是"蓄水池"式的调节效应，日常积累的社会关系和社区结构在应急状态下被释放、迁移成动员结构或治理结构。

在新冠肺炎疫情中，一些社区的业主委员会、志愿者组织等在关键时刻积极组织自救互救，尤其在组团购买物资、保障隔离期基本生活等方面彰显出社区韧性。① 但总体来说，这种自组织秩序的及时性、广泛性、持续性以及与社区两委的协调性还远远不够。同时，社区治理体系明显过载、社区内生组织力量严重不足的情况非常普遍。在此情况下，社区工作人员一方面超负荷运转，另一方面却可能面临来自居民的不解甚至责难。社区居民的自主性没有得到有效发挥，"一人干活、九人指点"的现象在非常态下更为突出，以至于社区必须依靠外部大量干部下沉才能应对，为此中央在疫情期间也专门发文部署关心关爱一线社区工作者。②

（二）过程韧性：适应性循环与自主变通

社区韧性的另一个重要来源是社区治理的过程韧性。过程韧性主要包括两个层面：一是存在一套风险或危机应对的程序或制度性准备，覆盖预警、应急触发、应对、恢复、迭代升级等具体过程；二是社区治理体系在流程或程序上存在灵活空间，以保障非常态下的自主性、变通和因地制宜。

就危机应对的过程准备而言，在非常态治理情境下，社区韧性贯穿社区灾前、灾中、灾后三个阶段，具体表现为防减灾（Prevention/Mitigation）、准备（Preparedness）、响应（Response）、恢复和重建（Recovery/Reconstruction）。有韧性的社区治理体系还会有一个反思机制，并形成迭

---

① 参见：阮佳琪. "武汉嫂子"汉骂火了后，成了社区志愿者［EB/OL］. 观察者，https://www. guancha. cn/politics/2020_03_03_539548_s. shtml，2020 – 3 – 3.

② 2020 年 3 月 3 日，中央应对新型冠状病毒感染肺炎疫情工作领导小组印发了《关于全面落实疫情防控一线城乡社区工作者关心关爱措施的通知》（国发明电〔2020〕8 号）。

代升级的循环，这就是适应性循环（Adaptive cycle）理论。该理论认为，韧性能力会在利用阶段（Exploitation phase）、保存阶段（Conservation phase）、释放阶段（Release phase）以及重组阶段（Reorganization phase）不断发展，动态变化，有些社区可能会在某个阶段崩溃，而具有韧性的社区可以在这个过程中提升其能力。[①] 显然，社区的适应性循环并非天然存在，往往基于治理体系对突发事件或危机的全周期准备。社区运行程序的灵活性和自主变通机制则体现在两个层面：一是社区外部制度环境和相关程序的灵活性，例如社区被充分授权，不需要事事都经过上报批准或有明确指令后才能行动，再如社区治理体系对上级指令有畅通的反馈机制和调整、纠偏空间；二是社区内部运行制度的灵活性，如社区应急决策的灵活性、社区公共资源使用和监督的弹性等。

新冠肺炎疫情表明，我国常态下的公共卫生应急管理体系与基层社区治理体系缺少有效衔接，基层社区普遍缺乏准备和预案，疫情初期的应急条件不足、缺少防护物资、医疗条件有限等情况突出。尤其在疫情初期的武汉，在医疗体系总体供给不足、病人得不到及时救治的情况下，社区也因缺少资源准备和预案而面临诸多困局。[②] 另外，基层社区作为联防联控、严防死守的前沿阵地，整体保持高效响应和应对的同时，也存在防控责任压力下的"一刀切"和层层加码现象，尤其在复工复产和返岗返城期间，部分社区存在防控程序的灵活性和对形势变化的适应性不足，社区治理体系缺少纠偏和变通能力，增加了治理成本。

（三）能力韧性：社区学习与适应

社区韧性还来源于社区治理主体"以不变应万变"的快速学习和适应能力。社区治理能力与社区资源禀赋息息相关，社区本身的物质基础、

[①] Holling C S, Gunderson L H. Resilience and Adaptive Cycles M. Panarchy：Understanding Transformations in Human and Natural Systems [M]. Island Press, 2001：25 – 62.

[②] 参见：刘远航，李明子. 武汉基层社区：如何解决疫情防控第一线的困局？[EB/OL]. 中国新闻周刊, https://tech. sina. com. cn/roll/2020 – 02 – 04/doc-iimxxste8501423. shtml, 2020 – 2 – 3.

人力资源、社会资源都会影响到社区治理能力的韧性。一方面，在日常治理情境下，社区能力性韧性主要体现在社区应该具有高效的领导力、资源整合能力、应急预案能力、社区凝聚力等；另一方面，在非常态治理情境下，社区治理能力韧性主要体现在面对危机时的稳定能力、恢复能力、适应能力、敏捷的反应力以及资源调动能力等多个方面。社区能力性韧性主要来源于社区两委的领导力、协调力、危机管理能力，以及社区居民的素质与公共参与能力。

获得社区能力性韧性，需要注重社区学习机制的建立。社区学习机制来源于组织学习理论，组织学习强调组织为了适应环境而不断积累知识，开发技能。① 社区学习机制，一方面在日常治理情境下，强调社区内的主体学习能力，社区两委注重提升领导能力，社区居民注重提升社区公共参与能力，社区自组织注重提升公共治理能力；另一方面在危机状态下，社区也需要建立外部连接，注重提升应急处理能力，注重社区治理中现代信息工具的运用。社区学习机制的建立，有助于提升社区治理主体的各项公共管理能力，对于提升社区韧性具有重要意义。

疫情发生后，对社区工作者能力提出了严峻的考验。有调查显示，近400万名城乡社区工作者奋战在65万个城乡社区的疫情防控一线，平均6个社区工作者守护着一个社区，每名社区工作者面对350名群众。② 为了解决社区防疫人力短缺的困境，许多社区采取了招募志愿者的方式。志愿者往往来自党员、大学生和热心居民，他们具有较强的公共意识与学习能力，能够较快适应疫情防控工作。在资源禀赋较好的社区还建立社区数据平台，利用大数据的方式来收集居民需求，监控疫情发展。在掌握社区数据的基础上可以有效提升社区的安全性与可控性，保障社区

---

① Somers S. Measuring resilience potential: an adaptive strategy for organizational crisis planning [J]. Journal of Contingencies and Crisis Management, 2009, 17 (1): 12 – 23.

② 参见：姬薇. 疫情防控考验社区工作者能力 平均六名工作者守护一个社区 [EB/OL]. 工人日报, http://acftu. people. com. cn/n1/2020/0211/c67502 – 31581826. html, 2020 – 2 – 11.

稳定。

（四）文化韧性：社区团结与社区传承

社区文化对社区韧性的塑造具有根本性的作用。社区文化并不仅仅局限于社区外在的各种文化活动形式，更包括社区的价值观、社区行为规范、社区文化符号，以及基于这些要素的社区关系、社区信任和归属感等。社区文化可以通过塑造社区环境，赋予社区行动意义，为社区治理指明方向。社区居民将自己视为社区的一员，可以为自己的行动赋予积极的意义，为社区治理提高自身的公共参与意识与能力，为社区发展的共同愿景而付出努力，从而有利于构建社区治理共同体。与之相反，当社区文化无法对社区居民产生凝聚力，社区在危机期间，社区居民更容易产生由外界环境不确定性带来的恐慌与焦虑，并由于对社区的不信任而不会参与社区行动。

社区承诺机制对于营造良好的社区文化氛围、提高社区的凝聚力发挥着重要的作用。社区承诺来自组织承诺理论，强调组织内部员工对组织的价值观认同与情感归属，强调培育组织的社会资本、公共意识以及组织团结。[①] 社区承诺机制在日常治理情境下，可能是软性环境的打造，通过社区宣传、社区互动、社区文化活动的开展，提升社区居民对社区文化的认同感。同时通过日常公共事务的参与，增强社区居民对社区的归属感、对社区工作的信任，培育社会资本。而日常生活中社区承诺机制的建立，对危机状态下社区韧性的发挥具有重要的意义。一方面，可以保障社区居民情绪稳定，对社区危机管理树立信心。另一方面，也会激发居民的参与意识，使其共同参与到社区危机管理过程中，维持社区稳定团结。

疫情期间，在一些文化韧性较强的社区，疫情防控工作得到了居民的积极支持，社区居民自觉担任志愿者，参与社区疫情防控。同时社区

---

① Meye P，Irving P G，Allen N. Examination of the combined effects of work values and early work experiences on organizational commitment［J］. Journal of Organizational Behavior，1998，19（1）：29－52.

居民非常信任社区两委的工作，形成社区抗疫共同体。而这些社区志愿者的出现，得益于社会建设长期积累的社会资本在疫情期间激发起了社区居民自救互救的意识。他们往往在日常的社区生活中，通过参与社区自组织、社区公共活动，培养出较强的社区承诺意识，对社区有较强的认同感与归属感，对社区两委也有较高的信任度。这些居民从疫情初期的慌乱中恢复过来后，迅速以各种形式参与到社区群防群控和生活保障中来，巩固了战胜疫情的社会基础。①

第三节　社区韧性的建设路径

本章倡导在基层治理创新和治理体系现代化的实践和考察中要有非常态意识，纳入"社区韧性"这一面向。对照新冠肺炎疫情中的社区表现和当下的基层治理创新实践进行反思，本章得出如下政策启示。

（一）注重基层治理在党建引领下的还权赋能

党建引领是当下基层治理创新的重要主题，本章关于社区韧性的探讨则提示我们要在政党整合治理（政党中心主义的多样化整合）②与多中心治理之间取得某种平衡和达成优势互补。习近平总书记指出："基层党组织和广大党员要发挥战斗堡垒作用和先锋模范作用，广泛动员群众、组织群众、凝聚群众，全面落实联防联控措施，构筑群防群治的严密防线。"③只有坚持党组织的引领才能保障治理有序和高效。与此同时，不能将引领狭义地理解为控制和包办，而是在多元主体各自的主体意识和责任感之上进行领导和协调。

构建党建引领下的基层共建共治共享格局，要敢于分权还权，激活

---

① 参见：容志. 以基层治理完善夯实社区防疫共同体［EB/OL］. 人民论坛，http://www.rmlt.com.cn/2020/0312/572284.shtml，2020-3-12.

② 唐文玉. 政党整合治理：当代中国基层治理的模式诠释——兼论与总体性治理和多中心治理的比较［J］. 浙江社会科学，2020（3）：21-27.

③ 参见：田博群. 在抗疫战场共产党员必须冲锋在前［EB/OL］. 党建杂志，http://www.chinanews.com/gn/2020/03-06/9116202.shtml，2020-3-6.

业主委员会、院落自治委员会等各类自治组织的自主性，增强社区在不确定性风险冲击下的敏捷性，提高缓冲能力；要注重培育文化娱乐等兴趣类社区组织的价值，要有意识地培育和赋能，使它们成为社区关系、社区领袖和社区治理能力的"蓄水池"；在社区实践中，不仅要强化社区居民的权利意识，还要强化其主体意识和责任意识，引导居民不仅要"公开说"，还要会"自己做"。

（二）树立基层治理的"全周期管理"理念

习近平总书记考察武汉新冠肺炎疫情防控工作时，提出："要着力完善城市治理体系和城乡基层治理体系，树立'全周期管理'意识，努力探索超大城市现代化治理新路子。"① 本章认为，"全周期管理"对国家治理体系与治理能力现代化具有重大意义，实现了治理理念从截面到过程、从静态到动态的拓展。社区韧性中的过程韧性维度也很好地契合了"全周期管理"理念，也即基层治理的过程、程序要有准备和灵活，兼顾"晴天""雨天"，随时做好应对"极端天气"的准备。

将全周期管理理念引入基层治理，提升社区的过程韧性，要在社区日常管理中建立起从危机预警到决策、行动，再到恢复、总结、学习适应的闭环治理思路，保障各个环节紧密相连、各个主体权责明确，保障治理体系适用于不同阶段并持续发挥作用。具体而言：首先，要推动基层治理的资源向社区下沉，权力向社区下放，提升社区决策的自主性和社区运作程序的灵活性；其次，围绕公共卫生、自然灾害、安全事故等危机事件发生频率相对较高的领域，联合社区两委、物业、居民自组织等相关主体建立一套应急预警、决策、领导、协调、控制等方面的制度、机制，并大力鼓励开展日常演练，提升社区风险应对能力；再次，在推动居民广泛参与的前提下，把公共危机下的居民行动准则纳入社区居民公约中。

---

① 参见：张六陆．"全周期管理"，释放城市治理新信号［EB/OL］．人民日报海外网，ht-tps://baijiahao.baidu.com/s？id=1660919587430671717&wfr=spider&for=pc，2020－3－12.

（三）强化组织学习，适应现代信息技术的运用

应该注重社区学习能力的提升。推动学习型组织在基层社区组织和社区治理中的实践，提升社区干部、社区工作者及社区社会组织骨干对危机管理和应急领导力的认知，全面提升社区治理主体对现代信息技术的运用能力，适应社区治理中不断强化的新技术手段。随着"智能社区""社区大数据"等概念的兴起，在新冠肺炎疫情期间大数据也被应用于社区疫情防控，"智能化疫情地图""社区防疫智能平台"等相继上线。大数据与社区治理的结合可以有效减少社区工作者工作量，完善社区数据管理，提高管理效率，在疫情防控期间发挥了重要的监控管理作用。但是新技术的使用对社区治理主体的工作能力提出了新要求，社区工作者从传统的人对人的接触转为数据化的管理方式，这就意味着社区治理主体需要具备新的学习能力，尤其是数据操作与管理能力。

2011 年美国开发出社区韧性系统（CRS），并先后在八个社区进行试点。该系统作为一个全国性的大数据系统，致力于为社区提供决策团队组织、表现评估、愿景与目标制定、行动规划、保障机制、规划维持等全过程的支持。[①] 未来我国社区治理，必然会走向数据化的方向，因此构建学习型社区组织、提升社区治理主体的数据化学习能力也成为必然趋势。

（四）注重社区营造，挖掘社区文化

社区韧性植根于社区文化。社区营造是近年来发掘社区志愿者参与社区公共生活，挖掘社区文化的重要方式。社区营造强调社区在专业社工的引导下，通过多种多样的社区公共活动，带领社区居民挖掘社区文化特色，确立社区文化符号，塑造社区精神，营造社区共同体。社区居民在参与社区营造的过程中，既提升了社区文化水平，又增强了社区成

---

① 彭翀，郭祖源，彭仲仁．国外社区韧性的理论与实践进展［J］．国际城市规划，2017（4）：60－66．

员对社区的认同感和公共精神。[①]

疫情期间，成都社区探索出"三社联动"的社区疫情防控模式，在社会组织参与疫情防控过程中形成"无缝嵌入"（全面参与社区疫情防控）、"专项联动"（社工专业辅助）、"行业支持"（行业连接与支持）等多种积极参与模式，有效开展了社区疫情防控。[②] 成都市之所以在疫情期间可以有效探索出这种多元主体的合作模式，得益于成都市 2016 年以来大力推进的社区营造。通过挖掘本社区文化和培育社区自组织，成都市的实践提升了居民社区归属感与社区意识，增强了社区凝聚力，提升了社区能动性，从而在此次疫情防控中体现出良好的社区韧性。

本章从基层治理体系现代化的视角拓展了对"社区韧性"的理解，同时结合"韧性"相关理论和新冠肺炎疫情防控中的案例，反思了基层治理创新以及基层治理体系现代化过程中的实践。但这仅仅是一个尝试，治理体系的韧性命题还期待更多研究和争鸣，如何衡量治理体系的韧性也有待进一步的探索。

第四节　本章小结

对环境变化的适应性，是基层活力的一个重要面向。如前文所述，当今社会处在一个不确定性因素越发突出的时代。什么样的治理体系才更能在常态与非常态间经受冲击、快速适应环境变化？在基层治理体系与能力现代化的过程中，或在对社区治理创新进行评判的时候，是不是应该增加一种非常态思维？为了回应上述问题，本章继续讨论了非常态场景下激发基层活力的创新实践，并以新冠肺炎疫情防控的风险危机治理为案例，分析社区治理体系的韧性及其建构问题。本章认为，将韧性

---

① 江维. 城市社区可持续总体营造的实施路径——以四川省成都市青羊区为例 [J]. 社会治理，2019（2）：44－52.

② 江维. 成都的社区、社会组织是怎么抗疫的？ [EB/OL]. 腾讯网，https://new.qq.com/omn/20200220/20200220A0MTO600. html.

意识纳入社区治理体系现代化的考察当中，需要从社区治理体系的结构、过程、能力与文化四个方面，构建社区韧性的作用机制，以反思当下的基层治理创新实践和基层治理体系现代化进程。本章通过将非常态治理意识和治理韧性意识引入基层治理体系，丰富了激发非常态下基层治理活力的想象与现实路径。

第三篇　制度保障篇

社会治理创新与中国特色社会体制改革，依然在路上。

　　第三篇关注深化创新与改革的顶层设计、制度保障与前景展望。在前两篇实证研究基础上，立足当下进行制度和政策探讨，并面向未来表达我们的期待和展望。

　　加强和创新社会治理，是党的十八大特别是十八届三中全会以来全面深化改革的重要举措之一。中央在历次政治报告中不断明确和强化社会治理创新的思路、体系和顶层设计，党的十九届四中全会在十九大报告思想基础上，明确并深化了社会治理现代化的战略构想，形成了我国在深化改革和全面推进社会主义现代化新时代进程中推动社会治理现代化的整体战略与顶层设计。本篇在内容上主要包括三个方面：首先，对体现在党的十九大报告、二十大报告特别是十九届四中全会决议中的这一整体战略与顶层设计加以梳理概括，整理我们对此的学习心得和理解；其次，在全面理解中央关于社会治理现代化的战略思想与顶层设计的基础上，基于第一篇和第二篇的实证研究，站在制度设计的角度，用两章的篇幅分别探讨在激发社会活力和基层活力这"两个活力"方面，相应的法治保障和立法及政策建议；最后，作为本研究的总结，归纳整个研究中的十一个主要发现或观点，并将深化治理创新与社会改革的问题置于"中国道路"的更高维度上，表达对未来的期待。

在中央关于社会治理现代化的战略思想与顶层设计中，特别强调要坚定文化自信，更好构筑中国精神、中国价值、中国力量。随着社会治理创新和中国特色社会体制改革的实践推进，必须不断挖掘优秀传统文化的丰富内涵，从中汲取古圣先贤博大精深的修身齐家、礼乐仁政和社会善治的思想精华，将其用于实践，植根于实践，在实践中创造性地丰富发展，并不断总结提高，形成中国特色的社会治理及现代化的经验、模式乃至理论和思想体系。唯有如此，才能真正构筑起合乎新时代要求的中国精神，形成基于中国文化和实践的中国价值，造就不仅能够解决当下问题也足以影响和改变未来的中国力量。

第十二章

社会治理现代化的战略
部署与顶层设计

　　本章在前两篇实证研究基础上，上升到更加宏观的政策和制度层面，系统梳理和解读中央在推进社会治理现代化方面的战略部署与顶层设计。

　　加强和创新社会治理，是党的十八大特别是十八届三中全会以来全面深化改革的重要举措之一。党的十八大以来，中央在历次政治报告中不断明确和强化社会治理创新的思路、体系和顶层设计，党的十九大报告从指导思想、基本格局、体制制度、发展水平、机制任务及战略目标六个方面，对加强和创新社会治理做了系统的部署，将对社会治理的认识提到了一个新高度，形成了全面深化改革整体框架下关于社会治理现代化的系统观点，党的十九届四中全会更进一步，在党的十九大报告思想基础上，明确并深化了社会治理现代化的战略构想，形成了我国在深化改革和全面推进社会主义现代化新时代进程中推动社会治理现代化的整体战略与顶层设计。在党的二十大报告中对此再次做了确认，强调健全共建共治共享的社会治理制度，提升社会治理效能，建设人人有责、人人尽责、人人享有的社会治理共同体。

第一节　关于社会治理创新和社会组织改革发展的系统部署

　　党的十八大以来，中央在推进社会治理创新和深化社会改革方面，不断加强顶层设计和战略部署。在党的十八大报告中，提出"加快形成党委领导、政府负责、社会协同、公众参与、法治保障的社会管理体制"，并首次明确提出"加快形成政社分开、权责明确、依法自治的现代社会组织体制"。党的十八届三中全会通过了《中共中央关于全面深化改革若干重大问题的决定》，明确提出"国家治理体系和治理能力现代化"的重大命题。一方面，强调要"推进社会治理创新，注重运用法治方式，实行多元主体共同治理"；① 另一方面，要求加大力度深化以社会组织为中心的社会改革，明确提出"激发社会组织活力"，"正确处理政府和社会关系，加快实施政社分开，推进社会组织明确权责、依法自治、发挥作用"，"重点培育和优先发展行业协会商会类、科技类、公益慈善类、城乡社区服务类社会组织，成立时直接依法申请登记"。

　　2017 年，党的十九大明确了中国发展新的历史方位——中国特色社会主义进入了新时代。基于这一判断，提出了包括社会治理创新、社会组织改革发展和美好社会在内的一系列具有重大历史意义的新思想、新论断、新提法和新举措。党的十九届四中全会和党的二十大报告的相关论述都是党的十九大报告思想的进一步展开。故这里我们较为详细地分析解读党的十九大报告关于社会治理创新和社会组织改革发展的系统思想。

（一）关于社会治理创新的系统部署

　　加强和创新社会治理，是中共十八届三中全会以来全面深化改革的

---

① "多元主体共同治理"的提法，首见于 2014 年李克强总理在《政府工作报告》中提出的"推进社会治理创新，注重运用法治方式，实行多元主体共同治理"。

重要举措之一。在党的十九大报告中，习近平总书记进一步从指导思想、基本格局、体制制度、发展水平、机制任务及战略目标六个方面，对加强和创新社会治理做了更加系统的部署，将关于社会治理的认识提到了一个新高度，形成了全面深化改革整体框架下关于社会治理现代化的系统观点和相对完整的思想体系。其要点概括如下。

第一，明确了提高保障和改善民生水平，是加强和创新社会治理的根本目标和指导思想。这在党的十九大报告的第八部分有详细论述。综其要点，是强调加强和创新社会治理，旨在"完善公共服务体系，保障群众基本生活，不断满足人民日益增长的美好生活需要，不断促进社会公平正义"，要把"使人民获得感、幸福感、安全感更加充实、更有保障、更可持续"作为根本目标。这一观点的提出表明经过多年的实践探索，我们超越了把社会治理等同于社会管理、社会管控、社会治安的初级阶段，超越了从社会稳定的结果视角抓社会治理的治标不治本的传统思路，而转向更加关注民生、更加重视人民对美好生活向往的以民为本的社会治理创新。

第二，强调打造共建共治共享的社会治理格局，是新时代加强和创新社会治理的总体要求。党的十九大报告突出了共建共治共享的"三共"要求，明确了加强和创新社会治理的基本战略格局和定位。共建共治共享分别从资源整合、治理过程和成果分配三个方面建构起三位一体的社会治理基本格局。共建强调合力合资，共治强调合智合作，共享强调共益共赢。重心在于一个"共"字，凸显了社会治理的公共性、多元性、跨界协商性和共生性。社会治理的公共性在于其具有公共管理和公共服务的属性，需要党委领导和政府负责，需要公共资源的投入和公权力的介入；社会治理的多元性在于其具有主体多元、过程开放、领域广泛等多重特征，需要来自政府、市场、社会等多部门多元主体的广泛参与；社会治理的跨界协商性在于其所面对的问题往往不是单一系统所能化解，需突破单一主体的局限性，用跨界的思路、跨界的方法协商对话、协同共治；社会治理的共生性在于其整个过程及其系统具有共生共在的一体性和不可分割性，荣辱与共，兴衰一体，使得围绕社会治理最终必然达成多元主体之间共建共治共享的深度协商、合作与融合。

共治即社会共治，这一概念近年来屡次出现在党和政府的重要报告中，寓意深刻，指向未来。在共建共治共享的基本格局中，最为重要也最难以实现的是共治的过程。共建多表现为资源整合，是治理的前提；共享多表现为结果分配，是治理的成果；而共治则体现着整个治理过程，是高度复杂、充满矛盾、运动反复、不断升华的系统工程。社会共治的核心在于多元主体共同治理，是党委、政府和社会共同推进的治理过程。[①]

第三，进一步完善了"五位一体"的社会治理体制，进而提出了社会治理制度建设的命题。党的十九大报告在十八大报告和十八届三中全会决议的基础上，进一步强调了党委领导、政府负责、社会协同、公众参与、法治保障的"五位一体"思路。这一思路早见于党的十八大报告，当时强调的是社会管理体制，"管控"依然是重点。党的十八届三中全会明确提出改进社会治理方式，强调坚持系统治理，加强党委领导，发挥政府主导作用，实现政府治理和社会自我调节、居民自治良性互动。党的十九大报告遵循十八大报告提出的"五位一体"要求，但明确定位为"社会治理体制"，与十八大报告相比尽管只有一字之差，但重心显然从党政承担的公共"管"理转向了共建共治共享的协商共"治"。此外，党的十九大报告进一步提出"加强社会治理制度建设"的要求，强调的是要及时将社会治理创新实践中的重要原则、规则和规律加以制度化乃至法制化，这意味着社会治理创新将不仅停留在各地的实践阶段，而且将逐渐从人治走向法治，体现了社会治理创新是整个社会主义法治体系建设的重要一环。

第四，提出了提高社会治理"四化"水平的要求，为衡量和评价社会治理发展水平提供了重要依据。党的十九大报告明确要求，"提高社会

---

① 王名，李健. 社会共治制度初探［J］. 行政论坛，2014（5）：68－72.

治理社会化、法治化、智能化、专业化水平"。这是具有里程碑意义的提法，社会化与前述共建共治共享的基本格局相呼应，强调依靠社会力量实现社会治理；法治化如上所述，强调避免社会治理的人治，而是要走向法治；智能化突出强调社会治理要充分运用现代科技进步特别是大数据、移动互联和人工智能等科技成果，依靠科技实现社会治理；专业化则强调培养专业人才，打造专业队伍，运用专业知识、技能和艺术实现社会治理。这一提法的重要意义在于为加强和创新社会治理提供了可衡量、可量化的指标。党的十八大以来，许多地方开展了大量有特色的社会治理创新实践，但这些地方特色和多样性在很大程度上难以进行衡量和评估。"四化"的要求提供了一种进行指标化设计和建构的方向和可能性，值得从学术和实践两个方面进一步关注。

第五，部署了至少七个方面的社会治理机制建设的任务。党的十九大报告不仅在宏观上规划了社会治理创新的方向目标和体制制度，更围绕不同领域、不同层面的社会治理创新，提出了更加具体、更加系统的社会治理机制建设的任务。其中至少包括如下七个方面：①加强预防和化解社会矛盾机制建设，正确处理人民内部矛盾；②健全公共安全体系，完善安全生产责任制，坚决遏制重特大安全事故，提升防灾减灾救灾能力；③加快社会治安防控体系建设，依法打击和惩治黄赌毒黑拐骗等违法犯罪活动，保护人民人身权、财产权、人格权；④加强社会心理服务体系建设，培育自尊自信、理性平和、积极向上的社会心态；⑤构建政府为主导、企业为主体、社会组织和公众共同参与的环境治理体系；⑥加强社区治理体系建设，推动社会治理重心向基层下移，发挥社会组织作用，实现政府治理和社会调节、居民自治良性互动；⑦加强农村基层基础工作，健全自治、法治、德治相结合的乡村治理体系。

这七个方面的社会治理机制建设都很重要，由于篇幅所限这里不做进一步展开。需要强调的有两点：一是关于加强社会心理服务体系建设的要求第一次将社会治理心理层面的问题提了出来，表明社会治理不仅关注体系、结构等硬件问题，也关注人的心理健康、伦理道德等软件问题；二是在基层社会治理创新方面区分了农村和城市，强调乡村治理和社区治理具有不同特点，面临不同的任务。

第六，与社会主义现代化战略目标相适应，提出基本形成现代社会治理格局这一更加宏大的战略目标。从长远的战略定位上，党的十九大报告结合中国特色社会主义新时代基本实现社会主义现代化的总目标，提出到 2035 年"现代社会治理格局基本形成"的战略目标，社会充满活力又和谐有序。

现代社会治理格局与共建共治共享的社会治理格局相呼应，二者既有联系，又有区别。加强和创新社会治理的任务并不局限于未来五年，而是指向今后很长一段历史时期。打造共建共治共享的社会治理格局更多的是强调当下的任务，而长远目标则是构建现代社会治理格局。应当把打造共建共治共享的社会治理格局放到整个国家治理现代化的总体战略中来把握，将其视为走向现代社会治理格局的重要一步。现代社会治理格局的提法也为理论界提出了一个重大命题，如何从理论上理解和把握现代社会治理格局？如何从战略和政策上进行现代社会治理格局的顶层设计？这些问题都值得深入思考与探究。

总之，从以上六个方面看，党的十九大报告对社会治理的论述紧密结合我国社会主要矛盾的转化及新时代中国特色社会主义发展的根本要求，构建了一个包括指导思想、基本格局、体制制度、发展水平、机制任务及战略目标在内的相对完整的思想体系，将社会治理现代化的认识提高到一个新的高度。

（二）继续推进社会组织深化改革，发挥其在社会治理中的积极作用

要全面推进社会治理现代化，必须激发社会组织的活力，充分发挥社会组织在加强和创新社会治理中的积极作用。中共十八大以来，在以习近平同志为核心的党中央坚强领导下，与全面深化改革的总体战略相适应，中央和地方不断深化社会组织管理制度改革，加快形成现代社会组织体制，努力激发社会组织活力，形成了生动活泼的良好局面。党的十九大报告在充分肯定已有成绩的基础上，就发挥社会组织在加强和创新社会治理乃至整个国家治理体系和治理能力现代化中的积极作用，做了多处阐发。其要点简述如下。

第一，肯定社会组织是社会治理的主体之一，强调在打造共建共治共享的社会治理格局中，特别是在推进社会治理重心向基层下沉的改革中，要发挥社会组织的作用。社会组织作为社会治理的主体之一，在"五位一体"的社会治理体制中发挥重要作用；在提高社会治理"五化"水平特别是社会化、专业化方面，发挥重要作用；在加强预防和化解社会矛盾机制建设方面，在建立健全公共安全体系、遏制重特大安全事故、提升防灾减灾救灾能力方面，在加快社会治安防控体系建设方面，在加强社会心理服务体系建设方面，也都能发挥重要作用；特别是在加强社区治理体系建设、推动社会治理重心向基层下移的深化改革中，社会组织具有不可替代的重要作用，是实现政府治理和社会调节、居民自治良性互动的重要主体之一。

第二，重申并强调社会组织具有一定政治功能，社会组织协商是社会主义协商民主的重要形式之一。协商民主是中国特色社会主义民主政治的重要特征和制度之一，中共十八大报告将健全社会主义协商民主制度作为政治建设和政治体制改革重要任务之一，强调要推进协商民主广泛、多层、制度化发展。党的十八届三中全会将社会组织纳为协商渠道之一，提出民主协商的"社会协商"命题。2015 年《中共中央关于加强社会主义协商民主建设的意见》提出了"探索开展社会组织协商"的改革方向。过去的实践充分证明，发挥多层面的协商民主，可以化解矛盾、凝聚共识、聚力攻坚。[①] 在党的十九大报告中，首次明确地提出"社会组织协商"，并将之与政党协商、人大协商、政府协商、政协协商、人民团体协商、基层协商并列，将社会组织协商作为协商民主的七大形式之一。这一重要论述强调了发挥社会组织在现代治理中的政治作用，具有划时

---

① 梁立新. 社会组织介入协商民主的价值体现及实现路径 [J]. 学术交流，2016（2）：72 – 76.

代意义。

第三，强调社会组织在构建多元共治的环境治理体系中发挥重要作用。党的十九大报告在部署全民共治的环境污染防治行动时突出强调，要"构建政府为主导、企业为主体、社会组织和公众共同参与的环境治理体系"。自党的十八大提出"美丽中国"概念以来，坚持节约资源和保护环境的基本国策，坚持可持续发展，坚定走生产发展、生活富裕、生态良好的文明发展道路已成全党全社会的共识。党的十九大报告肯定了社会组织在环境治理中所发挥的重要作用。改革开放以来环保社会组织在环境监督、环境教育、环境参与方面一直都发挥着不可替代的重要作用。2016 年通过的《慈善法》将环境保护列入慈善领域，环保社会组织作为慈善组织在登记注册、税收待遇等方面将享受更多的政策优惠。党的十九大报告将社会组织作为环境治理体系的主体之一，将有助于社会组织更好地参与和推进环境领域的社会共治。

第四，肯定了社会组织党建在基层治理中的重要作用，要把社会组织等基层党组织建设成为坚强的战斗堡垒。党的十九大报告高度重视社会组织党的建设，强调要注重从社会组织中发展党员，发挥社会组织党建在基层治理中的重要作用，强调要以提升组织力为重点，突出政治功能，把社会组织等基层党组织建设成为宣传党的主张、贯彻党的决定、领导基层治理、团结动员群众、推动改革发展的坚强战斗堡垒。这是继2015 年 9 月中共中央办公厅下发《关于加强社会组织党的建设工作的意见（试行）》之后的另一个关于处理社会组织与党的关系的重要指导性意见，为推进基层治理和更好地发挥社会组织作用指明了方向。

此外，党的十九大报告在其他相关论述中，也多次直接或间接提到了社会组织的作用。如在阐述加强社会保障体系建设时，强调要完善慈善事业制度；在阐述加强思想道德建设时，提出推进志愿服务制度化等。

总之，在中国特色社会主义进入新时代的征程中，社会组织将发挥全方位的作用，覆盖政治建设、经济建设、社会建设、文化建设、生态文明建设以及党的建设等多个领域。党的十九大报告所规划的基本实现社会主义现代化的第一阶段发展目标中，包括了现代社会治理格局基本形成，为实现这一宏大目标，使整个社会既充满活力又和谐有序，需要发挥社会组织的积极作用，调动一切积极因素，激发各方面的创造活力。可以说，活跃在社会治理各领域中的社会组织，在新时代进入了前所未有的发展机遇期。

（三）社会治理现代化与美好社会

从更加宏观的意义上看，社会治理是整个国家治理体系的有机组成部分之一。在中国特色社会主义新时代，社会治理现代化要解决的根本矛盾，是人民日益增长的美好生活需要和不平衡不充分的发展之间的矛盾。党的十九大报告所提出的"美好生活"，是一个具有里程碑性质的愿景。"美好生活"在党的十九大报告里一共出现了 14 处，特别是关于我国社会主要矛盾的经典论述具有里程碑性质。在报告的开篇和结尾，也都落脚在"美好生活"这个概念上。

"美好生活"到底是一种什么样的愿景？包含哪些内容？这一愿景和社会治理现代化有何关系？我们认为，在"美好生活"这个范畴里，至少包含了四个方面的重要思想。

第一个是超越资本主义。资本主义为人类创造了巨大的物质财富、科技进步和社会文明，包括我们过去 30 年所取得的巨大成就，其中有许多其实也归功于资本主义，而且我们已经走到了资本主义的前面，产业资本主义、金融资本主义、商业资本主义都已经被我们甩在了后面。这是不可否认的成就，但资本主义同时也带来了一系列重大的问题，包括贫富差距的扩大，也包括各种社会问题和精神、心理等问题。现在不是简单地否定资本主义，而是如何超越资本主义的问题。

随着公益慈善的发展，这种超越资本主义的可能性越来越大，越来越有必然性。中国近十年公益慈善的蓬勃发展，说到底就是过去十多年市场经济发展的结果。可以说，从市场经济和公益慈善的发展中，长出来一个义利兼顾的价值观。社会价值投资联盟做了一个关于上市公司社会价值的评估报告，发现许多经济表现优秀的上市公司，同时也是社会价值评价高的企业，公益越来越成为这些企业存在和发展的内生机制。

"美好生活"的第二个重要思想是超越国家主义。我们正在走向慈善型国家，超越欧洲的福利型国家。政府购买服务是这样，2015年的股灾救市也是这样。什么是慈善型国家？就是国家经济和社会活动超出了主体利益边界。现在大规模开展的购买服务、乡村振兴，包括"一带一路"，都可理解为慈善型国家的表征，因为它们都超出了国家利益的边界，不再是政府职能范围内的事情。我们的教育、社保、就业，包括精准扶贫，有相当一部分超过政府职能范围。政府对股灾的强力介入，也是公益行为，不是传统意义上的政府行为，属于慈善型国家行为，超出了原有的国家边界。与此相关，有一个概念叫"国家公益资产"，这是一个演绎出来的概念。约翰·霍普金斯大学的萨拉蒙教授曾在清华大学做过演讲，他对资产转移中的公益化现象的关注促使更多人思考，需要用一个新的概念来定义这种特殊的公益资产，可称之为"国家公益资产"。国有资产也属于这种类型。随着国家公益资产不断膨胀和发展，传统意义上的国家必然被超越，一种新型国家即"慈善型国家"就会取而代之。

"美好生活"的第三个重要思想是回归人民中心。在党的十九大报告中，人民是出现频率最高的一个概念，出现了200多次，其中引人注目的是一再强调以人民为中心。这里的"人民"是拥有权力的、真实的、有着对美好生活追求的人民，而不是作为集体政治化的虚构的人民，是有血有肉的、活生生的、扎根于现实生活的人民，包括了现实生活中的各种社会阶层。

第四个即"美好生活"最核心的思想内涵是人的全面发展。人的全面发展是马克思主义的基本观念，马克思关于共产主义最重要的理想，就是人的全面发展，包括人的劳动活动的全面发展、能力的全面发展、社会关系的全面发展、人的需要的全面发展和整个人类的全面发展，其核心是提高人的生命价值。其实人的生命价值是有层次的。[①] 现代科学的

---

① 马克思，恩格斯. 马克思恩格斯全集（第19卷）[M]. 人民出版社，2006：409。

研究越来越证明这一点。人的全面发展是人作为一个完整的人，最终占有自己的本质，代替那存在阶级对立的资产阶级的旧社会。未来社会是以每个人的全面而自由的发展为基本原则的社会，这是关于"美好生活"的一个重要注脚。恩格斯讲道："我们的目的是要建立社会主义制度，这种制度将给所有的人提供健康而有益的工作，给所有的人提供充裕的物质生活和闲暇时间，给所有的人提供真正充分的自由。"① 提高人的自由度，这是"美好生活"的一个终极目标。

第二节　关于社会治理及其现代化的战略思想和顶层设计

2019 年召开的中共十九届四中全会，不仅全面系统地提出和部署了坚持和完善中国特色社会主义制度、推进国家治理体系和治理能力现代化的战略思想及其政策措施，而且站在国家治理的高度，提出和部署了加强和创新社会治理、推进社会治理现代化的整体战略思想和顶层设计。中共十九届四中全会指出："社会治理是国家治理的重要方面，必须加强和创新社会治理，完善党委领导、政府负责、民主协商、社会协同、公众参与、法治保障、科技支撑的社会治理体系，建设人人有责、人人尽责、人人享有的社会治理共同体。"

（一）强调公共性，坚持和完善"共建共治共享"的社会治理制度

党的十九届四中全会决议明确地将"共建共治共享"规定为社会治理制度，高举公共性的大旗，将社会治理的战略思想上升到国家战略的高度。

"共建共治共享"是党的十九大报告提出的一个重要的治理思想，强调要打造共建（突出资源整合）、共治（注重治理过程）和共享（关注成果分配）"三位一体"的社会治理基本格局。党的十九届四中全会

---

① 马克思，恩格斯. 马克思恩格斯全集（第 28 卷）[M]. 人民出版社，2018：652.

在继续使用"三位一体"理念的基础上，进一步将其规定为社会治理制度。这一制度的本质，在于突出强调社会治理的公共性，并以制度的形式加以明确和规范，使之成为加强和创新社会治理的基本共识与共同目标。

公共性是社会科学的基本范畴之一，强调与私人利益相对立的公共利益及其所建构的公共领域和公共价值。在马克思看来，公共性是人类的社会属性之一，是人们在社会实践中形成的一定社会关系。马克思在揭露资本主义社会的本质时提出并论证了超越私人利益的"公共利益"的存在及其内在机制，进而畅想未来作为公共性实现形态的"自由人联合体"。[1] 哈贝马斯强调，在现代社会，"公共性本身表现为一个独立的领域，即公共领域，它和私人领域是相对立的"。[2] 可以说，超越私人利益的公共利益和与私人领域相对立的公共领域，是公共性的基石，其中既包含对私有制的部分否定，也包含私人权力对公权力的让渡。在这种意义上，共建共治共享意味着在多元主体之间通过让渡各自的权力（权利）形成一定的公共领域，意味着不同主体间在频繁的交往和互动中达成共识并形成超越各自不同利益的公共利益，也意味着基于公共领域和公共利益在共建共治共享的过程中实现一定的公共价值。

与西方传统相对应，在中华传统文化数千年的思想演进中，公共性并没有缺失，而是以其特有的方式表现出来。孔子在《论语》中强调的"里仁为美"，阳明心学倡导的"致良知"，以及孙中山先生所倡导践行的"天下为公"，表达的都是高于"小我"的公共性。这种公共性的来源与西方文化不同，并非源自超越私人利益的公共利益或私人权力（权利）的让渡，而是主要来源于个体的内在良知和"先天下之忧而忧，后天下之乐而乐"的君子情怀与责任。这种基于个体的里仁与良知的公共性，强调的并不是利益、契约或公共领域（注意其结果本身并不对立），

---

① 马克思，恩格斯．马克思恩格斯选集（第2卷）[M]．人民出版社，2012：126．
② 哈贝马斯．公共领域的结构转型 [M]．曹卫东等，译，学林出版社，1999：2．

而是更看重个人的德行、责任及作为意义和情感共同体的家国情怀及其精神归属。在这种意义上，共建共治共享，最重要的出发点不是利益，而是里仁；不是权力（权利），而是良知。诚如《大学》所谓欲修身齐家治国平天下，必先格物致知诚意正心，[①] 亦即儒家一贯推崇的"内圣外王"之道。

因此，东西方文化和价值观的差异，塑造了两种不同来源的公共性：一种是以人为本、由私权而公域的公共性，强调公共利益和公共领域；另一种则是以仁为本、天下为公的公共性，注重里仁与良知。这两种公共性，从两个向度上给出了共建共治共享的边界：其一是向外，强调利益和权力（权利）的边界，即与私人利益、私人领域相对应的公共利益和公共领域；其二是向内，彰显价值、道德与伦理的境界，即对多元主体内在里仁与良知的更高的要求。

因此，中共十九届四中全会决议呼吁的"建设人人有责、人人尽责、人人享有的社会治理共同体"，一方面体现了外向的公共利益和公共领域，另一方面又强调内向的主体里仁与良知，这是一种既涉及公共利益与公共领域又同时彰显主体里仁与良知的社会治理共同体。这种共同体不仅满足了中国特色社会主义核心价值观的要求，更合乎共产党人乃至中华民族的"初心"。

（二）突出全局性，发展和完善"七位一体"的社会治理体系

中共十九届四中全会决议强调要发展和完善"党委领导、政府负责、民主协商、社会协同、公众参与、法治保障、科技支撑"的社会治理体系，明确提出"七位一体"的社会治理体系要求，突出了多元共治之下社会治理的全局性和一体性。

社会治理体系的这七个方面，彰显了前述社会治理公共性的四大特征，尤其是在共治思想和共治机制的基础上，进一步增加了"民主"和

---

① "古之欲明明德于天下者，先治其国；欲治其国者，先齐其家；欲齐其家者，先修其身；欲修其身者，先正其心；欲正其心者，先诚其意；欲诚其意者，先致其知；致知在格物。"——《大学》

"科技"两大要素，一方面强调深度对话和互动的民主协商，另一方面强调应用移动互联、大数据、人工智能及区块链等最新科技成果的科技支撑，使得社会治理体系更加完备，适应新时代的要求。民主协商，体现了社会治理体系主体的参与性和过程的完善性。同时，新时代以信息技术为代表的新技术迅猛发展，带来的不仅是科技的革命，更是人类交往行为方式和话语伦理准则的革命，由此社会治理体系也必然要依靠科技支撑。因此，这两大要素不仅是过程与方法层面的增补，更是价值与规则层面的完善与进步。

另一个表述上的重要调整，是将原有的"社会治理体制"修改为"社会治理体系"。"体系"是指若干有关联的事物或意识相互联系而构成的有特定功能的有机整体；"体制"则是指有关组织形式的制度，表现为上下之间的层级关系和固定规则。"体系"与"体制"虽只有一字之差，却站在全局性的高度，强调了这一系统的多元化和一体性特征，并表达了这一系统具有开放性、创新性和生态性，对实践探索和创新有着重大的包容性，具有重要的指导意义。

（三）以党建引领打造"三治融合"的城乡基层治理格局

中共十九届四中全会决议要求，构建基层社会治理新格局，健全党组织领导的自治、法治、德治相结合的城乡基层治理体系。

"构建基层社会治理新格局"是中共十九届四中全会在社会治理创新方面提出的最新要求。这里的新格局，重在强调两个方面。一是强调基层社会治理的重要性，明确社会治理的重心在基层，社会治理的格局落实在基层。这里的基层，在体制上强调的是最接近群众、最接地气的部分，是体制的末端、终端和基础部件；在空间区位上强调的则是城市的社区和农村的乡村，是城乡居民的生活共同体。换言之，社会治理，归根结底要把重心放在城市社区和农村乡村；构建基层社会治理新格局，就是要构建以城市社区和农村乡村为基本载体的社会治理新格局，健全充满活力的基层群众自治制度。

新格局强调的第二个重要方面，就是明确规定了城乡基层社会治理的基本格局，是健全党组织领导的自治、法治、德治相结合的城乡基层治理体系。自治、法治、德治相结合被称为"三治融合"，这一思想早期是浙江省在推进乡村治理创新实践中总结出来的。① 党的十九大报告在地方实践的基础上，提出："加强农村基层基础工作，健全自治、法治、德治相结合的乡村治理体系。"中共十九届四中全会决议进一步强调，"健全基层党组织领导的基层群众自治机制，在城乡社区治理、基层公共事务和公益事业中广泛实行群众自我管理、自我服务、自我教育、自我监督，拓宽人民群众反映意见和建议的渠道，着力推进基层直接民主制度化、规范化、程序化"。

健全党组织领导的自治、法治、德治相结合的城乡基层治理体系，不仅彰显了实践中基层自治的重要性，强调了基于中华传统文化的德治的不可或缺性，以及法治的基础性、保障性作用，更突出了基层治理中党组织在政治上的先进性和领导地位。这也是加强基层治理党的领导、党的建设的题中应有之义。

（四）推动重心下移，改善和提高基层公共管理和服务水平

中共十九届四中全会决议强调，在加强和创新社会治理方面，要继续深化政府改革，推动社会治理和服务的重心向基层下移，改善基层政府的公共管理和服务职能，健全基层政府的社区管理和服务机制，改革完善网格化的管理和服务。

网格化管理最初是北京、上海等大城市在城市社会管理实践中逐渐探索形成的一种基于数字化的城市社区管理和服务模式，② 后来逐步升级为"网格化管理和服务"，在全国范围内推广应用。网格化管理和服务通过移动互联、大数据的应用，提高了政府社会管理和公共服务的效能，

---

① 在浙江的乡村治理实践中，顺序略有不同，通常德治在先，法治、自治在后。在党的十九大报告中援用了这一思想，但顺序有所调整。参见：郑晓华，沈旗峰. 德治、法治与自治：基于社会建设的地方治理创新［J］. 马克思主义与现实，2015（4）：163－169.

② 参见：阎耀军. 城市网格化管理的特点及启示［J］. 城市问题，2006（2）：76－79.

一些地方创造性地探索了许多创新的模式和经验。① 需要指出的是，近年来一些城市在推行网格化管理的过程中，出现了简单化、行政化的做法，呈现出"无网格、不治理"的趋势。② 应当明确，推行网络化管理和服务，要以提高和改善公共服务为重心，而绝不能简单地理解为加强行政管控，要在实践中不断探索利用数字化、信息化手段提高基层政府社会化服务的水平，不断增强社区治理的内在活力并促进从管理向治理的改革转型。更重要的是，要在体制上大力推动社会治理和服务的重心向基层下移，把更多的公共资源和社会资源下沉到基层，不断改善和提高基层公共服务水平，更好地提供精准化、精细化服务。

中共十九届四中全会对此做了细致的部署，特别强调了完善公共服务对于加强和创新社会治理的重要意义。"必须健全幼有所育、学有所教、劳有所得、病有所医、老有所养、住有所居、弱有所扶等方面国家基本公共服务制度体系，尽力而为，量力而行，注重加强普惠性、基础性、兜底性民生建设，保障群众基本生活。"创新公共服务提供方式。"统筹完善社会救助、社会福利、慈善事业、优抚安置等制度。完善农村留守儿童和妇女、老年人关爱服务体系，健全残疾人帮扶制度。坚决打赢脱贫攻坚战，巩固脱贫攻坚成果，建立解决相对贫困的长效机制。"

（五）激发社会组织活力，发挥社会力量的积极作用

要全面推进社会治理现代化，必须激发社会组织的活力，充分发挥社会组织在加强和创新社会治理中的积极作用。

党的十八大以来，与全面深化改革的总体战略相适应，中央和地方不断深化社会组织管理制度改革，加快形成现代社会组织体制，努力激发社会组织活力，形成了生动活泼的良好局面。党的十九大报告强调了

---

① 严俊，林伟挚. 上海社会治理创新中网格化管理跟踪研究 [J]. 科学发展，2017（11）：96-106；毛万磊，吕志奎. 厦门综改区"社区网格化"管理的优化——以鼓浪屿社区为例 [J]. 东南学术，2013（4）；张晓晴. 城市社区治理模式转型——从网格化管理到网格化治理 [J]. 中学政治教学参考，2015（24）.

② 陈荣卓，肖丹丹. 从网格化管理到网络化治理——城市社区网格化管理的实践、发展与走向 [J]. 社会主义研究，2015（4）：83-89.

社会组织在政治协商、基层党建中的独特作用，特别是在打造共建共治共享的社会治理格局中，要发挥社会组织的作用。中共十九届四中全会决议在党的十九大报告基础上，强调发挥社会组织在协商民主中的积极作用，完善党对社会组织的领导制度，特别强调在构建基层社会治理新格局中，发挥群团组织、社会组织作用，发挥行业协会商会的自律功能。

群团组织是特殊的社会组织，是党联系人民群众的桥梁和纽带，特别是在基层治理创新的实践中，工青妇等群团组织是党的群众工作的代表，是上传下达、服务群众最直接的平台，也是探索体制机制创新最活跃的力量。中共十九届四中全会决议要求，在构建城乡基层社会治理格局中要发挥社会组织的作用。这里的社会组织主要指社区社会组织。党的十九大以后，民政部于 2017 年底下发了《关于大力培育发展社区社会组织的意见》，全面部署了在城乡社区大力培育发展为民服务、公益慈善、邻里互助、文体娱乐和农村生产技术服务等各类社区社会组织的政策措施。各地党政部门在推进社区治理创新的实践中大力推动社区社会组织的发展，涌现出许多创新的模式和经验。① 行业协会商会，作为社会组织中具有中介性的平台型行业共同体，能够整合社会力量，加强行业自律，提升行业整体在推进社会治理创新中的积极作用。

（六）鼓励群众参与，探索多元互动，夯实治理基础

群众是自治、法治、德治的最终主体，群众参与是基层社会治理活力的源泉。归根结底，人民群众是社会治理创新的根本力量。中共十九届四中全会决议强调，要完善群众参与基层社会治理的制度化渠道，实现政府治理和社会调节、居民自治良性互动，夯实基层社会治理基础。

近年来，地方各级党政部门在推进社会治理创新的实践中积极探索群众参与，包括参与社会治理、参与环境治理、参与公共服务、参与政

---

① 朱丽荣. 社区社会组织的发展与完善［J］. 人民论坛，2019（22）：74-75；马蕾. 官民共治：成都市基层治理的新方向［J］. 重庆城市管理职业学院学报，2019（2）：16-19；大连市沙河口区民政局. 大连市沙河口区黑石礁街道社会组织联合会 党建引领 平台孵化 服务支撑［J］. 中国社会组织，2019（1）：46-47.

治民主等，形成了许多有益的经验和模式。例如，广东省南海、佛山等地在社会治理创新实践中建立的社区参理事会制度，^① 深圳市 N 区在社会治理创新实践中探索总结的"一核多元"制度，^② 深圳市近年来总结推广的社区居民议事会制度，^③ 重庆市在社区治理创新实践中探索的社区"圆桌会议"，^④ 杭州市通过传统媒体搭建的市民参与公共事务的对话议政平台"我们圆桌会"，^⑤ 等等。这些基于城市社区的群众参与基层治理的制度化探索，在地方社会治理创新的实践中成就了一个又一个富有中国特色并闪烁着"公共性"智慧之光的公共领域，在推进居民自治与社会调节、政府治理良性互动方面发挥着积极作用。

（七）加快推进市域社会治理现代化

市域社会治理是近年来在地方社会治理创新实践中提出的新命题，中共十九届四中全会决议首次将这一命题置于国家战略层面，具有重大的理论意义和政策实践意义。

市域社会治理通常指的是以行政区划的城市（通常为地级市及中心城市）为范畴来定义、规划和实施的社会治理。由于城市介于国家、省域和县域、基层之间，不仅具有较为完备的公共管理与社会治理的体制和体系，而且具有解决社会治理中重大矛盾问题的资源能力，能够有效

---

① 社区参理事会，是广东省南海、顺德等地在实践中探索建立的一种居民参与社区治理的制度形式。参见：向德平，高飞. 社区参与的困境与出路——以社区参理事会的制度化尝试为例［J］. 北京社会科学，2013（6）：63－71.

② "一核多元"制度，又称"1＋3＋N"，是深圳市 N 区在社会治理创新实践中探索形成的一种创新形式，具体指以社区综合党委（总支）为核心，以社区居委会、社区工作站、社区服务中心三个主体为依托，农城化股份公司、社区社会组织、业主委员会、物业管理公司和驻辖区企事业单位等多元主体密切配合、互动参与、共建共享的社区治理结构与模式。

③ 社区居民议事会制度，是深圳市在社区治理实践中探索的一种居民议事平台。参见：黄江富. 社区居民参与机制构建探索——以"我的社区我做主"居民议事会计划为例［J］. 中国社会工作，2018（22）：46－47.

④ 社区"圆桌会议"，是重庆市在环保治理上探索出的一种居民参与的创新试验。参见：方娟，张宗贵. 官民对话之"圆桌会议"［J］. 公民导刊，2006（5）：31－32.

⑤ "我们圆桌会"，是杭州市在社会治理创新实践中利用传统媒体搭建的一个市民参与公共事务的对话议政平台。参见：韩福国. 现代城市参与式治理建构的可能性——基于杭州《我们圆桌会》案例的比较分析［J］. 当代中国政治研究报告，2017：31－52.

地承上启下，因而是国家治理的基石，也是推进基层治理现代化的"前线指挥部"。

陈一新撰文指出，市域社会治理现代化分为理念现代化、体系现代化与能力现代化。其中理念现代化强调要树立"五个导向"，即目标导向、政治导向、民本导向、问题导向和效果导向；体系现代化强调要优化"四大体系"，即政治体系、自治体系、法治体系、德治体系；能力现代化则强调要提高"七大能力"，即统筹谋划能力、群众工作能力、政法改革能力、创新驱动能力、破解难题能力、依法打击能力和舆论导控能力。[①]

近年来，许多城市都在积极探索推进社会治理现代化，如福州市以网格化为重点进行的市域网格化治理探索，[②] 绍兴市以党建引领、民生为本、化解矛盾、夯实基础为主线大力推进的市域社会治理现代化探索，[③] 厦门市在大数据应用基础上探索推进的智慧市域社会治理的"厦门模式"，[④] 等等。形成了许多有益的地方经验，也提出了一些需要注意的问题，如行政化过强、参与性不够、互动性不强、协调性不足等，市域社会治理现代化的理论和经验的总结及政策层面的研究推进也明显不足，这些都是值得关注的重要课题。

（八）发挥家庭家教家风的重要作用

中共十九届四中全会决议强调要注重发挥家庭家教家风在基层社会治理中的重要作用。首次将修身齐家提高到社会治理的高度，这一点尤其值得关注。

欲治其国者先齐其家，欲齐其家者先修其身。家庭是社会的细胞，齐家即家庭治理，是社会治理的根本和源头。齐家之首在家教。我国传

---

① 陈一新. 新时代市域社会治理理念体系能力现代化［J］. 社会治理，2018（8）：5－14.

② 王赣闽. 社会治理视角下市域网格化治理的实践与探索——以福建省福州市为例［J］. 福建江夏学院学报，2019（2）：76－83.

③ 戴大新，魏建慧. 市域社会治理现代化路径研究——以绍兴市为例［J］. 江南论坛，2019（5）：10－12.

④ 杨安. 大数据与市域社会治理现代化——厦门实践与探索［J］. 经济，2018（C2）：102－107.

统文化中的家庭教育是以家庭为体、以家学为本的学习、教化和修身体系。家风则是在家教基础上植根于家德、落实在家庭所有成员的传统风尚或作风，是家庭传统的延续、家庭价值的体现和家庭文化的凝聚。家庭教育是一种从起点到终点的全程教育、终身教育。中华民族一向重视家国观念，"家国一体"的儒家伦理思想植根于中国人的血脉之中，正是基于这样的同构性，在"修身—齐家—治国—平天下"这一递进模式中，家庭不仅是一个相对稳定的修身平台，更是施展这种修养功夫的大本营，而治国、平天下则是在修身、齐家之后的社会实践及能力延展。家庭教育在中华传统文化中源远流长，具有特殊的意义，成功的家庭教育必然塑造出优秀的君子之品格，深刻影响社会之善治，成为构筑民族精神之基石。历史上的"孟母三迁""曾子杀猪""岳母刺字"等故事，都说明了家庭教育在社会教化和治理中的重要作用。

身修才能家齐，家齐才能国治、天下平。传统文化中所蕴含的这一深刻哲理揭示出社会治理的一个重要指向，即对社会治理主体的内在要求：在社会治理创新的实践中，作为多元主体的每一个公民，都应发挥家庭家教家风的积极作用，不断提升自我修养以达致良知之境界，唯有如此才能实现社会之善治，从而实现社会治理的现代化。

第三节　本章小结

本章在简要回顾党的十八大特别是党的十八届三中全会以来中央关于加强和创新社会治理的战略思想的发展脉络基础上，对党的十九大报告和党的十九届四中全会的顶层设计思想进行了系统解读，特别是中央关于社会治理现代化的战略思想和顶层设计。党的十九届四中全会系统总结了多年来我们在社会治理创新与深化社会体制改革方面的经验，提出并部署了进一步加强和创新社会治理、推进社会治理现代化的整体战略思想和顶层设计。这一系统的战略思想，在党的二十大报告中得到了进一步确认和落实。

第十三章
激发社会活力的法治保障与立法建议

　　在全面理解中央关于社会治理现代化的战略思想与顶层设计的基础上，基于第一篇和第二篇的实证研究，本章和下一章将站在制度保障的角度，分别探讨在激发社会活力和基层活力这"两个活力"方面，相应的法治保障和立法及政策建议。

　　本章首先围绕激发社会活力，探讨在深化社会体制改革、推进现代社会组织体制建设方面的法治保障和立法建议。

　　中共十八届四中全会提出："坚持法治国家、法治政府、法治社会一体建设，实现科学立法、严格执法、公正司法、全民守法，促进国家治理体系和治理能力现代化。"社会体制改革的核心成果反映在相关法律、规范、制度的进步和完善上，社会体制改革的成果通过法律、规范、制度的形式得到有力保障。随着社会组织的发展壮大，我国已形成了以《慈善法》《境外非政府组织境内活动管理法》《社会团体登记管理条例》《民办非企业单位登记管理暂行条例》《基金会管理条例》为基础的法制体系，社会组织在法人登记、财产保护、内部自治等方面的权利得到有效保障。

　　本章的讨论从两个方面展开。一方面，在简要评估社会组织相关法制实践基础上，探讨《慈善法》颁布实施以来所带动的全面立法和制度变革及其所建构的法治保障新体制的基本轮廓；另一方面，在既有实证研究基础上，提出推进社会组织基本法的立法建议。

第一节　社会组织法治保障的实践及新体制的基本轮廓

中国特色社会体制改革尤其是治理创新离不开相关的法治保障，而当前支撑和保障"两个活力"不断拓展延伸的法制体系呈现出了多层次化的取向和路径。各级各类的法治保障在统筹规划与分层分类中协同推进，不断优化和调整以实现法定保障制度的定型和全覆盖，通过合理的多层次体系结构与功能的设计和定位，理性有序地激发社会和基层的活力，有成效地推进社会和基层的可持续发展。其中，《慈善法》以及《境外非政府组织境内活动管理法》等，都成为实现新时代社会保障权责更加合理配置、发展更可持续的基本条件。

（一）伴随社会组织改革发展的法治保障实践

改革开放以来，我国社会组织从无到有，在经历了初期一段时间无法可依的粗放式发展之后，逐步建立了相应的法规体制，其登记注册数量迅速增长，至今已有近 100 万家。相关立法制度建设逐步展开，形成了以社会团体、民办非企业单位和基金会三方面条例为主线的法治保障体系。本章选择 1998 年颁布实施的《社会团体登记管理条例》为例，对《慈善法》颁布前社会组织的法治保障状况开展有针对性的实施评估，主要包括立法背景、立法技术、实施效果和改进建议等，设定了价值、定位、机制、支持、能力、执行和效果等七项指标，从历时性的动态角度分析法规的实施效果，进而从现代社会组织体制、社会治理体系等方面总结评估法治保障中存在的经验与不足。

评估覆盖了该条例颁布实施以来公开发表的与社会团体相关的主要文献资料，以及与登记管理相关的所有法律法规和政策文件，并对中央及省市登记管理机关、全国性和省级社会团体、业务主管单位开展了问卷调查，共收回问卷 1867 份。

总的评价是，该条例自 20 世纪 90 年代末颁布以来，确认了社会团体的基本管理体制和管理程序、制度，使得社会团体管理从无法可依到有法可依，为 20 多年来社会团体的快速发展提供了相对规范有序的基础制度框架，也为后来的制度创新提供了基础平台。该条例的实施带来的规范效果得到登记管理机关和业务主管单位的普遍认同。

具体而言，该条例对社会团体的规范效果包括：①压缩了非法社会团体生存活动空间，降低了社会风险，维护了社会稳定；②规范了社会团体的内部治理与行为，对社会团体的活动产生了普遍的规范力和约束力；③确保了我国社会团体总体上的规范、有序发展，使我国社会团体在结构和功能上整体比较合理。

该条例为社会团体的总体发展提供了最根本的制度保障。自该条例颁布以来，我国社会团体的总体数量快速增长；对社会团体机构发展和组织运作带来的积极影响受到广泛认同，社会团体在配合与补充政府中心工作、社会公益性服务、行业自律表现等方面的功能发挥良好，在服务会员、参与民主协商和全球治理等方面的功能发挥尚有不足。

该条例为我国社会团体发展提供了坚实的制度基础，客观上促进了社会团体的总量增长。尽管该条例总体呈现严格管理倾向，但在设定门槛、规范管理的同时也为社会团体获取合法性和社会认同提供了制度渠道和基础保障，客观上促进了个体层面上社会团体的发展和总体层面上社会团体数量的增长。

该条例保障了社会团体的合法权益，提升了社会团体的能力，对社会团体机构发展和组织运作带来的积极影响受到广泛认同。评估调查中社会团体对该条例的总体评价表明，其对已登记社会团体组织运作和机构发展带来的积极影响远大于消极约束。

该条例保障了社会团体在社会主义建设事业中的功能发挥，尤其是社会团体在配合与补充政府中心工作、社会公益性服务、行业自律等方面表现良好，但在会员服务与行业治理、参与民主协商和全球治理等方面的功能发挥尚待提升。社会团体的总体功能发挥得到了登记管理机关和业务主管单位的认可。

需要说明的是，此项调查反映的是《慈善法》颁布前社会组织的法治保障状况，尽管只覆盖了社会团体这一典型社会组织，但因为这部法规在相关三部法规（另外两部是同时颁布实施的《民办非企业单位登记管理暂行条例》和2004年颁布的《基金会管理条例》）中的突出地位和强烈的主导性，我们认为能够基本体现其时社会组织在法治保障方面的基本特征。

总之，在《慈善法》颁布前，我国尽管已有数十万家各类社会组织，但相关的法律法规是以社会团体、民办非企业单位和基金会三方面条例为主线的登记管理体系，法治保障严重不足。

（二）《慈善法》的立法过程与体制突破

2016年，全国人大颁布实施《慈善法》。这是我国社会组织改革发展和社会治理创新领域具有里程碑性质的历史事件。

《慈善法》颁布实施以来，相关制度建设取得了重要进展，法律意义上的慈善组织与慈善活动开始走向规范，公民慈善意识明显增强，慈善领域的创新不断涌现，慈善资源动员能力也得到了提升。

《慈善法》是关于慈善组织及相关慈善活动的法律。这部用了两年时间采取开放模式立法并在全国人大表决通过的基本法，推出了一种新的社会组织——慈善组织，并以慈善组织为主体，推动了全面的信息公开，从而建构起一种基于信息公开的国家—社会关系新体制。随着《慈善法》的实施，慈善组织这一新的社会组织应然落地，信息公开的进程随着三类信息平台的加快建设而升级，一个以"国家管控平台，平台面对组织，社会全面监督，组织依法行为"为特征的新体制开始浮出水面。

《慈善法》最大的亮点是典型的开门立法。在《慈善法》向社会公布之前，全国人大法工委在起草过程之中，曾经有不少于7种的版本。这些非常完整的草案经过了一系列研讨，甚至经历了数十次的专题研讨会，因此《慈善法》比一般的行政立法更多地纳入了专家立法的因素。在法治相对完善的国家，立法不是行政部门的事，而是由相关专家委员会来起草，然后交付议会讨论表决。

我国一直贯彻的是行政立法和部门立法。《慈善法》跨越了部门立法，直接由全国人大内司委牵头起草。立法过程中，全国人大内司委和法工委的开放立法模式，使《慈善法》更多地纳入了专家意见，所以一定程度上兼具专家立法的特点。学术界比媒体和社会组织更接纳此法。不是说学术界意见少，而是因为学术界更多地参与了立法过程中的讨论、互动和起草。这说明参与本身是有价值的，在密切互动的过程中，参与者达成妥协原则。这对中国立法是一个很有价值的启示，就是说过程本身是有意义的。这就像民主，民主本身不一定能选出更好的领导人，但是，民主过程本身会让大家产生接纳性，会让大家学到妥协精神。由于参与，会理解其中的不同主张、约束所在、难度所在，对于能够达到的进展，更愿意接受妥协。

1. 社会自主性与社会规范性的新综合

《慈善法》面对的第一个环境是国家与社会关系的转型。国家与社会关系的转型从两个向度展开：其一，现代国家的转型；其二，现代社会的转型。现代国家的转型是由总体性国家向法治国家、有限政府过渡，由国家取代社会、行政吸纳社会向国家与社会协作的模式转变。这个转变的过程是国家收缩自己的领地。全权国家向有限国家的转型提高了国家的治理能力，使国家有能力应对复杂的、高风险的现代社会。否则国家权力必然会遇到统治资源有限的困境。

国家在收缩领域的过程中，释放自主支配的资源和自由流动的空间给社会，促进社会组织的生成；并通过国家对社会的支持、规范，促使社会组织成为有治理能力和有参与能力的主体，参与到公共生活中来，承担公共参与和公共治理的责任。因此，《慈善法》同样面对一个自由结社的问题。自由成立社会组织、自主选择社会组织的形式和治理方式，乃至募集资金、设置项目，这种自由不仅会促进社会自主性的生成，还会为社会整体的制度创新提供试验和先导。社会创新同时也会为政府的制度变迁提供动力。在保持结社自由的前提下，维护国家与社会的分野非常关键。因此必须明确，慈善组织虽然具有一定程度的公共性，但契约自由是其活动的基本准则，借助法律达致公共目标是为了捍卫这些原则，而不是以公共利益之名损害这些原则，或者以公共权力挤压这些组织的生存空间。

需要明确国家的目标是具有公益性的，但慈善是属于社会领域的社会奉献和社会引导行为。只存在国家的责任而不存在国家慈善的问题。国家对慈善的责任是创造一个人人可以参与慈善的环境、慈善组织可以自由设立的环境，建设一个慈善组织与慈善需求便捷对接的平台。国家创造环境，社会创造公益，合天下之大私，成天下之大公。国家的另外一个角色是管理者，通过约束措施和引导措施来规范慈善组织的发展。约束措施常见于各种法律和规章制度，而引导措施包括财政、税收等支持性政策，支持慈善组织有足够的资金、项目有效运转，并引导慈善领域的捐款和项目向社会需要的方面倾斜，使国家的社会责任和民间的补充性支持可以良好衔接。引导措施的第二个方面是通过一些行政指导措施规范慈善组织的运行，如章程示范文本、慈善组织与商业合作指引、慈善组织内部治理准则、慈善组织信息公开原则等。建立信息公开的平台，方便慈善组织公布信息。政府还可以通过评估等形式，促进慈善组织规范发展，引导社会资金流向运作规范、有创造力的组织。厘清国家与社会关系同样需要对公与私、社会的自主性有明确的认知。

慈善组织从事的是公益活动。但慈善组织的资产来源于私人财产，慈善活动直接达致私人的目标。对于健全的社会而言，公和私都是社会的组成部分，都有自己的合理位置，甚至从某种程度而言，公并不比私具有更高的道德优先性，而且，也不存在不表现任何个人利益的公益。在核心的个人利益和私域里，公益并不占有道德制高点，不能以公益之名，损害挤压私益和私域，以使社会的形成和发展能够有一个健康的空间。社会也有其自主生成的逻辑，国家和公共力量应当维护这种自主生成的逻辑，清除自主生成过程的不合理限制，而不是破坏这种自主生成的逻辑，造成社会的失范。

维护社会的自主性需要关注下列几点。首先，需要改变对社会组织的认知，认识到社会组织是现代社会的必要组成部分，对于良好的现代社会结构的形成具有基础性的意义；现代国家与社会关系主导的旋律是合作关系，现代社会组织是社会参与和社会治理的主体。理念上需要消除对社会组织的有罪推定，并充分认识社会组织在现代国家治理中的地位和作用。各国通行的做法是将社会组织纳入公共服务体系中，使其可以平等参与公共服务，实现公共服务的多元化。政府和民间组织建立合作伙伴关系，社会组织参与到公共决策和公共服务之中。社会组织的参与大大提高了公共政策制定过程中的民主参与程度，也提高了公共服务的效率。一定程度上克服了代议制民主与普通大众疏离的问题，提高了现代政府的治理水平。其次，在具体措施上，改变挤压、吸纳、控制的政策，促进社会组织的成长。对于社会组织存在的问题，也要分类处理，避免类推式的规制和过分规制。再次，支持联合性、倡导性、支持性的社会组织的成长，形成社会组织自我支持、自我治理的格局，对国家的支持行动和规范活动形成有益的补充。最后，对于政府的各种支持性措施，也要结合社会组织的具体情况、社会组织的总体发展情况，避免揠苗助长，也要避免各种运动式的发展促进手段所带来的问题。

社会自主机制的形成能克服现代社会的离散化趋向。自组织的社会是现代民族国家的约束机制和辅助机制。碎片化的社会是现代民族国家极权化或者无效化的重要原因。政府裹挟大众和大众裹挟政府可能会周期性地发生。这也就是转型的悲剧或者民主化的悲剧。民主化本身没有错误，民主也是一个好东西。悲剧的发生不是因为民主本身错了，而是因为民主化没有和社会的组织化、社会组织的有序参与联系起来。研究表明，社会组织化、市民社会的发展、社会资本的形成与经济发展和政府绩效之间有密切的联系。市民社会形成的社会资本大大降低了经济发展过程中的交往成本，对于有序市场的形成有至关重要的作用。社会组织也为政府公共服务、公共管理提供了有效支持，而且可以制约地方政府的腐败，避免地方政府由保护性代理人演变成掠夺性代理人，也即社会组织对于现代社会的理性化有积极的作用。

社会自主机制的形成是一个递进的过程。首先，社会组织建立自主治理机制。建立现代社会组织的治理结构，发挥章程、会员大会、理事会在治理中的作用。其次，社会组织之间形成自主治理的机制。同一领域的联合组织可以形成行业自律准则和自我管理机制，支持性的组织（如信息组织、资金支持组织、监督组织）的监督支持也可以发挥社会自主治理的功效。自主治理也可以减轻社会管理机关的负担，研究表明，目前社会组织的管理机关耗费了大量的精力来处理本身属于社会组织自主治理的事务，不当的干预还带来了许多社会问题。最后，通过竞争性参与提升社会组织的能力，实现组织的优胜劣汰。

《慈善法》面对的第二个环境是社会的转型。随着城市化和城镇化的推进，中国面临着乡村社会向城镇社会的转型，社会经历着组织化和再组织化的过程。如何将传统的体制解体后碎片化的人群组织起来成为现代社会有序参与和治理的力量，如何改造人们传统的组织形式，建立符合现代社会特点的新型的社会组织构架是社会建设面临的课题。社会的组织化面对的是将人们由血缘、地缘结合形成的身份组合转变为契约组合，并促使社会分化形成的不同群体相互融合。再组织化面临着传统的农村和单位体制的社区化。城市化还带来许多新的问题。社会的组织化、再组织化，新型社会问题的出现，需要政府应对，也需要社会应对。

《慈善法》作为社会领域的具有基本性质的法规需要承担这个责任。政府需要对新型的慈善组织，社区类的慈善组织，解决新型社会问题、促进社会融合的慈善组织予以足够的支持。因此《慈善法》就需要突破传统扶危济困、社会救助的范围，向现代多元化的慈善扩展。慈善项目要多元推进。慈善组织需要下沉，进入社区和大众的生活中。

根据前述内容，可以看到《慈善法》不应当是慈善管理法，也不是简单的慈善促进法，而是需要首先廓清慈善范围、慈善组织设立、慈善组织自主治理、慈善组织自主运行方面的障碍，建立符合现代社会发展要求的慈善生态。《慈善法》需要解决的问题是慈善组织优先还是慈善环境优先的问题。这个问题其实类似于鸡和蛋谁先产生的问题。在中国目前的环境下，需要认真对待。

2. 《慈善法》面临新挑战

2020 年 10 月 15 日上午，十三届全国人大常委会第二十二次会议听取了关于检查《慈善法》实施情况的报告，该报告详细展示了《慈善法》实施 4 年多来取得的成效和存在的问题，尤其是新冠肺炎疫情发生和互联网蓬勃发展暴露的慈善事业体制机制应对方面的不足。

这些问题中有一些是由社会情境变化而体制机制改革不到位引起的，有一些是执法者、行业参与者和公众的观念未能及时转变导致，还有一些则是法律自身的瑕疵和制度配套不完善造成的。其中，以下五点就是曾在《慈善法》立法过程中讨论但没有解决的问题，在法律实施过程中，这些问题就更为明显地暴露了出来。

第一，我国社会组织治理与公益慈善事业发展存在政策目标上的张力。在社会组织基本法缺失的情况下，《慈善法》既要承担促进和规范慈善事业发展的功能，又想在法律层面尽可能系统地规定社会组织发展与监管的问题，功能杂糅。因此，在《慈善法》实施过程中，出现了慈善组织监管过度与监管不足的双重困境。解决这种困境既需要全国人大将社会组织基本法纳入立法规划，同时需要加快对社会组织管理行政法规的修改进程。

第二，《慈善法》的立法目标非常多元。首先是针对我国社会力量参与国家的社会保障、扶贫与其他公共事业的倡导与激励的法律化与制度化；其次是将慈善作为第三次分配机制的法律化与制度化。但在以往的话语和制度设计中，过分强调慈善事业作为国家社保"补充"的地位，忽略了社会力量作为公益慈善事业主体的主动性和自主性，影响了以社会力量为主体的公益慈善事业社会创新目标的实现，使其疲于应对政府某些短期目标要求的行动。因此，在《慈善法》中应该适度区分国家对慈善事业的基本要求和慈善事业的自主性，提高社会力量参与公益慈善事业的积极性与主动性。

第三，《慈善法》实施多年，但人们对作为《慈善法》重要创新点的"大慈善"观念未能形成普遍共识，公益慈善事业的行政治理存在内在分歧，作为慈善事业主管部门的民政部囿于现行体制，无力承担也不愿承担对大慈善中的教科文卫体以及环境保护等领域的主管工作，与其他业务部门之间的协调也缺乏法治保障。因此依然需要在国家治理的高度重新审视慈善事业发展，建立国家慈善委员会等国家层面的慈善事业协调治理机构。

第四，目前《慈善法》作为社会法的定位比较尴尬，其公法本位的现实与私法因素的要求之间存在平衡的困难，行为法要求与组织法要求之间也存在张力，过分强调政府对慈善组织的监管，而忽略慈善组织与捐赠人、志愿者和受益人之间的权利义务关系。因此需要在修法过程中重新反思《慈善法》处理公法导向与私法导向、组织法导向与行为法导向、促进法导向与规范法导向关系时的基本态度。

第五，因为立法技术的瑕疵和我国法律解释体系的限制，目前针对与《慈善法》相关的法规、规章和政策性文件缺乏合法性审查机制，行政机关在执法过程中往往自由裁量权过大，出现了一些具体的法律实施难题。例如公募基金会的新设、互联网募捐平台的性质区分（信息公开平台与募捐服务平台）、慈善组织直接登记政策的落地以及个人求助与慈善之间的关系等，这些既需要启动法律修改程序、制定相关实施条例和细则，也应该启动与《慈善法》相关的法规备案程序，清理与《慈善法》规范、目标相冲突的法规、规章和政策性文件。

作为社会法的一个分支，《慈善法》兼有公法与私法的因素，同时兼具组织建构和行为规范的使命。在当代中国慈善事业发展的语境中，还需兼顾促进与规范的功能。因此，《慈善法》的基本定位问题，也成为慈善立法过程中争议的焦点。从《慈善法》的文本来看，基本定位难题并未完全解决。《慈善法》对"促进法 vs 规范法"这一对范畴处理得相对较好，贯彻了规范≠管制的理念，寓促进措施于规范设计之中，虽然存在一些理想化的条文，在法律规范构成的意义上缺乏法律后果的配套，但毕竟体现了促进、发展与倡导的方向。但在"公法因素 vs 私法因素""行为法 vs 组织法"这两对范畴上，《慈善法》的态度依然有些模糊。

　　关于慈善活动的主体是否一定要组织化也存在争议。国际惯例上慈善活动的行为主体非常多元，英国慈善法中，慈善机构并未使用"organization"（组织）来指称，而是使用"institution"（机制、机构）的表述。区别在于，前者是指一个有机整合体，而后者则主要指一种制度运作的载体，甚至有学者认为，"institution"就是"反复而持续进行的有价值的行为模式"。由于参与慈善立法的主要群体为非营利组织研究、管理与实践方面的专家，在当下中国制定非营利组织基本法困难重重的语境下，大家都期待在慈善立法中能够最大限度地解决非营利组织规范问题。但这造成了《慈善法》基本定位的两重错位。

　　3. 《慈善法》建构的新体制基本轮廓

　　以《慈善法》的颁布实施特别是慈善组织的主流化为标志、以信息公开为主线的制度和体制变革已全面展开，一种不同于原有国家管控体制的新体制呼之欲出。《慈善法》的实施时间尚短，慈善组织虽有良好起势却毕竟还在蹒跚起步阶段，这个阶段对新体制的分析多为展望和预测。笔者在前述初步检视基础上，提出对新体制的如下判断。

　　新体制不同于旧体制之处，首先在于走出了国家管控体制。旧的管控体制关注的是国家与社会之间"控制与被控制""独立与自主"等相关的博弈关系问题，这在本质上体现的是国家与社会博弈的思路。新体制的一大特点是超越了国家与社会博弈的思路，在移动互联和大数据的基础上建构起包含国家、社会组织、媒体、公民等多元主体的复杂博弈关系。新体制的产生基于两个条件：一是慈善组织这类新社会组织的出现及渐趋主流化，如上文所分析的；二是移动互联和大数据技术的应用与发展，大大降低了信息获取的门槛并带来自媒体等信息传播方式的革命性变革，打破了信息不对称的垄断局面，使广泛的社会参与和社会监督成为可能。

依据《慈善法》，可大致勾勒出国家—社会关系新体制的基本轮廓，即一个建立在信息公开、社会监督和慈善大数据基础上，依托互联网信息平台形成的国家—社会关系新体制。其特征可概括为"国家管控平台，平台面对组织，社会全面监督，组织依法行为"。

国家在新体制中依然是管控者，但并不直接管控慈善组织，而是管控平台。国家靠什么管控平台？一是靠立法和执法，二是靠制定和调整规则，三是靠监督管理，四是靠评估和问责，五是靠竞争和淘汰等市场机制。平台是什么？平台是依法建立的互联网信息公开平台，在《慈善法》框架下表现为三类信息平台。其核心功能有三：一是发布并整合慈善组织相关信息，二是汇聚形成慈善大数据系统，三是直接行使对慈善组织的监管职能。平台如何面对组织？依据《慈善法》，慈善组织及相关政府部门都要通过信息平台公开与慈善组织及其活动相关的所有信息。平台是慈善大数据的集散地，是慈善组织获取资源、开展活动、提供服务、协调互动、实现发展的大舞台，更是政府、行业组织、其他慈善组织、媒体、捐赠人、受益人及社会公众对慈善组织进行全方位监督问责的显示器与遥控器。在移动互联时代，不特定多数的社会成员都成为慈善组织和慈善活动的监督问责者，随时随地根据平台提供并经大数据系统检验分析的翔实信息对慈善组织进行监督问责。而在这个体制中，慈善组织行为的全部根据，不再是监管者的意志，而是以《慈善法》为基础的法律制度，依法行为不仅成为慈善组织的全部行为准则，也成为包括政府相关部门、平台运行者、行业组织、媒体及其他利益相关方最基本的行为准则。随着这一体制的逐步运行，政府的工作重心，将逐渐从对慈善组织的直接监管，朝着制定、调整、完善相关的制度、规则、标准、机制的方向发展，朝着对各类平台的有效管控的方向发展，朝着维护整个体制的高效运行并推动其逐步转型升级的方向发展。平台的作用将越来越大，各类平台之间的分工协作、竞争合作将朝着更加法治化、社会化、共享化、智能化和专业化的方向全面展开。

　　因此，随着《慈善法》的颁布和实施，慈善组织作为一种新的社会组织开始发展，引发了全面的立法和制度变革并带动了各类社会组织的改革发展，这一可称为"慈善组织主流化"的趋势将已全面展开的信息公开迅速升级，一个基于《慈善法》建构的新体制随之呈现出来。在目前阶段，尽管这一新体制尚未完全落地，但其基本轮廓和趋势已清晰可见。《慈善法》实施以来尽管也有许多不尽如人意之处，但一个新时代已然到来。我们有理由相信，随着《慈善法》的全面实施，这个令人期待的新体制必将落地生根，并终将成长为参天大树！

　　《慈善法》这一具有里程碑性质的制度建构，形成一个基于移动互联和大数据技术形成的以平台为核心的国家—社会新体制。在这一新体制中，行动者从传统的政府与社会组织两大主体，转变为包括政府、平台、慈善组织和开放的社会系统在内的多元主体，一种新型的国家—社会关系由此生成。这种新体制下的国家—社会关系摆脱了旧体制下国家与社会博弈的对立，依托移动互联和大数据的技术优势，在实现较为充分的信息共享基础上将平台推到了监督问责社会组织的前台，而政府则巧妙地退到了平台的幕后，更多地发挥制度供给者、执行者和整个体制的调节者的作用。

　　尽管目前所看到的还只是局限在《慈善法》这一基本制度及其所带动的慈善组织这一高度局限的社会组织领域所呈现的可能的趋势，但慈善组织的主流化以及在信息公开方面积极而有效的推进，在某种程度上检验了这一趋势。我们认为，这一趋势并非在削弱国家对社会组织的控制，而是在将原有的国家—社会关系升级为新的多元系统的同时强化了国家对社会的控制和整合，移动互联技术和大数据的应用使得这种控制和整合更多地表现为平台的高效运用和社会的监督问责。中国社会领域的全面深化改革，因为这种新体制的诞生，正朝着一个令人期待的方向发展。

第二节 关于社会组织基本法的立法建议

《慈善法》是迄今为止我国涉及社会治理、社会组织和公益慈善等相关领域的法律位阶最高的一部基本法。《慈善法》颁布后不久，全国人大常委会通过了《境外非政府组织境内活动管理法》，国务院法制办陆续就《志愿服务条例》、《基金会管理条例》、《社会服务机构登记管理条例》和《社会团体登记管理条例》等法规分别公开征求意见。社会组织相关法制建设进入了空前活跃的时期，但许多重要领域仍然存在立法空白，不同的法律法规之间还缺乏有效的衔接，甚至不同法律针对同一对象存在矛盾乃至冲突的规定，其根本原因在于缺乏社会组织的基本法。

为了加快推进社会组织法制建设，我们呼吁：应借助《慈善法》出台所形成的良好的社会共识和立法环境，尽快启动社会组织基本法的立法议程，加快社会组织立法体系建设，努力形成规范、统一、权威的社会组织法律法规体系。相关立法建议如下。

第一，首先，从规范发展的必要性上看，党的十八大以来，我们在社会组织改革创新方面的一系列重大探索已逐步展开，包括党的十八大、十九大、二十大及其间中央历次全会的政治报告、政府工作报告及若干相关文件中的创新提法，地方各级政府在实践中也有许多创新做法，有必要通过立法实现这些改革创新的规范化与制度化。其次，从社会组织发挥作用的可能性和有效性上看，目前各类社会组织在公共服务和社会治理中发挥着重要作用，有可能在制度规范和政策推动下成长为重要的治理主体。再次，从立法的可行性上看，《慈善法》的出台较好地达成了社会制度建设方面的共识与合力，使得我们有条件在探索建构新体制的同时推进新的法律体系的建构。最后，特别要强调的是，当前一个时期可能是推进社会组织立法的最佳历史时机，就如同我国当初及时出台《公司法》推动了现代公司体制的形成并最终建成了市场经济体制一样，如果我们抓住这个有利时机推进社会组织立法，将有力推动现代社会组织体制的形成，并积极推进政府职能转变和事业单位改革，从而为社会转型和全面深化改革提供重要的制度支持。

第二，确立社会组织基本法的法律定位，同时注重与相关单行法的协调。社会组织基本法要以《宪法》之基本精神在社会稳定与公众期望之间找到平衡点，鼓励社会组织发展和参与社会治理。强调社会组织立法的重要性，并不是否定多年来特别是近年来我们在立法方面所做的种种努力，但由于涉及各个重点领域的专项法律、法规的法律位阶不同，又由于不同部门主持推进时所关注的重点不同，彼此之间很难有效衔接和形成内在联系，无法构成一个完善的法律体系。因此社会组织基本法将有效规定社会组织领域的共性问题，确立较为系统的行为规范，与各个单行法既有分工，又相互协调、相辅相成。

第三，以完善国家治理体系和提升治理能力为目标，从全面深化改革的战略高度和国家整体利益出发推动社会组织基本法的立法工作。社会组织基本法的立法目标，应是从制度上促进社会组织在社会治理中发挥主体性作用，从而推进国家治理体系和治理能力的完善与提升。社会组织基本法的立法要站在全面深化改革的高度，努力解决制约社会组织在社会治理中发挥主体性作用的如下五个方面的重大问题：一是划清界限的问题，社会组织基本法首先必须划清社会组织与政府或企业的界限，及不同类型社会组织的界限；二是明确权利和责任的问题，明确社会组织是不同于政府、企业的权利与责任主体，其享有的社会权利及其承担的公共责任也不同，也明确国家对社会组织承担着立法和监管的公共责任，企业对社会组织承担着一定的社会责任；三是确立规则的问题，确立社会组织最基本的非营利行为准则、产权边界和社会共治原则，以及必须遵守的公共伦理和行业自律规范，也确立社会组织内部应当体现的民主治理和依法自治的基本规则，确立国家对社会组织的公共政策的原则和政策导向；四是保障权益的问题，保障社会组织作为法律主体的合法权益，也保障社会组织所开展的活动不损害其他社会主体和当事人的权益，不危害社会公共利益和国家利益；五是促进发展的问题，通过立法促进各类社会组织在法律规制下实现最大限度的健康发展，充分发挥社会组织在社会治理中的主体作用。

第四，着眼于加快形成现代社会组织体制，稳步并科学推进我国社会组织法律体系的建立和完善。党的十八大以来，中央明确提出我国社会组织改革创新的目标是加快形成政社分开、权责明确、依法自治的现代社会组织体制。多年来，我们一直都在呼吁顶层设计，其实最大的顶层设计莫过于立法上的统筹协调。建议在推进重点领域相关法律法规起草工作的同时，中央能就社会组织法律体系建设问题成立统筹协调机制，尽快将社会组织基本法纳入立法议程，启动社会组织基本法的起草工作，明确社会组织基本法的立法指导思想、基本原则、思路和基础框架，在统一指导和协调下稳步推进我国社会组织法律体系的建立和完善。

关于社会组织基本法的立法定位，我们认为，党的十八大以来，中央在相关的政治报告和机构改革方案中使用了"现代社会组织体制"这一概念。其中，国家责任、社会空间和公民权利是解释这一新概念较为明确的内容。国家责任指的是政社分开，强调了国家要保障社会的独立性；社会空间强调的是社会权利和社会责任；公民权利所指代的是依法自治。其中的内涵可以理解为将社会组织基本法与现代国家建设以及中国梦结合起来。从而可以判断社会组织基本法的制度框架应该是现代国家建设重要的治理结构。

社会组织基本法应是在民法之下制定的统一的非营利领域的基本法，规范整个非营利领域各类组织的权利义务，规范组织的运行，在性质上属于私法范畴。非营利领域的各类组织不因为投资主体的不同或是否有特别的法律规范而不同，都属于私法的范畴。捍卫公、私法的基本分类，既是捍卫国家与社会分立的现状，也是理顺国家与社会关系的关键，更是维护社会自主性的基础。非营利组织的基本法就是在国家与社会之间、非营利组织与营利组织之间划定明确的界限，为社会的自主运行留出空间，私权的边界也就是公权的界限，从而规范政府的管理行为。对于公、私法的划分采用实质标准而非形式标准。也就是公法组织的目标在于完成公共职能，某些组织不因为它们在形式上取得某些授权，就改变了其性质。

在民法之下，营利领域和非营利领域是两个不同的领域。非营利领域利益指向不明晰，其财产需要社会更多的关注，其财务和内部运作需要更多的社会监督，因此也就需要更大的公开性和透明性。非营利组织中，社团有会员，但会员对社团的监督没有营利组织中会员参与和监督的意愿那么强烈；财团法人没有会员，因此缺少会员监督这个环节。而且由于财团法人没有会员，作为组织基本运行规则的章程，其制定与修改就需要另外的程序来启动。也就是说，援用《公司法》等营利组织的规则不可能解决非营利组织领域中的主要问题。《民法典》作为基本的法律规范也不可能容纳非营利领域的所有问题，需要独立的法律解决非营利领域独立的问题。从法律部门独立性的理想模式来看，若已经存在独立的规范对象与方法，可以用独立的法律部门来解决。

关于社会组织基本法的立法原则，我们主张，社会组织基本法的目标，首先是确立非营利的社会组织独立的法律地位。在慈善传统、人道主义传统、宗教传统之外，非营利的社会组织获得了新的资源，成为自由民主社会公共生活的参与者和公民有序有效参与的载体，成为多元化公共服务的提供者，成为人们满足需要和实现利益的重要方式。非营利的社会组织及其活动产生社会资本，因此非营利社会组织需要独立的法律地位和形式予以关注。

社会组织基本法的目标还在于厘清非营利组织与国家、非营利组织与组织成员、非营利组织与营利组织、非营利组织与其他非营利组织的界限，赋予非营利组织主体自主性和行动有效性。组织的主体自主性关键在于组织自身的独立地位，需要法律对组织独立的法律人格、独立的财产、独立的运行予以规范。组织的行动有效性依赖于内部治理规则，规范组织与其成员、治理结构与组织之间的关系，使非营利组织可以真正运转起来。

在目前复杂的局面下，统一立法具有独特作用，表现在下列几个方面。首先，统一的立法可以从整体上解决非营利组织的法律地位问题，也不会因为部分组织合法性问题而遮蔽那些被政府认为是敏感组织而对社会和个人非常重要的组织类型，如倡导组织、兴趣组织的法律地位。其次，单独立法并不能解决非营利组织面临的法人登记困难、自主性、有效性等问题。统一立法可以大大降低立法成本，也可以形成社会对非营利组织的整体认知。在对非营利领域社会和政府认识有误区的现状下，由法律形成整体形象，可谓善莫大焉！单独立法、行政法规、部门规章在解决个别问题方面具有优势，也可以尝试，但关键的问题是不要舍本逐末。我国社会组织经过四十多年的发展，已经进入稳定生长期，其特点、问题日渐明晰，研究和观察有了丰富的资源。最后，从中央到地方的立法和公共政策为社会组织立法提供了许多样本。可以说统一立法已经由不能的阶段过渡到不为的阶段，关键在于政府、学界和非营利组织的决心、勇气和担当。

社会组织基本法是非营利组织的基本法，因此其内容受制于该法律的位阶和定位。统一立法是组织法，是基本法，因此不可能囊括非营利领域的所有问题，与结社法、募捐法也有质的不同。统一立法关注的问题应当是组织的设立、变更、终止，组织的内部治理，组织的财产及其运行，组织信息披露和社会责任，政府部门对组织的管理等。

在社会组织基本法内容方面需要注意的是，非营利组织可以分为两个不同的类型——社团和财团法人。社团又可以分为法人社团和非法人社团，对于其中的差异，应当予以足够的关注。社会组织基本法要为非营利组织提供一个自主活动的范围，在这个范围之内，个人可以通过组织的形式来表达自己的意愿和主张，满足自己的需要。组织可以借助自己的行为发挥其在公共参与和公共治理中的作用。

通过进一步明确社会组织基本法的内容，在一定程度上重构了制度的责任分担机制，即通过将政府、市场、社会及个人的责任在不同层次制度安排中的适当调适，使之更加合理化。另外，由于充分调动了市场主体与社会力量参与的积极性，其能够不断壮大整个社会保障体系的物质基础，进而可以更好地满足人们福利诉求增长的个性化需要，确保整个社会保障体系能够可持续发展。

第三节　本章小结

本章在全面理解中央关于社会治理现代化的战略思想与顶层设计的基础上，基于第一篇的实证研究，站在制度设计的角度，围绕激发社会活力，探讨在深化社会体制改革、推进现代社会组织体制建设方面的法治保障和立法建议。

首先，以《社会团体登记管理条例》为例，对《慈善法》颁布前社会组织的法治保障状况进行了针对性的实施情况评估，从历时性的动态角度分析实施效果，总结评估法治保障中存在的经验与不足。

其次，深入探讨和高度评价了《慈善法》的颁布实施所带动的全面立法和制度变革，以及所建构的法治保障新体制的基本轮廓，肯定了《慈善法》在推进社会自主性与社会规范性方面所起到的里程碑性质的作用，并基于执法评估对《慈善法》执法过程中面临的问题做了分析讨论，进而探讨了随着《慈善法》的实施逐渐呈现出的国家—社会关系新体制的基本轮廓。

最后，明确提出社会组织基本法的立法建议。主张应借助《慈善法》出台所形成的良好的社会共识和立法环境，尽快启动社会组织基本法的立法议程，加快社会组织立法体系建设，努力形成规范、统一、权威的社会组织法律法规体系。同时，围绕社会组织基本法的立法定位和立法原则提出了具体的政策设计。

第十四章

激发基层活力的法治保障与政策建议

本章在前述研究的基础上，探讨在激发基层活力方面与城乡社区治理创新相关的法治保障和政策建议。

党的二十大报告重申"要坚持走中国特色社会主义法治道路，坚持法治国家、法治政府、法治社会一体建设"。围绕保障和促进社会公平正义，坚持依法治国、依法执政、依法行政共同推进。社会治理创新的核心成果反映在相关法律、规范、制度的进步和完善上，社会治理创新的成果通过法律、规范、制度的形式得到有力保障。随着社会治理创新的全面推进，在城乡基层治理领域，我国已初步形成了以《城市居民委员会组织法》《村民委员会组织法》《物业管理条例》等为基础的法制体系，城乡社区成为实现基层自治的重要单元。

本章对以地方为中心的基层治理创新在实践中逐步积累的立法经验和社区法治保障新体制做一探析与勾勒，并基于实证研究提出相应的政策建议。

第一节　以社区为中心的基层治理体制 与相应的法治保障

中国特色社会治理创新的基础在基层的城乡社区。改革开放以来，随着社会经济稳步发展和社会领域改革的逐步展开，以城市为先导，在不断试点和总结提高、改进推广的政策试验过程中，逐步确立了以社区为中心的基层治理体制，相应的基层自治配套法制建设也在上海、北京、天津、深圳等地方开始积极探索和推进。

（一）以社区为中心的基层治理体制的建立

新中国成立后，我国的城乡基层长期以来笼罩在计划经济的氛围中，形成城市以"厂矿""大院"为核心、农村以"公社""农场"为基础的"单位体制"。改革开放以来，随着市场经济的发展，社区体制逐步取代了单位体制，并随着基层治理创新的实践不断改革探索和完善，成为推进基层治理创新并从体制上巩固其成果的重要力量。

1. 走向社区体制的政策和实践过程

改革开放以来，社区体制经历了从"分离"到"自治"，然后到"整合"的演变过程。在第一阶段（20世纪八九十年代），社区建设的主题是建设居民委员会，社区作为体制外人员的管理机构发挥作用，社区从传统的单位体制中分离出来。例如，1986年公布实施的《上海市城市居民委员会工作条例（试行）》规定："居民委员会是城市（包括县属镇）按居民居住地区建立的基层群众性自治组织，在街道办事处或镇人民政府指导下进行工作。"这段时期，社区内部的机构设置相对简单，主要由兼职工作人员或者离退休人员开展居委会的工作，居委会是街道（或者镇）直接领导下的自治机构。

在第二阶段（2000年到2012年），社区建设的主题是基层自治和民主参与。例如，2007年党的十七大报告中提出，要"要健全基层党组织领导的充满活力的基层群众自治机制，扩大基层群众自治范围，完善民主管理制度"。为了保证社区的自治性，有些地方甚至建立了社区事务准入制度。例如，2005 年发布的《杭州市组织机构、工作任务、评比考核进社区申报准入制度（试行）》，规定"政府职能部门、党群部门和其他有关单位，凡拟将组织机构、工作任务、评比考核等项目进社区的，均实行准入制度"。这段时期，社区内部的组织和制度创新非常活跃，除居民委员会之外，还开始建立社区党组织、社区服务站、社区工作站、居民议事会、居务监督会、社区社会组织等。在社区管理制度方面，这段时期出现了网格化管理、信息化和智能化管理。

在第三阶段（2012 年之后），社区建设的主题是服务和统一领导。例如，2017 年中共中央和国务院发布的《关于加强和完善城乡社区治理的意见》就提出，要"完善党委和政府统一领导，有关部门和群团组织密切配合，社会力量广泛参与的城乡社区治理工作格局"。这段时期社区体制的特点是原来相互分离的社区内部机构相互融合，统一在社区党组织的领导之下开展工作。有些地方提倡社区党组织、社区居委会、社区工作站"三位一体"，实际上就是一套人马，相互兼职，共同开展工作。有的地方实行社区书记兼任居委会主任，把社区党组织和居民委员会进行了功能合并。

2019 年 10 月，中共十九届四中全会审议通过了《中共中央关于坚持和完善中国特色社会主义制度、推进国家治理体系和治理能力现代化若干重大问题的决定》，会议聚焦"国家治理体系和治理能力现代化"这一主题，提出加强和创新社会治理，建设人人有责、人人尽责、人人享有的社会治理共同体，构建基层社会治理新格局。提出完善群众参与基层社会治理的渠道，健全党组织领导的城乡基层治理体系，健全社区管理与服务机制，推行网格化管理与服务，发挥群团组织和社会组织作用，发挥行业协会商会的自律功能，实现政府治理和社会调节、居民自治之间的良性互动，夯实基层社会治理基础。可以看到，中共十九届四中全会明确提出建设社会治理共同体，注重加强城乡基层治理中的党组织领导，促进相关方良性互动，并对治理的制度化给予了特别关注，提出了明确要求。

2020 年 10 月，中共十九届五中全会在全会公告和《中共中央关于制定国民经济和社会发展第十四个五年规划和二○三五年远景目标的建议》中再次聚焦改善人民生活品质，提高社会建设水平，进一步强调"加强和创新市域社会治理，完善社会治理体系，健全党组织领导的自治、法治、德治相结合的城乡基层治理体系，完善基层民主协商制度，实现政府治理同社会调节、居民自治良性互动，建设人人有责、人人尽责、人人享有的社会治理共同体"（见表 14 – 1）。

表 14 – 1　关于社区体制的主要政策文件

时间	文件	主要观点
2000 年	《民政部关于在全国推进城市社区建设的意见》	社区居民委员会的根本性质是党领导下的社区居民实行自我管理、自我教育、自我服务、自我监督的群众性自治组织
2002 年	党的十六大报告	健全基层自治组织和民主管理制度，完善公开办事制度，保证人民群众依法直接行使民主权利，完善城市居民自治，建设管理有序、文明祥和的新型社区
2007 年	党的十七大报告	要健全基层党组织领导的充满活力的基层群众自治机制，扩大基层群众自治范围，完善民主管理制度
2012 年	党的十八大报告	加强基层社会管理和服务体系建设，增强城乡社区服务功能，充分发挥群众参与社会管理的基础作用
2017 年	党的十九大报告	加强社会治理制度建设，完善党委领导、政府负责、社会协同、公众参与、法治保障的社会治理体制，实现政府治理和社会调节、居民自治良性互动
2017 年	《关于加强和完善城乡社区治理的意见》	完善党委和政府统一领导，有关部门和群团组织密切配合，社会力量广泛参与的城乡社区治理工作格局
2019 年	《中共中央关于坚持和完善中国特色社会主义制度、推进国家治理体系和治理能力现代化若干重大问题的决定》	会议聚焦"国家治理体系和治理能力现代化"这一主题，提出加强和创新社会治理，建设人人有责、人人尽责、人人享有的社会治理共同体，构建基层社会治理新格局

续表

时间	文件	主要观点
2020 年	《中共中央关于制定国民经济和社会发展第十四个五年规划和二〇三五年远景目标的建议》	改善人民生活品质，提高社会建设水平，进一步强调"加强和创新市域社会治理，完善社会治理体系，健全党组织领导的自治、法治、德治相结合的城乡基层治理体系，完善基层民主协商制度，实现政府治理同社会调节、居民自治良性互动，建设人人有责、人人尽责、人人享有的社会治理共同体"

资料来源：笔者自制。

2. 在基层治理创新的实践中探索社区体制的改革

在实践中，围绕社区体制改革，从中央到地方，都在热火朝天地大力推进实践创新，涌现出了越来越多的社区治理创新的实践案例。中央宣传部、民政部、中央编译局等连续多年评比全国优秀社区及社区工作者；在四川成都，在广东顺德，在浙江杭州，在江苏南京，在山东青岛，在北京、上海、重庆，在全国许多地方，出现了大量各具特色的创新案例，有的突出党建，有的侧重共治，有的彰显民主，有的强调自治，有的社会组织发达，有的公共服务成熟，等等。实践创新的案例尽管各不相同，但都不同程度彰显了全面深化改革时代地方基层改革创新的探索精神及巨大的创造力。

2017 年 6 月中共中央、国务院发布的《关于加强和完善城乡社区治理的意见》，首次在国家层面提出社区治理的纲领意见。其中的总体目标是形成"基层党组织领导、基层政府主导的多方参与、共同治理的城乡社区治理体系"。无论从社区治理的内涵、治理效果，还是从该意见的方向定位来看，治理主体都是社区治理的特色所在和重要议题。

从具体组织架构看，社区治理的主体构成复杂多样，并相应形成不同的治理结构。比如"两委一站"（2010 年前后发展起来的比较普遍的一种模式，即党委、居委会、社区工作站或社区服务站）、"两委一站一会"（天津滨海新区 2013 年在前述模式基础上加上社区共建理事会）、"一会两站"（2002 年开始的"盐田模式"，在居委会下分设对应政府工作的社区工作站和对应社区工作的社区服务站）、"一站多居"（苏州、杭州、上海、北京等均有尝试，一个工作站服务多个居委会）、"一核多元"（近年多提，如深圳市 N 区的"1＋3＋N"，即社区综合党委，居委会、工作站、社区服务中心，各类社会组织和驻辖区企事业单位）、"三社联动"（即社区、社会组织、社工联动）、"六级网络"（如南昌市 X 区市、区、街、社区、楼栋/片长、居民骨干纵向贯穿的管理模式）、邻里中心模式（苏州学习新加坡经验的综合服务区）等。

3. 完善社区体制，发挥其在基层治理创新中的基础作用

社区是社会治理的基础单位，社区治理的水平直接影响居民的生活感受。为了促进社区的工作重点从管理和服务转移到治理上来，发挥社区在基层社会治理中的主动性，需要从体制上进行调整，对社区的人事、财务、工作范围进行统筹，理顺基层治理关系。

第一，以党政统筹提高管理位阶。社区是基层社会治理的枢纽，行政、党建、人大、政协等部门和机关都在社区开展活动或者提供服务。因此，社区治理的范围远远超出单纯的行政管理事务，需要上升为较高层次的党政统筹。例如，成都市在 2017 年设立了市委城乡社区发展治理委员会，该委员会是专门负责统筹推进城乡社区发展治理改革工作的职能部门。在市委城乡社区发展治理委员会的推动之下，成都市出台了十多个政策文件，形成了"1＋6＋N"的政策体系："1"是指 2017 年发布的纲领性文件"城乡社区发展治理30条"；"6"是指社区发展治理中涉及面广、改革力度大的六大配套文件，涉及乡镇（街道）和村（社区）优化调整、转变街道（乡镇）职能、社区专职工作者管理、社区总体营造、社区发展规划、高品质和谐宜居生活社区标准体系等6个方面；"N"是指主要用于指导具体工作的配套文件，包括"五大行动"、"一核五体系"、社区志愿服务、政府购买社会组织服务、提升物业管理水平、改革社会组织管理制度、培育社会企业、社区工作者职业化岗位薪酬体系共8个方面。成都市还对管理规范、治理效果好的社区赋予特殊法人地位，让这些社区能够以法人身份开展活动，获取更多的社会资源。另外，北京市采取市委社会工作委员会和市民政局合署办公的形式实现社区治理

的党政统筹。上海市社会工作委员会和上海市社会建设委员会办公室采取"委办结合"的方式推进社区治理的统筹领导。

第二，以任务统筹明确责权范围。社区事务边界不清晰是妨碍社区有效治理的不利因素。没有明确的责权范围导致社区不能对社区事务进行有效承诺。虽然社区的责权范围随着时代的发展而不断变化，但是在一定时期内相对稳定的责权范围对于提高社区治理能力非常必要。例如，成都市 W 区在 2015 年梳理了《社区党组织履行职责事项》《社区居委会依法依规履行职责事项》《社区居委会依法依规协助政府工作事项》三份清单，明确了社区的职责，并出台了《区级部门政务服务事项准入社区管理办法》，社区有权对部门和街道安排的超出职权范围的工作说"不"。W 区还把适合由社会组织承担的 139 项政务服务事项打包交由社会组织承接。W 区的 139 项政务服务事项涉及卫计、居家养老、残疾人服务等多个领域，覆盖了基本的民生事项。W 区每年用于社会组织承接社区 139 项服务项目的资金在 3000 万元以上。

第三，以资金统筹形成资源合力。资金是社会治理的血液，资金不足，社会治理就会失去活力。在当前的管理体制之下，社区没有稳定的资金来源。社区的资金大部分以项目的形式进入，社区自身缺乏对资金的主动调配能力，容易造成重复服务、资源配置偏差等问题。因此，有效的社区治理迫切需要把不同来源的资金进行整合，让社区根据自身的发展需要进行配置。例如，深圳市采取在社区推广"民生微实事"的方式统筹社区的资金使用，让社区能够根据自身的需求配置资金。2015 年，深圳市政府印发了《全面推广实施民生微实事指导意见》，在全市范围内推广民生微实事的做法。民生微实事是指社区群众关注度高、受益面广、贴近居民、切近生活、群众热切希望解决的小事、急事、难事，民生微实事可以分为服务类、工程类和实物类项目。深圳的"民生微实事"由深圳市委组织部和市民政局共同推进，具体过程采取"四议四公开"的模式，即每个项目的申报需经过"居民提议、社区商议、街道党工委审议、居民议事会决议"等程序，每个项目在实施过程中要做到"决议结果公开、实施过程公开、实施效果公开与评价结果公开"。不同的区为每个社区设定的资金额度不同。经济发达的 F 区为每个社区设定的资金额度为每年 200 万元，其中区财政负担 100 万元，市财政负担 100 万元。截至 2017 年 9 月，深圳市已累计完成民生微实事项目 2 万多个，总投入超过 33 亿元。

第四，以支持平台统筹促进社区横向交流。社区是分散的、地域化的治理区域。社区治理有共同的需求，但是社区之间的横向交流缺乏正式平台，社区在信息化建设、人才培养、问题解决等方面大多各自为政，难以形成规模效应。因此，每个城市都需要建立一个具有政府背景的社区支持平台，以统筹推进社区之间的横向交流，为社区治理提供信息、能力建设、解决方案等方面的支持。例如，上海市在 1997 年就成立了上海市社区服务中心，其主要职能是对全市各级社区服务中心进行工作指导和业务培训，推进全市社区服务的信息化规划和建设，运营上海市社区服务热线，建设和管理上海社区服务网，管理上海市福利彩票公益金并资助社区公益服务项目的集中招标，整合社区服务资源，促进社区项目开发，宣传推广社区服务项目等。上海市社区服务中心是上海市民政局下属的事业单位。上海市社区服务中心的成立让上海市的社区有了共同的支持机构。

（二）推动以社区为中心的基层自治配套法制建设

随着基层治理创新的实践推进，既有的法治保障远远不足，制度建设的呼声越来越高。上海、北京、天津、深圳等地区率先启动了与街道办事处、物业等相关的社区法规建设，为社区治理创新探索制度建设之路。

1. 探索城市街道办事处的地方立法

街道办事处是政府的基层派出机构，是基层政府与自治组织（社区/村）联系最为紧密的部分。街道办事处是中国特色基层治理体系的重要组成部分。街道办事处的功能和职责界定向越来越规范化的方向发展。尽管全国统一的街道办事处条例还没有出台，部分较为发达的地区已经开始实施本地区的街道办事处条例，比较有代表性的地区包括上海市、北京市、天津市等（见表 14－2）。

上海市的街道办事处条例颁布较早。早在 1997 年，上海市第十届人民代表大会常务委员会第三十三次会议就通过了《上海市街道办事处条例》。2016 年 9 月 14 日，上海市第十四届人民代表大会常务委员会第三十二次会议通过了《上海市街道办事处条例》修改方案。修改后的《上海市街道办事处条例》规定街道办事处按照精简、高效的原则，下设社区服务、社区管理、社区自治、社区平安等工作机构。在街道办事处与社区关系方面，《上海市街道办事处条例》规定，街道办事处应当指导居民委员会等基层群众性自治组织制定自治章程并根据自治章程开展自治活动，通过加强业务培训、建立群众评价机制、引入专业社会组织等方式，提升居民委员会等基层群众性自治组织的自治能力。在街道办事处与社区其他主体之间的关系方面，《上海市街道办事处条例》规定，街道办事处应当依法指导和监督辖区内住宅小区业主大会、业主委员会的组建及日常运作。

2019 年 11 月 27 日，北京市第十五届人民代表大会常务委员会第十六次会议通过了《北京市街道办事处条例》。该条例规定，街道办事处的主要职能是根据本市规定设立民生保障、城市管理、平安建设、社区建设、综合行政执法等工作机构，并做好政务服务、市民活动、诉求处置等方面的工作。在街道办事处与下属社区（自治组织）之间的关系方面，该条例规定，街道办事处应当推动居民委员会制定和完善居民公约；指导、支持和帮助居民委员会开展居民自我管理、自我教育、自我服务、自我监督的自治活动，完成各项法定任务；指导居民委员会通过社区议事厅等平台，组织社区单位和居民等对涉及切身利益、关系社区发展的公共事务进行沟通和协商，共同解决社区治理问题。

2020 年 9 月 25 日，天津市第十七届人民代表大会常务委员会第二十三次会议通过了《天津市街道办事处条例》。该条例对街道办事处的职能以及街道办事处与业主委员会之间的关系进行了规范。根据《天津市街道办事处条例》，街道办事处应当依法组织和指导辖区内的业主成立业主大会、选举业主委员会，监督业主大会和业主委员会依法履行职责，组织召集物业管理联席会议，协调物业管理与社区管理、社区服务的关系，支持物业服务企业依法开展工作，协调相关部门解决物业管理工作中出现的问题，规范物业管理活动。

表 14 - 2　各地制定的街道办事处条例

序号	地区	法规	主要内容
1	上海	《上海市街道办事处条例》，2016 年修订	街道办事处按照精简、高效的原则，下设社区服务、社区管理、社区自治、社区平安等工作机构。 街道办事处应当指导居民委员会等基层群众性自治组织制定自治章程并根据自治章程开展自治活动，通过加强业务培训、建立群众评价机制、引入专业社会组织等方式，提升居民委员会等基层群众性自治组织的自治能力。 街道办事处应当依法指导和监督辖区内住宅小区业主大会、业主委员会的组建及日常运作
2	北京	《北京市街道办事处条例》，2020 年 1 月 1 日起实施	街道办事处根据本市规定设立民生保障、城市管理、平安建设、社区建设、综合行政执法等工作机构，并做好政务服务、市民活动、诉求处置等方面的工作。 街道办事处应当推动居民委员会制定和完善居民公约；指导、支持和帮助居民委员会开展居民自我管理、自我教育、自我服务、自我监督的自治活动，完成各项法定任务；指导居民委员会通过社区议事厅等平台，组织社区单位和居民等对涉及切身利益、关系社区发展的公共事务进行沟通和协商，共同解决社区治理问题
3	天津	《天津市街道办事处条例》，2020 年 11 月 1 日起实施	街道办事处应当依法组织和指导辖区内的业主成立业主大会、选举业主委员会，监督业主大会和业主委员会依法履行职责，组织召集物业管理联席会议，协调物业管理与社区管理、社区服务的关系，支持物业服务企业依法开展工作，协调相关部门解决物业管理工作中出现的问题，规范物业管理活动

资料来源：笔者自制。

2. 推动物业管理法规的修订和完善

住宅小区的业主大会和业主委员会是住宅所有权人的自治组织，在推动基层治理现代化的过程中发挥着重要作用。住宅小区业主大会和业主委员会的权利义务关系主要由《物业管理条例》来进行规范。早在2003 年 6 月 8 日，国务院令第 379 号公布了《物业管理条例》，该条例分别于 2007 年、2016 年和 2018 年进行了修订。修订后的《物业管理条例》对于街道和业主大会（业主委员会）之间的关系只做了原则性的规定，"同一个物业管理区域内的业主，应当在物业所在地的区、县人民政府房地产行政主管部门或者街道办事处、乡镇人民政府的指导下成立业主大会，并选举产生业主委员会"。

近年来，多个地方政府针对本地的实际情况制定或者修订了物业管理条例，进一步明确了业主大会、业主委员会、街道、社区之间关系（见表 14-3）。

上海市于 2020 年 12 月 30 日对《上海市住宅物业管理规定》进行了修订。根据新修订的《上海市住宅物业管理规定》，乡、镇人民政府和街道办事处具有指导和监督业主大会、业主委员会的组建和换届改选的职责，具有指导和监督业主大会、业主委员会的日常运作的职责。《上海市住宅物业管理规定》提出，要建立健全以居民区党组织为领导核心，居民委员会或者村民委员会、业主委员会、物业服务企业、业主等共同参与的住宅小区治理架构。

2020 年 3 月 27 日，北京市第十五届人民代表大会常务委员会第二十次会议通过了《北京市物业管理条例》。该条例规定，本市物业管理纳入社区治理体系，坚持党委领导、政府主导、居民自治、多方参与、协商共建、科技支撑的工作格局。建立健全社区党组织领导下居民委员会、村民委员会、业主委员会或者物业管理委员会、业主、物业服务人等共同参与的治理架构。根据《北京市物业管理条例》，街道办事处、乡镇人民政府具有组织、协调、指导本辖区内业主大会成立和业主委员会选举换届、物业管理委员会组建的职能，居民委员会、村民委员会在街道办事处、乡镇人民政府的指导下开展具体工作。

2019 年 8 月 29 日，深圳市第六届人民代表大会常务委员会第三十五次会议审议通过了《深圳经济特区物业管理条例》。该条例规定，街道办事处负责组织、协调业主大会成立以及业主委员会的选举工作，指导、监督业主大会和业主委员会的日常活动，调解物业管理纠纷，并配合住房和建设部门对物业管理活动进行监督管理。《深圳经济特区物业管理条例》强调支持社区居民委员会发挥对业主大会、业主委员会、物业服务企业的指导和监督作用。

2020 年 10 月 28 日，广州市第十五届人民代表大会常务委员会第四十二次会议通过了《广州市物业管理条例》。该条例规定，镇人民政府、街道办事处和居民委员会应当依法指导和协助业主召开业主大会会议、选举业主委员会，监督业主大会、业主委员会依法履行职责，协调处理物业管理纠纷；居民委员会应当建立业主、业主委员会和物业服务人协调机制，协助镇人民政府、街道办事处指导和监督社区内物业管理活动；镇、街道、社区党组织应当加强对物业服务区域基层党组织的指导。

2021 年 7 月 30 日，浙江省人大常委会批准修订《杭州市物业管理条例》。新修订的《杭州市物业管理条例》于 2022 年 3 月 1 日起实施。《杭州市物业管理条例》规定，物业管理活动纳入基层社会治理体系，坚持党建引领、政府主导、业主自治、多方参与、协商共建的工作格局。房产等有关部门、街道办事处、乡镇人民政府和居民委员会、物业管理协会应当建立和完善人民调解、行政调解等相衔接的物业管理活动纠纷处理机制。

表 14 - 3　各地制定的物业管理条例

序号	地区	法规	主要内容
1	上海	《上海市住宅物业管理规定》，2020 年 12 月 30 日修订	乡、镇人民政府和街道办事处履行以下职责： （一）指导和监督业主大会、业主委员会的组建和换届改选，办理相关备案手续； （二）指导和监督业主大会、业主委员会的日常运作，对业主大会筹备组（以下简称筹备组）成员、业主委员会委员和业主委员会换届改选小组成员进行培训。 本市建立健全以居民区党组织为领导核心，居民委员会或者村民委员会、业主委员会、物业服务企业、业主等共同参与的住宅小区治理架构，推动住宅物业管理创新。居民委员会、村民委员会依法协助乡、镇人民政府和街道办事处开展社区管理、社区服务中与物业管理相关的工作，加强对业主委员会的指导和监督，引导其以自治方式规范运作

续表

序号	地区	法规	主要内容
2	北京	《北京市物业管理条例》，2020 年 5 月 1 日起实施	本市物业管理纳入社区治理体系，坚持党委领导、政府主导、居民自治、多方参与、协商共建、科技支撑的工作格局。建立健全社区党组织领导下居民委员会、村民委员会、业主委员会或者物业管理委员会、业主、物业服务人等共同参与的治理架构。 街道办事处、乡镇人民政府组织、协调、指导本辖区内业主大会成立和业主委员会选举换届、物业管理委员会组建，并办理相关备案手续；指导、监督业主大会、业主委员会、物业管理委员会依法履行职责，有权撤销其作出的违反法律法规和规章的决定；参与物业承接查验，指导监督辖区内物业管理项目的移交和接管，指导、协调物业服务人依法履行义务，调处物业管理纠纷，统筹协调、监督管理辖区内物业管理活动。 居民委员会、村民委员会在街道办事处、乡镇人民政府的指导下开展具体工作，建立党建引领下的物业管理协商共治机制；有权就业主反映的物业管理事项向业主大会、业主委员会进行询问，引导规范运作；指导、监督物业服务人依法履行义务，调解物业管理纠纷
3	深圳	《深圳经济特区物业管理条例》，2019 年 8 月 29 日修订	街道办事处负责组织、协调业主大会成立以及业主委员会的选举工作，指导、监督业主大会和业主委员会的日常活动，调解物业管理纠纷，并配合住房和建设部门对物业管理活动进行监督管理。 支持社区居民委员会发挥对业主大会、业主委员会、物业服务企业的指导和监督作用
4	广州	《广州市物业管理条例》，2021 年 1 月 1 日起实施	镇人民政府、街道办事处和居民委员会应当依法指导和协助业主召开业主大会会议、选举业主委员会，监督业主大会、业主委员会依法履行职责，协调处理物业管理纠纷。 镇人民政府、街道办事处应当将物业管理纳入社区治理工作，根据需要建立物业管理联席会议制度，加强对物业管理活动的指导、协助和监督。 居民委员会应当建立业主、业主委员会和物业服务人协调机制，协助镇人民政府、街道办事处指导和监督社区内物业管理活动。 镇、街道、社区党组织应当加强对物业服务区域基层党组织的指导，支持业主、业主大会、业主委员会、物业管理委员会、物业服务人依法开展物业管理活动

序号	地区	法规	主要内容
5	杭州	《杭州市物业管理条例》，2021 年 7 月 30 日修订，2022 年 3 月 1 日起实施	本市物业管理活动纳入基层社会治理体系，坚持党建引领、政府主导、业主自治、多方参与、协商共建的工作格局。房产等有关部门、街道办事处、乡镇人民政府和居民委员会、物业管理协会应当建立和完善人民调解、行政调解等相衔接的物业管理活动纠纷处理机制

资料来源：笔者自制。

总之，随着基层治理创新的实践推进，相应的基层治理体制的探索、改革和创新，以及基层自治配套法制建设都迈出了可喜的步伐。尽管总体上尚处在探索和经验总结的阶段，无论在体制层面还是立法的制度层面，都尚未形成体系，也未能全面推开，还有许多问题需要从理论上进行探讨和总结提高，但"坚冰已经打破，航路已经开通，道路已经指明"，我们相信，随着全面深化改革和基层治理创新的进一步推进，体制上和制度上的成果必将越来越丰富、越来越完善。

第二节 关于深化改革创新，加快基层治理现代化的政策建议

站在全面深化改革的历史基点上，基于对中央关于社会治理现代化的战略思想与顶层设计的深入学习和全面理解，基于课题组在基层治理创新方面所开展的较为深入的实证研究，我们提出深化改革创新，加快基层治理现代化的五个方面的政策建议。

（一）加强党建，以基层党建带动基层治理体系的现代化

加强基层党建，发挥共产党员在城乡社区治理创新中的先锋模范作用，是新时代推进基层治理现代化的重中之重。在我国，共产党员中绝大多数都是社会精英，他们期待能够服务社会、贡献社会。课题组在多项实证案例研究中发现，社区治理的成功之处往往就在于：有效地激活并点燃了社区里的党员，特别是刚刚退下正式舞台的离退休党员的热情，

通过搭建志愿者服务平台，让他们重新站出来，为社区服务，实现自我价值，使得党员的特殊身份优势转化为组织优势。并且这一组织优势能够很好地抹平社区不同主体间的嫌隙，比如邻里之间、居民与物业之间以及居民与城管等政府部门之间。因此，激活基层党员能动性，盘活基层党建工作，将大大推动基层治理事业发展。

要在党建引领下，大力推动社区治理的服务转型。管理和服务是社区治理的两大主要工作内容。随着社区居民素质的提高，社区治理重心要从管理向服务转型，从单一、自上而下的管理向双向、上下互动的治理转型。在社区里，企业也好，居委会乃至社区管委会以及区委区政府也好，更多地扮演了"搭台人"的角色，让社区居民成为真正的"唱戏人"。要在党建引领下努力打造社区服务型政府，做好社区各项服务工作，搞活社区气氛，凝聚广大居民。

要在党建引领下，注重社区领袖的挖掘培育。"星星之火，可以燎原。"社区领袖是社区治理不可忽视的重要力量，借力得当则治理效果事半功倍。因此，做好社区治理工作，要在党建引领下，多渠道、全方位地挖掘培育社区领袖，包括搭建平台使之脱颖而出、多元管理创造良好成长环境、扶持骨干提供后备人选、集中培训提升素质水平以及沟通疏导解决所遇难题等。此外，"社区靠群众、群众靠发动、发动靠活动、活动靠文化"，在城市社区治理中，要特别重视文化等软实力的运用和开展，通过文化活动来挖掘社区领袖，激发群众参与热情。

（二）转变意识，建构现代基层治理体系

中共十八届三中全会提出"推广政府购买服务，凡属事务性管理服务，原则上都要引入竞争机制，通过合同、委托等方式向社会购买"。政府购买服务将市场机制引入公共服务领域，既改变了公共服务的供给模式，也使得政府与社会关系逐渐发生变化。它打破了政府对公共服务的垄断，逐步开放一部分公共领域让社会力量参与进来，提升了公共服务的效率。

在我国现行的纵向发包和横向竞争的行政体制下，在政府积极推动

向社会组织购买服务的同时，由于旧的理念、体制、机制的束缚，在实践中也暴露出不少问题。具体体现为：一是稳定性差，购买服务尚未纳入法律法规，地方性的规定也各行其是，缺乏统一规范的制度保障；二是随意性强，购买服务缺乏总体规划和相应的程序规则，公开竞争未成为一般原则，信息不公开，标准不清，责任模糊，购买成本难以控制，评价和监督机制也不完善；三是工具性强，许多地方重项目不重组织、重形式不重内容、重结果不重过程、重当下不重未来，使得购买服务往往停留在应用的工具层面，难以提升到战略高度。各地方政府为了体现积极响应中央政策的态度，通过横向竞争获得优势，不顾实际情况大搞购买服务，似乎任何公共服务都可以向社会购买，甚至一些政府职能之外的服务在锦标赛制下也会被列入政府购买清单，以至于混淆了政府购买服务本质特征和购买范畴。随着购买服务在全国范围内的迅速开展，政府购买公共服务中存在的问题有迅速放大和扩张的趋势。应该从以下五个方面完善政府购买公共服务立法，支持社会组织发展。

第一，推进购买过程的公开透明化。政府购买公共服务尽可能采用竞争性投标的方式，引入竞争机制。在招标过程中，确保招标的公正性，保证招标工作公开、透明、规范，防止暗箱操作，将购买双方置于整个社会的监督之下，使购买主体与购买对象都受到监督制约，避免出现监督缺失的空白地带。引入招标听证制度，防止招标和听证过程走过场导致流标。建立政府购买公共服务风险评估信息公开制度，将风险评估活动从"暗箱"转到"阳光"下。

第二，推行政府购买公共服务中的终极责任制。政府购买公共服务风险评估都以合同为依据，针对特定具体的服务、特定的对象，尽可能做到对每项外包的服务展开绩效问责。虽然政府采取外包、凭单制、特许经营等方式将公共服务的生产转交给市场和非营利组织，但最终的责任必须由政府来承担，政府始终是公共服务的终极责任人。

第三，对政府购买公共服务对象进行细分，建立差异化的购买风险指标评估体系。我国目前尚未建立政府购买公共服务风险评估体系，无论政府的购买对象是事业单位、企业还是社会组织，大都采取同样的风险评估标准。然而，它们之间是存在显著差异的，事业单位缺乏活力亟待改革，企业以营利为目的追求利益最大化，社会组织虽然以维护公共利益为特征，但发育不足。因此，政府的购买风险评估标准也应该根据不同的对象来设置，建立差异化的评估体系。

第四，建立有效的风险评估反馈机制，谨防评估中的形式主义。对风险评估结果的反馈对于整个购买服务非常关键，反馈是推动政府自身行政改革、防范风险和提高购买绩效的重要参考。每一次风险评估都会展现购买服务存在的问题和矛盾，对此应建立信息数据库，通过反馈机制，进一步解决和改进。

第五，加强对合同执行的监管。改变以往行政监管的方式，代之以经济和法律的监管方式，完善政府购买公共服务相关法律制度，保障政府购买有效实施。与此同时，鼓励市场竞争，将监管机制与竞争机制结合起来，从源头上防范可能出现的购买风险，并及时建立合同违约时的公共服务替代机制和事后惩戒机制。

（三）加强专业服务，提升基层治理能力

社区是社会的基础性单位，是加强社会治理的重要环节。党的十九大报告提出要"加强社区治理体系建设，推动社会治理重心向基层下移，发挥社会组织作用，实现政府治理和社会调节、居民自治良性互动"。社区在管理体制、工作内容、自治方式等方面都需要进行现代化转型。

治理是对政府资源和社会资源的重新整合。成都市通过创新政府购买社会服务的模式，让财政资金以多种方式汇聚到社区，引导居民参与，撬动社会资源，营造社区共同体，促进社区治理转型。

政府购买社会服务是指行政机构和其他购买主体运用财政资金向承接主体购买服务，承接主体根据购买合同向居民提供公共服务。政府购买服务要求承接主体具有法人资格。由于社区居民委员会一般情况下不具备法人资格，社区不能作为政府购买服务的承接主体。购买主体可以向社会组织购买服务，然后由社会组织在社区开展活动。2017年，成都

市向社会组织购买服务1117项，购买金额3.65亿元，其中和社区治理密切相关的"社会救助、社会福利、社区服务、社区矫正、人民调解、慈善救济"类有611项，购买金额1.27亿元。

在政府购买服务程序方面，成都市特别强调了"需求管理"的重要性。需求管理是从制度上要求购买服务的主体在实施购买行为之前应该对居民需求进行调查，以此作为政府购买服务的重要依据。2017年8月，成都市财政局发布的《成都市政府购买服务工作规程》第十五条规定："政府向社会公众提供的公共服务项目，应当通过四川政府采购网、主管部门官方媒体、发放调查问卷等方式就拟定的服务需求向社会公众征求意见，在充分考虑反馈意见的基础上，形成明确、完整的服务需求。"

成都市的公益创投资金以社区服务和社区营造为主要对象。2014年7月，成都市民政局发布了《成都市社区公益创投活动管理办法》，提出了"以社区为平台、社会组织为载体、专业社工为支撑"的"三社互动"理念，由政府提供资金，引导社会组织满足社区居民需求、解决社区社会问题。为了让公益创投项目更好地进入社区，2018年，成都市的社区公益创投改由社区书记作为项目的责任人，社会组织作为公益创投项目的承办方。

成都市通过设立城市社区公共服务和社会管理专项资金（简称"社区公服金"），让社区有足够的资源开展自治活动。2017年，成都市社区公服金最低标准达到每百户5000元。根据成都市财政局和民政局发布的《成都市城市社区公共服务和社会管理一般性转移支付资金管理办法》的规定，成都市财政对一圈层的区（市）县项目给予40%补贴，对二圈层的区（市）县项目给予50%补贴，对三圈层的区（市）县项目给予60%补贴。社区公服金分为运行资金和项目资金。其中，运行资金控制在社区当年可支配社区公服金总额的10%以内（且不超过3万元），用于召开居民议事会、院落会议，居民需求调查，制作专项资金档案等，项目资金用于以居民为主体实施的自治项目。社区公服金的使用方案由社区居民委员会提出，资金使用的详细方案需要由社区居民议事会表决通过，根据群众需要，按照"民事民议、民事民定"的原则使用。

2018 年，成都市在社区层面建立了"城乡社区发展治理专项保障资金"和"城乡社区发展治理专项激励资金"。专项保障资金按照"10 万元 + 1500 元/百人"的标准拨付，用于社区公共服务和发展治理项目。专项激励资金由市和区（市）县分别建立，优先支持党建引领、服务居民、社区营造、居民自治、网格化管理等重点项目。成都市的社区公服金和专项资金在补助社区服务项目的时候均要求居民有一定的自筹资金比例，让社区的居民议事会和院落会议能够参与到社区公共服务项目的决策过程中来，提高了政府财政资金投入的精准性。成都市在社区建设和社区营造方面的投入达到 15 亿元。

为了让社区治理"有钱可用、有事可议、有效果可分享"，成都市在财政资金的投入方式上进行了创新。除了传统的政府购买社会服务之外，社区公益创投、社区公服金、城乡社区发展治理专项保障资金在使用方式上都非常强调以社区居民的需求为导向、以居民自治机构（居民议事会和院落会议）的评议为选择标准、以居民参与和责任分担为前提条件，让社会组织、社区自组织、基层政府把精力和财力聚焦于社区建设，促进社区治理的结构转型。

（四）在党领导下建立社会力量参与危机治理的协同机制

作为"新中国成立以来在我国发生的传播速度最快、感染范围最广、防控难度最大的一次重大突发公共卫生事件"，[1]"这次疫情是对我国治理体系和能力的一次大考，我们一定要总结经验、吸取教训"。[2]

从多元主体共同参与角度来看，基层政府既有的确定性思维、管理惯性思路，以及社会协同机制的缺乏，使社会力量寻求与基层政府协同

---

[1] 习近平. 在统筹推进新冠肺炎疫情防控和经济社会发展工作部署会议上的讲话[EB/OL]. 新华网，http://www.xinhuanet.com/politics/leaders/2020 – 02/23/c_1125616016.htm，2020 – 2 – 24.

[2] 习近平. 在中央政治局常委会会议研究应对新型冠状病毒肺炎疫情工作时的讲话 [J]. 求是，2020（4）.

时渠道不畅，找不到协同基层政府的"API 端口"，功能未能充分发挥，协同效应未能充分彰显。

当风险基于某种系统内部或外部环境诱因从不确定性状态变为客观现实时，风险就从可能性演变成了突发事件。突发事件强调的是危险事件已经发生，但危害仍有不确定性。这种不确定性依据对突发事件的处理方式而向不同的方向进行确定性的演变，当处置不当导致失去控制，突发事件朝着无序的方向发展时，危机便会形成并开始扩大，从而使得突发事件本身成为危机的一部分，且往往是关键的一部分。[1] 借鉴公共危机治理已有研究成果，结合社会力量参与公共危机治理的独特功能，我们强调社会力量参与基层危机应对有四大原则：一是风险管理常态化原则；二是人本原则；三是敏捷原则；四是秩序原则。在此基础上提出三个方面的政策建议。

一是坚持党对风险社会中的公共危机治理的领导。以国家总体安全观为指导，建立重大公共危机指挥协调机构，统筹领导公共危机治理的所有力量，包括各种社会力量。

二是加强各种社会组织参与公共危机协同治理的制度建设。加快制度供给，推进社会组织外延式和内涵式协调发展；完善公共危机协同治理制度，将社会组织参与公共危机协同治理的主体地位制度化，引导社会组织在具备专业能力的基础上满足公共危机发生时不同主体尤其是弱势群体的差异化诉求，与政府危机治理有效衔接；加强政府职能部门之间的协调制度建设，依据突发事件的不同类型，支持公共危机协同治理的骨干社会组织并形成网络；加快推进事业单位制度改革，将一部分具有事业单位性质的社会组织转变为枢纽型、支持型组织；推进社会组织落实慈善款物募用分离制度，引导形成社会组织间分工、合作的生态体系；积极落实社会组织认定制度，大力推进慈善组织的认定工作，优化各类社会组织的治理结构。

---

[1]　朱力. 突发事件的概念、要素与类型 [J]. 南京社会科学，2007（11）：81－88.

三是建立社会组织参与公共危机治理协同机制。政府要发挥主导作用，通过制度化的协同机制和平台建设，将社会组织纳入治理体系。加强社会组织参与公共危机治理的协调机制建设，稳定社会组织参与预期，防止社会组织对不同地区的差异化政策进行策略性应对，以免对协同治理产生不利影响；建立完善的政府支持社会组织的投入保障机制；建立资源动员整合机制，充分发挥慈善组织的资金物资动员、人力动员、组织动员的作用，与政府危机治理资源有效衔接、互补；建立多元目标平衡协同机制，在公共危机治理这一共同目标下，尊重不同但有共识的价值诉求，达致协同机制动态适应和灵活连接间的平衡；基于信息公开、系统开放建立利益整合机制，包括风险预警、公共危机应对中的制度化表达机制和不同主体间的利益整合机制；建立政府与社会组织的信任机制和问责机制，完善社会组织信用体系建设，探索引入资金流、物流、信息流管理系统，推进公共危机治理中社会捐赠全流程管理，提高效率，建立包括专业、独立第三方评估在内的问责机制，完善公众监督，以防止公共危机治理主体之间协同所带来的治理责任主体模糊及其导致的"有组织的不负责任"等问题。

（五）提高物业管理的公共性，发挥物业管理在基层治理中的积极作用

根据国务院 2003 年颁布，2007 年、2016 年、2018 年三次修订的《物业管理条例》，物业管理"是指业主通过选聘物业服务企业，由业主和物业服务企业按照物业服务合同约定，对房屋及配套的设施设备和相关场地进行维修、养护、管理，维护物业管理区域内的环境卫生和相关秩序的活动"。可以从三个方面解释一下这个定义，第一，这个定义中至少有四个主体，一是"业主"，二是业主选聘的"物业服务企业"，这两个是定义中出现的主体，还有两个隐性的主体，一是建设主体即"房屋及配套的设施设备和相关场地"的开发商，二是政府主体即对所在"区域内的环境卫生和相关秩序"负有公共责任的街道办及居委会，也就是说，这个定义中指明了社区物业管理中包含着多元主体；第二，这个定义中包含着多元共治的意义，即强调由业主和物业服务企业按照物业服务合同约定，进行维修、养护、管理，多元主体共同治理的特征十分明显；第三，这个定义中包含着对公共性的要求，体现在"维护物业管理区域内的环境卫生和相关秩序的活动"等公共活动中。

根据这一定义，可以肯定地说，物业管理是多元共治的社区治理活动的典型，具有公共性和社会性。需要特别强调的是物业管理所具有的公共性和社会性，原因如下。第一，物业管理的多元主体要求其参与过程具有公共性和社会性。业主、物业服务企业、开发商、街道办和居委会，这些主体不仅利益多元、立场多元，也往往具有不同的参与动力，没有天然的共识，不够开放并缺少沟通的渠道和平台，而实际上，公共性越强则多元主体的共识度就越大，社会性越强则多元主体的开放度和参与度就越高，这就形成了很强的张力，需要引导和规范。第二，物业管理的标的物本身要求其管理体现公共性和社会性。物业管理的标的物不仅包括业主的私人设施，也包括社区中一定的公共设施、公共环境、公共空间和公共场所，这些具有公共性的标的物本身的管理和服务需要保持足够的公共性与社会性。第三，物业管理的外部性要求在这一过程中体现公共性与社会性。物业管理的参与主体和受益主体都是社区居民，在管理、治理和服务的过程中有着很强的外部性，包括在社会、文化、心理乃至政治层面的外部性，要求在物业管理的过程中除了贯彻等价原则、效率原则等市场原则外，还要体现一定的公共性与社会性。

基于这个理解，承担物业管理职能的物业管理和服务企业，不应当仅仅是以营利为目的的市场主体，我们认为，最理想的状态应当是具有一定公益属性的社会企业。

但是遗憾的是，在当下我国绝大多数的城市社区，物业管理并没有真正实现多元共治，也很少体现公共性和社会性。我们在调查中注意到，大多数物业管理是由开发商招聘或委托物业服务企业开展的营利性的管理和服务活动。这是许多地方物业与业主及其他相关主体之间沟通不畅甚至矛盾激化的根本原因。

那么，如何保障物业管理的公共性和社会性，以便更好地在社区治理创新中发挥作用？我们在调研中也发现了一些在物业管理上做得比较好、较好地实现了多元主体合作共治、不断探索社区治理创新的案例。其中，GT 探索以"幸福里"的平台建设构建社区公共领域，温州业主大会尝试以独立法人形式推进物业管理中的多元共治，北京市 A 区发挥党组织在物业管理中的核心作用等，都是这方面值得关注的典型案例。从这些创新案例中我们看到，物业管理的公共性和社会性，至少可以通过四个方面的努力得到保障。第一，在开发商、物业服务企业、居委会和业主的共同努力下，在社区层面构建开放包容、持续互动、积极有效的公共平台，增大社区信息的透明度，促进多元主体的相互理解和包容，提高居民的幸福指数，让物业管理真正成为社区的公共事务，成为多元主体在民主协商、对话互动中达成的"最大公约数"，这就是"幸福里"实践的主要经验。第二，推动供给侧结构性改革，在开发商的支持下，努力将物业服务企业转变为具有公益属性的社会企业。社会企业是源于英国的一种社会创新，其主旨是用市场机制解决社会问题。GT 在创始人 S 先生的倡导下，大力推动所属物业公司转变经营观念和体制，使物业管理在经营模式上发生了显著变化，赢得了良好的社会声誉。第三，推动业主委员会通过法人化等形式落实生效，在政府的指导和支持下赋权业主，激活社区自治，从组织和制度层面推进多元共治。2013 年温州市民政局在两个小区试点为业主大会颁发社团法人证书，后来逐步扩大试点，先后有十多个业主大会或业主委员会获得社团法人证书，2020 年 12 月温州市发布《业主大会和业主委员会指导规则》，认真总结试点的经验并加强规范和指导。第四，加强基层党建，发挥党组织在物业管理中的核心作用。北京市 A 区老旧社区居多，有些有物业，绝大多数没有业委会，但都有党组织。A 区政府从实际出发，针对物业管理存在的问题，以社区为基本治理单元，发挥党组织在物业管理中的核心领导作用，在有物业的社区建立完善物业公司党支部，在没有物业的社区由社区书记组织协调物业管理，有条件成立业委会的，由街道党组织牵头促进业委会的成立，真正发挥党组织在物业管理中的核心作用。

从我们的调研来看，物业管理的公共性和社会性，可以从至少四个方面得到保障和加强，一是在社区层面构建开放包容、持续互动、积极有效的公共平台，二是努力推动物业服务企业转变为具有公益属性的社会企业，三是在政府的指导下激活以业主为主体的社区自治，四是发挥党组织在物业管理中的核心作用。在实践中涌现出的这四个方面的创新探索，在相当程度上保障了物业管理的公共性和社会性，因此是基层社区治理创新中值得关注的。

在此基础上，相关的配套政策法规都应该进行修改和完善，以保障和促进物业管理服务和社区治理的良好推进，进而为社会治理体系和治理能力现代化添砖加瓦。

第三节　本章小结

本章在全面理解中央关于社会治理现代化的战略思想与顶层设计的基础上，基于第二篇的实证研究，从体制、制度和政策视角出发，围绕激发基层活力，探讨在深化改革和加强基层治理创新、推进社区自治体制及立法保障方面的积极进展并提出相应的政策建议。改革开放以来，特别是中共十八届三中全会以来，随着社会治理创新的全面展开，逐步确立了以社区为中心的基层治理体制，相应的基层自治配套法制建设也在上海、北京、天津、深圳等地得到积极探索和推进。我们为此提出五个方面的政策建议：一要加强党建，以基层党建带动基层治理体系的现代化；二要转变意识，建构现代基层治理体系；三要加强专业服务，提升基层治理能力；四要在党领导下建立社会力量参与危机治理的协同机制；五要提高物业管理的公共性，发挥物业管理在基层治理中的积极作用。

第十五章
结论与展望

本章是全书的总结，归纳本研究的主要结论并对正在全面推进的治理创新与社会体制改革的前景做一展望。

第一节　治理创新与社会体制改革的核心是激发"两个活力"

本研究从两个方面展开：一是以创新实践的前沿性、启发性为主要原则，选取由市、县区、街镇三级政府或社区、社会组织推动的地方社会治理创新案例，以如何激发"社会活力"和"基层活力"为切入点对案例的过程和经验进行考察分析；二是在宏观层面回顾和跟踪中央推进治理创新与社会体制改革的政策演进过程，尤其是考察社会组织体制改革和推动社会治理创新的顶层设计和最新动向，关注其与地方实践的互动关系。

本研究表明，中国的社会发展与社会治理所面临的核心挑战可归结为相互交织的两对关系：一是改革开放以来强政府、弱社会的国家与社会关系；二是当代中国国家治理中强中央、弱地方的中央与地方关系。

前者的主要问题集中表现为"社会活力不足"，即社会的组织化程度不够，社会组织的动力、资源和能力不足，面对高度原子化、分散化和复杂化的个体及其多样化的需求和种种不确定的社会矛盾及问题，无论政府还是各种社会组织都无法有效应对；后者的主要问题集中表现为"基层活力不足"，即基层治理主体回应城乡基层社区需求的动力、权力和能力均不充分，抑或对基层社区的回应过于碎片化，难成体系。更重要的结论是，这两方面的问题相互交织，尤其是基层活力不足，构成了基层治理创新的重要约束，并加剧了回应国家与社会关系问题的难度。

因此，我们认为，中国社会体制改革的核心命题是激发"两个活力"：一是激发社会活力；二是激发基层活力。要想达成激发社会活力的目标，必须依赖于激发基层活力的目标。

第二节　在激发社会活力方面呈现的六大特点

课题组围绕激发"社会活力"，开展了大量实证调研和相应的理论分析，得出如下六个方面的主要发现和结论。

第一，党对社会组织的政治统合催生了党社关系这一具有重大意义的制度创新。党对社会组织的政治统合是中共十八届三中全会以来国家社会关系领域所发生的一个重大变化。课题组在调研中密切关注这一具有重大意义的制度创新。我们发现，政党统合显著改变了社会组织的制度环境：一方面，党组织建立了社会组织与体制的新制度关联，使优秀的社会组织有机会获得更多的资源支持和政治支持；另一方面，党建创造了社会组织领导人被赋予政治身份的机会，让表现优秀的社会组织领导人更容易成为体制吸纳的对象而获得更高的政治地位和更大的话语权。这两个机制创造了核心圈—外围圈的社会组织分类体系，催生了社会组织党建的内在动力，开始建构起一种新型的政社关系，即社会组织益发改变原有的消极偏好，主动向党组织靠拢。我们将这种新型政社关系称为党领导社会组织下的党社关系，这种关系的建构是深化改革与现代社会组织体制建构的创新实践中值得高度关注的战略取向之一。

第二，基金会发展改革带动了慈善新体制并激发了社会分配活力。《慈善法》的颁布既是此前基金会等慈善组织实践探索和积累的成果，也开启了基金会发展的新纪元。通过课题组的观察及梳理，基金会进入中国社会后，在实践中不断试错和探索，逐渐展现出空间与层次两个维度上的功能性意义，这也使其成为带动社会组织体制改革，促成慈善新体制出现的重要推动力。在面向未来的"财富升维"中，基金会在时间维度上仍有巨大的进步空间，而这取决于社会分配活力在未来的治理创新中进一步得到激发。当然，在现代社会组织体制的整体架构中，基金会还只是其中的重要构件之一，如何与其他类型的社会组织（社会服务机构、社会团体）形成良性互动，如何在激发社会分配活力的同时，与其他活力要素（社会服务供给与社会治理秩序）形成良性呼应，值得继续观察和研究。

第三，政府购买服务促进了社会服务机构发展并激发了社会服务活力。政府购买服务解决了社会服务机构组织合法性与资源不足问题，促进了社会服务机构的快速发展，激发了社会组织参与公共服务供给的活力。本研究表明，地方政府购买服务实践的不同逻辑使社会服务机构功能实现的制度条件不足，出现专业弱化的劳务派遣特征、代表性缺失的行政代理现象，其社会服务的专业化发展和意见表达功能受到局限。案例研究发现，地方政府基于自身晋升逻辑和风险控制推进政府购买服务，自上而下设计的相关政策导致社会服务机构形成唯资源和政策导向的发展倾向，未能充分发挥其在社会服务供给中的独特优势。对此，我们提出社会服务领域的社会组织体制改革要形成整体性思路等政策建议，以促进社会服务机构的专业化成长，使社会服务有效嵌入基层治理网络，推动社会服务机构与其他社会组织的协同发展。

第四，商协会的发展及其社团功能的发挥激发了社会治理活力。商协会是市场经济中最重要的行业性社团，作为行业公器，在市场经济中有降低交易成本，约束商人道德底线，促使会员们达成共识、合约之功能，同时作为政府、国家与市场、社会之间的公共领域，有共识、共体、共益、共权四大特征。课题组在实证研究的基础上深入分析了商协会的各种功能，并提出推进商协会立法等制度建设方面的政策建议，以更好地发挥商协会的制度功能，完善社会主义市场经济法律体系，促进国家和社会在公共利益秩序上的双向构建。

第五，服务供需创新促进了志愿服务团体发展并激发了志愿参与活力。志愿参与的功能是服务，方法是联合。在志愿服务领域形成高效平衡、相互促进的供需关系，少不了政府多部门、社会多主体的共同参与。志愿服务作为服务供需创新，通过两条路径激发社会活力。一方面，国家通过十四五时期精神文明建设规划等纲领性文件的引导，以打造城市精神文明示范区为起点，科学统筹礼仪、环境、秩序、服务等城市公共文明建设标准，宣传引导绿色出行等个人精神文明建设。自上而下，乘文明之风，把精神文明与物质文明共同富裕的发展目标贯穿落实到需求层次的每一层级。另一方面，从个人精神追求，到社区共建的需要，再到志愿力量服务于城市发展，最终在国家层面缓解当前社会主要矛盾，实现精神文明与物质文明共同富裕。自下而上，借参与之力，志愿服务团体在社会治理的不同需求层次上发挥着它的功能。

第六，激发社会活力的关键在政社合作，而政社合作的核心机制是"能力专有性"。课题组在实证调研和较为深入的理论探讨基础上，提出激发社会活力的关键在于政社合作，而政社合作的核心机制在于能力专有性。通过对比研究海峡两岸的防艾社会组织，我们发现：其一，社会组织能力专有性是影响政社合作的重要因素。能力专有性越高，社会组织与政府的合作形态越容易呈现相互依赖的紧密关系。其二，社会组织的能力专有性具体表现为专业化分工基础上的深耕细作、专业化的员工及志愿者队伍，以及长期的经验及社会资本的累积。能力专有性较高，一方面表示其专业性程度很高，与其他社会组织相比具有很强的竞争优势；另一方面则意味着该能力的可迁移性弱，难以在其他合作领域发挥作用。其三，能力专有性的培育和互补性制度的匹配紧密相关。只有当互补性制度能帮助社会组织消除培育能力专有性障碍的时候，才更有可能形成较高的能力专有性。具体对社会组织而言，这种互补性制度主要包括三个方面：问题需求、教育及人才培养体系与考核体系。

第三节　在激发基层活力方面呈现的五大特点

课题组围绕激发"基层活力"，也开展了大量实证调研和相应的理论分析，得出如下五个方面的主要发现和结论。

第一，党的领导与政府支持是激发基层社区活力的体制基础。课题组围绕基层社区治理创新中如何在党的领导和政府支持下激发社区活力问题，从对"社区活力"范畴及指标体系的讨论入手，分别从全国范围内的问卷调查及其结果、一个综合性社区个案和两个典型城市的案例比较三个视角展开研讨，分析跨度很大，既有全国性的问卷调研和相应的数据分析，也有较为具体的城市案例比较和较为深入的社区个案分析，但讨论的问题和所得出的结论却很聚焦和清晰。主要得出如下结论：其一，社区活力中最重要的影响因素是党的领导；其二，社区治理创新是一个扎根现实、不断探索迭代创新的过程；其三，政府的财政支持是催生社区活力的一个重要政策机制。

第二，重视"乡情治理"，激发基层治理的社会活力。课题组提出"乡情治理"的范畴，将其界定为乡情作用于基层社会治理主体和治理体系，在基层社会的意见整合、利益协调、矛盾化解、服务供给等治理过程中发挥重要作用的一种治理形态。我们以顺德为案例开展了较为深入的实证研究，案例表明：顺德地区丰富的基层社区治理创新样态得益于其经济发展路径下传统的社会关系和文化纽带得以保留，而政府也有意识地保育传统文化、维系乡情和培育地方精神，从而在县域内凝聚精英，塑造了多层次、多元参与的地方治理共同体。

第三，激发城市社区活力的关键，在于里仁驱动社会资本建构达至社区善治。课题组借用《论语》"里仁"范畴，以遍及全国数千个社区的"幸福里"项目为案例，分析里仁驱动社会资本建构的由内向外转化的过程。案例表明，企业家内在的里仁一旦转化成企业内在的里仁，向外表现为与里仁相应的价值理性和社会资本，并通过供给侧的系统工具及其传导作用放大，企业家的里仁就能转化为企业的社会价值取向，进一步作用于社区住户，完成社会资本向社会价值进而向更高的公共价值的转化。因此，在社区治理中要关注中华优秀传统文化的内在价值，积极培育并引导内在于文化深处及人心中的里仁，驱动社会资本的积极建构，在社区内部的需求侧以及供给侧就会形成里仁驱动社会资本的积极建构，并由内而外地激发城市社区的活力，从而由里仁达至善治的更高维度的治理水平。

第四，激发乡村社区活力的关键，在于发挥乡贤作用和发展乡村自组织。课题组通过个案研究，呈现了乡村社区活力增长的两条不同路径：一是社会组织作为外部力量介入乡村社区并撬动社区自身的组织力量和内生发展，采取自上而下"渐进式嵌入"的策略以应对不确定性和可持续影响，在乡村层面的嵌入和撬动也充分借助了乡贤、宗族组织等传统力量及在地文化的影响；二是社会组织作为自下而上的乡村草根力量，在现代信息工具的助力下，使跨越城乡边界的家乡人社群得以生成并向乡村发展和治理注入了新的活力。其中，激活传统文化、情感要素在凝聚社区、重建社会关系和基层秩序中的巨大潜力等，具有较普遍的意义。

第五，激发非常态下基层治理活力，重点在增强社区韧性并促进社会组织协同。课题组选择新冠肺炎疫情防控的风险危机治理案例，分析社区治理中的韧性问题与社会组织协同问题。我们认为，将韧性意识纳入社区治理中，要从结构、过程、能力与文化四方面构建社区韧性的作用机制；将协同纳入风险应对治理，要重构价值理念、基本框架、制度原则等，形成"不确定性社会治理"，以提供更加系统、整体、协同的综合方案。社会治理结构及强度，是其抗压力和承载力的中流砥柱，各种社会力量的协同、参与，关涉社会治理的活力和韧性，能体现社会治理的创新力和延展性。

第四节　关于深化创新与改革的系统思考

课题组在全面学习和深入理解中央关于社会治理现代化的战略部署和顶层设计思想基础上，基于实证研究，就若干问题也做了较为深入的系统思考。

第一，对中央关于社会治理现代化的战略部署与顶层设计的理解。中共十九届四中全会系统总结了多年来我们在社会治理创新与深化社会体制改革方面的经验，提出并部署了进一步加强和创新社会治理、推进社会治理现代化的整体战略思想和顶层设计：一是将共建共治共享作为社会治理制度；二是将"七位一体"作为社会治理体系；三是形成党建引领的"三治融合"社会治理格局；四是将重心下移的基层公共管理和服务作为社会治理的支持系统；五是发挥群团组织、社会组织和各种社会力量的积极作用；六是探索和鼓励群众参与；七是加快推进市域社会治理现代化；八是发挥家庭家教家风的重要作用。

第二，美好生活——中国特色社会体制改革的价值取向。结合党的十九大关于"美好生活"的论述，我们认为，中国社会体制改革的价值取向在新时代超越了国家层面的经济发展与物质财富增长，超越了社会层面的公平正义，应落脚到以人的全面发展为目标的"美好生活"，包含民生、秩序、活力等具体面向。"美好生活"至少包含了四个方面的重要思想：一是超越资本主义，二是超越国家主义，三是回归人民中心，四是人的全面发展。

第三，美好社会体制——中国特色社会体制改革的目标。我们认为，中国社会体制改革的总目标是建构"中国特色的社会主义美好社会体制"。与"中国特色的社会主义市场经济体制"相对应，中国特色的社会主义美好社会体制的根本特征是：社会组织、公民等社会力量在中国共产党的领导下，在法治和政府的宏观调控下，在社会资源配置（包括社会服务与社会治理中的物质、人力和社会权力等资源）方面发挥作用。其关键条件如下：一是社会主体性的充分发育；二是中国共产党组织力和领导力得到不断强化；三是法治和社会资本衍生出的道德规范成为调节社会关系（包括政社关系）的基础性力量；四是在政社分开的基础上社会与政府具有分工合作的共识和黏结机制。

第四，三大改革——中国特色社会体制改革的主要任务。根据上述建构中国特色的社会主义美好社会体制，服务于民生、社会秩序、社会活力三重价值的总目标，并考虑现有社会主体的形式和改革重点，我们将社会体制改革的主要任务分解为社会组织体制改革、社会服务体制改革和社会治理体制改革三大相互关联、相互促进的主要任务：①社会组织体制改革的目的是建构"政社分开、职责明确、依法自治"的现代社会组织体制，把"组织"还给社会；②社会服务体制改革的目的是建构主体多元、机制灵活、广覆盖、多层次的现代社会服务体制，把"服务"还给社会，关键在于继续推进事业单位体制；③社会治理体制改革的目的是建构反应敏捷、源头化解的现代社会治理体制，把"治理"还给社会，其关键任务是改革人民团体体制和城乡社区治理体制。

第五，双向结合——中国特色社会体制改革的宏观路径。首先，中国社会体制改革需要走一条自下而上的治理创新与自上而下的法治保障相结合的宏观路径。鉴于我国地方发展不平衡，各地社会关系和文化传统差异较大的现实，社会体制尤其是社会治理体制的改革创新重心首先要在基层。不同于经济体制改革要建立全国相对统一的、有活力的市场，社会体制改革尤其是社会治理体制改革有很强的地方性，要因地制宜，各种模式并存。在确保各地的差异性、自主性的基础上，通过中央立法或中央政策来推动创新扩散。

其次，社会体制改革的三个方面不可能在短期内实现，而是一个在未来很长一段时间内相互关联、协同而又层次递进的过程。相互关联、协同要求三大任务要同时开启才能相互促进。如果没有社会组织体制改革就不可能有社会组织的快速发育、生长和功能发挥，从而无法承接政府转移出来的公共服务，无法建构现代社会服务体制；而如果没有社会服务体制改革，政府就不会转移职能，不能给予社会组织成长的空间和动力，社会主体缺乏也自然造成难以确立现代社会组织体制。因此二者是互为条件的，必须共同启动，即政府不能寄希望于社会组织完全发育成熟时才放手，社会也不能等待体制完全健全后才成长。层次递进则体现在改革三大任务具体实现的难易程度不一，应有轻重缓急，循序渐进。如前述现代社会组织体制的建构需要分政府主导和社会主导两大阶段来分步骤实施，不能揠苗助长、急功近利。改革需要勇气、智慧，如事业单位改革面临非常复杂的既有利益群体，进展非常缓慢，但这并不妨碍从新出现的一些社会服务领域入手，鼓励社会力量参与，当政府购买社会力量服务的制度、机制成熟，社会组织充分发展之后，可以进一步促进传统社会服务领域中不同社会主体间的竞争，从而推动事业单位改革。再如人民团体体制改革面临政治考虑，不易推进，但也可以先从其中政治敏锐性相对较弱的一些团体入手，或从地方试点入手。

同市场领域的体制改革一样，社会体制改革作为一种自上而下的顶层思路，释放出了强烈的改革信号，接下来要期待波澜壮阔、自下而上的地方实践与之互动，共同铸就"国家治理体系和治理能力现代化"和"美好生活"的宏大目标。

参考文献

【中文类】

著作：

迈克尔·A. 豪格，多米尼克·阿布拉姆斯. 社会认同过程［M］，高明
　　华，译. 中国人民大学出版社，2011.

奥利弗·E. 威廉姆森. 资本主义经济制度：论企业签约与市场签约［M］.
　　段毅才，王伟，译. 商务印书馆，2002.

孔飞力. 中国现代国家的起源［M］. 陈兼，陈之宏，译. 生活·读书·
　　新知三联书店，2013.

邓小平. 邓小平文选（第 2 卷）［M］. 人民出版社，2002.

马克思，恩格斯. 马克思恩格斯全集（第 19 卷）［M］. 人民出版社，2006.

马克思，恩格斯. 马克思恩格斯全集（第 28 卷）［M］. 人民出版社，2018.

马克思，恩格斯. 马克思恩格斯选集（第 2 卷）［M］. 人民出版社，2012.

张孝若. 张季子九录（三）实业录［M］. 中华书局，1932.

彼得·A. 霍尔，戴维·索斯凯斯. 资本主义的多样性：比较优势的制度
　　基础［M］. 王新荣，译. 中国人民大学出版社，2018.

陈春花，马志良，罗雪挥，欧阳以标. 顺德 40 年：一个中国改革开放的

县域发展样板［M］. 机械工业出版社，2018.

陈清泰. 商会发展与制度规范［M］. 中国经济出版社，1995.

陈云. 陈云文选（第 2 卷）［M］. 人民出版社，1995.

杜赞奇. 文化、权力与国家——1900—1942 年的华北农村［M］. 王福明，译. 江苏人民出版社，1994.

斐迪南·滕尼斯. 共同体与社会［M］. 林荣远，译. 商务印书馆，1999.

傅军. 国富之道［M］. 北京大学出版社，2009.

哈贝马斯. 公共领域的结构转型［M］. 曹卫东等，译. 学林出版社，1999.

何艳玲. 都市街区中的国家与社会：乐街调查［M］. 社会科学文献出版社，2007.

何增科等. 中国社会管理体制改革路线图［M］. 国家行政学院出版社，2009.

基金会中心网，浙江大学社会治理研究院主编. 中国基金会发展独立研究报告（2019）［M］. 北京联合出版公司，2020：64 – 164.

加里·贝克尔. 人力资本［M］. 陈耿宣，译. 机械工业出版社，2016.

厉以宁. 超越市场与超越政府：论道德力量在经济中的作用［M］. 经济科学出版社，1999.

刘国翰. 增量共治的杭州实践［M］. 社会科学文献出版社，2014.

罗家德. 中国治理：中国人复杂思维的 9 大原则［M］. 中信出版集团，2020.

马秋莎. 改变中国：洛克菲勒基金会在华百年［M］. 广西师范大学出版社，2013.

马修·比索普，迈克尔·格林. 慈善资本主义［M］. 丁开杰等，译. 社会科学文献出版社，2011.

欧阳静. 策略主义：桔镇运作的逻辑［M］. 中国政法大学出版社，2011.

帕特南·罗伯特. 使民主运转起来［M］. 中国人民大学出版社，2015.

钱穆. 中国历史精神［M］. 九州出版社，2012.

钱穆. 国史大纲［M］. 商务印书馆, 1996.

全汉昇. 中国行会制度史［M］. 河南人民出版社, 2016.

埃米尔·涂尔干. 社会分工论［M］. 渠东, 译. 生活·读书·新知三联书店, 1999.

托克维尔. 论美国的民主［M］. 董果良, 译. 商务印书馆, 1988.

束炳南. 朱子大传: "性" 的救赎之路 (增订版)［M］. 复旦大学出版社, 2021.

王名等. 社会组织与社会治理［M］. 社会科学文献出版社, 2014.

王颖. 社会中间层: 改革与中国的社团组织［M］. 中国发展出版社, 1993.

维维安娜·泽利泽. 金钱的社会意义［M］. 姚泽麟等, 译. 华东师范大学出版社, 2021.

吴稼祥. 公天下: 中国历代治理之得失 (增订版)［M］. 贵州人民出版社, 2020.

徐宇珊. 论基金会: 中国基金会转型研究［M］. 中国社会出版社, 2010.

严廷桢. 上海商务总会历次奏案禀定详细章程［M］. 上海铅印本, 1907.

余英时. 朱熹的历史世界: 宋代士大夫政治文化的研究［M］. 生活·读书·新知三联书店, 2011.

易继明. 私法精神与制度选择——大陆法司法古典模式的历史含义［M］. 中国政法大学出版社, 2003.

张静. 基层政权: 乡村制度诸问题［M］. 上海人民出版社, 2006.

中国大百科全书编委会. 中国大百科全书［M］. 中国大百科全书出版社, 1993.

周黎安. 转型中的地方政府: 官员激励与治理［M］. 格致出版社, 2008.

周庆智. 县政治理: 权威、资源、秩序［M］. 中国社会科学出版社, 2014.

周雪光. 组织社会学十讲［M］. 社会科学文献出版社, 2003.

资中筠. 财富的责任与资本主义演变: 美国百年公益发展的启示［M］. 上海三联书店, 2015.

论文：

奏定商会简明章程 [J]. 东方杂志，1904 (1).

贝克，邓正来，沈国麟. 风险社会与中国——与德国社会学家乌尔里希·贝克的对话 [J]. 社会学研究，2010 (5)：208 – 231 + 246.

曹正汉，周杰. 社会风险与地方分权——中国食品安全监管实行地方分级管理的原因 [J]. 社会学研究，2013 (1)：182 – 205.

陈泓冰，官宇. 试析我国非政府组织与乡村政权的关系 [J]. 知识经济，2007 (9)：53.

陈鹏. 社会体制改革论纲 [J]. 北京师范大学学报（社会科学版），2017 (2)：85 – 98.

陈荣卓，肖丹丹. 从网格化管理到网络化治理——城市社区网格化管理的实践、发展与走向 [J]. 社会主义研究，2015 (4)：83 – 89.

陈天祥，郑佳斯，贾晶晶. 形塑社会：改革开放以来国家与社会关系的变迁逻辑——基于广东经验的考察 [J]. 学术研究，2017 (9)：68 – 77.

陈一新. 新时代市域社会治理理念体系能力现代化 [J]. 社会治理，2018 (8)：5 – 14.

陈玉梅，李康晨. 国外公共管理视角下韧性城市研究进展与实践探析 [J]. 中国行政管理，2017 (1)：137 – 143.

陈振明，刘祺，邓剑伟. 公共服务体制与机制及其创新的研究进展 [J]. 电子科技大学学报（社科版），2011 (1)：11 – 16.

陈振明. 简政放权与职能转变——我国政府改革与治理的新趋势 [J]. 福建行政学院学报，2016 (1)：1 – 11.

程琮，刘一志，王如德. Kendall 协调系数 W 检验及其 SPSS 实现 [J]. 泰山医学院学报，2010 (7)：487 – 490.

程秀英，孙柏瑛. 社会资本视角下社区治理中的制度设计再思考 [J]. 中国行政管理，2017 (4)：53 – 58.

程远凤. 企业集群中商会的法律地位研究——以苏州市企业集群为例

［J］．苏州科技学院学报，2006（2）：13 － 15．

戴大新，魏建慧．市域社会治理现代化路径研究——以绍兴市为例［J］．
江南论坛，2019（5）：10 － 12．

丁元竹．实现社会体制改革目标的着力点［J］．前线，2011（1）：14 －
15．

方娟，张宗贵．官民对话之"圆桌会议"［J］．公民导刊，2006（5）：31 －
32．

冯玉军．合同法的交易成本分析［J］．中国人民大学学报，2001（5）：
100 － 105．

付翠莲．我国乡村治理模式的变迁、困境与内生权威嵌入的新乡贤治理
［J］．地方治理研究，2016（1）：67 － 73．

高丙中．社会团体的合法性问题［J］．中国社会科学，2000（2）：100 －
109 ＋ 207．

高万芹．新乡贤在乡村振兴中的角色和参与路径研究［J］．贵州大学学报
（社会科学版），2018（3）：127 － 134．

葛忠明．信任研究中的文化与制度分析范式——兼谈公共非营利合作关
系中的信任问题［J］．江苏社会科学，2015（3）：97 － 105．

管兵．竞争性与反向嵌入性：政府购买服务与社会组织发展［J］．公共管
理学报，2015（3）：83 － 92．

郭道晖．论国家权力与社会权力——从人民与人大的法权关系谈起［J］．
法制与社会发展，1995（2）：18 － 25．

郭伟和．后专业化时代的社会工作及其借鉴意义［J］．社会学研究，2014
（5）：217 － 240．

韩福国．现代城市参与式治理建构的可能性——基于杭州《我们圆桌会》
案例的比较分析［J］．当代中国政治研究报告，2017：31 － 52．

郝彦辉，刘威．转型期城市基层社区社会资本的重建［J］．东南学术
2006（5）：27 － 33．

黄爱教．新乡贤助推乡村振兴的政策空间、阻碍因素及对策［J］．理论月

刊，2019（1）：80－86.

黄江富. 社区居民参与机制构建探索——以"我的社区我做主"居民议事会计划为例 [J]. 中国社会工作，2018（22）：46－47.

黄晓春，嵇欣. 非协同治理与策略性应对：社会组织自主性研究的一个理论框架 [J]. 社会学研究，2014（6）：98－123.

黄晓春. 当代中国社会组织的制度环境与发展 [J]. 中国社会科学，2015（9）：146－164.

黄晓春. 中国社会组织成长条件的再思考——一个总体性理论视角 [J]. 社会学研究，2017（1）：101－124.

黄晓星，熊慧玲. 过渡治理情境下的中国社会服务困境——基于 Z 市社会工作服务的研究 [J]. 社会，2018（4）：133－159.

黄晓星，杨杰. 社会服务组织的边界生产——基于 Z 市家庭综合服务中心的研究 [J]. 社会学研究，2015（6）：99－121.

江华，张建民，周莹. 利益契合：转型期中国国家与社会关系的一个分析框架——以行业组织政策参与为案例 [J]. 社会学研究，2011（3）：136－152.

江维. 城市社区可持续总体营造的实施路径——以四川省成都市青羊区为例 [J]. 社会治理，2019（2）：44－52.

姜晓萍. 国家治理现代化进程中的社会治理体制创新 [J]. 中国行政管理，2014（2）：24－28.

敬乂嘉. 从购买服务到合作治理：政社合作的形态与发展 [J]. 中国行政管理，2014（7）：54－59.

康晓光，韩恒. 分类控制：当前中国大陆国家与社会关系研究 [J]. 社会学研究，2005（6）：73－89.

康晓光，韩恒. 行政吸纳社会——当前中国大陆国家与社会关系再研究 [J]. 中国社会科学（英文版），2007（2）：116－128.

蓝煜昕. 农村社会培育的实践悖论：基于 WX 案例的研究 [D]. 清华大学博士学位论文，2012.

黎宇琳. 从官办慈善到人人公益的 30 年 [J]. 中国慈善家, 2016 (12):
　　28 – 32.

李恒光. 试论国外商会的功能定位, 组织构建及其经验借鉴 [J]. 甘肃省
　　经济管理干部学院学报, 2001 (4): 43 – 45.

李妮. 模糊性政治任务的科层运作——A 县政府是如何建构 "创新" 政
　　绩的? [J]. 公共管理学报, 2018 (1): 1 – 11.

李培林. 社会治理与社会体制改革 [J]. 国家行政学院学报, 2014 (4):
　　8 – 10.

李水金, 赵新峰. 第三次分配的正义基础 [J]. 山东工商学院学报, 2021
　　(1): 103 – 113.

李朔严. 政党统合的力量: 党、政治资本与草根 NGO 的发展——基于 Z
　　省 H 市的多案例比较研究 [J]. 社会, 2018 (1): 160 – 185.

李新春, 邹立凯. 本地嵌入与家族企业的可持续成长: 基于日本长寿家
　　族企业的多案例研究 [J]. 南开管理评论, 2021 (4): 6 – 19.

李永忠. 论我国政府与社会组织之间的互信合作关系及其构建 [J]. 湖南
　　社会科学, 2012 (1): 109 – 112.

李友梅. 重塑转型期的社会认同 [J]. 社会学研究, 2007 (2): 183 – 186.

厉以宁. 关于经济伦理的几个问题 [J]. 哲学研究, 1997 (6): 5.

刘国翰. 善治的评价标准 [J]. 我们, 2015 (1).

刘培峰. 社团管理的许可与放任 [J]. 社会科学文摘, 2004 (9): 61.

陆学艺. 社会建设就是建设社会现代化 [J]. 社会学研究, 2011 (4): 3 –
　　11 + 242.

罗婧. 他山之石, 却难攻玉? ——再探 "第三方" 改造困境的源头 [J].
　　社会学研究, 2019 (5): 217 – 241 + 246.

欧黎明, 朱秦. 社会协同治理: 信任关系与平台建设 [J]. 中国行政管
　　理, 2009 (5): 118 – 121.

彭翀, 郭祖源, 彭仲仁. 国外社区韧性的理论与实践进展 [J]. 国际城市
　　规划, 2017 (4). 60 – 66.

渠敬东，周飞舟，应星．从总体支配到技术治理——基于中国 30 年改革经验的社会学分析 [J]．中国社会科学，2009（6）：104 - 127 + 207．

邵亦文，徐江．城市韧性：基于国际文献综述的概念解析 [J]．国际城市规划，2015（2）：52 - 58．

史斌，吴欣欣．社会资本在社区治理中的功能分析——以社区治理"失灵困境"现象为视角 [J]．科学决策，2009（7）：83 - 89．

苏曦凌，黄婷．城市社区冲突治理中的社区社会组织构建——以社会资本理论为视角 [J]．广东行政学院学报，2017（2）：41 - 46．

唐文玉，马西恒．去政治的自主性：民办社会组织的生存策略——以恩派（NPI）公益组织发展中心为例 [J]．浙江社会科学，2011（10）：58 - 65．

唐文玉．政党整合治理：当代中国基层治理的模式诠释——兼论与总体性治理和多中心治理的比较 [J]．浙江社会科学，2020（3）：21 - 27．

陶传进．控制与支持：国家与社会间的两种独立关系研究——中国农村社会里的情形 [J]．管理世界，2008（2）：57 - 65．

童潇．直接注册时期社会组织管理模式创新——社会组织管理体制改革面临的新问题及应对 [J]．探索，2013（5）：144 - 149．

图力古日．地方性知识研究的历史维度及其内涵 [J]．云南社会科学，2017（6）：82．

汪锦军，张长东．纵向横向网络中的社会组织与政府互动机制：基于行业协会行为策略的多案例比较研究 [J]．公共行政评论，2014（5）：88 - 108．

汪锦军．合作治理的构建：政府与社会良性互动的生成机制 [J]．政治学研究，2015（4）：98 - 105．

汪锦军．浙江政府与民间组织的互动机制：资源依赖理论的分析 [J]．浙江社会科学，2008（9）：31 - 37．

王春福．论公共管理责任的二元结构 [J]．管理世界，2005（6）：151 - 152．

王春婷,蓝煜昕. 社会共治的要素、类型与层次 [J]. 中国非营利评论,
　　2015 (1):18 - 32.

王赣闽. 社会治理视角下市域网格化治理的实践与探索——以福建省福
　　州市为例 [J]. 福建江夏学院学报,2019 (2):76 - 83.

王利明. 我国市场经济法律体系的形成与发展 [J]. 社会科学家,2013
　　(1):5 - 11.

王名,蔡志鸿. 以 "能力专有性" 论政社合作——以两岸防艾社会组织
　　为例 [J]. 中国非营利评论,2019 (1):1 - 33.

王名,蓝煜昕,高皓,史迈. 第三次分配:更高维度的财富及其分配机
　　制 [J]. 中国行政管理,2021 (12):103 - 111.

王名,刘国翰. 增量共治:以创新促变革的杭州经验考察 [J]. 社会科学
　　战线,2015 (5):190 - 201.

王名,孙伟林. 社会组织管理体制:内在逻辑与发展趋势 [J]. 中国行政
　　管理,2011 (7):16.

王诗宗,宋程成. 独立抑或自主:中国社会组织特征问题重思 [J]. 中国
　　社会科学,2013 (5):50 - 66.

王伟同,徐溶壑,周佳音. 县乡财政体制改革:逻辑、现状与改革方向
　　[J]. 地方财政研究,2019 (11):4 - 12.

王学民. 对主成分分析中综合得分方法的质疑 [J]. 统计与决策,2007
　　(8):31 - 32.

王勇. 组织韧性的构念、测量及其影响因素 [J]. 首都经济贸易大学学
　　报,2016 (4):120 - 128.

魏文享. 近代工商同业公会的社会功能分析 1918—1937——以上海、苏
　　州为例 [J]. 近代史学刊,2001 (0):46 - 69 + 239.

温铁军. 农村合作基金会的兴衰史 [J]. 中国老区建设,2009 (9):17 -
　　19.

吴敬琏. 商会的定位、政府关系及其治理 [J]. 中国民商,2014 (12).

吴晓林,谢伊云. 基于城市公共安全的韧性社区研究 [J]. 天津社会科

学，2018（3）：89-94.

吴玉章. 结社与社团管理［J］. 政治与法律，2008（3）：9-15.

向德平、高飞. 社区参与的困境与出路——以社区参理事会的制度化尝
　　试为例［J］. 北京社会科学，2013（6）：63-71.

项飚. 社区何为——对北京流动人口聚居区的研究［J］. 社会学研究，
　　1998（6）：56-64.

徐选国. 走向双重嵌入：城市社区治理中政社互动的机制演变——基于深
　　圳市 H 社区的经验研究［J］. 社会发展研究，2016（1）：163-180+
　　244-245.

徐盈艳，黎熙元. 浮动控制与分层嵌入——服务外包下的政社关系调整
　　机制分析［J］. 社会学研究，2018（2）：115-139.

颜德如. 以新乡贤推进当代中国乡村治理［J］. 理论探讨，2016（1）：
　　17-21.

燕继荣. 社区治理与社会资本投资——中国社区治理创新的理论解释
　　［J］. 天津社会科学，2010（3）：59-64.

杨安. 大数据与市域社会治理现代化——厦门实践与探索［J］. 经济，
　　2018（C2）：102-107.

杨小柳. 地方性知识和发展研究［J］. 学术研究，2009（5）：68.

姚华. NGO 与政府合作中的自主性何以可能？——以上海 YMCA 为个案
　　［J］. 社会学研究，2013（1）：21-42.

俞可平. 推进国家治理体系和治理能力现代化［J］. 前线，2014（1）：5-
　　8+13.

虞和平. 近代商会的法人社团性质［J］. 历史研究，1990（5）：39-51.

郁建兴，沈永东. 调适性合作：十八大以来中国政府与社会组织关系的
　　策略性变革［J］. 政治学研究，2017（3）：34-41.

郁建兴，任泽涛. 当代中国社会建设中的协同治理——一个分析框架
　　［J］. 学术月刊，2012（8）：23-31.

喻恺，胡伯特·埃特尔，徐扬. 百年诺贝尔基金运作模式探析［J］. 世界

教育信息，2018（12）：59－66.

张潮．弱势社群的公共表达：草根 NGO 的政策倡导行动和策略［J］．中国非营利评论，2018（2）：1－21.

张敢．文艺复兴时期的艺术赞助［J］．装饰，2011（9）：30－35.

张康之．公共行政：超越工具理性［J］．浙江社会科学，2002（4）：3－8.

张清，武艳．包容性法治框架下的社会组织治理［J］．中国社会科学，2018（6）：91－109＋206.

张文显，徐勇，何显明，姜晓萍，景跃进，郁建兴．推进自治法治德治融合建设，创新基层社会治理［J］．治理研究，2018（6）：5－16.

赵罗英，夏建中．社会资本与社区社会组织培育——以北京市 D 区为例［J］．学习与实践，2014（3）：101－107.

郑观蕾，蓝煜昕．渐进式嵌入：不确定性视角下社会组织介入乡村振兴的策略选择——以 S 基金会为例［J］．公共管理学报，2021（1）：126－136＋174.

郑杭生．社会建设的前沿理论研究——社会建设问题的社会学思考［J］．武汉科技大学学报（社会科学版），2009（4）：1－5.

郑建君．公共参与：社区治理与社会自治的制度化——基于深圳市南山区"一核多元"社区治理实践的分析［J］．学习与探索，2015（3）：69－73.

郑琦，王懂棋．培育社会组织构建和谐社区——北京市朝阳区城市社区社会组织调研报告［J］．社团管理研究，2009（11）.

郑永年．中国改革的路径及其走向［J］．炎黄春秋，2010（11）：1－8.

周黎安．行政发包制［J］．社会，2014（6）：1－38.

周黎安．中国地方官员的晋升锦标赛模式研究［J］．经济研究，2007（7）：36－50.

周瑞金．论全面改革"三步走"路线图［J］．湖南社会科学，2010（3）：50－52.

周雪光，练宏．中国政府的治理模式：一个"控制权"理论［J］．社会学研究，2012（5）：69 – 93.

周雪光．"关系产权"：产权制度的一个社会学解释 ［J］．社会学研究，2005（2）：131 + 243.

朱健刚，陈安娜．嵌入中的专业社会工作与街区权力关系——对一个政府购买服务项目的个案分析 ［J］．社会学研究，2013（1）：43 – 64.

朱健刚，赖伟军．"不完全合作"：NGO 联合行动策略——以 "5·12" 汶川地震 NGO 联合救灾为例 ［J］．社会，2014（4）：187 – 209.

朱力．突发事件的概念、要素与类型 ［J］．南京社会科学，2007（11）：81 – 88.

朱丽荣．社区社会组织的发展与完善 ［J］．人民论坛，2019（22）：74 – 75.

朱正威，吴佳．面向治国理政的知识生产：中国公共管理学的本土叙事及其未来 ［J］．中国行政管理，2017（9）：12 – 17.

大连市沙河口区民政局．大连市沙河口区黑石礁街道社会组织联合会 党建引领 平台孵化 服务支撑 ［J］．中国社会组织，2019（1）：46 – 47.

马蕾．官民共治：成都市基层治理的新方向 ［J］．重庆城市管理职业学院学报，2019（2）：46 – 47.

毛万磊，吕志奎．厦门综改区 "社区网格化" 管理的优化——以鼓浪屿社区为例 ［J］．东南学术，2013（4）.

蓝煜昕，林顺浩．乡情治理：县域社会治理的情感要素及其作用逻辑——基于顺德案例的考察 ［J］．中国行政管理，2020（2）：54 – 59.

严俊，林伟挚．上海社会治理创新中网格化管理跟踪研究 ［J］．科学发展，2017（11）：96 – 106.

阎耀军．城市网格化管理的特点及启示 ［J］．城市问题，2006（2）：76 – 79.

张超等．城市网格化管理 ［J］．城建档案，2006（7）：8 – 12.

张晓晴．城市社区治理模式转型——从网格化管理到网格化治理 ［J］．中学政治教学参考，2015（24）.

郑晓华，沈旗峰．德治、法治与自治：基于社会建设的地方治理创新

［J］．马克思主义与现实，2015（4）：163－169.

其他：

程刚，王璐，霍达．2019 年中国基金会发展报告［M］∥杨团．中国慈善
　　发展报告（2020）．社会科学文献出版社，2020：103－130.

黄克武．钱穆的学术思想与政治见解［M］∥黄克武．近代中国的思潮与
　　人物．九州出版社，2013：334－341.

金柏松．法国、美国和日本商会的运作及可供借鉴的经验［EB］．行业协
　　会商会网，2010.

刘文华，鹿宝，梁媛媛．我国慈善资产管理的现状、问题和展望［M］∥
　　杨团主编．中国慈善发展报告（2020）．社会科学文献出版社，2020：
　　298－326.

王阳明．大学问［M］∥钱穆．阳明学述要．九州出版社，2011.

薛为．希望工程三十年［N］．中国青年报，2019－10－31（4）.

【英文类】

著作：

Berger P L, Neuhaus R J. To Empower People：The Role of Mediating Struc-
　　tures in Public Policy［M］. The American Enterprise Institute, 1977.

Coppedge, M. Strong Parties and Lame Ducks：Presidential Partyarchy and
　　Factionalism in Venezuela［M］. Stanford University Press, 1997.

Dalrymple J, Burke B. Anti-Oppressive Practice：Social Care and the Law
　　［M］. Routledge and Kegan Paul, 1995.

De Mesquita B B, Smith A, Morrow J D, and Siverson R M. The Logic of Po-
　　litical Survival［M］. MIT press, 2005.

Dominelli L, Mcleod E. Feminist Social Work［M］. Macmillan, 1989.

Helmut A, Stefan T. Private Funds, Public Purpose：Philanthropic Founda-
　　tions in International Perspective［M］. Springer, 1999.

Holling C S, Gunderson L H. Resilience and Adaptive Cycles M. Panarchy：

Understanding Transformations in Human and Natural System [M]. Island Press, 2001: 25 – 62.

Huntington S P. Political Order in Changing Societies [M]. Yale University Press, 1968.

Kooiman J. Modern Governance: New Government-society Interactions [M]. Sage, 1993.

Mullaly R. Structural Social Work: Ideology, Theory, and Practice [M]. Oxford University Press, 1993.

Ryan W. Blaming the Victim [M]. Vintage Books, 1971.

Salamon L M. Partners in Public Service [M]. Johns Hopkins University Press, 1995.

Saleebey D. Strengths Perspective in Social Work Practice [M]. Allyn & Bacon, 1997.

Solomon B. Black Empowerment: Social Work in Oppressed Community [M]. Columbia University Press, 1976.

Svolik M W. The Politics of Authoritarian Rule [M]. Cambridge University Press, 2012.

Warren M E. Democracy and Association [M]. Princeton University Press, 2001.

论文:

Alexander J, Nank R. Public-nonprofit partnership realizing the new public service [J]. Administration & Society, 2009, 41 (3): 364 – 386.

Almog-Bar M, Schmid H. Advocacy activities of nonprofit human service organizations: a critical review [J]. Nonprofit and Voluntary Sector Quarterly, 2014, 43 (1): 11 – 35.

Bizzarro F, Gerring J, Knutsen C H, Hicken A, Bernhard M, Skaaning S E, Coppedge M, and Lindberg S I. Party strength and economic growth [J]. World Politics, 2018, 70 (2): 275 – 320.

Bode I, Firbank O. Barriers to co-governance: examining the "chemistry" of home-care networks in Germany, England, and Quebec [J]. Policy Studies Journal, 2009, 37 (2): 325 – 351.

Brinkerhoff J M. Government-nonprofit partnership: a defining framework [J]. Public Administration & Development, 2002, 22 (1): 19 – 30.

Bruneau M, Chang S E, Eguchi R T, et al. A Framework to Quantitatively Assess and Enhance the Seismic Resilience of Communities [J]. Earthquake Spectra, 2003, 19 (4): 733 – 752.

Chen X, and Xu P. From resistance to advocacy: political representation for disabled people in China [J]. The China Quarterly, 2011, 207: 649 – 667.

Cheng Y. Exploring the role of nonprofits in public service provision: moving from coproduction to cogovernance [J]. Public Administration Review, 2019, 79 (2): 203 – 214.

Chin J J. Service-providing nonprofits working in coalition to advocate for policy change [J]. Nonprofit and Voluntary Sector Quarterly, 2018, 47 (1) 27 – 48.

Cho S, Gillespie D F. A conceptual model exploring the dynamics of government-nonprofit service delivery [J]. Nonprofit & Voluntary Sector Quarterly, 2006, 35 (3): 493 – 509.

Cruz C, Keefer P. Political parties, clientelism, and bureaucratic reform [J]. Comparative Political Studies, 2015, 48 (14): 1942 – 1973.

Lengnick-Hall C A, Beck T E, Lengnick-Hall M L. Developing a capacity for organizational resilience through strategic human resource management [J]. Human Resource Management Review, 2011, 21 (3): 243 – 255.

Foster K W. Associations in the embrace of an authoritarian state: state domination of society? [J] Studies in Comparative International Development. 2001, 35 (4): 84 – 109.

Gandhi J, Przeworski A. Authoritarian institutions and the survival of autocrats [J]. Comparative Political Studies, 2007, 40 (11): 1279 – 1301.

Gehlbach S, Keefer P. Investment without democracy: ruling-party institutionalization and credible commitment in autocracies [J]. Journal of Comparative Economics, 2011, 39 (2): 123 – 139.

Geoghegan M, Powell F. Community development, partnership governance and dilemmas of professionalization: profiling and assessing the case of Ireland [J]. British Journal of Social Work, 2006, 36 (5): 845 – 861.

Hansmann H B. The role of nonprofit enterprise [J]. The Yale Law Journal, 1980, 89 (5): 835 – 901.

Hutchcroft P D. Centralization and decentralization in administration and politics: assessing territorial dimensions of authority and power [J]. Governance, 2001.

Kooiman. Social-political governance [J]. Public Management Review, 1999, 1 (1): 67 – 92.

Macindoe H, Whalen R. Specialists, generalists, and policy advocacy by charitable nonprofit organizations [J]. Journal of Sociology & Social Welfare, 2013, 40 (2): 119 – 150.

Mertha A. Fragmented authoritarianism 2.0: political pluralization in the Chinese policy process [J]. The China Quarterly, 2009, 200: 995 – 1012.

Meye P, Irving P G, Allen N. Examination of the combined effects of work values and early work experiences on organizational commitment [J]. Journal of Organizational Behavior, 1998, 19 (1): 29 – 52.

Mosley J E, Grogan C M. Representation in nonelected participatory processes: how residents understand the role of nonprofit community-based organizations [J]. Journal of Public Administration Research and Theory, 2013, 23 (4): 839 – 863.

Mosley J E. Organizational resources and environmental incentives: understanding the policy advocacy involvement of human service nonprofits [J]. Social Service Review, 2010, 84 (1) 57 – 76.

Nabatchi T, Sancino A, Sicilia M. Varieties of participation in public services: the who, when, and what of coproduction [J]. Public Administration Review, 2017, 77 (5): 766 – 776.

Najam A. The four c's of government third sector-government relations [J]. Nonprofit Management & Leadership, 2000, 10 (4): 375 – 396.

Onyx J, Bullen P. Measuring social capital in five communities [J]. Journal of Applied Behavioral Science, 2000, 36 (1): 23 – 42.

Pfeffer J, Salancik G R. The external control of organizations: a resource dependence perspective [J]. Social Science Electronic Publishing, 2003, 23 (2): 123 – 133.

Plough A, Fielding E, Chandra A, et al. Building community disaster resilience: perspectives from a large urban county department of public health [J]. American Journal of Public Health, 2013, 103 (7): 1190 – 1197.

Rao V. Democracy and economic development [J]. Studies in Comparative International Development, 1984, 19 (4): 67 – 81.

Schmid H. The role of nonprofit human service organizations in providing social services [J]. Administration in Social Work, 2004, 28 (3 – 4): 1 – 21.

Somers S. Measuring resilience potential: an adaptive strategy for organizational crisis planning [J]. Journal of Contingencies and Crisis Management, 2009, 17 (1): 12 – 23.

Specht H, Courtney M E. Unfaithful angels: how social work has abandoned its mission [J]. Journal of Sociology & Social Welfare, 1994, 19 (8): 692 – 695.

Spires A J. Contingent symbiosis and civil society in an authoritarian state: understanding the survival of China's grassroots NGOs [J]. American Journal of Sociology, 2011, 117 (1): 1 – 45.

Stern R E, O'brien K J. Politics at the boundary: mixed signals and the Chinese state [J]. Modern China, 2012, 38 (2): 174 – 198.

Steurer R. Disentangling governance: a synoptic view of regulation by government, business and civil society [J]. Policy Sciences, 2013, 46 (4): 387 – 410.

Teets J. The power of policy networks in authoritarian regimes: changing environmental policy in China [J]. Governance, 2018, 31 (1): 125 – 141.

Thornton P M. The advance of the Party: transformation or takeover of urban grassroots society? [J]. The China Quarterly, 2013, 213: 1 – 18.

Treib O, Bähr H, Falkner G. Modes of governance: towards a conceptual clarification [J]. Journal of European Public Policy, 2007, 14 (1): 1 – 20.

Van Slyke D M. Agents or stewards: using theory to understand the government-nonprofit social service contracting relationship [J]. Journal of Public Administration Research and Theory, 2006, 17 (2): 157 – 187.

Walker B, Holling C S, Carpenter S R, et al. Resilience, adaptability and transformability in social-ecological systems [J]. Ecology and Society, 2004, 9 (2): 5 – 25.

Wang M, Liu Q S. Analyzing China's NGO development system [J]. The China Nonprofit Review, 2009, 1 (1): 5 – 35.

Wen Z Y. Government purchase of services in china: similar intentions, different policy designs [J]. Public Administration and Development, 2017, 37 (1): 65 – 78.

Young D R. Alternative models of government nonprofit sector relations: theoretical and international perspectives [J]. Nonprofit and Voluntary Sector Quarterly, 2000, 29 (1): 149 – 172.

Zhan X, Tang S Y. Understanding the implications of government ties for nonprofit operations and functions [J]. Public Administration Review, 2016, 76 (4): 589 – 600.

Zhang C. Nongovernmental organizations' policy advocacy and government responsiveness in China [J]. Nonprofit and Voluntary Sector Quarterly, 2017, 20 (1): 1 – 22.

Zhou Y. State-society interdependence model in market transition: a case study of the 'farmers' city in Wenzhou during the early reform era [J]. Journal of Contemporary China, 2013, 22 (81): 476 – 498.

其他:

Evers A, Laville J L. Defining the third sector in Europe [M]// The Third Sector in Europe, Edward Elgar Publishing Limited, 2004: 11 – 42.

Fung A. Democratizing the policy process [M]//The Oxford Handbook of Public Policy, 2006.

Gallagher M. The limits of civil society in a late Leninist state [R]. Civil Society and Political Change in Asia: Expanding and Contracting Democratic Space, 2004: 419 – 52.

Mayunga J S. Understanding and applying the concept of community disaster resilience: a capital-based approach [C]. Summer Academy for Social Vulnerability and Resilience Building, 2007: 1 – 16.

Weisbrod B A. Toward a Theory of the Voluntary Non-profit Sector in a Three-sector Economy [A]. Russell Sage Foundation, 1977.

后　记

行文至此，已完成了本课题研究任务。

但在全面深化改革的时代，社会体制改革所面临的三大任务尚未完结。

站在这样的历史节点上，展望未来，有如《周易》之未济卦所言："小狐汔济，濡其尾，无攸利。"倘若鼠目寸光，只注重眼前，必看不清未来。

未来，必须立足在历史的基点上。钱穆主张"数往知来"，他强调孟子所谓"所过者化，所存者神"，要在历史的经验中找未来的答案。近读吴稼祥新著《公天下：中国历代治理之得失》，对照好友家德君日前送我的《中国治理：中国人复杂思维的 9 大原则》及友人许君的《现代中国的国家理性：关于国家建构的自由民族主义共和法理》，以及疫情闭关期间先后通读的钱穆《朱子新学案》五卷本、束景南《朱子大传："性"的救赎之路》、黄光国《尽己与天良：破解韦伯的迷阵》等史学及政治学著作，深感历史之厚重、思想之博大。我们因此将本课题的未来研究进一步提升到更宏大的历史境界，希望能循着圣人的足迹和引领而行，能够从历史中看见未来。

从历史中看见未来，必须有正确的历史观。钱穆先生洞察五千年的中国历史，发现在看似错综复杂、循环往复的历史演进中，存在一种"道统"尊于"治统"、"贤能"优于"专制"、"学术"领导"政治"的趋势。① 道统强调尊道重德，故任用贤能；治统强调尊君重治，故依靠专制。这两种倾向其实一直存在于中国的历史长河中，并此消彼长、循环往复，但若拉长历史的尺度至百年甚至千年，则道统之渐盛、治统之趋微、贤能之昌达、专制之鄙薄的趋势就十分清楚了，而且"学术"领导"政治"的趋向亦始终存在。我们认为，由学术而生文化，由学者而构社会，由理性而重精神，乃是支撑整个中国历史道统趋尊的基石。如此看待整个中华文明史的"钱穆史观"，对于我们从历史中看见未来，具有重要指导意义。基于这一史观，我们认为，历史的高度不在于治统中是否出现了所谓的"黄金时代"或"太平盛世"，而在于道统是否高于治统，在于是否在政治和社会治理的实践中做到尊道重德、任用贤能、学者主导社会、学术领导政治、理性精神引领社会进步等。

此刻，驻足长城脚下，1644 年这里曾是李自成攻破长城灭亡大明王朝的入口处。深夜仰天，北斗七星灿然；清晨望山，蜿蜒长城拔现。站在"同治天下"的历史基点上探望未来，有如站在当年的长城遥望今天。试想，如果以几十年乃至上百年的历史跨度设想在更远的将来，天上的北斗七星不变，远山的蜿蜒长城依旧，我们所观照的社会治理创新和社会体制改革，将会呈现出怎样的未来图景？

吴稼祥云，未来的中国将呈现"以道为基因"的"新大同文明"，其特征将是"个个相亲，人人自由"，政治前提是"实现政治上的大公天下"，即"一个超大规模国家，多中心治理，优良政治（活力与稳定兼得）"。他认为这将是"华夏四千年文明史上从未见过的'全权政体'"，是"华夏文明的第二次裂变"。②

旧友许兄云："过往三十年，中国国家能力的增长与中国社会的发育

---

① 黄克武. 钱穆的学术思想与政治见解［M］//近代中国的思潮与人物. 九州出版社，2013：334 － 341.

② 吴稼祥. 公天下：中国历代治理之得失［M］. 贵州人民出版社，2020：254 － 258.

齐头并进，部分实现了国民憧憬和公民理想。未来三十年，借由法治辅助社会成长，实现良治和善治，强化国家能力，将会是时代主旋律，也是中华民族的奋斗目标。"

钱穆云："中国之真正复兴，到底还在我们的'文化传统'上，还在我们各自的'人'身上，在我们各人内心的'自觉自信'，在我们各自的'立志'上……每个人不论环境条件都可做一理想的完人，由此进一步，才是中国复兴再盛的时期来临了。"①

以下三者堪称中国特色治理创新与社会体制改革前景中势所必然的三大要素。其一是作为中华文明之"大道"，吴稼祥描述为具有"完善""非敌""包容"三大特性的"扩展中的太极圈"，我们则理解为具有内在"里仁"、外在"为公"特性的中国社会治理之大道。其二是作为现代文明之"大势"，许君所谓"中国社会"的成长必将随着国家能力的增长和法治进程的保障，而逐步实现"良治和善治"，我们则理解为在国家治理体系和治理能力现代化的进程中必然达成的社会治理体系与治理能力现代化的大势。其三是作为社会治理主体之"君子"，即钱穆先生引用的王阳明"大人者，以天地万物为一体者也。其视天下犹一家，中国犹一人也"中的"大人"②，我们则理解为在推进社会治理现代化过程中有"自觉""自信""立志"的未来中国社会的积极公民。

我们当然知道，当下社会治理创新与社会体制改革依然面临许多困难和不确定性。未来，有更多的不确定性，也有许多看似确定的可能性会发生种种改变。但是，就像半个多世纪前钱穆先生在民族危难之际坚信"中国不会亡"所表达的自信一样，我们深信，大道不移，大势必至，君子犹在，则中国社会治理创新和社会体制改革的未来，必充满希望！

---

①　钱穆．中国历史精神［M］．九州出版社，2012：180．

②　王阳明．大学问［M］//钱穆．阳明学述要．九州出版社，2011：92．

诚如《周易》未济卦之六五爻所示：

贞吉，无悔。君子之光，有孚，吉。

未济卦提示我们：

继续改革创新，复兴尚未成功，君子仍需努力，前途光明可期！

经多年实证研究和多次统稿，又几历共创，书稿终成。

去岁孟夏，在长城脚下的醉氧仙居，比远山，畜古今。

春节前夕，与各位作者于线上计议，兑去留，巽短长。

两周前，三人集聚不及斋最后冲刺，文既济，思未济。

至此，洋洋书稿，即将付梓，行文之中难免小大之过。期如雷雨作，解，君子以赦过宥罪。还请读者诸君子包涵指正。

本书作为国家社科基金重大项目的最终成果，由我主持并撰写其中第十二—十五章，其余各章作者分列如下：

导论及第七和十一章——蓝煜昕，清华大学公共管理学院，副教授

第一章——李朔严，上海大学社会学院，副教授

第二章——史　迈，清华大学公益慈善研究院，助理研究员

第三章——宋亚娟，郑州升达经贸管理学院，讲师

第四章——张祺好，四川师范大学纪检监察学院，讲师

第五章——沙思廷，清华大学公共管理学院，博士研究生

第六章——蔡志鸿，海南热带海洋学院人文社会科学学院，讲师

第八章——林顺浩，清华大学公共管理学院，博士研究生

第九章——王玉宝，明德公益研究中心，主任，高级工程师

第十章——郑观蕾，北京科技大学文法学院社会学系，讲师

因课题延续多年，书中部分篇幅及其观点已以不同形式先后刊发，文中尽量以脚注形式做了说明。

在统稿中，蓝煜昕、史迈及林顺浩三位付出尤多，许多思想及创意来自我们统稿中的头脑风暴和共创迭代。

在此，谨对各位作者在项目研究全程中特别是书稿完成中付出的努力，深致谢忱。

特别感谢出版社刘骁军编审及各位编辑为本书出版付出的辛劳。

王　名

2023 年 3 月 6 日于求阙堂

图书在版编目（CIP）数据

活力中国：治理创新与中国特色社会体制改革／王
名等著. -- 北京：社会科学文献出版社，2023.7
ISBN 978 - 7 - 5228 - 1931 - 0

Ⅰ.①活… Ⅱ.①王… Ⅲ.①社会管理－体制改革－
研究－中国 Ⅳ.①D63

中国国家版本馆 CIP 数据核字（2023）第 102370 号

活力中国：治理创新与中国特色社会体制改革

著　　者／王　名　蓝煜昕　史　迈　等

出 版 人／王利民
组稿编辑／刘骁军
责任编辑／易　卉
文稿编辑／许文文
责任印制／王京美

出　　版／社会科学文献出版社·集刊分社 （010）59367161
　　　　　地址：北京市北三环中路甲 29 号院华龙大厦　邮编：100029
　　　　　网址：www.ssap.com.cn
发　　行／社会科学文献出版社 （010）59367028
印　　装／三河市东方印刷有限公司

规　　格／开本：787mm×1092mm　1/16
　　　　　印张：24.5　字数：346 千字
版　　次／2023 年 7 月第 1 版　2023 年 7 月第 1 次印刷
书　　号／ISBN 978 - 7 - 5228 - 1931 - 0
定　　价／138.00 元

读者服务电话：4008918866